# 民法総則

第4版 追補版

田山輝明 著

民法要義 1

成文堂

# 第 4 版追補版はしがき

第 4 版追補版は第 4 版の一部を修正し，別冊資料として 2017 年以降の民法（債権法）改正等による改正点とその改正理由を付けたものである。全面的に民法改正に対応できていないことは大変残念ではあるが，本書の要望に応えるため追補版として刊行させて頂いた。

別冊資料の作成には，関東学院大学法学部教授の志村武氏に全面的にご尽力を頂いた。

2023 年 1 月 18 日

田　山　輝　明

# 初版はしがき

民法の編別に従って，民法総則，物権法，債権総論，債権各論の各領域について，週一回のペースで一定の水準を維持しながら講義しようとすると，どうしても一年間では無理である。社会関係の複雑化に伴って，言及しておかなければならない問題が増大してきたことが主要な原因であろうと思う。

そこで教壇に立つ側でも，いろいろ工夫をしてみることになる。私の教科書もこのような工夫の一つである。私の民法総則の講義では，本書を前提として比較的問題点の少ない領域についてはごく簡単にふれるかもしくは割愛し，重要で複雑な法律関係を含む領域については本書に挿入してある図表を用いて具体的に説明するようにしている。学生諸君としてもノートをとる必要は大幅に減少するであろう。その分だけ教室で理解することに専念してほしい。教室で耳から聞いて理解することは，読んで理解することに比べれば具体的で生きた知識として頭に入るという意味では有効な方法であるが，話す形式を用いることから生じる不正確さを完全に排除することは不可能である。学生諸君の側でも，聞き逃したり不正確に理解したりすることがありうる。本書は，教室での講義が有しているこのような欠陥を補充するものとしても役立ちうることを期待している。

前著（講義案）の初版発行以来15年を経過した。その間も随時，学説・判例の動向をとり入れ，補訂を行ってきたが，学生諸君の中に本書を司法試験等のための教科書として利用する者が現れるようになったため，そのような利用に適するような補正を行い，成年後見に関する部分は新たに執筆して，新版として発行することとした。これまでの改訂作業の際に，私のゼミ出身の司法試験合格者の諸君から何回かにわたって読者としての貴重な意見を聞くことができた。人数が多いため個人名をあげることはできないが，記して感謝の意を表する。

なお，新版では，成文堂編集部の本郷三好氏に種々御配慮いただいた。

2000年3月

田　山　輝　明

# 第2版はしがき

ここ数年で，民法総則の分野だけに限定しても，成年後見法と法人法の大改正があった。前者はようやく社会に定着しつつある。後者は改正法が2006年6月に公布され,公布から2年6カ月以内に施行されることがきまっているという状況である。このような時期には，新旧両法の知識が必要である。こうした法人に関する改正法の状況を勘案して，現行法に関する叙述を残して，新しい一般法人法の概要を紹介することとした。おそらく，次回の改訂の際には，旧法関連を削除して，新法人法について詳しく述べることとなろう。

法人関係を含めて，法律関係が複雑になってきていることは前提とせざるを得ないが，特に，民法のような社会の基底を律する法領域の改正の仕方は難しい。法人制度は,民法の独占すべき領域でないことは当然だが,民法の法人に関する規定は,あらゆる法領域に展開する法人制度の基礎でなければならない。そのような観点から，このたびの法人法の改正について吟味をしながら，次回の改訂作業の準備をしてみようと思っている。

2007年2月

田　山　輝　明

## 第 3 版はしがき

法人法の改正も，ようやく全体像が具体的に見えるようになり，解説もしやすい状況になってきたような気がする。第 2 版では旧条文の解説を残しつつ，法人法の解説をせざるを得なかったが，第 3 版では，一般法人法と民法の新条文を前提とした解説をすることが可能となった。そのほか，消費者契約法に基づく無効や取消しの制度についても，民法 90 条や，96 条との関連で説明するようにした。

新しい判例も，必要なものを紹介するように心がけた。学説については，今回も，基本的なものを中心にして紹介し，民法理論の基本的考え方が身につくように配慮した。

ロースクールが展開して数年が経過したが，結局，法学部での法学教育は必要であり，しかも民法のような基礎科目は，学部でしっかりと勉強しておくことが重要であることも，明らかになった。本書は，そのような状況にも配慮している。

今回の改訂においても，成文堂編集部の本郷三好氏のお世話になった。記して感謝申し上げる。

2009 年 7 月

田　山　輝　明

## 第 4 版はしがき

第 3 版から今日までに公表された関連判例を収録したことと，成年後見法の解説を若干わかりやすくし，内容的にも補充したことが第 4 版の主たる変更点である。

2000 年に成年後見法が施行された際（本書初版発行時）には，旧禁治産制度との違いに留意しながら解説したため，内容的な重複をいとわなかった。現在でも旧禁治産制度を知っている人が，本書を利用されることがあると考えて，解説の基本的構成は変更しなかった。

第 4 版の編集に当たっても，編集部の本郷三好氏にお世話になった。心より感謝申し上げたい。

2010 年 6 月

田　山　輝　明

〈参考文献〉

幾代　通　民法総則〔第二版〕（青林書院新社現代法律学全集）
梅謙次郎　民法要義巻之一（有斐閣）
内田　貴　民法Ⅰ〔第２版補訂版〕（東京大学出版会）
近江幸治　民法講義Ⅰ・民法総則〔第６版〕（成文堂）
川井　健　設例民法学１・民法総則（一粒社）
河上正二　民法総則講義（日本評論社）
川島武宜　民法総則（有斐閣法律学全集）
篠塚昭次・前田達明編　民法Ⅰ２総則（三省堂新判例コンメンタール）
四宮和夫／能見善久　民法総則〔七版〕（弘文堂）
須永　醇　新訂民法総則要論〔第２版〕（勁草書房）
舟橋諄一　民法総則（弘文堂）
高島平蔵　民法総則（敬文堂）
平野裕之　民法総則〔第２版〕（日本評論社）
星野英一　民法概論（序論・総則）（良書普及会）
松坂佐一　民法提要・総則〔三版〕（有斐閣）
森泉　章　新版民法総則講義（一粒社）
我妻　栄　新訂民法総則（岩波書店）
我妻・有泉　コンメンタール〔第２版〕（日本評論社）
中川善之助ほか編集代表　注釈民法⑴〜⑸（有斐閣）

---

田山輝明　ガイダンス民法〔第３版〕（三省堂）
田山輝明　物権法〔第３版〕（弘文堂）
田山輝明　担保物権法〔第２版〕〔民法要義 3〕（成文堂）
田山輝明　通説物権・担保物権法（三省堂）
田山輝明　債権総論〔第２版〕〔民法要義 4〕（成文堂）
田山輝明　契約法〔民法要義 5〕（成文堂）
田山輝明　事務管理・不当利得・不法行為〔民法要義 6〕（成文堂）

〈略　語〉

大判　大審院民事部判決
大刑判　大審院刑事部判決
最判　最高裁判所判決
高判　高等裁判所判決
地判　地方裁判所判決
民録　大審院民事判決録

民集　大審院・最高裁民事判例集
高民集　高等裁判所民事判例集
下民集　下級裁判所民事裁判例集
判時　判例時報
判タ　判例タイムズ
新聞　法律新聞
裁判例　大審院裁判例
判決全集　大審院判決全集
裁判集民　最高裁判所裁判集民事
基判・民法　基本判例体系・民法（第一法規）

法令の略称は，原則として三省堂模範六法に従っている。

# 目　　次

別冊資料 付

# 第1章　序

## 第1節　民法典の制定と改正

### 1　民法典の制定

いわゆる明治維新（1868年）の翌年に，政府は日本社会の近代化作業に着手し，その一環として近代的民法典の制定を意図した。太政官制度局の江藤新平が民法会議を設置して，民法の編纂に着手し，箕作麟祥（みつくり・りんしょう）がこれに協力した（この草案は「民法決議」と呼ばれる）。その後，担当部局も変わり，太政官左院草案（1872年），明法寮の「皇国民法仮規則」（1872年）と「民法仮規則」（1873年）などが出された。その後，江藤の失脚（佐賀の乱）により，大木喬任参議が司法郷を兼務し，刑法，治罪法，民法，商法，民事訴訟法の編纂に着手し，民法については，箕作による草案が提出されたが，採用されなかった。その後，太政官臨時官として，民法編纂局が設置され，フランス人法学者ボアソナードを中心に民法典の編纂作業が行われた。手続的には紆余曲折を経て，司法省（司法大臣・山田顕義）の法律取調委員会は，人事編，財産編，財産取得編，債権担保編，証拠編の５編編成の民法典草案を起草した。人事編と財産取得編のうち，今日，家族法と呼ばれている部分を熊野敏三，磯部四郎，井上正一らが担当し，その他は，ボアソナードが担当した。これは，民法典として成立したが，施行されなかった。後に，これをボアソナード民法または旧民法と呼ぶようになった。

しかし，これに対しては，穂積八束の論文「民法出デテ忠孝亡ブ」に象徴される反対論が強力に主張された。つまり，個人主義的自由主義を基調とした民法では，わが国の伝統的な醇風美俗である家制度を崩壊させることになるということが反対論者の主要な根拠であった。激しい論争（民法典論争）の結果，延期論が通り，穂積陳重，富井政章，梅謙次郎が起草委員となって，ちょうど完成したばかりのドイツ民法第１草案などを範として，フランス民法や旧民法をも参照しつつ新法典を編纂し，総則・物権・債権の財産法の各編は明治29年に，親族・相続の家族法（身分法）の各編は明治31年に公布され，双方とも同31年（1898年）7月16日から施行された。

## ② 現行憲法の制定と民法の改正

### 1　新憲法の制定と応急措置法

明治憲法に代えて1946年に制定された日本国憲法24条において，「家族に関するその他の事項に関しては，法律は，個人の尊厳と両性の本質的平等に立脚して」制定されるべきである旨規定された。これは，家族法の領域にとっては特に重要な意味を有していた。「個人の尊厳」と「両性の本質的平等」の2原則を含む内容こそが，従来の家族生活において最も欠けていたものであったからである。これを受けて，日本国憲法の施行に伴う民法の応急的措置に関する法律が，憲法と同時に施行された。同法により，男女の本質的平等を守る立場から，①妻または母であることに基づいて，法律上の能力その他を制限する規定は，もはや適用しない（同2条）。②婚姻・離婚における平等を実現する（同5条）。③父母共同親権の原則を確立する（同6条）。さらに，個人の尊厳を貫く立場から，④戸主制度を廃止し（同3条），⑤家督制度を廃止し（同7条・8条），⑥成年子の婚姻・離婚・養子縁組・離縁につき父母の同意を不要とした（同4条）。これらの改正は，民法改正要綱を経て，本書で扱う領域についても，以下のような改正が行われた。

### 2　一般条項的規定の整備

民法第1条に，私権と公共の福祉，信義則および権利濫用に関する規定が置かれた。このような一般条項は，規定が存在しなくても，解釈上，認めることは不可能ではないが，明記することによって，法的安定性が確保されたといえよう。

また，個人の尊厳と両性の本質的平等について定めた1条の2（現行2条）は，家制度の廃止，妻の無能力制度の廃止と相まって，広義の後見法の領域においても，解釈上の指導理念の転換をもたらすものであった。

### 3　妻の無能力制度の廃止

改正法は憲法の精神に則って，妻の財産を妻が処分するのに夫の許可を要する旨の規定（明治民法第14条ないし18条）を削除した。なお，婚姻生活の費用も各自「その資産，収入その他一切の事情を考慮して」公平に分担すべきものとした（760条）。

### 4　法定後見理念の転換

法定後見人に関する明治民法の規定は，家のための後見という理念に貫かれていたが，その根本の趣旨において「被後見人のため」の制度に変更されたものと解すべきである。このような思想的転換について，当時の法改正に関与した者の一人である中川善之助は，次のように述べている。「国が国民全体のものであるためには，先ず家族生活が家族各員全体のものでなくてはならない。家の中の奴隷が，公の政治を論じたり，選挙を行ったりするときにだけ，主人でありうるということはない。」と。これは，家庭生活の民主化こそがこの時期における最も重要な課題であることを述べた含蓄のある文章である。

### 5　夫婦間における後見人の選任

1948年の改正では，「夫婦の一方が禁治産の宣告を受けたときは，他の一方は，その後見人となる。」と定めた。これにより，夫婦間の平等原則が導入された。その上で，この原則規定によって後見人などが定まらない場合には，廃止された親族會に代わって，家庭裁判所が親族その他の利害関係人の請求によって，選任することとされた。しかし，この夫婦間法定後見制度に関する規定は「人生50年」の時代背景の下で制定されたものであるため，社会の高齢化等により半世紀後（1999年）に廃止を余儀なくされることになった。

なお，この民法の改正と同時に，「戸籍法」，「家事審判法」，「家事審判規則」などが修正ないし制定され，民法の施行と同時に施行された。

## ③　その後の民法の一部改正

(イ)　1962年には，同時死亡の推定規定（第1編第2章第5節，第32条の2）が新設され，代襲相続に関する規定が変更された。前者については，第2章第2節②3参照。

(ロ)　1962年の「建物の区分所有等に関する法律」により，民法の建物区分所有に関する規定（第208条）が削除された。

(ハ) 1966年の借地法等の一部を改正する法律により，地下・空間の地上権に関する規定が新設された（第269条の2)。

(ニ) 1971年には，根抵当の規定が新設された（民法第2編第10章第4節新設，第398条の2～第398条の22)。

(ホ) 1976年には，離婚による復氏の例外が規定された（第767条2項)。

(ヘ) 1979年には，準禁治産者の規定から「聾者，唖者，盲者」が削除され（第11条)，公益法人の監督規定が変更された。

(ト) 1980年の民法・家事審判法の一部改正により，法定相続分の変更などが行われた（第889条ほか)。

(チ) 1987年には，特別養子制度が設けられるなどの養子制度の改正が行われた（第817条の2以下)。

(リ) 1999年の民法一部改正法などにより，成年後見に関する規定が根本的に変更された（第7条～第20条，その他親族編の関係条文多数)。

(ヌ) 2003年には，担保物権に関するいくつかの重要な点について変更がなされた（第306条2項・第308条・第363条・第371条・第378条～第387条・第389条・第395条・第398条の19・第398条の20)。

(ル) 2004年の民法の「現代用語化」のための改正のさいに，「貸金等根保証契約」と書面に関する条文等が追加された（第465条の2～第465条の5・第446条1項，2項)。

(ヲ) 2005年の「会社法の施行に伴う関係法律の整備等に関する法律」により，若干の条文の修正がなされた（施行は2006年5月1日)。

(ワ) 2006年には，「一般社団法人及び一般財団法人に関する法律」（法律第48)，「公益社団法人及び公益財団法人の認定等に関する法律」（法律第49）および「一般社団法人及び一般財団法人に関する法律及び公益社団法人及び公益財団法人の認定等に関する法律の施行に伴う関係法律の整備等に関する法律」（法律第50）が，制定・公布された。なお，同法の施行と同時に民法38条ないし84条が削除された。

(カ) 2011年の民法親族法の改正により，親権の喪失制度に加えて親権の停止制度を創設し，従来は成年後見人にのみ認められていた法人後見と複数後見を未成年後見人でも選任できるようにする等のために，民法親族法の関連条文を改正し，家事審判法を廃止して家事事件手続法を制定し，戸籍法等についての改正を行った。

(ヨ)　2013年の民法親族法の改正により，平成25（2013）年9月4日最高裁大法廷による違憲との決定（民集67・6・1320）を受けて，法定相続分において嫡出でない子の相続分を嫡出子の相続分の2分の1と定めた民法900条4号但書前段部分を削除し，嫡出子と嫡出でない子の相続分を同等にした。改正後の900条の規定は最高裁決定の翌日以後に開始した相続に適用されることとしている。

(タ)　2016年の成年後見制度の改正によって，「成年後見の事務の円滑化を図るための民法及び家事事件手続法の一部を改正する法律」（平成28年法律27号）が成立し，新たに成年後見人による郵便物等の管理（860条の2,860条の3）及び成年被後見人の死亡後の成年後見人の権限（873条の2）の規定が民法に追加され，成年後見制度の利用の促進に関する法律（同29号）が成立した。

(レ)　2016年に再婚禁止期間の変更について，平成27（2015）年12月16日最高裁大法廷による違憲との判決（民集69・8・2427）に従って，女性の再婚禁止期間を6か月から100日に短縮する民法改正案が成立した。再婚禁止期間（733条1項・2項）と再婚禁止期間内にした婚姻の取消し（746条）の規定が改正され，公布の日から施行された。

(ソ)　2017年の民法（債権法）改正は，2017年5月26日に可決成立し，6月2日に公布された「民法の一部を改正する法律」（平成29年法律第44号）による改正である。この民法改正は一部の例外を除き原則として2020年（令和2年）4月1日から施行されている。

(ツ)　2018年の成年に関する改正は，2018年6月に民法第4条が改正された（平成30年法律第59号)。中心的な改正点は，「第四条中『二十歳』を『十八歳』に改める」ことと婚姻適齢に関する第731条の改正で，2022年（令和4年）4月1日から施行されている。

# 第2節　近代法としての民法

本書の対象は民法第1編総則である。民法とは本質的には商品交換を媒介し，保障するための法規範である。近代資本主義社会においては，労働生産物は原則として売るために作られ（商品），流通過程を通じてその価値を実現する。この価値実現過程を支配する基本的な法規範が民法（財産法）であると考えてよい。その基本的構成を総則を中心として示せば，次の通りである。

## ① 権利の主体

### 1　自然人（第1編第2章）

このような商品交換の過程が全社会的規模で展開するには，すべての人が権利・義務の主体とならなければならない。民法も「私権の享有は，出生に始まる」（3条）と規定することによって，すべての自然人が権利能力を有することを宣言している[1]。

人が商品流通過程に参加するには，それに必要な精神的能力を有していなければならない。そうでなければ等価交換の実現は，原理的に不可能だからである[2]。

### 2　法人（第1編第3章）

近代法では，すべての自然人が権利能力を有するが，それ以外にも，一定の組織を備えた人の集団（社団）や一定の目的のために捧げられた財産の集合（財団）も権利能力を有しうる。これを法人と呼ぶ。したがって，商品交換（契約）の主体は自然人と法人である。なお，法人制度の改正については，第2章第3節⑤参照。

---

1)　これを権利能力平等の原則と呼んで，所有権絶対の原則（本章注4)），私的自治の原則と並んで三大原則とする説もある（四宮16）。この説によれば，過失責任の原則は契約自由の原則とともに私的自治の原則の一内容となる。

2)　民法も，未成年者（5条以下），成年被後見人（7条以下），被保佐人（11条以下）被補助人（15条以下）の制度を通して精神的判断能力の不十分な者に対して配慮している。

### ② 物（第1編第4章）

人は自己の所有物[3]を他人と交換することによって商品交換過程に参加する。これを貨幣が媒介する場合には売買（555条）となる。民法は，第1編においてまず商品交換の対象を物として把握し（85条以下），第2編物権ではそれについて所有権[4]（第3章206条以下）の成立を認め，物自体に対する支配には，占有権（第2章180条以下）として法的保護を与えている。

### ③ 法律行為（第1編第5章）

ＡとＢとの間でなされる商品交換は，それ自体としては経済的な関係であるが，ＡとＢとの意思が媒介となって成立しているという意味では意思関係である。このように商品交換等の効果を生み出す行為を法律的観点からいう場合に法律行為という[5]。経済的価値の交換は人と人との意思関係を媒介としてなされるが，その法的存在形態が契約である。民法は第1編にすべての法律行為にとっての通則的規定を置き，第3編では法律行為の具体化としての各種の契約に関する規定を置いている（第2章）。契約の効果は，人と人との関係を規律する債権関係として現われるが，債権関係を発生させる原因は契約（約定債権関係）に限られない。第3編は債権全体の総則規定を置いた後に，

---

3)　(イ)商品交換の対象としての物とは，有体物をいうとされており（85条），その意義については後に述べるが，法形式上，動産と不動産とに区別されている（86条）。
(ロ)動産は，原則として労働生産物であるし，不動産の中でも建物は労働生産物であるから商品交換の法則が妥当するのは当然である。しかし，土地については，造成等により労働力の投下がなされることはあっても，本質的には労働生産物ではない。土地が商品交換市場に登場し，価格を与えられて流通していても通常の労働生産物とは違った価格法則に支配されているのは，このような本質的な相違に基づくものである。
(ハ)経済学の分野では，人間の労働能力についても商品交換の論理が及んでおり，労働者は自己の労働力を一定の時間を単位にして切り売りをしている，と説かれている。しかし，法律学では，他人の労働力を利用する関係を雇用契約（623条）として把握しており，売買契約（555条）とは区別している。

4)　近代市民革命を通じて封建的諸拘束から脱した土地所有の理念と産業資本が生み出した商品所有の理念とを前提とした所有権を，自由なる所有権という。所有権の行使は個人の自由にまかされており，他人の干渉を許さないということを所有権絶対の原則と呼んでいる。

5)　近代資本主義社会では，すべての市民が独立かつ自由な人格者として，商品交換市場に登場する。したがって，商品交換を媒介する契約も各個人の自由意思の所産である。このように，個人がその意思に基づいて自由に契約を締結できることを契約自由の原則という。

その発生原因として，契約，事務管理，不当利得，不法行為（法定債権関係）に関する規定を置いている。

### 4　商品交換法則の法規範化

(イ)　上に述べたような商品交換法則の法的な反映だけでは，市民社会の法規範は完結しない。民法規範に違反する者がいた場合には，これに対して国家権力による法的サンクションが加えられることによってその規範内容の実現がはかられなければならない。しかも，法規範としては，この要素が本質的に重要である。

(ロ)　市民相互間の法的な約束（契約）に違反すると，違反者については一定の法律的責任が発生し（例えば，債務不履行415条），これを履行しない場合には，国家権力（裁判所）によってその内容が実現されることになっている[6]（履行の強制民414条，民事訴訟）。また，取引行為にさいして相手方を欺いたり（詐欺），強迫したりした場合には，これを取り消すことができ（96条），相手方が原状回復に応じないときは，裁判所を通じてこれを実現することができる[7]。

(ハ)　市民が生産の場や商品流通の場で，さらには一般生活の場において，他人に損害を与えることがありうる。加害者の責に帰すべき理由がある場合には，その責任において被害者を原状に回復させるのが基本であろう（第3編第5章・不法行為[8]）。しかし，民法は，損害賠償の方法としては原状回復ではなく金銭賠償の原則を採用としている（417条，722条1項，709条以下）。すべての商品が貨幣＝金銭に評価されて取引されるのと同様に，「損害」も金銭に

---

6)　国家権力によらず，自力で自己の権利を守り，あるいは相手方に契約上の義務履行を強いることは禁止されている（自力救済の禁止）。ただし，法律に定める手続によったのでは，権利に対する違法な侵害に対抗して現状を維持することが不可能または著しく困難であると認められる緊急やむをえない特別の事情が存する場合にのみ，その必要の限度をこえない範囲内で自力救済が例外的に許されるとした判例がある（最判昭40・12・7民集19・9・2101）。

7)　また，このようなルール違反者に対しては刑事責任（詐欺罪や恐喝罪など）が発生することもある。

8)　近代資本主義社会では，自由な経済活動が保障されなければならない。これを法的側面から保障するものが「過失なければ責任なし」の原則であり，過失責任主義と呼ばれている。これは，不法行為（709条）の故意又は過失に関する原則であると同時に，債務不履行（415条など）の帰責事由に関する原則でもある。

評価されて賠償されるのが原則とされているのである。

なお，英米法では「損害」をdamageというが，「損害賠償」（「損害賠償金」，「損害賠償額」）についてはその複数形のdamagesといって区別している。

### 5　身分法と商品交換法

第4編親族や第5編相続の領域にも，商品交換（＝契約）の論理が浸透している。例えば，婚姻（第4編第2章）は，キリスト教社会では神による結合と解されていたし，日本の封建社会においても家相互の「結合」と解されていた[9)]。しかし，近代資本主義社会においては，両性の合意を本質とする契約的婚姻観が支配的なものになってきた（婚姻の届出739条，婚姻意思742条，協議場の離婚763条）。相続（第5編）についても，封建社会にあっては家財産の承継が最も大切なものであったから，そこに等価交換＝有償性の論理が入りこむ余地はなかった。しかし，現在では，農業資産などの承継の場合にみられるように，資産の生前承継（相続の先取形態）としての贈与（549条）と被相続人の扶養（877条）とが，全面的ではないにせよ対価的関連を有する（例えば，負担付贈与553条）ような傾向がみられるようになっている。

9)　新憲法に基づいて第4編親族と第5編相続が改正されるまでは，前者においては「家」制度が，後者においては「家督」相続制度が基調とされていた。「家」制度の廃止に伴って，両性の合意のみに基づく婚姻，夫婦平等の原則，子のための親子法などの諸原則が確立し，「家督」相続制度の廃止に伴って諸子均分相続制度（887条1項，900条4号）や配偶者相続権（890条）などが認められるに至った。

# 第3節　民法の法源

法源とは，法の存在形式のことである。したがって，民法はいかなる存在形式をとっているかを解説することが本節の課題である。わが国は，成文法主義[10]をとっているから，まず，民法典（明治29年法律89号，明治31年法律9号）と民法の領域に属する特別法をあげることができる。さらに慣習民法，判例民法，条理も法源となりうる。

## 1 民法典

民法典の中に収められている法規の大部分は，民法の法源である[11]。民法典は制定経過との関連で[12]，上記のように，形式上は上記の財産編と親族・相続編の2つの法律から成っているが，通常は第1編から第5編までをまとめて民法典と呼んでいる（近時，法務省は前者のみで民法典全体を表示している）。

## 2 民法典以外の成文民法法規

民法典の特別法として存在している法律の中には，商法や労働関係法のようにすでに独自の法領域を形成しているものと，民法の領域に留まって特別法として存在しているものとがある。

後者に属する重要な法律をあげておこう。利息制限法，動産・債権譲渡特例法，借地借家法（旧法も），建物区分所有法，農地法，罹災都市借地借家臨時処理法，仮登記担保法，信託法，立木法，工場抵当法，農業動産信用法，自動車抵当法，製造物責任法（PL法），自動車損害賠償保障法，供託法，身元保証法，失火責任法，特定非営利活動促進法，任意後見法，後見登記法，一

---

10)　成文法主義とは，公の立法作用によって定立されて文書の形式を備えた法を基本的法源とする主義のことであり，不文法主義の対立概念である。後者に属する主要なものとしては，判例法主義と慣習法主義がある。近代社会においては，成文法主義をとる場合が多いが，英米法系の国のように，判例法主義（コモン・ロー）を基調とする国もある。

11)　例外として，法人の理事の罰則（一般法人法334条など）や債権の強制執行の方法の規定（414条）などがある。前者は刑罰法規であり，後者は民事訴訟法規である。

12)　第1節 1 参照。

般法人法と関連法さらに公法的要素の強い法律として不動産登記法，戸籍法，土地収用法，土地改良法，鉱業法，漁業法，質屋営業法，出資の受入・預り金及び金利等の取締等に関する法律，建設業法などがある。これらの法律に含まれている規定のすべてが民法であるわけではないが，民法の規定を直接・間接に修正する規定を含んでいる。

### ③ 慣習民法

(イ)　近代社会成立の変革過程で成立した法典は，新しい社会にふさわしい法秩序の形成を使命とするものであるから，封建社会以来生き続けてきた慣習に対しては，自己の論理と矛盾する限り敵対的な態度をとることが多かった（1794年のプロイセン一般ラント法，1804年のナポレオン法典など）。しかし，19世紀の最終段階で成立したドイツ民法典は，慣習法の効力について何らの規定も設けず，20世紀初頭のオーストリア民法では，慣習法に成文法を補充する効力を認めている（同法1条）。

(ロ)　日本民法の場合には，民法典ではなく，法適用通則法3条において「公の秩序又は善良の風俗に反しない慣習は法令の規定により認められたもの[13]又は法令に規定されていない事項[14]に関するものに限り法律と同一の効力を有する」と規定している。この場合の「慣習」とは慣習一般ではなく慣習規範の意味であり，これが国家法秩序の中で法源としての地位を認められたことになる。このような社会の法的確信によって支えられた「慣習」を慣習法と呼んでいる。

慣習民法が存在する場合には，法源性が認められているから，裁判所は当事者の主張・立証がなくてもこれを適用しなければならない[15]。

13）「法令の規定により認められたもの」については，217条，219条，228条，236条，263条，268条，269条，278条，279条，294条参照。

14）「法令に規定されていない事項」とは強行法規に規定なき事項の意味である。任意法規と異なる「慣習」が存在する場合には，「慣習」が法律行為の内容として任意法に優先して尊重されるから（92条），結局，強行規定に反しない限り「慣習」は法源性を有するということになるからである（詳細は第4章注13）参照）。

15）これに対して慣習法と「事実たる慣習」を区別する学説によれば，「事実たる慣習」は法律行為の内容として当事者を拘束するものであるから，裁判所は当事者の主張・立証をまってはじめて適用すべきものである（第4章注13）参照）。

### ④ 判例民法

われわれの社会で発生する紛争には様々なものがある。成文法主義のもとでは，様々な紛争に対応することのできるような抽象的規範を予め定立しているが（民法典もその1つ），実際には法律の予想していなかった法律問題が発生することはありうる。このような場合には，裁判所は具体的事件を解決するために，まず既存の法規の解釈（類推解釈，拡張解釈など）を行うが，これでも対応できない場合には，法規中の一般条項や次に述べる条理を根拠として実質的に法規範を定立することがある。類似の事項について同旨の判断が繰り返されると，そこで定立された規範は個々の具体的事件を解決するための規範にとどまらず，一般的法規範となり，将来の裁判所の判断を拘束するようになる。最高裁判所の判断がなされた場合に，その傾向が最も強いことは，下級裁判所との制度上の関連を考えれば容易に理解できよう（裁判所法4条参照）。

### ⑤ 条　　理

条理とは，物の道理，自然の理法，事物の本性のことであり，人間の理性に基づいて考えられる正しい規範であるとも言われている。社会通念，社会一般の正義の観念，公序良俗（90条），信義誠実の原則（1条2項）等と表されることもある。裁判官は裁判するにあたって，依拠すべき制定法，慣習法，判例法が存在しない場合でも裁判をしないわけにはいかない。そこで，裁判官は，自分が立法者であったなら法規として定立したであろうところのもの[16)]，すなわち条理に従って判断せざるをえない。明治8年太政官布告第103号裁判事務心得第3条[17)]が「民事ノ裁判ニ成文ノ法律ナキモノハ習慣ニ依リ，習慣ナキモノハ条理ヲ推考シテ裁判スベシ」と規定したのも，同様の趣旨である。

条理は，このような形で裁判の準拠となりうるから，その意味において法源となりうると解されている[18)]。

---

16)　スイス民法第1条にはこのような趣旨の規定が置かれている。

17)　この太政官布告は，法典編纂前の状況を前提としたものであるから，この布告自体の法的効力については議論の余地があるが，条理に関する考えについては現在でも参考になるものを含んでいることは疑いない。

## 6 学　説

民法学者が民法上の諸問題について行う解釈的提案が学説（解釈学説）である。学説は裁判官が裁判を行うにあたって参照され，裁判に事実上の影響を与えることも少なくないが，裁判官は学説に拘束されないので，学説はそれ自体としては法源ではない[18]。

18）「正確にいえば，条理は民法の法源ではないというべきである」（我妻22）という見解もあるが，条理の果しうる役割については上段に述べたところと同旨と考えてよい。なお，学説は，それ自体としては法源ではないが，慣習の内容となり，あるいは条理として実質的には法源となることがありうる。

# 第4節　民法の効力の及ぶ範囲

## 1　時に関する効力の範囲

(イ)　法律不遡及　　近代資本主義社会における経済活動は，個々の市民の自由意思に基づいて行われるのを原則とする。その際，各市民は自己の行為に基づいて法的責任が発生しないように注意を払って行動している。このような意味において,後に制定した法律の効力を過去に遡及させてはならない。これを法律不遡及の原則という[19]。

この原則は社会生活の安定を確保するためのものであるから，その趣旨に反しない場合や[20]，ある程度は社会生活の安定を害することになるが，それを上回る社会的利益が存する場合には[21]，例外が認められる。

(ロ)　法律の施行　　法律は公布の日から起算して満20日を経過すると効力を生じるのが原則であるが,各法律において施行期日を定めているときは,それに従う（法適用通則2条)。

## 2　人と場所に関する効力の範囲

(イ)　属人主義　　民法は人民主権の効果としてすべての日本人（憲10条，国籍法）に適用される。その者が，日本国にいるか外国にいるかを問わない。これを属人主義という。民法は，原則として人種・信条・性別・階級・職業等によって，その適用が制限されることはない（憲法14条，24条，民法2条)。

(ロ)　属地主義　　民法は領土主権の効果として日本の全領土に適用される。日本の領土内にいる日本人はもとより，外国人に対しても適用されるのが原則である。これを属地主義という。

---

19）刑事法の領域では，法律の遡及効は厳格に禁止されている（憲法39条)。罪刑法定主義の重要な内容の1つである。

20）昭和46年に根抵当法規が新設されたが，基本的にはすでに判例法によって形成されていたものを整理したものであったため，遡及効を認めても実害はないと考えられていた（同法附則2条)。

21）第二次大戦直後の民法改正のように，封建的家族制度を改めるという民主化立法の場合には，新法遡及効の原則をとること自体が新法の精神の具体化であったといえよう（附則4条以下)。

⑶　国際私法の役割　　日本も，他の多くの近代国家と同様に，属人主義と属地主義とを採用しているため，同様の主義に立っている国の民法と日本民法との間において衝突が生じうる[22]。

22)　そのため法適用通則法4条以下において，そのような場合にいずれの法律を適用すべきかについての原則を定めている。このような渉外民事事件の領域は，講学上，国際私法ないしは抵触法（conflict of laws）と呼ばれている。

# 第5節　民法の解釈

## 1　民法解釈の意義

民法規範は，商品交換における等価性の原則を反映して，当事者間において実質的な公平・平等が実現されるような構造と内容を有している。しかし，実際に民法の各種の法源を適用する場合には，その意味内容を確定する作業をしなければならない。これを民法の解釈という。民法典中の規定を例として解説してみよう[23]。

〔**例**〕 17歳の未成年者Aは親に内緒で自動車をお店Bから購入したが，この契約を締結する際に，①Aはお店Bから提示を求められた身分証明書の生年月日欄をうまく書き換えて，お店Bの人に18歳以上だと思わせて自動車を購入した場合，②Aは，自分は未成年だが親の同意を得ていると言って，勝手に親の実印を使って偽造した親の同意書をお店Bに示した場合，③お店Bの人から「Aさんはもう18歳になっているよね」と聞かれたAは，それに対して何も答えなかったが，Aが体も大きく大人びているのでお店Bの人はAが成年だと信じてしまった場合，④お店Bの人から「Aさんはもう18歳になっているよね」と聞かれたAは，それに対して直接には答えなかったが，「最近，駐車場つきマンションを買ったので，1日も早く車を納車して欲しい」という話をしたので，お店Bの人はAがもう成年になっていると信じてし

---

23) 民法の解釈は，制定民法だけではなく，判例民法や慣習民法についてもなされなければならない。

(イ) 裁判官が判決中で行う法の解釈は，厳密にいえばその事例についてのみ妥当するものであるが，実際には後に類似した事件が生じることがあるから，その場合には同様の解釈がなされなければ法解釈の客観性が保たれないことになる。同趣旨の判決が繰り返されると判決によって法規範（判例法）が成立することになり，それに関する解釈が必要となる。

(ロ) 慣習法に法源としての効力を認めるとしても，その規範内容は一義的なものではない。例えば，近代前の社会から存在していた入会権についても，一義的な入会権概念によって規律することはできない。現時点において，どのような権利を入会権として把握することができるかという問題を含めて，解釈を必要とする要素が存在している（入会権については，物権法参照）。

また，近代的取引社会において発達してきた譲渡担保制度等についても，取引社会の実態を考慮しつつ妥当な解釈をしなければならないのである。

まった場合，契約締結後にＡの自動車購入を知った親は契約を取り消すことができるか。

この問題の結論を出すためには，民法第21条が「制限行為能力者が行為能力者であることを信じさせるため詐術を用いたときは，その行為を取り消すことができない」と規定しているため，未成年者Ａの①自らの能力についての積極的な欺罔行為，②親の同意についての欺罔行為，③単なる黙秘，④他の言動と相俟った黙秘，という具体的な行為が「詐術」に当たるかどうかが問題となり，「詐術」に当たれば親は契約を取り消せず，当たらなければ取り消せることになる。結局，個別具体的な事案について法的に妥当な結論をえるためには民法第21条の「詐術」という言葉を解釈してその意味内容を明らかにしなければならないのである（「詐術」の意義については92頁参照）。

条文を構成する個々の概念も固定的なものではなく，社会経済的諸条件の変化に伴って変動することがありうるから，民法の解釈にあたっても常に社会・経済情勢の動向には注意を払っていなければならない。

### 2　民法の解釈技術

民法の解釈を客観的なものにするために，いくつかの解釈技術が用いられている。

#### 1　文理解釈（国語辞典的解釈）と論理解釈（論理体系的解釈）

文理解釈とは，条文を構成している文字の普通の意味に従って，文法通りに条文の意味を理解する方法である。

民法典は，一つの体系に従って構成されており，個々の条文はそれぞれの編，章，節等の中に位置づけられている。従って，個々の条文は法典の体系に矛盾しないように（論理的整合性を保つように）解釈されなければならない。これを論理解釈という。

正しい論理解釈を行うには，その条文がどのような趣旨ないし目的で設けられたものであるかを理解することが大切である。例えば，利息制限法第1条を正しく解釈するには，利息制限法の制定趣旨ないし目的を理解することが不可欠である[24)]。このように，その法律が担っている目的との関連で個々の条文の意味内容を明らかにしてゆく方法を目的論的解釈[25)]という。

## 2　拡張解釈（拡大解釈）と縮小解釈

(イ)　拡張解釈　　具体的に説こう。民法85条は「この法律において物とは，有体物[26]をいう」と規定している。民法は一方で一物一権主義を採用しているから，集合物を一つの物[27]として一つの権利の対象となしうるか，ということが問題になる。例えば，ある会社の倉庫内の全商品を一括して譲渡担保に供することができるであろうか。本来は，倉庫内の個々の商品についてその数だけの譲渡担保権が成立したものとして法律構成をしなければならないはずであるが，取引社会の要請はそれでは満足せず，一定のまとまりをもった複数の動産を一つの物（集合物）として把握しようとする（「必要性と許容性」という法的思考方法）。これを「集合物」として承認する解釈は，「物」概念を拡張する解釈であり，拡張解釈と呼ばれている。

(ロ)　縮小解釈　　法規の目的論的解釈をする場合に，文理解釈による場合よりも縮小的に解釈することになる場合がある。

〔**例**〕　Aが自己所有の土地をBに売却し，移転登記を済ませないうちにCに二重に譲渡してしまった。

この例における第一譲受人Bは，移転登記を取得しない以上，第三者[28]Cに対して自分が所有者であることを主張することはできない（177条）。しかし，この場合の「第三者」とはA，B以外のすべての第三者を意味するわけではない。Cが，Bの営業店舗拡張を妨害する目的でこの土地を横取りしたとい

---

24)　同条の制限を超過して支払われた利息・損害金は元本に充当され，充当によって元本が消滅した後にさらに支払われた利息は，不当利得として返還請求できるという理論は，この例であると考えてよい（最大判昭39・11・18民集18・9・1868，最大判昭43・11・13民集22・12・2526，最判昭44・11・25民集23・11・2137）。

25)　論理解釈といっても形式論理を重視して行う解釈と目的的な論理を重視して行う解釈とがある。後者を目的論的解釈と呼ぶ。

26)　電気を盗んだ者が「他人の財物を窃取した者」（刑法235条）に該当するか否かが争われたことがあったが，判例は窃盗罪の成立を認めた（大判明36・5・21刑録9・874）。一般に刑法では民法と違って効果として人権侵害となる刑罰が課せられるので，憲法31条が保障するデュー・プロセス・オブ・ロー（法の適正な過程）により導かれる罪刑法定主義が行われており，解釈においても厳格主義が採られ，「拡張は許されるが類推は許されない」とされている。厳格主義の立場から解釈ではなくて明文による解決が必要とされ，後に刑法245条が設けられた。刑法上の「物」概念と民法上の「物」概念は別個であってもよいが，民法上も有体物とは「法律上の排他的支配の可能性」という程度に広く解すべきであると主張されている（我妻202）。

27)　物の概念については第3章❷以下参照。

うような信義則（1条2項）に反する事情がある場合には，Cは「背信的悪意者」として177条の「第三者」には含まれないと解されている[29]。このような解釈を縮小解釈という。

### 3　類推解釈と反対解釈

(イ)　類推解釈　　ある条文の妥当領域（枠組）を越えているから適用することはできないが，その条文と同じ法律効果を生じさせるのが妥当であると思われる場合に，その条文の趣旨を類推して適用することがある。このような解釈を類推解釈という。類推解釈を行った上で，ある事項に関する規定を他の類似した事項にあてはめて用いることを類推適用という[30]。

〔**例1**〕　AがBと通謀して強制執行免脱の目的で，売買を偽装して自己所有の土地の登記名義をBに変更した。

〔**例2**〕　Aは，Cから土地を取得するに際して，財産隠匿の目的でBに無断でB名義に移転登記をした。

上の2つの例において，第三者Dが上記のような事情について善意・無過失でBから土地を購入した場合に[31]，Dは94条2項によって土地の所有権を取得できるだろうか。〔例1〕については，AB間に通謀虚偽表示が存在しているから問題なく適用してよい。しかし〔例2〕においては真の権利者Aと外観的権利者Bとの間に何ら通謀虚偽表示は存在していないのである。しか

---

28)　A・B間の契約関係を前提として「第三者」という概念を用いる場合には，通常，契約当事者とその包括承継人以外の者を意味する。したがって，上例ではA・Bとその包括承継人以外の者は，すべて「第三者」ということになる。

売主
A ――――→ C　第二譲受人
｜ 売買契約
B
買主

29)　同様の趣旨が法定されている場合もある（不登法5条1項，2項参照）。

30)　これに対して，類似する各事項についていちいち規定を設ける煩を避けるために，一定の規定を他の類似する事項について用いることを「準用」という（民法559条参照）。「適用」はある規定のその本来の対象である事項へのあてはめである点が異なる。「準用」は法令上明文の規定がある場合に用いられるのに対して，解釈で準用を試みることを「類推適用」という。

31)　〔例2〕のBは，登記がB名義となっているのを奇貨としてB自身が第三者Dに譲渡するということがありえよう。

し，第三者Ｄの側からみれば，Ｂが権利者の外観を有しているという点については〔例１〕と〔例２〕との間で何ら差はないのであるから，双方の例においてＤは同程度の法的保護を受けるように解釈することが妥当であると思われる。近時の学説・判例[32]は，〔例２〕のような場合にも94条２項を類推適用するようになっている。

(ロ)　反対解釈　「故意又は過失によって他人の権利又は法律上保護される利益を侵害した者は，これによって生じた損害を賠償する責任を負う」という法命題が規定されている（709条[33]）。この規定から，故意又は過失がない限り他人の権利を侵害したとしても損害を賠償する責任を負わないという命題を引き出す解釈方法がある。これを反対解釈という。反対解釈は適用範囲を狭める解釈で類推解釈とは逆方向の解釈である。

### ③　民法解釈の使命[34]

民法の適用は，すべての人について，すべての同種の事例について公平になされなければならない（法解釈の一般的確実性）。しかも，他方では具体的事例について妥当な結論を引き出さなければならない[35]（法解釈の具体的妥当性）。

一般に，文理解釈，形式的な論理解釈，反対解釈は一般的確実性の確保に適しており，目的的な論理解釈と類推解釈は具体的妥当性を確保するのに適していると言われている。前者を重視しすぎると妥当な結論を導くことができず，後者を重視しすぎると民法の解釈を主観的な利益衡量に堕落させてしまうことになる。民法解釈学を学ぶ者としてはこの点に関するバランス感覚

---

32）　学説・判例の傾向については虚偽表示の項（第４章第４節第３款）参照。

33）　これは不法行為の領域における過失責任主義を宣言した条文である。

34）　民法解釈者の使命も同時に問題となりうる。民法に限らず法の解釈は，少なくとも論理的には複数のものが成立しうる。正しい認識論に基づいた解釈は一つしかないとの主張も存在するが，一般的には，同一の問題について複数の解釈が成り立ち，そのうちいずれが妥当なものであるかは解釈者の価値判断に基づいて決定されると解されている。その意味において，法の解釈を行う者は自己の認識の正しさと法の解釈とを自己の全人格的責任において統一するものでなければならない。

35）　たとえば「家賃の支払いが一日でも遅れたら退出する」と印刷された市販の建物賃貸借契約書を用いたり，一方の当事者が予め用意した身元保証書，同意書，示談書を用いて契約を結んだ場合において，他方の当事者にのみ苛酷な条項が含まれているときは，単なる例文であり，その条項について拘束される意思はなかったものとして当該条項の効力を否定して無効とする解釈理論もある。この解釈を例文解釈という。

をも養うように努力しなければならない（「正義の女神」像の天秤を参照）。

# 第6節　民法上の基本原則と私権

民法上の私権は，各個人に属するものである。とはいっても，それは社会的存在であり，その意味において絶対的なものではありえない。私権のこのような性質は，一般に私権の社会性と呼ばれている。第二次大戦後に，このような趣旨を立法化し，民法第1条（新設）に3項に分けて規定が置かれた。[36)]

## 1　私的自治の原則

私的自治の原則は，「個人は万物の尺度である」とする思想を背景としたフランスのレッセフェール（自由放任）思想の法的表現形態である。自由放任といっても，もちろん無責任な放任を意味するものではなく，市民はそれぞれ各自の利害については最も確かな判断者であるから，市民相互の経済的取引は市民自身に任せるのが最も合理的である，との意味である。国家の介入はかえって市民の創意を削ぎ，その活動を萎縮させ産業の発展を阻害するという自然経済秩序の思想（「なすに任せよ，行くに任せよ，世界はおのずから回転する」）の法的表現が私的自治の原則であると考えてよい（末川博「私的自治の原則」民事法学辞典795頁）。

## 2　公共の福祉と私権

「私権は，公共の福祉に適合しなければならない」（1条1項）とは，私権の行使は社会共同生活の向上発展と調和を保たなければならないということである。[37)] 権利が各個人に帰属することが認められていること自体が，社会の約束ごととしての側面を有していることを考えれば，これは当然のことを規定したにすぎないことが分かる。しかし，ここで注意しなければならないこと

---

36)　その際，同時に最高法規たる憲法24条2項を踏まえて，「個人の尊厳と両性の本質的平等」を解釈の基準とする旨の規定が置かれた（2条）。これは，主として家族法（身分法），すなわち親族編と相続編の解釈について意義を有する。

37)　敗戦後の経済の復興再建における電力事業の重要性を考えれば，流材に必要な河水量をえん堤（ダム）から放流することは，電力会社に大きな障害を与えることになるから許されない，とした判例は参考になろう（最判昭25・12・1民集4・12・625）。

は，近代的な私的所有権の確立過程は，封建社会の諸拘束との闘争の過程であったということとの関連である[38)]。権利が私的権利として確立した分野においては，その行使の面で社会との調和が強調されなければならないが，我々の生活分野の中には，個人の権利の私権性が十分に確立していない領域[39)]も存在するから注意を要する。このような分野で公共の福祉との調和を強調することは，立法趣旨とは逆に社会の発展を阻害することになりかねないからである。

### ③　信義誠実の原則と私権

「権利の行使及び義務の履行は，信義に従い誠実に行わなければならない(1条2項)」とは，一般には，社会共同生活の一員として相互に信頼を裏切らないように誠意をもって行動することであるが，とくに債権法においては，最も重要な指導原理である。これは信義誠実の原則（または信義則）と呼ばれている。

〔**例**〕　ＡＢ間の動産の売買契約において，売主Ａが買主Ｂに代金支払を催告したさいに履行地等の点で不明瞭な部分があった。

上の例で催告を受けたＢは，催告状の書面からだけでは代金支払の場所を知ることができなかったとしても，信義則に従い，Ａに問い合わせるなどの行動をとるべきであるから，Ａの催告は有効であったと解すべきである[40)]。

権利の行使が信義則に反するときは，同時に権利濫用となることが多く，義務の履行が信義則に反するときは，債務不履行（415条）が成立することになる。したがって，本条2項の適用のみが問題となるのは，法律や契約の内容の解釈基準[41)]としてである。

---

38)　公共の福祉に関する条項は，第2次大戦後の社会変革との関連で制定されたものであるから，単なる現状維持を目的とした権利行使の抑制等のために利用されてはならない。この点につき後掲注45）板付飛行場事件参照。

39)　労使関係や小作関係などにおいて旧来からの慣行が根強く残っている場合などが問題となる。

40)　契約法〔民法要義5〕96頁参照。

## 4 権利の濫用と私権

(イ) 権利の社会性　この観点を抜きにして，権利と義務との対比をするならば，「権利の行使は不法をなさず（自己の権利を行使する者は，何人に対しても不法を行うものではない[42]）」ということになろう。しかし，人間が社会を構成し，各人が権利を有している以上，各人の権利行使が社会や特定の他人の利益ないし権利と衝突することが生じる。個人主義的法律観の反省のうえに立って私権の社会性・公共性が説かれるに至ると，権利行使の面における社会的制約[43]が重要な問題となる（1条3項）。

(ロ) 成立要件　権利濫用は，単に他人に損害を加えることを目的とする場合に[44]も生じるが，この場合に限定すべきではない。権利者が，もっぱら自分の必要性に基づいて権利行使をしている場合でも，客観的にみて権利行使によって得られる利益よりも他人に与える損害の方が著しく大きい場合には，権利濫用が成立しうると解すべきである。

---

41) 最判昭32・7・5民集11・7・1193　〔信義誠実の原則は，ひろく債権法の領域に適用されるものであって，ひとり権利の行使，義務の履行についてのみならず，当事者のした契約の趣旨を解釈するにもその基準となるべきものである。〕なお，近時の注目すべき判例は以下の通りである。

①Yが，共同相続人Xと共に相続した預金債権のうちのXの法定相続分にあたる部分について何らの受領権限もないのに受領権限があるものとして金融機関から払戻しを受けていながら，その金員についてXが提起した不当利得返還請求訴訟において，一転して，自己の払戻しは民法478条の弁済として有効であるとはいえないから，Xが同金融機関に対してXの法定相続分にあたる預金債権を有しており，Xには「損失」が発生していないと主張することは，信義誠実の原則に反し許されない。（最判平16・10・26判時1881・64）（矛盾的態度の禁止，禁反言，エストッペル（estoppel））

②売主から委託を受けてマンションの専有部分の販売に関する一切の事務を行っていた宅地建物取引業者には，専有部分内に設置された防火戸の操作方法等につき買主に対して説明すべき信義則上の義務がある。（最判平17・9・16判時1912・8）

③貸金業者は，債務者から取引履歴の開示を求められた場合には，その開示要求が濫用にわたると認められるなど特段の事情のない限り，貸金業の規制等に関する法律の適用を受ける金銭消費貸借契約の付随義務として，信義則上，その業務に関する帳簿に基づいて取引履歴を開示すべき義務（一種の説明義務）を負う。（最判平17・7・19民集59・6・1783）

42) ローマ法以来の原則とされている。

43) 広く知られた漫画の主人公「ポパイ」の名称で，漫画の著作権者の承諾なしに，商標権を得た者が，漫画の著作権者の許諾を得てこの名称を用いた商品を販売している者に対して商標権の侵害を主張するのは，客観的に公正な競業秩序を乱すものとして，権利濫用となる。（最判平2・7・20民集44・5・876）

44) ドイツ民法は，権利濫用について「単に他人に損害を加えることを目的とする権利の行使は許されない」（ド民226条）としている（シカーネ〔独〕Schikaneの禁止）。

(ハ)　効果　　権利濫用が許されないということは，その権利行使の効果が生じず，不法行為の要件を充たすなど場合によっては損害賠償義務等が発生することを意味する。

(a)　法律効果の不発生　　土地所有権の権能の一つである物権的請求権の行使が濫用に当たるというような場合[45]には，他人の形式的侵害行為を排斥する効力が生じないことになる。

(b)　損害賠償義務の発生　　ローマ法諺「権利の行使は不法をなさず」の例外として，形式的には権利の行使であっても，他人の利益を違法に侵害したことになり，効果が発生しないだけでなく，損害賠償責任を負う場合もある[46]。

(c)　法律関係の不発生　　形成権の行使が濫用になる場合には，新たな法律関係は発生しない[47]。

(d)　権利の剝奪　　権利濫用の場合に，権利自体の剝奪が法定されている場合もある（親族法上の身分権の1つである親権についての旧834条の親権濫用による親権喪失の宣告，旧835条の管理が失当であったことによる管理権喪失の宣告参照）。

---

45)　大判昭10・10・5民集14・1965　〔所有権に対する侵害が軽微であり，しかも侵害の除去が著しく困難で，実施するとしても莫大な費用がかかる場合に，第三者がこれを奇貨として不当な利得を図るため，侵害に関係ある物件を買いあげ，侵害者に対してその除去を迫るような行為は，社会観念上，所有権の目的に違背しその機能として許さるべき範囲をこえるものであって権利の濫用にほかならない。〕（宇奈月温泉事件）。占領終了により借地契約も終了したとして，米軍基地に飛行場を提供していた者が日本国に対して当該土地の返還を求めたところ，客観的利益衡量のみで主観的な不当な利得を図る要件の充足なくして，権利の濫用の成立を認めた板付飛行場事件（最判昭40・3・9民集19・2・233）は，学説により「権利濫用の濫用」と批判されている。なお，振込依頼人と受取人との間に振込みの原因となる法律関係が存在しない場合における受取人による当該振込みに係る預金の払戻請求は，詐欺罪等の犯行の一環を成す場合であるなど，これを認めることが著しく正義に反するような特段の事情があるときは，権利の濫用にあたるとしても，受取人が振込依頼人に対して不当利得返還義務を負担しているというだけでは，権利の濫用にあたるということはできない。（最判平20・10・10民集62・9・2361）

46)　大判大8・3・3民録25・356　〔適法な営業権に基づく汽車の運転に際し，容易に行える防煙措置を何ら行わずに権利行使の適当な範囲を超越した方法で害を及ぼして由緒ある松樹を枯死させたときは，権利濫用となり不法な権利侵害となるから，侵害者は不法行為による賠償責任を免れることはできない。〕（信玄公旗掛松事件）

## 5 私権の種類

### 1　財産権と非財産権

財産権とは，権利の内容が財産的価値を有するものであって，原則として譲渡性と相続性を有する。非財産権とは，それ以外のものであり，人格権（人の生命・身体・自由・名誉等の侵害に対する権利）や身分権（一定の親族関係に基づいて有する権利）など[48)]が含まれる。なお，親権（820条，824条）は上の両要素を含むと解されている（川島47）。

### 2　絶対権と相対権

近代法においては，物権は絶対権（すべての妨害者に対してその停止要求ができる権利），債権は相対権（特定人に対して一定の行為を要求する権利）として構成されている。

### 3　形成権

特定の人の一方的意思表示（単独行為）によって，法律関係が形成されることがある（取消しや解除など）。このような可能性を権利として観念する場合に，形成権（取消権（120条，121条）や解除権（540条，545条）など）と呼ぶ。

---

47)　最判昭50・4・25民集29・4・456　〔労働組合から除名された労働者に対してユニオンショップ協定に基づく義務履行として使用者が行う解雇は，右除名が有効な場合に限り是認されるものであり，右除名が無効であるときは解雇義務は生じないから，他に解雇の合理性を裏づける特段の事由がない限り，解雇権の濫用として無効である。〕（日本食塩事件）

なお，最近の判例として次のようなものがある。

建物が建築基準法に違反し除却命令の対象であることが明らかである場合に，同建物の所有者が隣接地の所有者に対して下水管の敷設工事についての受忍を求めることは，権利の濫用にあたる。（最判平5・9・24民集47・7・5035）

会社がその代表取締役に建物を賃貸していたところその代表取締役がその妻子を残したまま家を出た後，婚姻費用分担金支払いを命ずる審判がなされたのにこれに従わないという事情がある場合に，会社と代表取締役は別の法人格であるというだけの理由で会社からの明渡請求が権利濫用でないとはいえない。（最判平7・3・28判時1526・92）

借地人が二筆の借地を一体として利用し（ガソリンスタンド），一方のA地上にのみ登記された建物を有する場合に，両土地を譲り受けた者が他方のB地の明渡しを請求するのは権利の濫用にあたる（借地借家法10条1項参照）（最判平9・7・1民集51・6・2251）。

48)　重要なものとしては，社団を構成する社員の地位（社員権），他人の請求権行使を妨げる権利（抗弁権——同時履行の抗弁権（533条），催告の抗弁権（452条），検索の抗弁権（453条）など），財産管理権（代理人が本人の財産につき保存・利用・改良する管理行為を行ったり，処分する処分行為を行ったりする権利。103条，824条，859条，25条，28条参照）などがある。

**〈第1章の参考文献〉**

原田慶吉『日本民法典の史的素描』（創文社，1954）
中川善之助『新民法の指標と立案経過の点描』（朝日新聞社，1949）
鳩山秀夫『債権法における信義誠實の原則』（有斐閣，1955）
我妻栄『民法研究Ⅱ総則』（有斐閣，1969）
末川博『権利濫用の研究』（岩波書店・1949）
明石三郎『自力救済の研究』（有斐閣・1961・増補版1978）

# 第2章　権利の主体

## 第1節　序——人格の観念

### 1　人格の歴史的意義

奴隷制社会における奴隷は，人格を認められていなかったのであり，法的には権利の主体ではなく，権利（所有権）の客体であった。封建社会においては，領主の専制的権利の下に社会体制が構成されていたから，農奴のように権利能力を制限されていた場合もあったし，家制度の中で家族が権利能力を制限されていた例もあった。近代市民革命を経て，封建的諸拘束から脱却し自由平等を理念とした市民社会が誕生するに至ってはじめて，すべての自然人に平等に権利能力が認められるようになったと考えてよい。

すべての人を独立の人格者として扱うということは，このような歴史的理由から考えて封建領主等の庇護を受けることができなくなることを意味している。これに代えて，近代法は，私的所有権（私有財産）の絶対を認め，契約の自由を認めることによって，自由な人格者の生存を確保しようとしている。自由な人格者が私的所有権を保障され（私的所有権絶対の原則），自由な契約によって（契約自由の原則）経済活動を行うには，「過失なければ責任なし」（過失責任の原則）の原則を必要とする。とくに，この原則が産業資本主義の発展を側面から支えてきた意義は大きい（近代私法の三大原則[1)]という）。

1）　しかし，資本主義の発展に伴ってそれぞれの原則をめぐって矛盾が顕在化し，一定の修正を迫られることになる。例えば，借地・借家問題や小作問題との関連では私的所有権絶対の原則と契約自由の原則が，労働問題との関連では契約自由の原則が一定の制限を受けるに至っている。また，大企業が周辺の環境を害しつつ大きな利益をあげている場合にも，過失の認定が困難であるというだけで責任が問われないというような事態が発生するに至り（公害問題など），企業の社会的責任と過失責任主義の根本的検討が迫られてきた。

### 2 人格の意義

人格とは権利・義務の帰属主体となりうる法的地位のことであり，法人格ともいう。権利・義務の帰属地点たりうる能力という観点から表現する場合には，権利能力という。

近代社会のように，すべての人間が権利能力を有することが常識となっている場合には，日常生活の中でことさらに人格が意識されることはない。しかし，個人以外の団体が権利・義務を取得しようとする場合には，その団体が権利能力を有しているか否かということが決定的に重要な要素となる。権利能力を有する団体を法人[2)]といい，そうでない団体を権利能力なき団体[3)]（社団と財団）と呼んでいる。権利能力なき団体が実質的に権利を取得しようとする場合には，代表者たる自然人の名義を用いる等の工夫をせざるをえないのが実情であるが，そのこと自体がその自然人・個人の財産との区別を困難にするなどの問題[4)]を生じさせていた。なお，特別法については3 4および第3節5参照。

### 3 特定非営利活動促進法（NPO法）

特定の非営利活動の促進を図るために，特別法が制定された。これは，非営利一般の法人法としてでなく，民法33条の公益法人の特別法である。その要件は，以下の通りである。

(1)「特定非営利活動」を行うことを主たる目的とする団体であること。特定非営利活動とは，以下の12の活動に該当するものである。①保険，医療または福祉の増進を図る活動，②社会教育の推進を図る活動，③まちづくりの推

---

2)　営利法人としては株式会社，合名会社など，公益法人としては社会福祉法人，宗教法人，私立学校法人など，中間的法人としては農業協同組合などがある。

3)　非営利団体は法律に特別の根拠がない限り法人格を取得することができない。例えば，○○高校同窓会などは団体の意思決定機関があり，一定の財産を有していても法人格を取得することはできなかった。現在では，一般社団法人及び一般財団法人法（後述第3節5参照。

4)　○○高校同窓会の会費を会長の個人名義の口座を設けて銀行に預金した場合に，会長の個人財産との区別は形式上は困難である。預金については，実務上，団体の肩書を付した代表者個人名義または団体名での口座も一定の場合に認められている。この種の団体が不動産を取得した場合の登記名義についても同様の問題が生じるが，預金口座のような便宜は認められていない（第2章第3節9参照）。

進を図る活動，④文化，芸術またはスポーツの振興を図る活動，⑤環境の保全を図る活動，⑥災害救援活動，⑦地域安全活動，⑧人権の擁護または平和の推進を図る活動，⑨国際協力の活動，⑩男女共同参画社会の形成の促進を図る活動，⑪子どもの健全育成を図る活動，⑫前各号に掲げる活動を行う団体の運営または活動に関する連絡，助言または援助の活動。

(2)　営利を目的としないこと

(3)　社員の資格の得喪に関して，不当な条件を付さないこと

(4)　役員のうち報酬を受ける者の数が，役員総数の3分の1以下であること

(5)　その行う活動が，所定の宗教・政治活動に該当する団体でないこと

(6)　10人以上の社員を有すること

(7)　暴力団または暴力団もしくはその構成員の統制の下にある団体でないこと[5)]

### 4　旧中間法人法

従来，公益法人は民法に基づき，営利法人は会社法または有限会社法の規定に基づいて設立できたが，公益も営利も目的としない中間的団体については，法人格の取得を可能とする一般的な法制度がなく，その必要性が指摘されてきた。そこで，このような団体について，準則主義による法人格の取得を可能とするために，中間法人法が制定された（平成13・6・15）が，平成18年制定の「一般社団法人及び一般財団法人法」に吸収された。

### 5　一般法人法

同法については，本章第3節法人 5 参照。

5)　堀田/松原/浜口/雨宮/浅野『NPO法コンメンタール』（日本評論社，1998年）11頁。

# 第2節　自　然　人

## 第1款　権　利　能　力

### ①　権利能力の始期

「私権の享有は，出生に始まる」（3条1項）。すなわち，自然人はすべて出生によって平等に権利能力を取得する。

#### 1　出生の概念

出生の概念（時点）については，法律上は何の規定もない。出産の過程のどの時点をとって出生とみなすかについては，母体から胎児の一部が露出した時（一部露出説），胎児が完全に母体から分離したとき（全部露出説），さらに独立の呼吸を始めるに至った時（独立呼吸説）などが主張されているが，出生の時期が明確であることから，全部露出説が通説となっており，妥当である[6)]。

#### 2　出生の証明

子が出生すると，生後14日以内に出生届をしなければならないが（戸49条），これは手続上の問題であって権利能力の取得という実体関係がこれによって左右されることはない[7)]。戸籍簿の記載には一応の推定がはたらくから，

---

6)　一部露出説は，刑法の分野において通説となっている。医学上，民法上，刑法上の立場によって，いかなる時点を出生とみるかは，それぞれの目的に従って考察されるべきであって，必ずしも一致する必要はない。

また独立呼吸説（鳩山43）によれば，胎児が母体から生きた状態で分離したにもかかわらず，独立呼吸ができないで死亡した場合には，死産とすべきことになるが，一般の感覚にあわない。

ドイツ民法1条，スイス民法31条の1はいずれも「出生の完了」をもって出生とみなすと定めている。

7)　実体関係が戸籍の記載に左右されない例としては，「他人の子供を直接自分の嫡出子として届出をしても，真の親子関係はもちろん，養親子関係も生じない」とする判例（大判昭5・12・23刑集9・949）などがある。

なお，1987年に社会的要請に応じて設けられた「特別養子」の制度（817条の2〜817条の11）によれば，養子と実親との法律上の親族関係は縁組の日から消滅する。実親との関係での扶養，相続，引取り要求等の問題は法律上は生じないし，戸籍簿にも「養子」という表示や実親の名前は一切なく，普通に，長男，長女等と表示され，父母欄には，養親の名前のみが普通の方法で記載される。

出生およびその時点についての有力な証明材料にはなるが，絶対的なものではない。医師，助産師，その他の出産立会人の証明によってこれを覆すことができる。また，戸籍簿に記載されないまま成長しても，その子供は，出生の時より当然に権利能力を有している。

### 3　胎児に関する例外

#### (1)　胎児の意義

胎児とは，受胎から出生までのものをいう。自然人は，出生により権利能力を取得するから，胎児には権利能力がない（3条1項）。しかし，たとえば，図の例において，A・B夫婦の子cが未だ胎児のうちにAが病死した場合を想定すると，相続はAの死亡と同時に開始するから，この原則によればcには未だ権利能力がなく，母Bと子a，bのみが相続人となる。その後にcが出生した場合に，cには何らの相続権もないとすると，胎児に極めて不利益である。そこで，民法は，重要な法律関係においては，胎児をすでに生まれたものとみなして個別的に胎児の権利能力を認めている（個別主義）。民法が胎児をすでに生まれたものとみなしているのは，損害賠償請求権（721条），相続（886条），遺贈（965条）の3つのみである。[8]

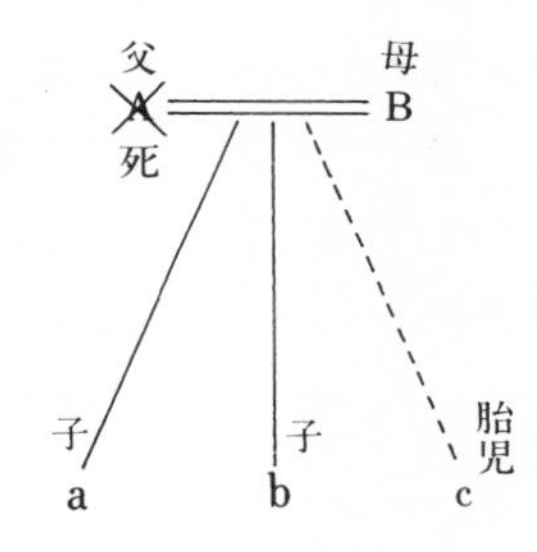


#### (2)　「生まれたものとみなす」ことの法的意味

「生まれたものとみなす」とは，生まれたものとみなされる範囲内で，胎児中といえども権利能力が認められるという意味に解すべきであろう（我妻52）。したがって，もし死産であったときは遡及的に権利能力を喪失すること

---

8)　日本民法典と同様に，ドイツやフランスの民法典なども「個別主義」をとっている。これに対し，スイス民法典のように，胎児が生きて生まれることを条件にすべての法律関係について権利能力を認めるという「一般主義」を採用している立法例もある。

個別主義については適用範囲が明確であるという利点があるが，逆に網羅的でないという欠点もある。例えば，民法では，父に胎児の認知権を認めながら（783条），胎児からの父に対する認知請求権を認めていないのは欠陥であるとされている。

なお，父による胎児の認知権に関する規定は胎児の権利能力そのものに関する規定ではないが，この規定の適用を前提にしないと，上記の3つの例外が無意味になる場合があるという意味において，注意すべき規定である（783条）。

になる。このような考え方を法定解除条件説と呼ぶが，判例と一部の学説は，法定停止条件説と呼ばれる別の考え方をとっている[9)]。解除条件説に従うと，胎児についても法定代理人（母など）が存在し，遺産分割に参加したり，損害賠償請求権を行使（保全処分も含めて）することができ，その限りでは胎児といえども生まれている者と同様に保護されることになる。

なお，胎児が死産であった場合は，遺産の再分割等が行われなければならないから，誕生か死産かがはっきりするまでは法律関係を確定しえないという意味では，法定停止条件説と同様である。したがって，いずれの説に立っても胎児の出生までは遺産の分割は停止するのが実際上は妥当であろう。

**〔例〕**　Ｙ鉄道会社の踏切で，Ａが電車にはねられて死亡した。事故当時Ａの妻Ｂは，Ｘを懐胎していた。Ａの父親Ｃは，ＢやＸなど近親者を代理してＹ会社と交渉し，弔慰金を受けとり，以後一切の請求をしない旨の和解契約（695条以下）を締結した。Ｘは，出生後にこの和解契約の無効を主張しうるか。

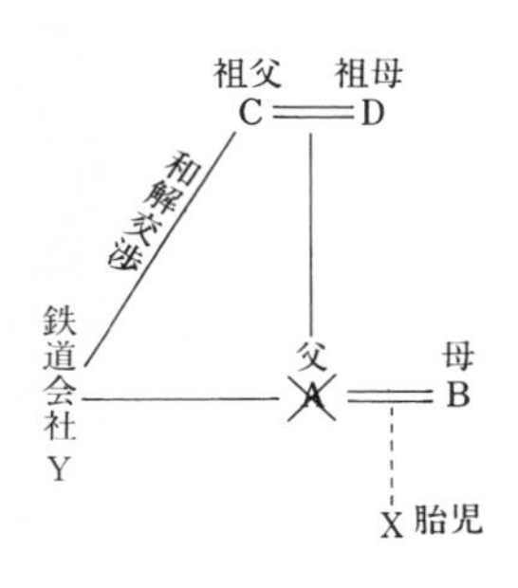


民法は不法行為に基づく損害賠償請求権については，胎児Ｘも権利能力を有するとしている（721条）。したがって，胎児中でもＸは法定代理人によって権利行使ができるから（5条，818条以下の類推適用），Ｘの母Ｂが，法定代理人となってＸのＹに対する損害賠償請求権の行使をＣに委任したものと解することができる（解除条件説）。したがって，Ｘは当然にＣがＹとの間で行った和解契約に拘束される[10)]。

前述のように，解除条件説[11)]によれば胎児の権利行使ができるので一見胎児を保護しうるようにみえるが，上の事例のように，法定代理人が胎児を代理して権利の処分ができる点は，事実上胎児に不利益をもたらすおそれがあり，決して胎児保護に役立たないとの批判がなされている。しかし，この批判は

9)　法定停止条件説　「生まれたものとみなす」とは，胎児中には権利能力はなく，生きて生まれたときに生まれた時期が問題（不法行為または相続開始）の時点にまで遡及するというものである。したがって，胎児のうちは損害賠償を請求することも相続に参加することも出来ず，生きて生まれた場合に遡及的に権利を取得する。

胎児の親が胎児にとって不利益な処分行為をなすことを前提としている。利益になることがあれば不利益になることもあるのは当然で，一般に利益と不利益のいずれが大きいかが問題なのである。胎児中に法定代理人として子に不利益な処分行為をした母親なら，胎児が出生した後も同じような不利益処分をしないとは限らない。子の胎児中に事実上示談に応じた母親が，後に子を出生すると前言をひるがえして，子の代理人として，示談を無効だと言うことの方がはるかに道理に反している。むしろ，法定代理人は子の利益の保護のために権利行使をするものであるという大前提にたって，遺産の分割，損害賠償請求権の保全行為などを積極的に認める方が，子の利益保護に役立つと思われる。前記事例のように不利益をもたらすことがままあるというだけで，胎児に法定代理人を認めないとしたら，大を捨てて小を取ることを意味するのではなかろうか。[12)]

また，遺産分割については，子の出生まで分割を停止するのが妥当であると述べたが，かりに停止しないで分割をしてしまった場合について，両説を

---

10)　上の〔例〕に関する法定停止条件説にもとづく解説
　Cのなした Y との示談交渉は，胎児Xの出生前であり，未だXには権利能力がない状態であった。胎児中には法定代理人は存在しえないのであるから，BがXを代理してCに委任した損害賠償請求権の処分は無効であり，Cのなした示談交渉はXに効果を及ぼさない。
　この事例とほぼ同種の事件において，判例は，「胎児ガ不法行為ノアリタル後生キテ生レタル場合ニ不法行為ニ因ル損害賠償請求権ノ取得ニ付キテハ出生〔⇒不法行為――著者注〕ノ時ニ遡リテ権利能力アリタルモノト看做サルベシト云フニ止マリ，胎児ニ対シ此ノ請求権ヲ出生前ニ於テ処分シ得ベキ能力ヲ与ヘントスルノ主旨ニアラザルノミナラズ仮令此ノ如キ能力ヲ有シタルモノトスルモ我民法上出生以前ニ其ノ処分行為ヲ代行スベキ機関ニ関スル規定」がないとの理由で，生まれる子に対して和解契約の効力を否定した（大判昭7・10・6民集11・2023阪神電鉄事件）。
　なお，停止条件説は，現在では，学説上，少数説であると考えてよい。

11)　2つの学説の違いを図示すれば，次の通りである。

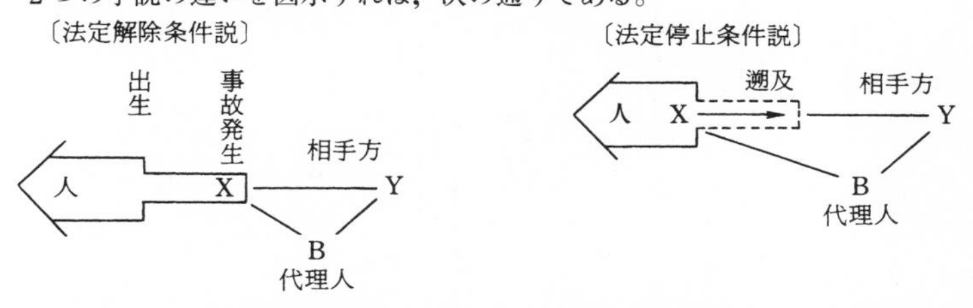


12)　鈴木ハツヨ「胎児の権利能力・未認知子の損害賠償請求」民法判例百選Ⅰ15。なお，第4章第7節第4款❷(1)参照。

比較すると[13]，停止条件説では子が生きて生まれたら，すでに遺産分配を受けた他の相続人から，出生児の相続分をとり戻さなければならないが，すでに散財して取り戻し不可能なことも予想される。解除条件説では，子が死んで生まれた場合は，その子の取り分として保管されていたものを他の相続人に追加して分配すればよい（胎児の出生前に法定代理人がその子の取り分を他に処分してしまうことは事実上まれであろう）。取り戻すより，追加給付する方が手続的にも実際上もはるかに簡易である。まして，死産の方がはるかに少ないことを考えれば，解除条件説[14]の方がすぐれているといえよう。

## ② 権利能力の終期

自然人の権利能力は死亡によって終了する。規定はないが，生命ある人間に権利能力を与えたことの論理的帰結である。権利能力の終了原因は，死亡のみである。

### 1　死亡の時点

出生の時点の確定は医学上の見解と必ずしも一致しないが，死亡の時点については本質的に医学上の見解に左右されると考えてよい。しかし,「心臓の機能が回復不可能な状態で停止した時」「脳波の停止した時」など,「死」に関する医学上の判断が一致しないため，法律上も判断の一致がみられないのが現状である[15]。

### 2　死亡の証明

(1)　**原則**　　戸籍の死亡届は医師の診断書または屍体検案書を添付して死

---

13)　胎児中に遺産分割をした場合における法定停止条件説と法定解除条件説の相違

| | 胎児中の法定代理人の存否 | 胎児中の遺産分割等の参加の可否 | 遺産分割等の後胎児が死産であったとき | 遺産分割等の後胎児が生きて生まれたとき |
|---|---|---|---|---|
| 法定停止条件説 | 不可 | 不可 | 影響なし | 再分割 |
| 法定解除条件説 | 可 | 可 | 再分割 | 影響なし |

14)　解除条件説の中には，胎児の権利の保存についてだけ，その母に法定代理人たる地位を認めようとする説（制限的権利能力説）もある（四宮〔第4版〕40)。

亡の事実を知った日から7日以内に提出しなければならない（戸86条1項）。医師から証明書を得ることができないときは，「死亡の事実を証すべき書面[16]」によって死亡が確認される（戸86条）から，戸籍に記載された日時に死亡したものと認められる。

医師の死亡診断や屍体検案による証明も絶対的に正確なものではなく，多少の推定が加わっているから，その事項を覆すだけの立証がなされればその日時が死亡時とされる。以上の証明も困難な場合には，次の方法による。

⑵　**認定死亡（戸89条）**　シケの海で遭難・転覆した漁船の乗組員，航空機の墜落により海洋上で行方不明の乗客，戦地で玉砕した兵士などのように，死亡の確認はないが危難に遭遇して諸般の事情から死亡したことが確実であると認められる場合には，失踪宣告（後述）を待たずにその取調をした官庁または公署が死亡地の（外国等の場合には死亡者の本籍地の）市町村長に死亡の報告をすると（戸89条）戸籍にその旨の記載がなされる。これは，後に生存の確証があればその訂正がなされるが，反証のない限りは戸籍記載の死亡日に死亡したものとして扱われる（最判昭28・4・23民集7・4・396）。

⑶　**失踪宣告**　後述（第8款）の失踪宣告（30条）がなされた場合には，失踪期間満了の時点において死亡したものとみなされて法律関係が処理されるが（31条），その者が生存している限りは，この宣告によって権利能力を喪失することはない。

### 3　同時死亡の推定

⑴　**推定規定の追加**　死亡した者が数人いて，いずれが早く死亡したか判断がつかない場合には，これらの者は同時に死亡したものと推定される（32条の2）。民法には，従前は当該推定規定が存在しなかったが，昭和37年の民法の一部改正[17]（法40号）によって本規定が追加された[18]。

---

15）　最近では，伝統的な心臓死に対して，脳死をもって死とすべきであるとの見解が有力に主張されている。臓器移植との関連で論じられることが多いだけに，宗教学，倫理学・哲学などの領域からの意見も傾聴して慎重に検討すべきである。臓器移植法では，「脳幹を含む全脳の機能が不可逆的に停止するに至ったと判定された」場合を脳死としている（同法6条2項）。

16）　死亡の事実を証すべき書面
山で遭難した者の遺体の収容が不可能な場合における目撃者の事実の陳述書，入水自殺目撃者の事実陳述書，僧侶などの葬儀執行証明書，死亡確認証など。

**(2) 死亡時期の前後不明**　推定を受けるのは，死亡したことが確実な者の間で死亡時期の先後が分明でない場合に限られる。死亡時期が明らかでなくても，１人が他のものより長く生存していたことが明らかならば，この推定はうけない。また，生死不明の者がこの推定をうけるには，失踪宣告や認定死亡によって死亡の事実が確定されなければならない。推定をうける者は同一の危難に遭遇して死亡した数人のものであってもよいし，全く別の場所で機会を異にして死亡したが，いずれが先に死亡したか判明しない場合でもよい。

**(3) 推定の意義**　推定を受けるということは，反対の証拠，すなわち，いずれか一方が他方より長く生存していたことの証拠が挙げられれば，同推定は覆されるということを意味している。

**(4) 推定の効果**　同時死亡の推定の結果，本来ならば相続人と被相続人の関係にある者相互の間でも，相続は起きない。

〔**例**〕 ＡとＣが同時死亡の推定を受けた場合には，ＣはＡを，ＡはＣを相続できない。しかし，Ｃの子Ｅ，Ｆはその父Ｃに代襲してＡを相続することができる[19)]（887条２項）。

---

17）加藤一郎「同時死亡の推定」（『民法における論理と利益衡量』255頁）参照。

18）本規定が追加される以前は，いずれが先に死亡したかによって，相続分（900条）に大きな違いが生じた（相続分は昭和55年改正の現行法による）。

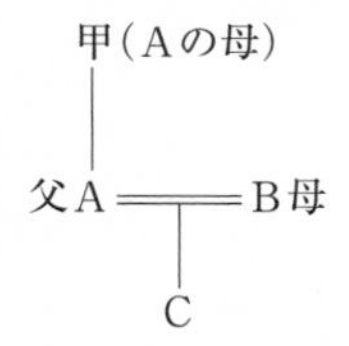


ＡとＣがヨット遊び中にヨットが転覆し，両名とも海に沈んで死亡したとみられた場合において，

(イ)ＡがＣより早く死亡していれば，

Ａの遺産は　Ｂが２分の１，Ｃが２分の１相続する。

その直後にＣが死亡したとなれば，Ｃの相続分はＢが相続するから，最終的にはＡの遺産は全部Ｂが相続し，甲は相続しえない。

(ロ)ＣがＡより早く死亡していれば，

Ａの遺産は　Ｂが３分の２，甲が３分の１相続する。

上のような事例では，ＡとＣのどちらが早く死亡したかを証明することは甲，Ｂのいずれにとっても困難であり，改正前は甲ないしＢのうち，事実上早く利益を占めた者が保護されることになるという欠陥を有していた。

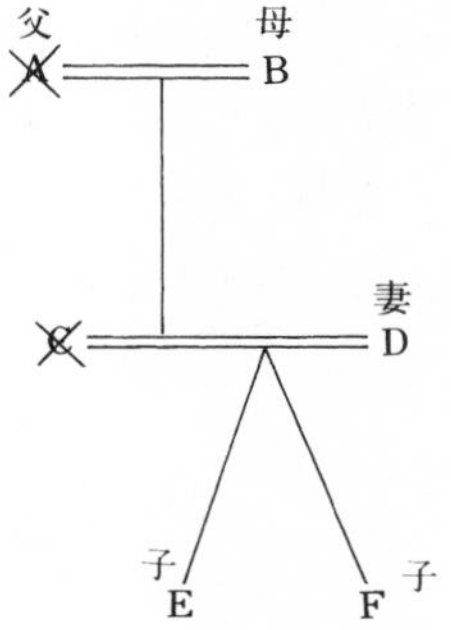

右図の例で，AがCに遺贈している場合にも，遺贈は効力を生じない[20]。

### ③ 外国人の権利能力

#### 1 外国人の意義

外国人とは，日本国籍を有しない自然人のことであって，無国籍人あるいは外国の国籍を有する者をさす。

#### 2 原　　則

外国人といえども，すべて人は平等に権利能力を有するのを原則とする（3条2項）。

#### 3 例　　外

外国人の権利能力は，例外的に法令または条約[21]に基づいて制限されることがある。日本国民の権利能力の制限が法律（形式的意味で）によらなければならないのに対し，外国人の権利能力の制限が法令または条約によっても可能であるのは，憲法上の保障の程度が異なるためである。例外を設けているのは，国策上やむをえないところであり，これは「内外人平等の原則」を否定するものではない[22]と解されている。

⑴ **禁止されている権利**　水先人となる権利（水先人法5条項），日本船舶の所有権（船舶法1条），日本航空機の所有権（航空法4条），鉱業権（鉱業法17条），租鉱権（鉱業法87条）がある。

⑵ **制限されている権利**　国または公共団体に対する損害賠償請求権（国賠法6条），不正競争による損害賠償請求権（不正競争防止法4条），無体財

19）887条は，同時死亡の規定の追加の際に改正された。887条2項は「以前に死亡し」とあり，同時またはその前に死亡したことを要件としている。

20）994条も同時死亡の規定の追加の際に改正された。「遺言者の死亡以前に受遺者が死亡したときはその効力を生じない」とあり，同時またはその前に死亡したことを遺贈の失効事由としている。

21）条約による禁止・制限は実際には存在しない。

22）歴史的には，外国人の権利能力は否定されたこともあったが，世界的経済取引と文化の発展により，現在ではすべての文明国において「内外人平等」は私法上の大原則とされている。外国人土地法（大正14年4月1日，法42）第1条等参照。

産権（特許法25条ほか），土地所有権（外国人土地法・外国人の財産取得に関する政令3条・4条）がある。

なお，職業の自由の制限も，特別権利能力の制限としてあげられることがある（公証人法12条）。

## 第2款　意思能力と行為能力

### ① 意思能力

#### 1 意　　義

すべての者が生まれながらにして権利能力を有するといっても，個人が具体的に権利を取得し，義務を負うためには，その者の意思活動に基づく行為によらなければならない（私的意思自治の原則）。法がある者の意思活動に一定の法律効果を与えるためには，その者が一定程度以上の精神的判断能力を有していなければならない。すなわち，自分の行為によっていかなる権利義務の変動が生じるかを予見し，認識することのできるだけの精神的能力を有する者がなした行為にのみ，法律効果が与えられるということである。この正常な認識力と予期力とを包含した精神的能力を意思能力という[23)]。

#### 2 意思能力を欠く者の行為

これは，無効である。法律に明文の規定はないが，「私的意思自治の原則」の当然の帰結として，通説・判例とも一致して無効[24)]としている[25)]。

---

23)　一般的には7歳から10歳程度の通常の子供の精神的能力以上の能力をさすと考えてよいが，実際には，個別具体的な法律行為との関連で判断されるべきである。

24)　大判明38・5・11民録11・706。ただし，制限行為能力者が，取消しを主張せずに意思無能力による無効を主張できるか，については後述する（第2章第2節第4款第2項3(2)以下）。

25)　意思能力はもっぱら法律行為との関係で用いられる概念であるが，不法行為の面では同様な精神的能力を責任能力と呼んでいる。この責任能力を欠く者が損害賠償責任を負わないことについては明文の規定がある（712条・713条）。また，意思能力と責任能力は同程度の精神的能力と理解してよいが，具体的事例においては，判例などにもみられるように責任能力の方が若干高度なものと考えられることが多い。これは，責任無能力者の加害行為については監督者が責任を負う（714条）ので，責任能力があったとして行為者自身に責任を負わせるより，責任無能力者であったと判定して，監督者の責任を追及する方が，被害者救済にとって好ましいとの配慮に基づくものであった。しかし，近時，判例は，未成年者に責任能力が認められる場合であっても，その監督者に対して709条の責任を追及することは可能であると解しているので，前述のような配慮の必要性は低くなったと考えてよい（最判昭49・3・22民集28・2・347）。

## ② 行為能力

### 1 制度趣旨

意思能力のない者のなした行為に法律的な効力を与えないとすることは，意思無能力者を保護することになるが，その行為をした時点において，全く意思無能力の状態であったことを証明するのは，実際には容易ではない。

また，その者がかろうじて意思能力を有している場合においても，複雑な取引行為をするには必ずしも十分な精神的能力を有しているとはいえないこともある。たとえば，子供が小遣銭で菓子を買うについては十分な意思能力があるとしても，不動産売買，その他の経済活動をするために必要な精神的能力は有していないというような場合である[26)]。そこで

(a) 満20歳にならない者（4条―6条）

(b) 事理弁識能力を欠く常況にある者で，後見開始の審判を受けた者（7条―10条）

(c) 事理弁識能力が著しく不十分で，保佐開始の審判を受けた者（11条―14条）

(d) 事理弁識能力が不十分で補助開始の審判を受けた者（15条―18条）

については，これを画一的に制限行為能力者として，意思能力の有無を検討せずに「制限行為能力者であること」を理由として，その行為（(c)については13条所定の行為，(d)については17条の同意を要する行為）を取消す（第4章第8節①参照）ことができる，として精神的判断能力の不十分な者を保護することにした。これが制限行為能力の制度であり，取消し原因のない完全な行為をできる能力を行為能力という[27)]。

### 2 制限行為能力者制度の機能

**(1) 取引の安全と関係**　　まず，この制度は制限能力者の利益を保護するものである[28)]。他方，制限能力者のなした行為は，画一的に取消しうるとす

---

26) 須永醇「権利能力，意思能力，行為能力」（『民法講座』Ⅰ）は，この問題に関する重要文献である。須永・総則32頁以下も参照。

27) 制限行為能力の制度は法律行為のみに関する規定であり，不法行為については適用されない。不法行為については，各場合に個別的に責任能力（判断能力）の有無が審査されなければならず（712条，713条参照），画一的に責任無能力者制度のようなものを設けることは無意味であるからである。

ることによって取引の相手方を慎重にさせ，警戒させることになる。しかしながら，制限能力者も現実に取引行為をする以上，意思能力を有する場合の方が多いであろうし，また取引を有効に成立させることを望む場合の方が多いであろうから，その者のなした行為も一応有効（ただし，取消ししうる行為）とし，さらに相手方に催告権（20条）を与えることによって相手方の利益をも保護している。取消権に時効消滅[29]（126条）を認めたのも同様の趣旨である。

(2)　**身分法上の行為**　　制限行為能力に関する規定は，財産法上の保護規定であり，身分法上の行為には適用されないのが原則である。身分法上の行為は本人の意思を十分に尊重する必要があるから，意思能力のある限りは瑕疵のない完全有効な行為をなすことができるとしなければならない。ただし，民法に個別の明文規定のある場合[30]およびこれに準ずるべき場合にだけ同意を要し，代理を許すと解するのが判例・通説であり，妥当な見解である。

### 3　社会類型的契約と制限能力者制度

電気，水道，ガス，電信電話，汽車，電車，自動販売機の利用などについて，制限能力者制度はどこまで適用になるか[31]。

〔**例**〕　成年被後見人Aは，ある日，後見人に無断で1人で外出し，駅前にあるジュースの自動販売機で缶ジュース1個を買い，ＪＲの切符自動販売機で1区間切符を買ってその駅まで往復して帰宅した。このような行為も取消すことができるか。

上の行為は，いずれも自動販売機利用の行為であり，誰が行っても，能力

---

28)　ただし，有産の制限能力者の利益の保護になるだけで，無産者にとっては機能するところが少ないと言われている。

29)　これを時効期間と解するか，除斥期間と解するかについては，争いのあるところである（第6章第3節❸3(2)参照）。

30)　総則の規定の適用等が明文化されている例
相続の承認・放棄（919条2項），親権の代理行使（833条，867条）がある。なお，婚姻（731条・737条〔後述注36）参照〕，738条），離婚（764条），縁組（799条），離縁（812条），認知（780条），遺言（961条，962条，973条），子の氏の変更（791条）等は，明文をもって制限能力者といえども単独で有効になしうるとされている。このように単独でなしうるものがわざわざ明文化されていることを理由に，総則編の制限能力者の規定が原則として身分行為にも適用されるとする（これらの規定がなければ能力制限規定により単独ではなしえないはずである）説もあるが，妥当ではない。

31)　上記の事例における行為者が，未成年者である場合には，法定代理人による「随意処分の許可」（5条3項）の範囲内の行為として処理することも可能であろう。

の程度にあまり関係なく同じ結果が生じることになるような行為である。しかも，相手方は能力審査の機会がほとんど与えられず，そのため取引を回避することが不可能に近い。反面，制限能力者には利用利益が大きく，それに比べ不利益は小さい（不利益が大きい場合は別）。

制限能力者のなした行為が取消ししうるのは，その相手方において取引を回避しようと思えばできることが前提となっているといえよう。その意味で，上の例では相手方にその機会はないのであるから前提を欠くものとして取消しを認めないのが相当である。しかし，この類型に属する行為でも，生活必需品の範囲を超えて責任が拡大する場合には，取消しを認めるべきである。この理論は，普通契約約款による契約などについても妥当する。このような限定のもとで，大量かつ定型的になされる行為については，自分の行為の最小限度の社会的意味を理解していれば，原則として有効と解してよいのではなかろうか[32)]。

### 4　日常生活必需品契約と制限能力者制度

生活必需品契約も社会類型的契約と同様に，制限能力者制度との関係が問題である。制限能力者制度は法定代理人等の保護者をもつ制限能力者の利益保護にはなるが，かろうじて自力で生活できる制限能力者にとっては事実上，利益がないばかりか，生活必需品に関する取引――例えば日用品売買，食料品売買，生活本拠の賃貸借など――までも制限される意味で，実際上，不利益に働くことがあった。この点は，立法的解決が望まれていた[33)]。

---

32)　自分の行為の最小限度の社会的意味を理解できる能力とは，例えば自動販売機で缶ジュースや乗車券を買うには，一定額の金銭を支払わなければならないということを理解できる程度の能力と考えてよい。意思能力というのは，すべての法律行為に関して共通に存在する必要はなく，個別・具体的な法律行為をなすに必要な精神的判断能力があればよいと解すべきである。

33)　この点は，2000年の改正で，立法的に解決された（9条ただし書参照）。

## 第3款　未　成　年　者

### ①　成年期

#### 1　成　　年

満20年をもって成年とし（4条），成年に達しないものを未成年者とする。年齢は，出生の日から起算して，暦に従って計算する（年齢計算に関する法律・明治35年法律第50号）。期間の起算点に関する民法140条の規定は，初日不算入を原則とするが，年齢計算のみは，その例外となる[34)]。

#### 2　婚姻による成年擬制

未成年者が婚姻したときは，これによって成年に達したものとみなされる（753条[35)]）。婚姻生活の独立性を尊重し，外部から干渉を受けることを防ぐこと，夫婦の協力によって判断能力を補充しあえること，婚姻の体験によって精神的能力が成熟度を増すこと，婚姻後も親権に服するという煩雑な法律関係を回避すること，などの理由によるものである。

では，未成年者が婚姻により成年者とみなされた後，未だ20歳になる前に婚姻を解消した場合に，これらの者は未成年者として扱われるのだろうか。

いったん成年者とみなされた以上，婚姻解消後も成年者として扱われるとするのが妥当である。婚姻による成年擬制の主要な理由として，婚姻の体験によって精神的能力が成熟することをあげるのであれば，解消後も成年者として扱うべきである。婚姻生活の独立性のみを重視するのであれば，婚姻が

---

34)　年齢のとなえ方に関する法律（昭和24年法律第96号）　この法律施行の日以後，国民は，年齢を数え年によって言い表わす従来のならわしを改めて，年齢計算に関する法律の規定により算定した年数（1年に達しないときは，月数）によってこれを言い表わすのを常とするように心がけなければならない。（第2項は省略）

これによると，2000年5月5日生れの者が成年に達するのは，2020年5月4日の満了時である。

35)　731条は，男は満18歳，女は満16歳にならなければ婚姻をすることはできないと規定している。この婚姻適齢に達していない者，たとえば男16歳，女15歳の2人が婚姻をし，誤って届出が受理された場合にも，2人は成年に達したものとみなされるであろうか。

婚姻によって成年に達したものとみなされるのは，制度趣旨等から考えて婚姻適齢に達した未成年者に限る，と解するのが妥当であろう。

解消されたときは独立性を尊重する必要はないから，行為能力を失うと解することも可能である。しかし，いったん成年として社会的取引に関与することを許された者が，婚姻の解消によりその行為能力を失うというのでは取引の安全を害することになり，再び未成年とすることにより煩瑣な法律関係を生ずるから，精神的能力の成熟を前提として解消後も成年者として扱われるとする説が妥当である[36)]。

## 2 未成年者の能力

### 1 原　則

未成年者が法律行為をなすには，その法定代理人の同意[37)]を必要とし，同意なしになされた行為は，これを取り消すことができる（5条，120条）。

(イ) 法律行為とは，売買，贈与，賃貸借などのように，意思表示を要素とする法律要件である（詳しくは第4章・法律行為参照）。

(ロ) 法定代理人とは，法律に基づいて代理人となった者であり（後述 3 参照），具体的には，①親権者（818条，819条），②後見人（838条以下）などをさす。

(ハ) 同意とは，明示的同意に限らず黙示でもよい（大判昭5・7・21新聞3151・10）し，予見可能な範囲内において包括的同意でもよいと解されている（通説）。

(ニ) 取消しとは，いったん有効に成立している法律行為を初めからなかったことにする一方的な意思表示である（121条）。

### 2 例　外

未成年者が，以下の行為をする場合には，法定代理人の同意なしに単独で

---

36) 不適齢婚も誤って受理されれば，彼らは成年に達したものとみなされるとする見解に立ち，かつ他方で未成年者が婚姻を解消しても，その後も成年者として扱われる，とする学説の中には，不適齢婚をした者が婚姻を解消したときのみは，成年者として扱うのは不当であると指摘するものがあるが，不適齢婚はもともと成年者扱いをしないとの見解に立てば，このような複雑な構成は避けられる。

37) 法定代理人の同意権は，財産に関する行為にとどまり，身分上の行為には及ばない（大判大15・6・17民集5・468）。例えば，未成年者が婚姻する場合にその両親が死亡していれば，法定代理人の同意は不要である。737条は，法定代理人ではなく，父母の同意を要すると定めているからである。

完全に有効な行為をなしうる。ただし，意思能力を有すべきことは論理的前提である。

**(1)　単に権利を得，または義務を免れる行為（5条1項ただし書）**

これらの行為は，未成年者に全く不利益とならないことが明らかだからである。たとえば，負担のつかない贈与契約における受贈者となること，債務の免除を受ける契約をなすこと[38]，有効な瑕疵のない契約による不動産の取得を前提としてその移転登記の申請をなすこと[39]，労働賃金を請求しまたは受領すること[40]などをさす。

**(2)　処分を許された財産の処分（5条3項）**

(イ)　法定代理人が一定の使用目的を定めて，その範囲で処分することを許した財産については，未成年者はその目的の範囲内でこれを処分することができる。例えば，学費や下宿代にあてるために一定の金銭が与えられたような場合である。

(ロ)　法定代理人が目的を定めずに処分することを許した財産[41]についても，未成年者は，これを自由に処分することができる。たとえば，「小遣銭」として与えられた金銭などがそれである。

〔**例1**〕　Aは，東京の大学に在学中の未成年者である息子Bに下宿代および学費として月々15万円の仕送りをしていた。Bは高級乗用車が欲しくて業者Cから300万円の普通車1台を，分割払で購入した。しかし，月々の生活費と学費が続かなくなったBは，親の同意がないことを理由に，車の売買契約を取り消した。しかし，Cは，Bが処分を許された財産で買い求めたの

---

38)　債務の弁済を受けることは，債権を失うことになるからこの中には含まれない（通説）。

39)　登記はすでに実体上の効果を生じたものに形式を具備させるだけのことであるから，その申請行為は未成年者に何の不利益をもたらすおそれもないので，能力補充の目的で同意を受けさせる必要がないからである。ただし，不動産取得行為自体については，同意を得ている場合であるから，移転登記についても，同意を得ている場合が多いと思われる。その意味では，このようなことは稀にしか生じないであろう。

40)　労基法59条〔未成年者は独立して賃金を請求することができる。親権者または後見人は，未成年者の賃金を代わって受け取ってはならない。〕

41)　法定代理人は，未成年者の有する全財産について処分を許すことができるか。
　これを肯定すると，制限能力の全面解除に等しいことになるから，通説はこれを否定しているものと考えてよい。さらに財産の一部を除外して大部分の処分を許した場合についても同様の問題が生じるが，5条の制度趣旨との関連で判断する以外にない。

だから取り消せないと主張した。

Aが息子Bに月々仕送りしている金銭は主として下宿代および学費として消費するためのものであるが，常識的に考えて若干の小遣銭としての意味も有していると考えてよい。しかし，300万円もする普通乗用車を購入することは，下宿代および学費に相当しないことは明らかであるし，金額的にみて小遣銭の範囲を越えていると考えざるをえないから，Aが定めた「目的」の範囲内のものであると考えることはできない。したがって，取消しを認めるのが相当であると思われる。

〔**例2**〕　上記のBが買入れたのが百科事典とか法律学全集であった場合はどうか。

百科事典や法律学全集は学費に含まれるから，月々の15万円の内から月賦代金が支払える程度のものであれば，取り消すことはできないと考えるべきであろう[42]（5条）。ただし，消費者契約法や特定商取引法（『契約法』342頁以下参照）などとの関連も検討してみる必要がある。

〔**例3**〕　同様に，小型乗用車を買入れた場合はどうか。

小型乗用車の購入代金は，下宿代（主として家主に支払う賃料と食費を考えるべきであり，住環境を良くするための費用にまで拡大すべきではない）にも，学費にも該当しないし，小遣銭で買える程度も越えていると考えられる。したがって，Bは法定代理人Aの同意を得てから購入すべきであろう。もっとも，小型乗用車といっても，中古品などでかなり安価なものもあるから，価格によっては小遣銭をためて買える程度と考えられる場合もあるだろう。

### ⑶　営業を許された未成年者がその営業に関してなす行為（6条）

一種または数種の特定された営業をなすことを許された未成年者は，その営業に関しては成年者と同一の能力を有する。

㈠　営業[43]とは，営利を目的とする独立の継続的事業をいう。

㈡「一種又は数種」とは，社会通念上，営業の単位とされる1つないし2つ以上という意味で，漠然とあらゆる種類の営業を許すことは，未成年者保護の趣旨に欠けるから許されないし，1単位の営業の一部分，たとえば10万

42)　この百科事典や法律学全集を未成年者が処分する場合にも，法定代理人の許可は不要であると解してよい。

円までの取引だけを許す，というのも営業自体の困難を招き，取引の安全を害するから許されない。

(ハ)　「成年者と同一の行為能力」を有するのは，その営業を行うにあたって必要と考えられる一切の行為についてである[44)]。そして，同一の能力を有するというのは，法定代理人の同意を必要としないばかりか，法定代理人の代理権もこの範囲で消滅することを意味する。

(ニ)　営業許可には形式はない。許可したことが公示されなくてもよいし，未成年者が営業を継続しているのを黙認していれば，黙示の同意と考えてよい[45)]。ただし，未成年者が商業を営む場合は，登記をしない限り善意の第三者に対抗できない（商5条）。

(ホ)　未成年者が未だその営業に堪えない事由があるときは，親族編の規定に従ってその許可を取消しまたは制限することができる（6条2項）。

(a)　「その営業に堪えない事由があるとき」のみに限定しているのは，法定代理人の恣意的な取消しまたは制限を許さない趣旨である。

(b)　「第四編（親族）の規定に従い」とは，親権者は単独で（823条2項），後見人は後見監督人があるときは，その同意をえてのみ（857条ただし書）取消し等をなしうるという意味である。

(c)　許可の取消しとは，将来に向って効力を失わしめるという意味（撤回）である。

---

43)　営業と職業とは同義ではない。営業はあくまでも自己が主体となって，その計算のもとに行われる。ただし，本条の営業を職業と同視し，雇われて働く労働者も含むとする立場もある（松坂83）。未成年労働者にも営業者と同様に行為能力を与えるべきことが多い点は（例えば，住居の賃借，オートバイの購入など）傾聴に値する。営業＝職業といえなくても，労働者にも本条を類推適用すべきであろう（同旨，幾代62参照）。なお，民法823条，労基法58条参照。

44)　芸妓が必要な衣類を購入してその代金を借金することも，営業に関する行為である（大判大4・12・24民録21・2187）。

45)　我妻74参照。ただし，未成年の子が父の死後，父の営業を営業名義人として受け継いだが，法定代理人の正式の許可を受けていなかったという事案において，判例は「営業者タル被相続人死亡後其相続人タル未成年者ノ名ヲ以テ先代ノ営業ヲ継続スル事実ハ，直ニ法定代理人ガ未成年者ニ対シ独立シテ営業ヲ為スコトヲ許可シタルモノト認メ得ベキモノニアラズ」と判示している（大判大・6・10・25民録23・1604）。法定代理人の黙認に際して，未成年者の能力との関連で実質的な判断がなされていたか否かが重要な点である。

### 3　未成年者と意思無能力

意思無能力者のなした法律行為は，無効であることはすでに述べた（第2節第2款❶2参照）。この理論は，すべての制限行為能力者に共通しているが，未成年者が幼少であった場合にも，年齢的未成熟を理由とする意思無能力であったとして取消しではなく無効を主張できるだろうか。また，未成年者が飲酒・飲薬のうえ，泥酔・錯乱状態で法律行為をなした場合にはどうであろうか。通説は，このような場合に，取消しと無効の二重効をみとめている[46)]。

#### (1)　伝統的な通説

意思無能力による無効も，公序良俗に反する場合（90条）の無効も，一義的に解していた結果，意思無能力者の相手側からの無効主張をも認めていたから，二重効を認める解釈は，制限能力者の保護という制度趣旨に反するとの批判を受けていた（舟橋45）。

しかし，このような通説の欠陥を補って，なお制限能力者制度の趣旨を貫こうとする説が主張されるようになった。この説によれば，二重効は認めるが，意思無能力による無効は，相手側からは主張することはできないとされている（四宮/能見30）。すなわち，未成年者が年齢的未成熟や泥酔のために心神喪失の状態で法律行為を行った場合にも，取消しが可能であることについ

---

46)　これを否定する学説（舟橋説）は，次のように主張する。

(イ)　未成年者には嬰児から20歳前の者まで含まれている。乳幼児に意思能力がないことは明らかであるのに，取消しの規定のみを置いて無効についてはふれていない。前述のように7〜10歳位の子供の精神的能力が基準となるとはいえ，具体的に何歳以下が無能力かを一律に決定することは困難であるばかりでなく，個々の取引において当該子供の能力がどうであったかを判断するのは並大抵ではない。この判断の困難さのために，意思能力制度のみによる未成年者の保護では不充分であると考えられ，その結果，未成年者が単独で行った行為は一律に取り消しうるという「未成年者制度」が歴史的発展を遂げてきたのである。したがって，未成年者の年齢的未熟による意思能力の有無の問題は，未成年者制度によって法的にはすでに評価し尽されていると言うべきである（舟橋45）。

(ロ)　制限能力制度の趣旨は根本的には制限能力者の保護であるが，同時に取引の相手方の利益も配慮されている（例えば相手方の催告権〔20条〕，制限能力者の詐術〔21条〕，取消権の消滅時効〔126条〕など）。もし年齢的未成熟を理由とする意思無能力の主張を許せば，相手方の保護，ひいては取引の安全に欠けることにもなる。

(ハ)　現実的には意思能力の全くない幼い未成年者を単独で取引の相手方とすることはほとんどありえず，相手方が意思能力ありと信じて法律行為をなす程度に当該未成年者が精神的能力を有していたとすれば，これを無効とするより取り消しうべきものとする方が未成年者側にとっても有利なこともある。

ては問題がないが，健常な成人の場合と同様に，意思無能力を理由とする無効の主張をも認めるべきである。ただし，このような事態が生じるのも，未成年であることと密接な関連を有しているためであるから，制限能力者保護の趣旨から，この無効は表意者の相手側からは主張出来ないと解すべきであるとする。私も基本的にこの説に賛成である。

伝統的無効概念を前提とした上で，無効または取消しの選択的主張を認めると，確かに相手方からの無効主張により表意者の保護が困難になる事態が発生するから，従来の通説に対する舟橋説からの批判は正当なものであったと思われる。しかし，意思無能力を理由とする無効主張は相手方からは主張することができないとの理論が多数説によって承認されるに至った現時点においては，舟橋説の主張の最も重要な部分は，無効と取消しの二重効を認めても達成することができる[47]し，むしろ二重効を認める方が表意者保護の趣旨を徹底することができるので，本書の初版で述べた考え（舟橋説の支持）を変更する。

### ⑵　舟橋説に対する反論

制度の歴史的発展については，（本章注46)）の(イ)の指摘の通りであるが，無効も取消しも表意者の保護手段であることを考えるならば，一定の要件の

---

47)　反対説は，年齢的未成熟等を理由とする「無効」の主張を認めなくとも，「取消し」によって十分に制限能力者の保護を図ることができると主張する。すなわち

(イ)　取消しと無効の効果は法律的構成は異なるが，本質的には同じである（121条）。制限能力者の不当利得返還義務の範囲の点ではむしろ取消し（121条ただし書）の方が有利である。

(ロ)　取消権は消滅時効（126条）にかかるが，無効の主張には時効がないから，取消しのみを認めるとすると未成年者に不利益だという批判に対しては，本人と法定代理人の双方の取消権に関する「追認をすることができる時（126条）」の解釈によって解決できる。すなわち，

(a)　未成年者自身は「取消しの原因となっていた状況が消滅した後」（124条）でなければ追認することはできないから，成人の後5年間経過するまでは取消権を行使できる（126条）。未成年者が単独で追認することはできないのであるから，法定代理人が知っている場合でも，本人の取消権の時効は開始しない。

(b)　法定代理人自身にも取消権（120条）と追認権（123条）があるが，法定代理人が未成年者の行為がなされたことを知れば，その知ったときから消滅時効は進行する。

(ハ)　無効の場合には，本来的に無効であるから，未成年者に有利であるとの考えもある。しかし，無効であっても実際には原状に回復するためには，無効を主張して不当利得の返還を請求しなければならないのであるから，純理論的な利益であるにすぎない。

もとに画一的に取り消し得るものとすることによって，無効の要件を満たしている場合にも（年齢的未成熟のみでなく，知的障害の場合とのバランスも考慮しなければならない）無効主張を認めないことは，かえって無効・取消し制度の根本趣旨（表意者の保護）に反する結果となる。

次に，本章注46）(ロ)に対しては，次のように反論することができる。取引の安全に対する配慮としては，意思無能力を理由とする無効が容易に立証できるような場合については，相手方に取消しに関する催告権を与える実益はない。それ以外の二重効の場合（立証が容易でない場合）であっても，相手方は取消ししうることを前提として催告を行って，取消しまたは追認の結果を導き出すだけで十分であろう。

過去において詐術の問題（21条）は，意思無能力が立証できるような事例において問題となったことはない。成年後見制度の改正前は，ほとんどの場合が意思能力の点では問題のない浪費者の事例である。改正後においては，浪費を独自の理由として保佐開始の審判を受けることはなくなったが，既存の審判が失効するわけではないから，問題は減少するが，絶滅するわけではない。

また，無効主張は期間制限なしに主張することができるため相手方の保護に欠けるのではないかという点については，意思能力を理由とする無効主張を公序良俗違反の場合の無効と区別し，126条を類推適用すると解することにより，相手方保護の目的は達成することができる。

前記注46）(ハ)については，相手方からの無効主張を認めない以上，未成年者側の判断によって不利な取引でなければ，その法律行為の無効主張をしなければよいであろう。

前記注46）(ハ)については，取消しと無効との選択的主張を認める以上，そこで述べられていることは舟橋説の長所とはいえない。

また，法定代理人の取消権が先に126条の要件を満たす場合には，未成年者本人の取消権の時効は別個に進行すると解することも可能であるが(注47)(ロ)(a))，同一の法律行為について同一の取消し原因に基づくものであるから，本人の取消権も同時に消滅すると解するのが妥当であろう（幾代447）。

## ③ 法定代理人

### 1 法定代理人となる者

⑴ **親権者**　通常は父および母である（818条）。父母は子の親権者として子を監護・教育すべき権利・義務を有しているから（820条），第一次的に子の法定代理人となる。父母の婚姻中は，原則として父母が共同して親権を行い，一方が親権を行使できないときは，他方が単独で行う（818条3項）。父母が離婚する場合は，父母の一方が親権者となる（819条）。

⑵ **未成年後見人**　親権者がいない場合，または親権者が子の財産の管理権をもたない場合（837条，838条）は，未成年後見人が第二次的に法定代理人となる。

### 2 法定代理人の同意権

⑴ **意義**　一般に意思能力を有する程度の年齢に達した未成年者は，法定代理人の同意を得て完全に有効な法律行為をなすことができる[48)]。

⑵ **共同行使の原則**　父母が共同して親権を行う場合は，同意も共同してなされなければならず，一方のみが親権を行う場合にはその者が同意すればよい。共同親権の場合に一方が同意をしないときは，同意[49)]の効力は生じない。勝手に共同の名義を用いて同意した場合は，本来なら一種の無権代理行為となり，他方が追認しない以上は無効であるはずだが，相手方の保護のため特別規定を設け，取引の相手方が悪意でない限り，他の一方の意思に反していたときでも有効であるとされている（825条）。

後見人は，未成年後見監督人（848条，849条）がある場合には，一定の重要な行為については，その同意を得て，未成年後見監督人がいない場合には単独で，同意を与えることができる（857条，864条）。後見人が未成年後見監督人の同意を得るべき場合に，これを得ないで単独で同意を与えたときは，未成年者または後見人はこれを取り消すことができる[50)]（865条1項）。

---

48)　このような場合でも，意思無能力を理由として無効の主張ができるような事情（例えば，泥酔）があれば，それを認めてよい。

49)　法定代理人の同意が未成年者の営業に関して与えられる場合には，とくに「許可」と呼ばれ，事後に与えられるときは，「追認」と呼ばれている。

50)　なお，後見監督人がいる場合に，後見人が後見監督人の同意を得ずに単独で同意を与えた場合については，後見監督人はこの行為を取消すことができないと解されている（注民㉓331）。本章注63）参照。

**(3)　同意の撤回**　　同意の撤回については，民法には営業許可に関する規定（6条）だけしか存在しない。制度趣旨からすれば，未成年者が同意に基づいて法律行為をした後は，同意の撤回はできないが，まだ行為をしない間は無条件に撤回をみとめるのが妥当であろう[51)]。

### 3　法定代理人の代理権

法定代理人は，未成年者を代理して財産上の行為をすることができる。代理権の範囲は共同親権の場合および後見人に未成年後見監督人がいる場合には，その同意権の範囲と同様である。子の行為を目的とする債務を生ずべき契約については，法定代理人はその子の同意を得て代理することができる（824条ただし書）。たとえば演奏，舞踊などをなす契約を考えればよい。しかし，その行為が労働契約である場合には，法定代理人といえども代理してなすことはできない（労基法58条）。また，これに関して法定代理人が未成年者に代って賃金を受けとることも禁止されている（労基法59条）。

---

51)　営業許可の取消しが撤回の意味であることについては，本節第3款❷2(3)(ホ)(C)に述べたとおりである。なお，商業については登記を要するから（商法5条），撤回についての登記をしなければ，これをもって善意の第三者に対抗することはできない（商法9条，10条）。

# 第4款　広義の成年後見制度

## 第1項　新しい成年後見制度

### ① 成年後見制度改正の必要性及び検討の経緯

1999年の民法改正は，少子・高齢社会を迎えて，判断能力が不十分な高齢者が増加している事態に対処するため，さらには障害者（特に，知的障害者等）の人権擁護を求める運動の高まりを背景として行われた。欧米諸外国においても，成年後見制度の改正がすでに行われていた。このような状況のもとで，新制度は，少子・高齢社会において，柔軟かつ弾力的な，利用しやすい制度とする必要があった。関係者の多くの意見等を徴した上で，同年12月に成年後見制度改正のための民法改正法および関連改正法等が成立した。[52)]

### ② 法改正の背景と基本原則

この制度を正しく理解するために，1999年の改正法が登場してきた背景とその制度の前提となっている基本原則について，初めに述べておこう。

#### 1　改革の背景

##### (1)　国際的背景

1970年代以降の国連における知的障害者権利宣言，障害者権利宣言などに見られるように，障害者の人権を実質的に尊重すべきであるとの主張は，全世界の世論を形成することとなり，各国でその主張に添った法制度改革が行われた。特に，近年における知的障害者や認知症高齢者等の法律上の地位の改善には著しいものがある。

##### (2)　社会的背景

多くの国で少子・高齢社会を迎えて，社会福祉や成年後見制度の構造改革を迫られているが，日本の高齢化の速度は世界的にもまれにみる速さであると言われている。そうした状況のもとで，充分な検討の時間も与えられない

---

52)　民法の一部を改正する法律（平成11年法149），任意後見契約に関する法律（同年法150），後見登記等に関する法律（同年法152）。

ままに，先進諸国の立法を参考にしつつ制度改革に取りかかったといった感じがしないでもないが，やむをえないところであった。

#### ⑶　社会福祉システム上の問題

少子・高齢化や国際化の進展，低成長経済への移行をはじめとする日本社会の構造変化は，戦後に築き上げられてきた社会福祉についても，構造全般にわたる変革を求めていた。第2次大戦後の社会福祉の制度は，戦後間もない時期において，戦争被災者，引揚者などが急増する中で，生活困窮者対策を中心として出発し，その後の経済成長とともに発展を遂げてきたものである。しかし，社会福祉の基礎構造ともいえる社会福祉事業，社会福祉法人，福祉事務所等については，戦後50年の間，基本的な枠組みに変更が加えられてこなかった。

今日，国民が社会福祉に求めるものは，ますます増大し，多様なものになりつつあるが，従来の社会福祉の在り方では，このような要請に十分に対応することは困難であった。

### 2　法的システム上の問題

民法上の後見制度（旧禁治産，旧準禁治産）は，100年以上前に制定されて以来，妻の無能力に関する規定の削除（戦後の民法改正），準禁治産者の規定から聾者・唖者・盲者を除外した点（昭和54年改正）を除けば，社会の発展（人権感覚の変化も含む）との関連での本格的な改正はなされてこなかった。

### 3　成年後見と権利擁護に関する一般原則

近時の権利擁護のための諸改革は，以下のような諸原則に従ってなされている。

#### ⑴　自己決定権の尊重

いかに素晴らしい権利が障害者のために保障されても，それが権利者の意思に基づいて行使されない限り，それは単なる押しつけに過ぎないのであり，権利擁護の名に値しない。

#### ⑵　補充性の原則

近・現代社会においては，自己の事務は自から処理するのが原則である。各市民は自力でできる限りは，自己の事務は自分で処理すべきである。しかし，それが困難である場合には，社会連帯の理念に基づいて（共生の社会），国家的援助がなされなければならない。

#### ⑶　必要性の原則

国家的援助がなされる場合においても，真に本人が必要としている限りのものが給付される必要がある。本人が自力で生活しているのに，周囲が「配慮」して成年後見人等を付するようなことは誤りであるし，一般取引社会の利便さ（しばしば取引の安全と言われる）のために，契約締結能力を画一的に制限することも，この原則に照らして許されるべきではない。

#### ⑷　個人的ケアの原則

成年後見や権利擁護の内容には，財産管理も含まれる。その結果，不動産等の高価な財産の管理を，一人の弁護士が数十人分もやるようなことがあったら，どうであろうか。純粋に財産管理に限定すればミスなく管理ができる有能な弁護士であっても，本人の顔も見たことがないままに，本人のための財産管理（これには本人にとって望ましい消費が含まれる）ができるわけがないのである。「顔の見える」ケアとしての財産管理でなければならない。

これは，上記の3原則が制度上の原則であるのとは異なり，福祉施策上の原則であり，次元を異にする原則である。

### ③　禁治産・準禁治産制度の廃止と補助制度の新設等

1999年に成立した法律に基づいて，その内容を要約的に確認しておこう。従来の民法上の上記2つの制度に代えて，以下の補助・保佐・後見の3制度が導入された。

#### 1　補助（新設）

㈠　申立権者　　精神上の障害（認知症・知的障害・精神障害等）により判断能力（事理弁識能力）が不十分な者のうち，後記「2」または「3」の程度に至らない軽度の状態（判断能力）にある者が，この制度の利用主体である（15条）。しかし，新法においても，本人以外に，配偶者，4親等内の親族，後見人，後見監督人，保佐人，保佐監督人または検察官を申立権者として規定し，さらに，特別法（老人福祉法32条，知的障害者福祉法27条の3，精神保健及び精神障害者福祉法に関する法律51条の11の2）により市町村長をこれに加えた（以下の他の類型についても同様である）。

この制度が本人以外の者の請求によっても開始されるものである以上，要件は厳密に規定されなければならないが，補助の場合には，本人の同意を要件としているから，その限りで，「事理弁識能力」等の要件についても，厳密な意味での鑑定がなくてもよいとの考え方がとられている（家審規30条の9）。本人の同意が要件でない場合には，「鑑定」はこの種の手続においては「人権擁護の砦」となるべきものである。

(ロ)　補助人の選任　　家庭裁判所の「補助開始の審判」と同時に被補助人のために補助人を選任し（16条），当事者が申立てにより選択した「特定の法律行為」（重要な不動産の処分等）について，審判により補助人に代理権または同意権・取消権の一方または双方を付与する（18条2項により，後に全部または一部の変更が可能である）。ただし，自己決定の尊重の観点から，本人の申立てまたは同意をその審判の要件としている（17条）。この制度においては，同意権と取消権が分離されていない。制定過程においては，補助人に同意権のみを付与する場合を認めるべきであるとの意見もあったが，同意権を付与する必要がある場合において，権利が無視されても何らのサンクションが生じないシステムを認めることは妥当とはいえないであろう。むしろ，この制度は本人意思の尊重を基礎としているから（17条3項），補助人の取消権の濫用を防止する方向で解釈することにより，妥当な結論を導くべきであろう。

(ハ)　同意権の対象行為　　同意権の対象行為は13条1項に定める行為に限られる（17条）（ただし，日常生活に関する行為は除かれる）。

(ニ)　代理権の対象行為　　補助人に付与される代理権の対象行為に制限はないが（遺言のような一身専属的行為は除かれる），申立の範囲内において審判によって付与されるものである（したがって，個々の事案により異なる）。補助人には，代理権だけを付与することも，同意権をも付与することも可能であるが，いずれの権限も付与しないことは認められない。本人の法的保護を目的とする制度だからである。なお，代理権・同意権の必要性がなくなれば，その付与の取消しを求めることができる（18条1項）。

### 2　保佐（準禁治産の改正）

(イ)　保佐人の選任と権限　　判断能力が著しく不十分な者がこの制度の利用主体である（11条）。請求権者が，ここでも本人以外の者にも拡張されている（11条）。単に浪費者であることは保佐申立の事由とはならない。家庭裁判所の「保佐開始の審判」と同時に「被保佐人」のために「保佐人」が選任され（12条），保佐人に同意権の対象行為（13条1項）について取消権を付与した（13条4項，120条1項）。しかし，本人の状況によってはこれだけでは不十分である場合もあるので，保佐人はさらに以下の二つの権限を取得しうる。

(ロ)　取消権の追加　　保佐人は，家庭裁判所の審判により定められた行為（13条1項所定の行為以外の行為）に関する同意権・取消権をも取得しうる（同条2項）。

(ハ)　代理権の付与　　家庭裁判所は，当事者が申立てにより選択した「特定の法律行為」（13条1項所定の行為には限られない）について，審判により保佐人に代理権を付与することができる（876条の4第1項）。なお，本人以外の者の請求による代理権の付与の場合には，本人の同意を要件とする（同条2項）。

**3　後見（禁治産制度の改正）**

(イ)　成年後見人の選任と権限　　精神的判断能力を欠く常況にある者が，この制度の利用主体である（7条）。家庭裁判所の「後見開始の審判」と共に「成年被後見人」のために「成年後見人」が選任され（8条），成年後見人には広範な代理権・取消権が付与されるが（9条），自己決定の尊重の観点から，日用品の購入その他日常生活に関する法律行為は本人の判断にゆだねられる結果，取消権の対象から除外される（同条ただし書）。なお，成年後見人の意思の尊重および身上配慮義務が規定された（858条）。

(ロ)　鑑定　　家庭裁判所は，後見開始の審判をするには，本人の精神の状況について医師その他適当な者に鑑定をさせなければならない。ただし，明らかにその必要がないと認めるときはこの限りでない（家審規24条）。家庭裁判所は，後見開始の審判をするには，本人の陳述を聴かなければならない（同25条）。これらは，保佐に準用（同30条の2）されており，意見陳述は補助についても準用されている（同30条の10）。

以上，3つの新しい制度を概観したが，これを図示すれば，以下の通りである。

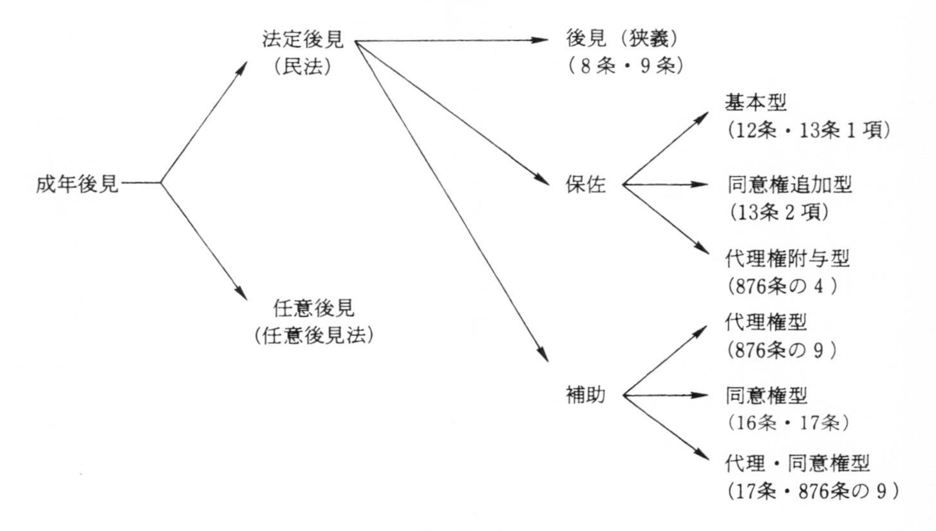


## 第2項　成年被後見人（旧禁治産者）

成年被後見人とは，他の2制度との区別を前提としたうえで，家庭裁判所により後見開始の審判を受けた者をいう。

### ① 要　　件

#### 1　実質的要件

「精神上の障害により事理を弁識する能力を欠く常況」（7条）にあることとは，一時的には正常な判断能力をもつことはあっても，通常，このような判断能力を失っていることをいう。このような常況にある者が，この制度の利用主体である。家庭裁判所により選任された成年後見人には広範な代理権・取消権が付与されるが，自己決定の尊重の観点から，日用品の購入その他日常生活に関する行為は本人の判断にゆだねられる結果，取消権の対象から除外されている（9条ただし書）。この点は，改正前の民法の解釈論としても議論されてきた点である。注意すべきは，いわゆる社会類型的行為[53]（第2款②3参照）は含まれていない点である。この概念を追加すると，極めて高額のものについての契約まで含まれることになりかねないので，日用品の購入その他日常生活に関する行為という限定をしていると解してよい。

### 2　形式的要件

本人，配偶者，4親等内の親族，未成年後見人，未成年後見監督人，保佐人，保佐監督人，補助人，補助監督人または検察官の請求があることが必要である。同時になされた特別法（第1項❸1参照）の改正により，請求権者として，市町村長が追加された。

## ❷ 申請手続

上の要件が備わっているときには，本人の財産的保護と療養・看護の徹底の意味から，家庭裁判所は必ず審判をしなければならないというのが通説である（判例，旧法判例・大判大11・8・4民集1・488）。しかし，ここにおいても必要性の原則が働いていると解すべきである。すなわち，他の制度，例えば，任意後見契約の利用により本人が後見開始の決定を必要としていない場合には，裁判所は決定を出さないことができる（任意後見契約法10条1項）。

立法過程においては，広義の成年後見手続を，従来通り，申請をまって開始するか（申請主義），申請をまつまでもなく，親戚や隣人等による裁判所への職権発動を促す行為により，裁判所が手続開始を判断できるようにすべきか（職権主義），について議論がなされた。結論としては，申請主義が採用されたが，申請権者に市区町村長が加えられ，家裁の調査権限についても一定の配慮がなされ（家審規7条，7条の2，7条の3，7条の4），さらに社会福祉機関との連絡についても，配慮が強化された（同7条の5）。

## ❸ 成年被後見人の行為能力

### 1　成年被後見人の行為の効力

成年被後見人の行為は，前述の9条ただし書に該当する場合を除いて，常に取り消すことができる（9条本文）。成年被後見人が成年後見人の同意を得ないでした行為はもちろん，成年後見人の同意を得てなした行為もすべて取

53)　電話をかける行為等も社会類型的行為に入る。最近の社会情勢を前提とすると，国際電話をかけることや，ダイヤルQ2のようなものを利用する行為も，これに含まれることになろう。このようなものは，利用すること自体は慣れることにより可能であっても，長時間利用すると相当に高額の負担を負うことになるから問題である。

り消すことができる。本人の保護と取引の安全との両面から考えて成年被後見人の単独の行為は絶対に認めない趣旨であり，その行為はすべて取消しの対象となるものと解されている。この意味では，成年後見人は同意権をもたないといえる。ただし，成年被後見人の行為も成年後見人が，事後に追認すれば取り消せなくなる（122条）。

### 2　成年被後見人の弁識能力喪失（意思無能力）中の行為

これは，無効であるとするのが通説である。通説によれば，実質は意思無能力の常況にありながら後見開始の審判を受けていない者が，意思無能力の状態で法律行為をした場合には，その効果は「無効」である。後見開始の審判を受けたものが「取消し」しか主張できないとすると，無効の主張の方が取消しよりも有利な点が多く，審判を受けたがゆえに取扱い上不利になって，受けていない者との間で均衡を失することになる，との批判がある（幾代60ほか参照）。その均衡を保つためにも二重効を認めざるをえないというのである。しかし，上の両者の均衡を保つためには，後見開始の審判を受けない者の「無効」主張を，「取消し」なみに制限すればよいとの主張もある（篠原弘志旧版注民⑴211，同新版⑴297以下参照）。なお，この問題は成年被後見人に特有の問題ではなく，制限能力者制度全体に通じていえることである。

### 3　弁識能力喪失の常況にあるが未だ審判を受けていない者

㈠　意思能力の無い状態でした法律行為は，原則通り無効である。審判を受けていない以上，成年後見制度による取り消しの主張はできない。従って，意思能力のなかったことを立証して無効を主張せざるを得ない。[54)]

㈡　上記の者が，行為時にたまたま意思能力を有していたときは，当然のことながら無効の主張も取消しの主張もできない。

㈢　成年被後見人としての形式的要件が欠けてはいるが，このような者も

---

54)　意思能力を欠く者の行為は，後見開始決定の有無に関係なく，無効であるとするのが通説・判例の見解である（大判明38・5・11民録11・706）。しかし，後見開始決定を受けていない者が，受けている者よりも有利な地位にたつのは妥当ではないから，無効の主張をなしうる期間については126条を類推適用すべきである。ただし，時効期間の起算点は，事理弁識能力喪失の常況が止んで，自己の無効行為を了知した時と解すべきである。なお，当該行為の後に審判を受け，後見人が選任され，後見人がその心神喪失の常況にある者の行為を了知したときは，その時から消滅時効が進行すると解すべきである。

実質的要件を満している以上，できるだけ成年被後見人に準じた法的保護を与えなければならない。このような者は，健常な行為能力者に比べれば，意思無能力の状態にあったことの主張・立証は容易にできることが多いであろう。その意味では，健常者が行為当時の「意思無能力」を立証する場合の困難に比べれば，上記の者は事実上有利である。しかし，健常者よりもこれらの者を手厚く保護する意味で，「無効」の主張は相手方からはできず，行為者側のみに許すと考えるのが妥当である。

### ④　成年後見人

#### 1　成年後見人の選任

成年被後見人は後見に付せられる（8条）。後見とは，法律行為を含む独立の事務処理能力のない者のために，原則として一定の自然人を付する制度であるが，法人を後見人とすることも可能である（843条4項）。

#### 2　成年後見人となる者

家庭裁判所は，後見開始の審判をするときは，職権で，成年後見人を選任する（843条1項）。成年後見人が欠けたときは，家庭裁判所は，成年被後見人もしくはその親族その他の利害関係人の請求によって，または職権で，成年後見人を選任する（同条2項）。成年後見人が選任されている場合においても，家庭裁判所は，必要があると認めるときは，同条2項に掲げる者もしくは成年後見人の請求によって，または職権で，さらに成年後見人を選任することができる（同条3項）。成年後見人を選任するには，成年被後見人の心身の状態ならびに生活および財産の状況，成年後見人となる者の職業および経歴ならびに成年被後見人との利害関係の有無（法人であるときは，その事業の種類および内容ならびにその法人およびその代表者と成年被後見人との利害関係の有無），成年被後見人の意見その他一切の事情を考慮しなければならない（同条4項）。

#### 3　成年後見人の権利・義務

成年後見人は，成年被後見人の生活，療養，看護および財産の管理に関する事務を行うにあたっては，成年被後見人の意思を尊重し，かつ，その心身の状態および生活の状況に配慮しなければならない（858条）。成年後見人は，その財産に対して排他的管理権を有する（859条）。したがって，成年後見人は成年被後見人に代理して財産上の行為を行うことができるが，本人の行為を目的とする債務を生ずる場合には，本人の同意を得なければならないし(859条2項・824条ただし書)，後見監督人がいる場合にはその同意をも得なければならない（864条)。旧人事訴訟手続法4条（人事訴訟法14条参照）も，後見監督人または成年後見人が成年被後見人の法定代理人としてその離婚訴訟を遂行することを認めたものではなく，その職務上の地位に基づき成年被後見人のため当事者として同訴訟を遂行することを認めた規定であった（最判昭33・7・25民集12・12・1823)。従って，後見監督人らは，本人の意思を尊重し，その意思に添って訴訟を遂行すべきである。

### 5　後見制度の改正

ここでは，まず狭義の後見制度の改正を中心に述べ，これらの制度が保佐および補助に準用される場合には，それらを含む広義の後見制度の改正に言及することとする。

#### 1　配偶者法定後見人制度の廃止

ある者について後見審判がなされると，いかに高齢であっても配偶者が当然に後見人・保佐人となる旨を定める旧規定(840条，847条）を削除し，家庭裁判所が個々の事案に応じて適任者を成年後見人（843条)・保佐人（876条の2)・補助人（876条の7)（以下「成年後見人等」という）に選任することができるように改正された。

#### 2　複数成年後見人制度及び法人成年後見人制度の導入

(イ)　複数の成年後見人等を選任できるようにするため，後見人の人数を一人に制限する規定（旧843条）の適用対象を未成年後見人の場合に限定し（842条)，かつ成年後見人等が数人ある場合の権限の調整規定（共同行使または分掌など）を設けた（859条の2)。後見人等の事務は財産管理から身上監護にまで及ぶため，一人では処理し切れない場合もあるから，複数の後見人等の選任を認めたのである。これには相互に権限の行使を監督する機能もあろう。

(ロ)　法人が成年後見人等となる場合につき，考慮事情を掲げることにより（後述(3)参照)，法人を成年後見人等に選任することができることを法文上明らかにした（843条4項，876条の2，2項，876条の7，2項)。

### 3　成年後見人等の選任に際しての考慮事情

本人との利益相反のおそれのない信頼性の高い個人または法人が成年後見人等に選任されることを手続的に担保するため，家庭裁判所が考慮すべき事情として，「成年後見人等となる者の……本人との利害関係の有無（成年後見人等となる者が法人であるときは，その事業の種類及び内容並びにその法人及びその代表者と本人との利害関係の有無)」，「本人の意見」等の事情を法文上明記した（843条4項)。「事情」として，実際上最も重要なことは，法人と本人との利益相反関係である。具体的には，施設入所中の知的障害者について，その施設が法人後見人となることは避けるべきである。

法律上は，法人が後見人になることのできる要件（例えば，非営利法人等）についての定めはない。しかし，通常の営利法人は，採算が取れないというだけで高齢者や障害者を犠牲にして破産や事実上の倒産手続きに入ってしまう恐れがあるから，社会福祉協議会や非営利の法人（福祉関係の公益法人，成年後見法人等）が適切である。

成年後見人には，本来，自然人が就任することが望ましいが（一定の者が本人の個人的事情を正確に認識して後見等をなすべきだから)，同条4項は，それが困難な場合につき，法人が成年後見人になるための要件を定めたものと解すべきである。つまり，本来的に法人後見が望ましいというわけではない。

### 4　身上監護義務および本人の意思の尊重等

自己決定の尊重および身上監護の重要性を考慮して，成年後見人等は，その事務を行うに当たっては，本人の意思を尊重し，かつ，本人の心身の状態および生活の状況に配慮しなければならない旨の一般的な規定が新設された（新858条)。また，身上監護に関する規定として，成年後見人等による本人の居住用不動産の処分について，家庭裁判所の許可を要する旨の規定も新設された（859条の3，876条の5，2項，876条の10，1項)。

### 5　監督体制の充実

成年後見監督人（849条の2）に加えて，保佐監督人・補助監督人の制度を新設するとともに（876条の3，876条の8)，成年後見人等を選任する場合と同様の考慮事情（前述(ハ)）を規定することにより，法人を成年後見監督人・保佐監督人・補助監督人（以下「成年後見監督人等」という）に選任することができることを法文上明記した（852条，876条の3，2項，876条の8，2項）。自然人を確保できない場合に重要な機能を営むものと思われる。後見監督人については，特に社会福祉法人の場合においては，法人の有している「ノウハウ」を生かす等の利点もあると思われる。

### 6　審判の取消し

審判の原因がなくなったとき，すなわち，「精神上の障害により事理を弁識する能力を欠く常況」でなくなったときには，上記1(2)に掲げた者の請求により（保佐人以下の者を除く），後見開始の審判を取り消さなければならない（10条）。

(1)　**実質的要件**　　事理弁識能力を欠く常況でなくなったこと，すなわち，そのような精神状態から回復したことを要する。

(2)　**形式的要件**　　申立権者による取消しの申立があることが必要である。申立権者は，審判の申立権者と同様である。

(3)　**取消しの必然性**　　上の2つの要件が備われば，家庭裁判所は必ず審判を取り消さなければならない。

この点でも判断能力のみを前提とすべきではなく，後見の必要性については，総合的に考慮して判断すべきである。この「取消し」の法的性質は，120条以下でいう「取消し」とは異なり，将来に向って被後見の状態を解消するものである。なお，重度の知的障害者との関係において，特に「必要性の原則」に照らして考えてみると，改正法によっても，本人に必要以上の制限を課することになっている場合があるのではないかと思われる。例えば，相続財産の処理のために後見開始決定を受けたが，その後については，実際的には法的権限を有する成年後見人を必要としない場合（本人の身上監護は施設にまかせており，財産は他の共同相続人に配分し，生活費等の面倒をみてもらう場合）もある。しかし，この場合は，現行法上，審判の取消しは困難であろう。

## 第3項　被保佐人（旧準禁治産者）

### 1　改正の意義

旧準禁治産制度が改正されて，保佐制度になった。被保佐人とは，家庭裁判所により保佐開始の審判を受けた者をいう。この制度の利用主体は，精神上の障害により判断能力が著しく不十分な者である。単に浪費者であることは要件とならない（浪費者の中で判断能力の不十分な者は，保佐または補助の各類型を利用しうる）。浪費癖を独自の申請理由としない点は，ドイツやオーストリアの法改正とも共通している。家庭裁判所は，保佐人に同意権の対象行為（民法13条1項・2項）について取消権を付与した上で（この点は改正前にも解釈論上問題にされていた），さらに当事者が申立てにより選択した「特定の法律行為」について，審判により保佐人に代理権を付与することができる（876条の4，1項）。代理権の付与は，本人の申立てまたは同意を要件とする（同条の4，2項）。また，民法13条1項（保佐人の同意を要する行為）について，「遺産分割」（同6号）を追加する等の改正が加えられた（❸2参照）。

## ② 保佐開始の審判

### 1　要　　件

⑴　**実質的要件**　　本人が精神上の障害により事理を弁識する能力が著しく不十分な者であること（11条）。この要件は，精神的判断能力が不十分であるが，事理弁識能力を欠く程度に達しない場合であり，その判定は，専門家の鑑定に基づいて家庭裁判所が行う（11条）。

⑵　**形式的要件**　　申立権者の申立があること（11条）。申立権者とは，本人，配偶者，4親等内の親族，後見人，後見監督人，補助人，補助監督人または検察官である。特別法によって，前述（第1項❸1）のように，市町村長が申立人に追加された。

㈠　審判申立手続の変更　　後見開始の審判の申立を，鑑定結果に従って，保佐開始の審判の申立に変更することは可能である（旧法関係：大判大14・5・2民集4・242）。

㈡　成年後見等審判の相互関係　　成年被後見人である必要はなくなったが，被保佐人であった方がよい場合もありうると思われるが，後見開始の審判を保佐開始の審判に切り換える手続は存在しなかったので，このような場合には，後見開始の審判の取消しと保佐開始の審判の申立を同時に行い，2つの審判が同時になされることもありうると解されていた（鈴木ハツヨ旧版注民⑴212）。この点については，民法19条により変更が可能になった。

### 2　審判手続と必要性の原則

上の要件が充足されるときは必ず保佐開始の審判をなすべきであろうか。精神上の障害により事理を弁識する能力が著しく不十分な事例につき，判例は肯定していた（大判大11・8・4民集1・488）が，通説はこれに反対であった。この問題は必要性の原則に基づいて判断すべきであるから，「必要的」と解すべきではない。

### 3　審判の取消し

被保佐人としての実質的要件がなくなれば，審判は取り消されうる。取消しの手続・性質は，被後見の場合に準ずる（14条）。

## ③　被保佐人の行為能力

### 1　原　　則

被保佐人は，一定の行為（13条）以外は，単独で法律行為をなしうる。一定の行為について保佐人の同意を得ないでした場合には，その行為は取り消されうる（13条4項，120条1項）。ただし，第9条ただし書に定められた行為については，この限りではない（13条1項ただし書）。

### 2　保佐人の同意を要する法律行為

(1)　**元本を領収し，又は利用すること**（13条1項1号）。　元本とは，利息等の法定果実を生む財産のことである。ただし，短期の賃貸借（602条）は，これに入らない（13条1項9号参照）。

(2)　**借財又は保証をすること**（同2号）。　文字通り，自ら借金をしたり，他人の借金の保証人になることである。従来，手形に関連して，以下のような議論がなされた。〔例〕被保佐人が弁済期を6ヶ月先とする金銭の借入にあたり，満期日を6ヶ月後とする約束手形を保佐人の同意なくして振出した場合の手形の効力はどうか[55]。被保佐人が借財をするには保佐人の同意を得なければならないから，同意を得られなかった行為は取り消すことができる。しかし，手形振出行為は原因関係とは全く切り離された無因の債務負担行為で

---

55)　判例はやや古いものであるが，約束手形の振出行為も借財に含まれると解している（大判明39・5・17民録12・758）。

56)　商法学者には反対する者もある（大隅＝河本・注釈手形法小切手法44以下，木内・手形法小切手法57以下）。

あり，手形の流通性を重要視すれば，これ自体を借財と考えるのは妥当ではないから，手形行為まで取消しを認めるべきではない[56]（我妻84，四宮/能見51ほか）。したがって，手形は完全に有効なものとして取引界に流通するから，原因関係（借金）を取り消した被保佐人は，直接の相手方に対して，手形を受けとった利益（手形金相当額）につき，不当利得返還請求権を取得することになる。

**⑶　不動産または重要な動産に関する権利の得喪を目的とする行為**（同3号）　金銭の消費貸借・消費寄託が利子の定めがないために1号の元本の利用とならない場合でも，重要な動産に関するものと解釈されている[57]。

**⑷　訴訟行為**（同4号）　民事訴訟において原告または上訴人として訴訟をなす一切の行為をさし，被告ないし被上訴人となって訴訟行為をすることはこれに含まれない（民訴32条1項）。また，訴えの取下・和解・請求の放棄もしくは認諾をなす場合は，その都度，保佐人の同意を要する（民訴32条2項）。訴訟法上の原則からいえば，取り消し得る訴訟行為を認めることはできないから，被保佐人が保佐人の同意を得ずに上記の訴訟行為をなした場合には，取り消すことができるのではなく，本来的に無効であると考えるべきであろう。民事訴訟法は，被保佐人が同意を得ないでした訴訟行為について後に同意を得て，または能力を回復して追認すると，無効な訴訟行為は遡及的に効力を生ずると規定している（民訴34条2項）。13条1項4号は，同条1項の他の各号とは異質の手続規定であり，ここに挙げたのは理論上正確ではないとされている（我妻85）。なお，行政訴訟の場合にも民事訴訟に準じた扱いがなされている（行訴法7条）。

**⑸　贈与（549条）和解（695条）または仲裁契約（仲裁2条1項）をなすこと**（同5号）。

---

57）　手形の振出行為は，その金額が高い場合には，2号の「借財」ではなく，本号の重要な動産の喪失に当ると解する説（松本・手形法105）もある。

58）　相続を承認することの中には法定単純承認（921条）も含まれるか。保佐人の同意を要するとするのが判例である（法定期間の経過の場合〔921条2号〕につき，大判大10・8・3民録27・1765，相続財産の処分行為の場合〔921条1号〕につき大判大9・12・17民録26・2043）。このような判例の見解は，相続関係の速やかな安定をめざして設けられた「法定期間」の存在意義を半減させることになるので，疑問を呈する学説が多くなっている（川島182，幾代74，ほか）。

**⑹　相続の承認**[58]**（920・922条）もしくは放棄（938条）または遺産の分割をなすこと**（同6号）。

**⑺　贈与もしくは遺贈を拒否し（986条）または負担付の贈与（553条）もしくは遺贈を受諾（1002条，1003条）すること**（同7号）。

**⑻　新築，改築，増築または大修繕をなすこと**（同8号）。

**⑼　602条の期間を超える賃貸借をなすこと**（同9号）。　602条の期間を超えない賃貸借は，管理行為であるから，被保佐人が単独でできる。賃貸目的物は賃料（法定果実）を生み出す元本に相当するから，本来，1号の元本の利用に相当するはずである。その意味で，本号は1号の例外規定である。

**⑽　以上の他に，家庭裁判所が，一定の者の請求により，特に指定した行為**（13条2項）。　ただし，9条ただし書に定められた行為についてはこの限りではない。

なお，保佐人の同意を要する行為につき，保佐人が被保佐人の利益を害する恐れがないにもかかわらず，同意をしないときは，家庭裁判所は，被保佐人の請求により，保佐人の同意に代わる許可を与えることができる（同条3項）。

**3　被保佐人と意思無能力**

被保佐人は意思能力を有するが，健常者よりも判断能力の点で著しく不十分であるために，それに応じた保護を必要としている（13条）。この制度は，被保佐人が泥酔・錯乱状態のような意思無能力の状態で行為をするかもしれないことを想定していない。しかし，意思無能力の状態であった場合には，健常者と同一の基準においてその行為は無効であるが，同時に13条の要件をも満たすときは，取消しをも認めるべきである。

**4　実質的には被保佐人の要件を満たしているが審判を受けていない者**

(イ)　この者は意思能力を有している限り，その行為は有効であり，形式的要件（開始審判）が備わらない以上，取消権による保護を受けることができず，その者の行為は無効原因がない限り有効なものとなる。しかし，法的に無保護の状態に置かれているこれらの者の保護は，重要な問題である。保佐開始の審判の要件を充足しうるのは知的障害者や精神障害者だけでなく，認知症高齢者の場合も含まれるため，現に社会問題化しつつある。

(ロ)　知的障害者の障害基礎年金や賃金の管理をめぐる問題を取り上げてみても，本人の人権の保護という点で問題になるケースも少なくない。また，親が知的障害を有する子に財産を残したいと考えた場合にも，安心して託せる施設や制度が存在しない点も問題である。

(ハ)　認知症高齢者の財産管理問題は，高齢社会を迎えてますます深刻な問題となりつつある。高齢者が土地・建物等の財産を詐取される事件は少なくないが，放置された認知症高齢者の場合には，事件自体が表面化しないことが多いだけに問題はさらに深刻である。

### 5　保佐と保佐人

民法第4編親族法の第6章の2「保佐及び補助」(876条～876条の10) が新設され，保佐についても，詳細な規定が設けられた。

(1)　**保佐開始の審判**　　前述のように，保佐は，保佐開始の審判によって開始する (876条)。

(2)　**保佐人および臨時保佐人**　　(イ)　家庭裁判所は，保佐開始の審判をするときは，職権により，保佐人を選任する (876条の2，1項)。後見人に関する843条2項から4項までおよび844条から847条までの規定が，保佐人について準用されている (876条の2，2項)。

(ロ)　保佐人またはその代表する者と被保佐人との利益が相反する行為については，保佐人は，臨時保佐人の選任を家庭裁判所に請求しなければならない。ただし，保佐監督人がある場合は，この限りでない (876条の2，3項)。これは，後見人に関する特別代理人の制度 (860条) に相当するものである。

(3)　**保佐監督人**　　家庭裁判所は，必要があると認めるときは，被保佐人，その親族もしくは保佐人の請求によって，または職権により，保佐監督人を選任することができる (876条の3，1項)。

保佐監督人については，後見人等に関する規定が準用されている。すなわち，644条 (事務処理に関する善管注意義務)，654条 (委任終了時の緊急処分義務)，655条 (委任終了の対抗要件)，843条4項 (成年後見人選任に際しての配慮事情)，844条 (後見人の辞任)，846条 (後見人の解任)，847条 (後見人の欠格事由)，850条 (後見監督人の欠格事由)，851条 (後見監督人の職務)，859条の2 (成年後見人が数人ある場合)，859条の3 (成年後見人による居住建物等の処分)，

861条2項（後見事務の費用）および862条（後見人の報酬）の規定が，保佐監督人について準用されている。この場合において，851条4号中「被後見人を代表する」とあるのは，「被保佐人を代表し，又は被保佐人がこれをすることに同意する」と読み替えて適用する（876条の3，2項）。

**(4) 保佐人に代理権を付与する旨の審判**　家庭裁判所は，11条本文に掲げる者または保佐人もしくは保佐監督人の請求によって，被保佐人のために特定の法律行為について保佐人に代理権を付与する旨の審判をすることができる（876条の4，1項）。ただし，本人以外の者の請求によってこの審判をするには，本人の同意がなければならない（876条の4，2項）。本人意思の尊重の現れである。

家庭裁判所は，876条の4第1項に掲げる者の請求によって，同項の審判（代理権付与）の全部または一部を取り消すことができる（876条の4，3項）。

**(5) 保佐の事務および保佐の終了**　保佐人は，保佐の事務を行うに当たっては，被保佐人の意思を尊重し，かつ，その心身の状態および生活の状況に配慮しなければならない（876条の5，1項）。このように，事務処理に際しても，意思の尊重義務が明記された。

(イ) 事務に関する準用規定　前述の644条，859条の2，859条の3，861条2項，862条および863条の規定は保佐の事務について，824条ただし書の規定は保佐人が876条の4，1項の代理権を付与する旨の審判に基づき被保佐人を代表する場合について，準用されている（876条の5，2項）。

(ロ) 保佐の終了に関する準用規定　前述の654条，655条，870条，871条および873条の規定は保佐人の任務が終了した場合について，832条の規定は保佐人または保佐監督人と被保佐人との間において保佐に関して生じた債権について，準用されている（876条の5，3項）。

### 第4項　被補助人――新設の制度

#### 1 改正の意義

2000年に補助制度が新設された。精神上の障害により判断能力（事理弁識能力）が不十分な者のうち，成年被後見人または被保佐人の程度に至らない軽度の状態にある者が，この制度の利用主体である。家庭裁判所は，当事者が申立てにより選択した「特定の法律行為」について，審判により補助人に代理権（876条の9）または同意権・取消権（17条1項）の一方または双方を付与する。この場合には，自己決定の尊重の観点から，本人の申立てまたは同意を審判の要件としている。補助人は「同意をなすことを得る」者として取消権を有する（17条4項，120条1項）。

なお，代理権・同意権の必要性がなくなれば，その付与の取消しを求めることができ，すべての代理権・同意権の付与が取り消されれば，補助開始の審判も取り消される（18条）。

この制度による補助決定がなされても，それだけでは（例えば，補助人に特定の代理権が付与される場合には），被補助人の行為能力は制限されない。特定の財産管理の必要上，補助人に取消権が付与される場合には，その限度で行為能力の制限を受けることになる。

### ② 補助と補助人

#### 1　補助開始の審判

補助は，前述のように，補助開始の審判によつて開始する（876条の6）。

#### 2　補助人および臨時補助人

(イ)　家庭裁判所は，補助開始の審判をするときは，職権で，補助人を選任する（876条の7，1項）。843条2項から4項（成年後見人の選任）まで，および844条から847条までの規定（後見人の辞任，新後見人の選任請求義務，解任，欠格事由）は，補助人について準用されている（876条の7，2項）。

(ロ)　補助人またはその代表する者と被補助人との利益が相反する行為については，補助人は，臨時補助人の選任を家庭裁判所に請求しなければならない。ただし，補助監督人がある場合は，この限りでない（876条の7，3項）。

#### 3　補助監督人

家庭裁判所は，必要があると認めるときは，被補助人，その親族もしくは補助人の請求によって，または職権により，補助監督人を選任することができる（876条の8，1項）。644条（事務処理に関する善管注意義務），654条（委任終了時の緊急処分義務），655条（委任終了の対抗要件），843条4項（成年後見人選任に際しての配慮事情），844条（後見人の辞任），846条（後見人の解任），

847条（後見人の欠格事由），850条（後見監督人の欠格事由），851条（後見監督人の職務），859条の2（成年後見人が数人ある場合），859条の3（成年後見人による居住建物等の処分），861条2項（後見事務の費用）および862条（後見人の報酬）の規定は，補助監督人についても準用されている。この場合において，851条4号中「被後見人を代表する」とあるのは，「被補助人を代表し，又は被補助人がこれをすることに同意する」と読み替えて適用される（876条の8，2項）。

### 4　補助人に代理権を付与する旨の審判

家庭裁判所は，15条1項本文に掲げる者または補助人もしくは補助監督人の請求によって，被補助人のために特定の法律行為について補助人に代理権を付与する旨の審判をすることができる（876条の9，1項）。876条の4，2項〔本人の同意〕および3項〔取消し〕の規定は，同条1項の審判について準用されている（876条の9，2項）。

### 5　補助の事務および補助の終了

補助の事務については，644条，859条の2，859条の3，861条2項，862条，863条および876条の5，1項の規定が準用され，補助人が876条の9，1項の代理権を付与する旨の審判に基づき被補助人を代表する場合については，824条ただし書の規定が，準用されている（876条の10，1項）。

また，補助人の任務が終了した場合については，委任の終了に関する第654条，第655条，および後見の終了に関する870条，871条，873条の規定が準用されている。さらに，第832条の規定〔親子間の債権の消滅時効〕は，補助人または補助監督人と被補助人との間において補助に関して生じた債権について準用されている（876条の10，2項）。

## 第5項　広義の成年後見制度と審判

### ①　審判に対する抗告

審判は告知によって効力を生ずるのが原則であるが，即時抗告が可能なものについては，その確定によって効力が生ずる（家審法13条）。審判に対しては，2週間以内に即時抗告ができる（家審法14条，家審規17条～19条，27条）。

保佐開始の審判は，876条の2，1項の規定により保佐人に選任される者ならびに任意後見契約に関する法律10条3項の規定により終了する任意後見契約に係る任意後見人および任意後見監督人に告知しなければならない（家審規30条の3）。

13条2項および3項ならびに14条2項の規定による保佐に関する審判（同意権の拡張）は，保佐人に告知しなければならない（同30条の5）。

保佐開始の審判を取り消す審判は，保佐人および保佐監督人に告知しなければならない（同30条の6，1項）。

14条1項に掲げる者は，保佐開始の審判取消しの申立てを却下する審判に対し，即時抗告をすることができる（家審規同条2項）。

## ②　審判前の保全処分

### 1　後見の場合

財産管理のために成年後見人等の選任が必要である場合には，審判が効力を生ずるまでの間につき，財産の管理および本人の監護について保全処分をすることができる。これについては，狭義の後見に関しては，改正前から既に規定があった（家審法15条の3，家審規23条）。

### 2　保佐の場合

保佐については，次のような規定が設けられた。保佐開始の審判の申立てがあった場合において，本人の財産の管理または本人の監護のため必要があるときは，家庭裁判所は，申立てにより，または職権により，担保を立てさせないで，保佐開始の審判の申立てについての審判が効力を生ずるまでの間，財産の管理者を選任し，または事件の関係人に対し，本人の財産の管理もしくは本人の監護に関する事項を指示することができる（家審規30条1項）。

保佐開始の審判の申立てがあった場合において，本人の財産の保全のため特に必要があるときは，家庭裁判所は，当該申立てをした者の申立てにより，保佐開始の審判の申立てについての審判が効力を生ずるまでの間，本人の財産上の行為（民法13条1項に規定する行為に限る。5項において同じ）につき，財産の管理者の保佐を受けるべきことを命ずることができる（同条2項）。同項の規定による審判（以下「保佐命令の審判」という）は，財産の管理者に告知しなければならない（家審規30条3項）。保佐命令の審判に対する即時抗告の期間は，家審法15条の3，4項の規定による告知があった日および家審規30条3項の規定による告知があった日のうち最も遅い日から進行する（同条4項)。保佐命令の審判があつたときは，本人および財産の管理者は，本人が財産の管理者の同意を得ないでした財産上の行為を取り消すことができる。この場合においては，制限能力者の行為の取消しに関する民法の規定が準用される（同条5項)。不在者の財産管理人に関する家審規32条1項及び33条から36条までの規定が，1項の規定により選任された財産の管理者について準用されている（同条6項)。

### 3　補助の場合

補助の開始についても，保全処分に関する同趣旨の規定が置かれている（家審規30条の8）。

## 第6項　成年後見法と民法典

民法の条文によって，成年後見法の概観を得ようと思っても，関連条文は，総則編と親族編に分属しているため，容易ではない。この制度の利用者にとっての分かりやすさから考えれば，総則編か親族編にまとめて規定する方がよい。それにも関わらず，このように分属している原因は，民法の体系との関連にある。民法典の編纂の際にも，この点が議論され，梅謙次郎は，総則には（行為）能力に関係がある規定のみとして，その他は，親族編に規定したと述べている（民法総会議事速記録，商事法務研究会版，131)。もっとも，旧禁治産に関連する規定でも，厳密にいうと，手続きが中心となっているものもあるが，親族編にも適さないために，行為能力に関連するものとして，総則編に規定したとされているものもある。例えば，旧12条（現行13条）は，手続き規定の側面を有しているが，行為能力とも関係しているのである。行為能力を制限する以上は，これを補完し，保護者によって本人の権利擁護をはかることが不可欠だからである。

2000年の改正に際しても，この基本方針は堅持され，成年後見関連規定は，総則編と親族編に分属し，任意後見は，特別な契約を基礎とする特別法に規定された。

## 第7項　任意後見契約に関する法律の概要

### 1　任意後見の意義

特別法（平成11法150）の制定により，任意後見制度を創設した（以下，前述の補助・保佐・後見を「法定後見」という）。つまり，高齢者等があらかじめ自分の後見人を自分で選んでおく方法である。これを，法律は「委任者が，受任者に対し，精神上の障害により事理を弁識する能力が不十分な状況における自己の生活，療養看護及び財産の管理に関する事務の全部又は一部を委託し，その委託に係る事務について代理権を付与する委任契約であって，第4条第1項の規定により任意後見監督人が選任された時からその効力を生ずる旨の定めのあるものをいう」と定義している（同法2条）。

### 2　任意後見契約の締結方式と方法

私たちは，自ら選んだ任意後見人に対し，精神上の障害により判断能力が不十分な状況になった場合の自己の生活，療養看護および財産管理に関する事務の全部または一部について，代理権を付与する委任契約を締結しておくことができる。この契約は，家庭裁判所が任意後見監督人を選任した時からその効力が発生する旨の特約を付すことにより，法律に基づいた任意後見契約として認められる（任意後見監督人の選任前の受任者を「任意後見受任者」[2条3号] という）。この任意後見契約は，公証人の関与により，かつ法務省令で定める様式により，適法性と有効性が担保されている（3条）。

十分な判断能力を有している状態で任意後見契約を締結するのは，将来において判断能力が不十分になった場合を考えるからであろう（将来型）。しかし，高齢のために，契約の締結や年金など官庁関係の手続が容易でないというような場合には，任意後見契約の発効要件を充足する前に，別個に事務処理契約（民法上の委任契約）を締結しておいて，判断能力が不十分になったら任意後見へ移行する場合もある（移行型）。また，本人は契約内容をかろうじて理解できるが，すでに任意後見契約発効の要件を充足している場合もあり得る。この場合は，契約締結後直ちに任意後見契約発効の手続をとる（即効型）。移行型の場合には，監督人が存在しない場合が多いので，受任者（まだ任意後見人ではない）による権限濫用の危険がある。

## ③ 家庭裁判所による任意後見監督人の選任

### 1　選任申立

任意後見契約が登記されている場合に，後見を必要とする事態が発生すると，家庭裁判所は，本人，配偶者，4親等内の親族または任意後見受任者の申立てにより，任意後見監督人を選任する（4条）。任意後見監督人の選任は，本人がその意思を表示することができない場合を除き，本人の申立てまたは同意を要件とする（4条3項）。なお，次の場合は，選任できない。

(イ) 本人が未成年者であるとき。

(ロ) 本人が成年被後見人，被保佐人または被補助人である場合において，当該本人に係る後見，保佐または補助（法定後見等）を継続することが本人の利益のため特に必要であると認めるとき。

(ハ) 任意後見受任者が，次に掲げる者であるとき。なお，任意後見監督人の欠格事由については，後述④参照。

(a) 847条〔後見人の欠格事由〕各号（4号を除く。）に掲げる者

(b) 本人に対して訴訟をし，またはした者およびその配偶者ならびに直系血族

(c) 不正な行為，著しい不行跡その他任意後見人の任務に適しない事由がある者

### 2　法定後見との調整

前述の規定により任意後見監督人を選任する場合において，本人が成年被後見人，被保佐人または被補助人であるときは，家庭裁判所は，当該本人に係る後見開始，保佐開始または補助開始の審判（以下「後見開始の審判等」と総称する）を取り消さなければならない（4条2項）。詳細は⑨参照。

### 3　本人の同意

自己決定の尊重の観点から，本人以外の者の請求により任意後見監督人を選任するには，本人の同意がなければならない。ただし，本人がその意思を表示できないときは，この限りでない（同条3項）。なお，本人および任意後見監督人の陳述および意見の聴取につき，特別家審規3条の3参照。

### 4 任意後見監督人が欠けた場合

この場合には，家庭裁判所は，本人，その親族もしくは任意後見人の請求によって，または職権で，任意後見監督人を選任する（4条4項）。

### 5 複数の任意後見監督人

任意後見監督人が選任されている場合においても，家庭裁判所は，必要があると認めるときは，前項に掲げる者の請求により，または職権により，更に任意後見監督人を選任することができる（4条5項）。

## ④ 任意後見監督人の欠格事由

任意後見受任者または任意後見人の配偶者，直系血族および兄弟姉妹は，任意後見監督人となることができない（同5条）。

## ⑤ 本人の意思の尊重等

任意後見人は，同法2条1号に規定する委託に係る事務（以下「任意後見人の事務」という）を行うに当たっては，本人の意思を尊重し，かつ，その心身の状態および生活の状況に配慮しなければならない（同6条）。

## ⑥ 任意後見監督人の職務等

(1) **監督と利益相反の場合の代理**　任意後見監督人は，任意後見人の事務を監督し（同7条1号），その事務に関し家庭裁判所に定期的に報告をすること（同条2号），急迫の事情がある場合に，任意後見人の代理権の範囲内において，必要な処分をすること（同条3号），任意後見人またはその代表する者と本人との利益が相反する行為について本人を代表すること（同条4号），を職務とする。

(2) **調査権限**　任意後見監督人は，いつでも，任意後見人に対し任意後見人の事務の報告を求め，または任意後見人の事務もしくは本人の財産の状況を調査することができる（同条2項）。

(3) **家庭裁判所との関係**　家庭裁判所は，必要があると認めるときは，任意後見監督人に対し，任意後見人の事務に関する報告を求め，任意後見人の事務もしくは本人の財産の状況の調査を命じ，その他任意後見監督人の職務について必要な処分を命ずることができる（同条3項）。

⑷　**準用規定**　民法644条（事務処理に関する善管注意義務），654条（委任終了時の緊急処分義務），655条（委任終了の対抗要件），843条4項（成年後見人選任に際しての配慮事情），844条（後見人の辞任），846条（後見人の解任），847条（後見人の欠格事由），859条の2（成年後見人が数人ある場合），861条2項（後見事務の費用）および862条（後見人の報酬）の規定は，任意後見監督人について準用されている（同条4項）。

## 7　任意後見人および任意後見監督人の解任

任意後見人に不正な行為，著しい不行跡その他その任務に適しない事由があるときは，家庭裁判所は，任意後見監督人等の請求により，任意後見人を解任することができる（同8条，特別家審規3条の10）。解任の審判は告知されなければならない（同3条の11）。

任意後見監督人については，民法846条（後見人の解任）が準用されている（同7条4項，特別家審規3条の9）。

## 8　任意後見契約の解除

⑴　**方式**　4条1項の規定により任意後見監督人が選任される前においては，本人または任意後見受任者は，いつでも，公証人の認証を受けた書面によって，任意後見契約を解除することができる（同9条1項）。

⑵　**正当事由と裁判所の許可**　同法4条第1項の規定により任意後見監督人が選任された後においては，本人または任意後見人は，正当な事由がある場合に限り，家庭裁判所の許可を得て，任意後見契約を解除することができる（同9条2項）。

## 9　法定後見との関係の調整

### 1　任意後見契約が登記されている場合

この場合には，任意後見が原則として優先するので，家庭裁判所は，本人の利益のため特に必要があると認めるときに限り，法定後見等開始の審判をする（同10条1項）。その開始の審判の申立ては，法定後見開始の審判の申立権者のほか，任意後見受任者，任意後見人または任意後見監督人もすることができる（同条2項）。任意後見監督人の選任後に法定後見開始の審判がされたときは，任意後見契約は終了する（同条3項）。

任意後見人の代理権の消滅は，登記をしなければ，善意の第三者に対抗することができない（同11条）。

### 2　法定後見等の開始の審判を受けている者による任意後見契約

後見，保佐または補助の審判を受けている以上，任意後見契約を締結する必要性の有無が問題になる（同4条1項2号）。逆の場合において，有効な任意後見契約が登記されている場合の法定後見等について，前述のように「本人の利益のために特に必要」（同10条1項）であることが要件となっているのも，同様の趣旨である。

具体的には，法定後見等の審判を受けている者が公正証書による任意後見契約を締結できるか，という問題がある。本人に意思能力があり，取消し原因がなければ（公証人法26条），任意後見契約を締結することはできると解される。

(イ)　被補助人については，知的障害者等の親が補助人である場合に，親なき後（補助人の死後）のために本人が任意後見契約を締結することは必要であるし，有効要件を満たしうる。

(ロ)　被保佐人についても，「親なき後」については，基本的に同様に考えてよいが，民法13条（保佐人の同意が必要な場合）との関連には注意が必要である。内容によっては保佐人の同意が必要になる。

(ハ)　狭義の被後見人については，独自には，任意後見契約を締結しうる意思能力を有しないであろうから，法定後見人による任意後見契約を締結することを認めてよいかが，本人意思の尊重との関連において，問題となる。立法関係者の解釈によれば，「子本人に意思能力がない場合でも，子本人が未成年の間に，親が親権に基づいて，子に代わって任意後見契約を締結することも可能」とされているから[59)]，親が法定成年後見人である場合については，同書にコメントはないが，濫用の恐れも少ないから，親なき後問題の解決手段

---

59)　小林・大鷹『わかりやすい新成年後見制度』（有斐閣，2000年）。

の一つとして認めてよいであろう。ただし，その契約内容は，一身専属的内容に及ぶことはできない。

㈡　知的障害者の親としては，自己の高齢により後見等が困難な場合には，第三者による法定の補助，保佐，後見の各制度を利用して，自らは後見監督人等となることが一つの解決方法であるが，自分の死後についても一定の配慮（監督等）をしておきたいと考える場合には，任意後見の方法も有益な方法である。

### ⑽　家事審判法の適用

家事審判法の適用に関しては，任意後見監督人の選任（任意後見4条1，4，5項），後見開始の審判等の取消し（同条2項），報告の徴収，調査命令その他任意後見監督人の職務に関する処分（同7条3項），任意後見監督人の辞任についての許可，任意後見監督人の解任，任意後見監督人が数人ある場合におけるその権限の行使についての定めおよびその取消しならびに任意後見監督人に対する報酬の付与（同7条4項において準用する844条，846条，859条の2，1項・2項，862条），任意後見人の解任（同8条）ならびに任意後見契約の解除についての許可（同9条2項）は，家審法第9条1項甲類に掲げる事項とみなされている（任意後見12条）。

### ⑾　最高裁判所規則による規制

この法律に定めるもののほか，任意後見契約に関する審判の手続に関し必要な事項は，最高裁判所規則（家審規，特別家審規）で定められている（13条）。

## 第8項　後見登記等に関する法律の概要

### ⑴　趣　　旨

旧禁治産宣告等は，戸籍に記載されていたが，これに代えて，法定後見および任意後見契約に関する新しい登記制度が創設された（平成11法152）。

民法に規定する後見（後見開始の審判により開始するものに限る。以下同じ），保佐および補助に関する登記ならびに任意後見契約に関する法律（前述）に規定する任意後見契約の登記（以下，後見登記と称する）については，他の法令に定めるもののほか，この法律の定めに従うことになる（同1条）。

## ②　登記所

### 1　管　　轄

後見登記等に関する事務は，法務大臣の指定する法務局もしくは地方法務局またはその支局もしくは出張所（同3条において「指定法務局等」という）が，登記所としてつかさどる（同2条1項）。大臣の「指定」は，告示によってなされる（同条2項）。

### 2　登記官

登記所における事務は，指定法務局等に勤務する法務事務官であって，法務局または地方法務局の長が指定した者が，登記官として取り扱う（同3条）。

## ③　法定後見等の登記等

後見，保佐または補助の登記は，嘱託または申請（後見登記法附則2条の場合を含む）により，磁気ディスク（これに準ずる方法により一定の事項を確実に記録することができる物を含む。）をもって調製する後見登記等ファイルに，次に掲げる事項を記録することによって行う（同4条1項）。

㈠　後見等の種別，開始の審判をした裁判所，その審判の事件の表示および確定の年月日

㈡　成年被後見人，被保佐人または被補助人（以下「成年被後見人等」と総称する）の氏名，出生の年月日，住所および本籍（外国人にあっては，国籍）

㈢　成年後見人，保佐人または補助人（以下「成年後見人等」と総称する）の氏名および住所（法人にあっては，名称または商号および主たる事務所または本店）

㈣　成年後見監督人，保佐監督人または補助監督人（以下「成年後見監督人等」と総称する）が選任されたときは，その氏名および住所（法人にあっては，名称または商号および主たる事務所または本店）

㈤　保佐人または補助人の同意を得ることを要する行為が定められたときは，その行為

㈥　保佐人または補助人に代理権が付与されたときは，その代理権の範囲

(ト)　数人の成年後見人等または数人の成年後見監督人等が，共同してまたは事務を分掌して，その権限を行使すべきことが定められたときは，その定め

(チ)　後見等が終了したときは，その事由および年月日

(リ)　家審法15条の3，1項の規定による審判（同条5項の裁判を含む。以下「保全処分」という）に関する事項のうち政令で定めるもの

(ヌ)　登記番号

なお，後見等の開始の審判前になされる保全処分（政令で定めるものに限る）の登記は，嘱託または申請により，後見登記等ファイルに，政令で定める事項を記録することによって行う（同4条2項）。

### ④　任意後見契約の登記

任意後見契約の登記は，嘱託または申請により，後見登記等ファイルに，次に掲げる事項を記録することによって行う（同5条）。

(イ)　任意後見契約に係る公正証書を作成した公証人の氏名および所属ならびにその証書の番号および作成の年月日

(ロ)　任意後見契約の委任者（以下「任意後見契約の本人」という）の氏名，出生の年月日，住所および本籍（外国人にあっては，国籍）

(ハ)　任意後見受任者または任意後見人の氏名および住所（法人にあっては，名称または商号および主たる事務所または本店）

(ニ)　任意後見受任者または任意後見人の代理権の範囲

(ホ)　数人の任意後見人が共同して代理権を行使すべきことを定めたときは，その定め

(ヘ)　任意後見監督人が選任されたときは，その氏名および住所（法人にあっては，名称または商号および主たる事務所または本店）ならびにその選任の審判の確定の年月日

(ト)　数人の任意後見監督人が，共同してまたは事務を分掌して，その権限を行使すべきことが定められたときは，その定め

(チ)　任意後見契約が終了したときは，その事由および年月日

(リ)　保全処分に関する事項のうち政令で定めるもの

(ヌ) 登記番号

### 5 後見登記等ファイルの記録の編成

後見登記等ファイルの記録は，後見等の登記については後見等の開始の審判ごとに，4条2項の登記については，政令で定める保全処分ごとに，任意後見契約の登記については任意後見契約ごとに，それぞれ編成する（同6条)。

### 6 変更の登記

後見登記等ファイルの各記録（以下「登記記録」という）に記録されている次の各号に掲げる者は，それそれ当該各号に定める事項に変更が生じたことを知ったときは，嘱託による登記がされる場合を除き，変更の登記を申請しなければならない（同7条1項)。

(イ) 4条1項2号から4号までに掲げる者は，同項各号に掲げる事項の登記につき（前述 3 参照)

(ロ) 5条2号，3号または6号に掲げる者は，同条各号に掲げる事項の登記につき（前述 4 参照)

なお，成年被後見人等の親族，任意後見契約の本人の親族その他の利害関係人は，前述各号に定める事項に変更を生じたときは，嘱託による登記がされる場合を除き，変更の登記を申請することができる（同7条2項)。

### 7 終了の登記

後見等に係る登記記録に記録されている者（7条1項1号）は，成年被後見人等が死亡したことを知ったときは，終了の登記を申請しなければならない（同8条1項)。

任意後見契約に係る登記記録に記録されている者（7条1項2号）は，任意後見契約の本人の死亡その他の事由により任意後見契約が終了したことを知ったときは，嘱託による登記がされる場合を除き，終了の登記を申請しなければならない（同条2項)。

成年被後見人等の親族，任意後見契約の本人の親族その他の利害関係人は，後見等または任意後見契約が終了したときは，嘱託による登記がされる場合を除き，終了の登記を申請することができる（同条3項）。

### ⑧ 登記記録の閉鎖

登記官は，終了の登記をしたときは，登記記録を閉鎖し，これを閉鎖登記記録として，磁気ディスクをもって調製する閉鎖登記ファイルに記録しなければならない（同9条）。

### ⑨ 登記事項証明書の交付等

(1) 何人も，登記官に対し，次に掲げる登記記録について，後見登記等ファイルに記録されている事項（記録がないときは，その旨）を証明した書面（以下「登記事項証明書」という）の交付を申請することができる（同10条）。

(イ) 自己を成年被後見人等または任意後見契約の本人とする登記記録

(ロ) 自己を成年後見人等，成年後見監督人等，任意後見受任者，任意後見人または任意後見監督人（退任したこれらの者を含む）とする登記記録

(ハ) 自己の配偶者または4親等内の親族を成年被後見人等または任意後見契約の本人とする登記記録

(ニ) 保全処分に係る登記記録で政令で定めるもの

「何人」も登記事項証明書を請求できるのであるが，よく読むと，他人の証明書は請求できないことが分かる。例えば，被保佐人Aと不動産の取引をするBが，Aが被保佐人であることを確認するために同証明書を請求することはできない。Bとしては，取引の有効性について疑問を持ったら，Aおよびその保佐人に対して，その旨の証明書を入手して，Bに提示するように求める以外にない。

(2) 次の(イ)～(ハ)に掲げる者は，登記官に対し，それぞれに定める登記記録について，登記事項証明書の交付を請求することができる（同条2項）。

(イ) 未成年後見人または未成年後見監督人は，その未成年被後見人を成年被後見人等もしくは任意後見契約の本人とする登記記録または4条2項に規定する保全処分に係る登記記録で政令で定めるものの交付

(ロ) 成年後見人等または成年後見監督人等は，その成年被後見人等を任意後見契約の本人とする登記記録の交付

(ハ)　登記された任意後見契約の任意後見受任者は，その任意後見契約の本人を成年被後見人等とする登記記録または4条2項に規定する保全処分に係る登記記録であって政令で定めるものの交付

**(3)**　何人も，登記官に対し，次の(イ)～(ハ)に掲げる閉鎖登記記録について，閉鎖登記ファイルに記録されている事項（記録がないときは，その旨）を証明した書面（以下「閉鎖登記事項証明書」という）の交付を請求することができる（同条3項）。

(イ)　自己が成年被後見人等または任意後見契約の本人であった閉鎖登記記録の交付

(ロ)　自己が成年後見人等，成年後見監督人等，任意後見受任者，任意後見人または任意後見監督人であった閉鎖登記記録の交付

(ハ)　保全処分に係る閉鎖登記記録であって政令で定めるものの交付

**(4)**　相続人その他の承継人は，登記官に対し，被相続人その他の被承継人が成年被後見人等もしくは任意後見契約の本人であった閉鎖登記記録または4条2項に規定する保全処分に係る閉鎖登記記録であって政令で定めるものについて，閉鎖登記事項証明書の交付を請求することができる（同条4項）。

**(5)**　国または地方公共団体の職員は，職務上必要とする場合には，登記官に対し，登記事項証明書または閉鎖登記事項証明書の交付を請求することができる（同条5項）。

## ⑩　審査請求等

### 1　行政手続法等の適用除外

登記官の処分については，行政手続法第2章（申請に対する処分）および第3章（不利益処分）の規定は，適用しない（12条）。なお，同法13条および14条にも適用除外法の定めがある。

### 2　審査請求

登記官の処分を不当とする者は，監督法務局または地方法務局の長に審査請求をすることができる（15条1項）。審査請求をするには，登記官に審査請求書を提出しなければならない（同条2項）。登記官は，審査請求を理由があると認めるときは，相当の処分をしなければならない（同条3項）。

登記官は，審査請求を理由がないと認めるときは，3日以内に，意見を付して事件を監督法務局または地方法務局の長に送付しなければならない（同条4項）。

法務局または地方法務局の長は，審査請求を理由があると認めるときは，登記官に相当の処分を命じ，その旨を審査請求人のほか利害関係人に通知しなければならない（同条5項）。

### 3　行政不服審査法の適用除外

行政不服審査法の一定の規定は，前記15条1項の審査請求については，適用しない（成年後見16条）。

## ⑪　旧法の禁治産，準禁治産宣告の取扱い

### 1　旧法の規定による禁治産宣告

これは2000年4月1日施行の新法の規定による後見開始の審判とみなされる。また，禁治産の宣告を受けた禁治産者ならびにその後見人および後見監督人は，後見開始の審判を受けた成年被後見人ならびにその成年後見人および成年後見監督人とみなされる（同附則3条1項）。

### 2　心神耗弱を原因とする準禁治産宣告

これも同様に新法の規定による保佐開始の審判とみなされる。また，準禁治産の宣告を受けた準禁治産者およびその保佐人は，保佐開始の審判を受けた被保佐人およびその保佐人とみなされる（同附則3条2項）。

### 3　上記以外の準禁治産宣告

心神耗弱を原因とする準禁治産者以外の準禁治産者（浪費を理由とする場合）およびその保佐人に関する民法の規定の適用については，846条（後見人の欠格事由），974条（遺言の証人又は立会人の欠格事由），1009条（遺言執行者の欠格事由）の改正規定を除き，なお従前の例による（同附則3条3項）。つまり，新法は，浪費者を保佐開始の審判の対象者から除外したが，新法の施行前に，浪費を理由に準禁治産宣告を受けた者については，浪費が止んで準禁治産宣告が取り消されるまでは，今後も準禁治産宣告の効力が継続することになる。

# 第5款　制限能力者の相手方の保護

## ① 制限能力者の相手方の保護の意義

制限能力者の行為は一応有効ではあるが取り消すことができ，しかも取り消すかどうかは全く制限能力者側の意思によってのみ決定されるから，その相手方は，いったん成立した取引が確定的に有効とされるのか，いずれ取り消されてしまうのか，極めて不安定な状態におかれることになる。さらに，取引関係は常に一つの取引を基礎にして，次々に拡大してゆくから，上記の不安定な法律関係を前提として，第三者が新たな法律関係に入ることもありうる。とすれば，単に相手方にとってのみならず，一般取引の安全にとっても長い間「取り消しうる状態」を放置することは好ましいことではない[60]。

## ② 取消権の短期消滅時効（126条）と法定追認（125条）[61]

⑴　取り消しうる状態を短期なものにするために，取り消しうる行為が追認可能となった時より5年間または行為の時より20年間に取り消されない場合には，取消権は時効により消滅し，以後取り消すことはできない（126条）。

⑵　追認可能な行為について，その債務の「全部又は一部の履行」など一定の行為がなされた場合には，追認がなされたものとみなされる（125条）。

## ③ 相手方の催告権（20条）

### 1　催告の意義

短期消滅時効によって相手方は保護されるといっても，現在の取引界の実情からいって決して短い期間ではなく，かなり長期間不安定な状態を強いられることになる。また，短期消滅時効の制度は，制限能力者の取消権のみならず，後述の詐欺・強迫を受けた者の有する取消権についても適用される。

---

60）　民法が用意している制度としては，取消権一般に関する短期消滅時効と法定追認のほかに，特に制限能力者の相手方のための制度がある。1つは相手方の催告権（20条）であり，2つめは詐術を用いた場合の取消権の排除（21条）である。

61）　両制度については，第4章第8節③6および7参照。

そこで，ひと口に取り消しうる行為の相手方といっても，詐欺・強迫の場合と制限能力の場合とではその位置づけが異なる。詐欺者・強迫者は自ら招いた行為だから，一定期間，不安定な状態に置かれても忍ばなければならないが，制限能力者の相手方は制限能力者保護の反面において犠牲になるわけであるから，この消滅時効の制度以外に，さらに保護手段を与えるべきである。そのために規定された制度が「催告権」である。

ここでいう催告とは，制限能力者の相手方として行為をした者が，制限能力者側に対して，「問題の取り消しうる行為を追認するつもりか，取り消すつもりか」について返答を要求する行為である。

**2　催告の要件**

**(1)　催告の内容**

(イ)　取り消しうる行為を特定して，それを追認するか否かを確答せよ，という趣旨を明示すること。

(ロ)　1ヶ月以上の猶予期間を与えること（20条1項[62]）。

**(2)　催告の相手方**

催告を受領する能力があり，かつ取消しまたは追認をなすことのできる者であること（120条，122条）。

(イ)　未成年者と成年被後見人に対して催告（意思の通知，第4章第1節❷(1)(イ)参照）をしても，意思表示の受領能力（98条の2）がないから効力は生じない。従って，未成年者，成年被後見人者の行為に対する催告については，その法定代理人が相手方となる。また，後見監督人は独自に催告を受領する資格はないというべきである[63]。

(ロ)　被保佐人については，保佐人の同意を得て追認するよう注意を与えることが必要である（20条4項）。

(ハ)　被保佐人の行為について，直接に保佐人に対して催告をなすことにつ

---

62)　40日の猶予期間を与えた催告通知書が，相手方に4月28日に発送され，5月1日に到達した場合には，猶予期間の起算日を5月2日として計算するから，6月10日が満了日となる。相手方の返答は6月10日の満了時までに発送されさえすれば，到達が遅れても有効である（20条1項）。

なお，期間の定めのない催告や1ヶ月より短い期間を指定した催告は効力を生じないとみるべきであろう。

いては，否定説もあったが[64]，保佐人に取消権（13条4項）・追認権（124条3項参照）が認められたので，現在では催告の受領資格はあるというべきである。

### 3　催告の効果

催告に対して制限能力者側が何らかの確答をすれば，確答どおりの効果が発生するが，催告をしても何らの確答のない場合もありうる。そのような場合のために法律効果を定めておかないと，相手方にせっかく催告権を認めても効を奏さないことになる。そこで，民法は確答のない場合の効果を，以下の(1)のような場合について，(2)のように具体的に定めた。

#### (1)　一般論

(イ)　催告を受けた者が単独に追認しうる場合……………追認[65]

(ロ)　催告を受けた者が単独には追認しえない場合…………取消し[66]

#### (2)　具体論

(イ)　制限能力者が能力者となった後……………………追認（20条1項）

(ロ)　制限能力者が未だ能力を回復しない間

未成年者・被後見人本人……………………………催告できない（98条の2）

法定代理人ⓐ単独になしうる場合…………………追認（20条2項）

ⓑ後見監督人の同意を要する場合……取消し（20条3項）

被保佐人本人…………………………………………取消し（20条4項）

保佐人…………………………………………………追認[67]

---

63)　後見監督人について，その同意権を無視された場合には，取消権や追認権を認めるべきではないかとの意見がありうる。しかし，保佐人はあくまでも制限能力者の能力補充的機能を有するのに対し，後見監督人はそのような機能を有するものではなく，後見人（能力者）の行為を監督するだけのものである。その意味で，後見監督人は後見人に対し，意見を言うことはできても，独自に取り消したり追認したりする権利までは認められていないというべきであろう。したがって，その権利を有しない者は，独自に催告を受領する権利も有しないと考えるべきである（本章注50）参照）。

64)　民法120条と122条を文言通りに理解する学説・判例は，保佐人に取消権・追認権を認めていなかったので，これに対する催告もまた認められないとしていた。

65)　単独で確答できる地位にある者が，期間中，催告に対して何らの返答をなさないのは，法律関係を現状のままで確定しようとする意思があるとみられるからである。

66)　「特別の方式を要する行為については，第2項の期間内にその方式を具備した通知を発しないときは」（20条3項）取り消されたものとみなされる。例えば，後見監督人のある場合の後見人は監督人の同意を得た旨の通知を発しなければならないが，この通知がないのは，〝同意を得られなかったもの〟と見られるからである。

## 4　制限能力者の詐術

### 1　詐術の意義

制限能力者が能力者であることを信ぜしめるため詐術を用いたときは，その行為を取り消すことはできない（21条）。

詐術を用いて自分を能力者であると信じさせて取引を行った制限能力者については，もはや制限能力者制度による保護に値しないとの趣旨である。その結果，締結された通りの契約内容の効力が維持されることになる。

### 2　取消権排除の要件

(1)「能力者であることを信じさせるため」に詐術を用いたこと。

自分が能力者であるとの虚偽の事実を述べることばかりでなく，保護者（親権者・後見人・保佐人・補助人）の同意があった旨を誤信させる場合[68)]もこれに準じて考えるべきである。

(2)「詐術を用いた」こと

詐術とは，欺罔手段を用いて相手方を錯誤に陥れることをいい，いかなる態様・形式で行われるものでもよい。戸籍謄本を変造して提出する場合，法定代理人または保佐人の同意書を偽造して提出する場合など積極的手段による場合はもちろん，制限能力者であることを黙秘していた場合でも，制限能力者の他の言動と相俟って相手方を誤信させ，または誤信を強めたときは詐術にあたる[69)]。

しかし，このような詐術を用いることのできる被保佐人は，心神耗弱を理由とする場合においては，実際には生じにくいのであろう。判例に現われた事例のほとんどは，旧浪費者（準禁治産者）である点には注意すべきである。つまり，下段（注69）に述べたように，判例による詐術認定の緩和傾向は，知的障害者等の保護を弱めるものではない。

(3) 相手方において能力者であると信じ，または同意を得ていると信じたこと。

---

67) 保佐人に独自の取消権・追認権が認められたので，このようにみなされることになる。

68) 旧準禁治産者が虚偽の婚姻届をしたうえで，戸籍上の妻を保佐人として同意させた事例（大判大12・8・2民集2・577。旧浪費者の事例——肯定）。

### 3 効　　果

詐術を用いた場合には制限能力者側（本人および法定代理人または保佐人・補助人）からは，その行為を取り消すことはできない（21条）。

では，相手方は詐欺（96条）による取消権を行使できるか。

〔例〕 未成年者Aは相手方Bに対しその所有土地を売却するさいに，親権者の同意書を偽造して提示し，契約を成立させた。その後，同土地の価格が下り，相手方Bには利用価値が小さなものであることが分ったので，Bは「同契約はAが能力者であると信じさせる目的で詐術を用いたために締結したものであるから，民法96条により同契約を取り消す」と主張した。Bの主張は許されるか。

21条にいう詐術とは，能力に関する詐術のみを内容とするものであって，取引内容に関しての詐欺を含まないから，能力に関する詐術のみを受けた相手方は，その効果意思の決定には影響を受けていないはずである。21条の趣旨は能力者と信じて取引をした相手方に，期待どおりの有効な取引を継続させてその利益を保護することにあるのに対し，96条は，詐欺を受けた者の正当な利益を保護するため，契約を取り消させることを目的としたもので，その立法趣旨は全く異質である。したがって，制限能力者が能力者であることを信じさせるために詐術を用いた場合には常に96条の詐欺の要件を満すわけではないといわなければならない（山主政幸注民⑴243）。

---

69） 制限能力者を厚く保護しようとする見解は，「詐術」といえるためには積極的術策でなければならないとの厳格な態度をとっている。判例も初期のころにはそのように解していたが（大判大5・12・6民録22・2361——消極），その後，要件はしだいに緩和されてきている。

⑴ 旧準禁治産者（被保佐人）が言葉や態度で自己を能力者であると信じさせるに至った場合には詐術となる（大判昭2・11・26民集6・622——浪費者と推測しうる事例）。

⑵ 旧準禁治産者（被保佐人）が相当の資産信用を有するから安心して取引せられたい旨述べて，相手方に対して自己の無能力について疑念を生ぜしむることを防止した場合にも詐術となる（大判昭8・1・31民集12・24）。この場合の準禁治産者は法律をよく知っており，当時すでに自己所有の不動産の大部分を売却していたことなどから，浪費者であったと思われる。

⑶ 制限能力者が自己の無能力につき単純に黙秘することのみでは詐術には当らないが，他の言動などと相俟って，相手方を誤信させ，また誤信を強めたものと認められるときは詐術に当たる（最判昭44・2・13民集23・2・291——否定例）。これは，知的障害者であり，かつ浪費者の事例である。

上の例では，売買対象の土地について，将来，鉄道ができる予定だとか，利用価値の高い所だといった欺罔行為があったわけではなく，Aの欺罔は単に親の同意に関して存在しただけであり，このことはBの本件土地購入の意思を決定する要素ではなかったはずである。したがって，Bは96条による取消権を行使することはできない[70]。

70）制限能力者の詐術は不法行為となりうるか，という問題も，詐欺の場合と同様に実質的に検討すべきである。この場合には，契約通りの履行がなされてもなお相手方に損害が生じているか否かがポイントとなろう（山主旧版注民(1)243）。

# 第6款　住　　所

## ①　総　　説

多くの人が一定の場所に居住し，一定の地域で社会生活を営んでいた間は，人の住所と法律関係とは密接な関連を有していたが，今日のように人の活動範囲が広範となり，各活躍の分野において係わりあう場所が異なってくると，住所のもつ意義も重要性を喪失しつつある。しかし，法律関係を処理する上において，人と場所との関連を無視することはできない。そこで，民法は住所・居所について一般的な規定をおき，これを法律上の処理の基準となる場所とした。

## ②　住所の意義

### 1　客観主義と主観主義

住所とは，各人の「生活の本拠」をいう（22条）。すなわち，人の生活関係の中心的場所を意味する。それがその人の生活関係の中心であるか否かは，ある場所が，その人の一般的生活関係の中心となっているという客観的事実があれば十分である（客観主義）。これに関して，判例[71)]は，かつて客観的事実の他に「定住の意思」を必要とすると解していた（意思主義）。また，立法例としても，定住の意思を必要とする意思主義をとるものが多い。しかし，定住の意思という主観的なものは外部から認められない場合が多いうえ，今日の社会では，住所に与えられた法律効果（次頁③参照）は，もっぱら第三者（他人）との関係において重要性を有しているから，第三者に不測の損害を及ぼさないためにも，客観的事実のみから判断できるものを住所とすべきであろう。もっとも，官公署への届出，転居通知などの定住の意思は，外部に現

---

71)　判例はかつて「生活の本拠となす意思」を問題にしたこともあったが（大決大7・7・23民録26・1157），最近では，住所所在地の認定は各般の客観的事実を総合して判断すべきであるといい（最判昭27・4・15民集6・4・413），特段の事由のない限り，住所とは各人の生活の本拠をさす，とも述べている（最大判昭29・10・20民集8・10・1907）。

判例が主観主義に立っているか，客観主義に立っているかは，必ずしも明確ではないが，後者の傾向を強めつつあると考えてよい。

われたものとして，客観的に生活の本拠を認定する場合の重要な要素・資料となることはもちろんである。[72)]

### 2　住所の複数性

住所は一個に限らず，問題となる法律関係ごとに複数存在しうる。今日の人の活動範囲の広がりと，複雑な生活状態の形成を考えれば，各人の家庭生活・職業生活等について，それぞれの中心点をもって，それぞれの法律関係における住所と認めてさしつかえないであろう。住所は単一でなければならないとの説（単一説）が支配的であった時代もあるが，現時の学説は複数説が支配的である。[73)]

## ③　住所の法律上の効果

法律が住所に一定の法律効果を与えている重要な場合は，次のとおりである。

### 1　私法関係

(1)　不在者・失踪の基準（25条・30条）

---

72)　住所を移転させる目的で転出届がされたとしても，実際に生活の本拠を移転していなかったときは，住所を移転したものとして扱うことはできない（最判平9・8・25判時1616・52）。なお，都市公園内に不法に設置されたテントを起居の場所としている者につき，同テントの所在地に住所を有するものとはいえないとされた事例がある。（最判平20・10・3判時2026・11）。

73)　判例が，単一説か複数説かは明確ではない。学生の公職選挙法上の住所が問題となった事件において，「法令において人の住所につき法律上の効果を規定している場合，反対の解釈をなすべき特段の事由のない限り，その住所とは各人の生活の本拠を指す」（最大判昭29・10・20民集8・10・1907）と判示しているが，実質的には公選法上の住所について判断したものとも解することができる。その意味において，判例は表面では単一説（後掲判例）をとりながら，実質は複数説に接近しつつあるとの指摘は正当であると思われる（四宮/能見64以下）。「大学の学生が，大学附属の寄宿舎で起臥し，実家からの距離が遠く通学が不可能ないし困難なため，多数の応募学生のうちから厳選のうえ入寮を許され，最も長期の者は4年間，最も短期の者でも1年間在寮の予定の下に右寮に居住し，名簿調製期日までに最も長期の者は約3年，最も短期の者でも5ヶ月間を経過しており，休暇に際してはその全期間またはその一部を郷里またはそれ以外の親戚の許に帰省するけれども，配偶者があるわけでもなく，また，管理すべき財産を持っているわけでもないので，従って休暇以外は，しばしば実家に帰る必要もなくまたその事実もなく，主食の配給も特別の場合を除いては寄宿舎所在村で受けており，住民登録法による登録も，本件名簿調製期日には概ね同村においてなされており，登録されていない者も故意に登録の手続をとらなかったのでない場合は，それらの者は，選挙人名簿調製期日まで3箇月間は，同村に住所を有していたものと解するを相当とする。（最判昭35・3・22民集14・4・551）」

⑵　債務の履行地（484条）

⑶　相続の開始地（883条）

⑷　手形行為の場所（手2条3項，小8条，等），手形呈示の場所（手21条）

⑸　管轄裁判所の決定基準（民訴4条，人訴4条，等）

⑹　国際私法上の準拠法決定基準（法適用通則8条参照）

**2　公法関係**

⑴　選挙権の基準（公選9条2項，等）

⑵　徴税の基準（所税15条，地税24条，等）

⑶　帰化の条件（国籍6条，等）

### ④ 居　　所

㈠　意義　　居所とは，人が多少継続的に居住するが，生活の本拠といえるほどに密接な関係を有していない場所をいう。他に住所を有する場合もあるし，住所を有しない場合もありうる。

㈡　住所とみなされる場合　　居所は，次の2つの場合に住所とみなされて，住所と同様の法律効果を生じる。

(a)　住所が知れない場合（23条）。

(b)　日本に住所を有しない者（23条2項）。日本人であっても外国人であってもよい。ただし，渉外的法律関係について，法適用通則法が住所地法によるべきことを定めている場合（法適用通則13条，24条，25条）には，それによる（23条2項ただし書）。

### ⑤ 仮住所

取引の当事者は，その取引に関して一定の場所を定めて仮住所とすることができる（24条）。これは，取引の便宜上，当事者の合意で定めるもので，生活の実態とは無関係であり，当該取引に関する限りの法的効果が与えられるものである。

### ⑥ 本　　籍

個人の身分関係を登録する公簿である「戸籍[74]」を編成する際の基準となる

場所を「本籍」という（戸6条）。全く形式的に定まるものであって，住所とは無関係であり，実際にも住所と一致しない場合が極めて多い。

## ⑦ 住民票[74)]

住民票には「住所」が記載されることになっているが（住民基本台帳法7条），これは，民法上の住所を判定する際の有力な資料の一つであるにすぎない。

74)　戸籍の附票と住民票との関係　　市町村長は，その市町村の区域内に本籍を有する者につき，その戸籍を単位として，戸籍の附票を作成しなければならない（住民基本台帳法16条）。当該附票には戸籍の表示，戸籍の筆頭者の氏名と共に，住所，住所を定めた年月日等が記載されることになっている。その住所は，住民票の記載と同一である。

# 第7款　不　在　者

## 1　失踪と不在者

住所または居所を去って容易に帰来する見込みのない者を不在者という。この者に残された財産がある場合に，本人のみならず残された配偶者や相続人となる者のためにも，その朽廃・散逸を防ぎ，善後処置を講ずる必要がある。そのために，民法は「第4節　不在者の財産の管理及び失踪の宣告」に関連規定を置いている。

まず，不在者を2期に分け，第1期では，本人が生きているものと推測して残留財産を管理し，帰来を待つことに重きを置き[75]，第2期では，死亡したものとみなして法律関係を確定させようというものである。第1期の者と第2期の者であって宣告を受けていない者[76]を狭義の不在者，第2期の者で宣告を受けた者を失踪者と呼んでいる。

## 2　不在者の財産管理

### 1　不在者に財産管理人がいない場合

#### (1)　管理人の選任

家庭裁判所は，利害関係人または検察官の請求によって，不在者の財産の管理について必要な処分を命じることができる（25条1項）。この必要な処分としては，財産管理人の選任が主なものである。「命ずることができる」と規定されているが，家庭裁判所は上の請求があれば，必ず必要な処分を命じなければならないと解すべきである。

#### (2)　財産管理人の地位

(イ)　対外的関係　　一種の法定代理人である。家庭裁判所は何時でもその選任した管理人を改任することができるし，管理人は家庭裁判所に届け出る

75)　制度の趣旨から考えて「容易に帰来する見込みがないこと」が前提とされている（通説）。

76)　音信不通や生死不明の者で実質的には失踪宣告の要件を満している者であっても失踪宣告を受けていない者は不在者として扱われる。

ことによって何時でも辞任することができる（家審規32条）。

(ロ)　対内的関係　　管理人の職務の執行については，644条以下の受任者に関する規定が準用されている（家審法16条）。その上で，委任者に該当する者が不在者であることを配慮して，(a)管理人に財産目録を作成すべく義務づけ（27条1項，家審規36条），(b)家庭裁判所は財産の保存のために必要な処分を命じ（27条3項，家審規33条），(c)管理および返還についての損害賠償債務の担保のために，家庭裁判所は必要に応じて管理人に担保を供させることができる（29条1項，家審規34条，同35条），としている。

**(3)　財産管理人の権限**

管理人は，103条に定められた行為[77]を自由になす権限を有するが，その権限を超える行為を必要とするときは，家庭裁判所の許可を得なければならない[78]（28条）。

**(4)　財産管理人の報酬**

家庭裁判所は，管理人と不在者との関係その他の事情によって，不在者の財産中から相当の報酬を管理人に与えることができる（29条2項）。

**(5)　家庭裁判所の命令の取消し**

家庭裁判所の命令（25条1項）は，本人が後日に至り，「管理人を置いたとき」（25条2項）または「本人がみずから財産を管理することができるようになったとき，またはその死亡が分明となり，もしくは失踪の宣告があったとき」（家審規37条）は，本人，利害関係人，管理人（25条2項の場合）もしくは検察官の請求によって，これを取り消さなければならない。

**2　不在者が財産管理人を置いた場合[79]**

不在者が自ら置いた財産管理人の権限は，不在者と財産管理人間の委任契約の内容によって決められ，権限の定めなき場合に限って103条の適用があ

---

77)　103条の代権理の範囲に関する判例　〔財産管理の権限を有する者が管理財産たる家屋を売却処分することは，罹災による損害を回避し経済的価値を保存する目的に出たものであっても，管理財産の現状維持を目的とする行為の範囲を逸脱する。〕（最判昭28・12・28民集7・13・1683）

78)　なお，家庭裁判所は，管理人に対して，賎産の管理および返還の義務を確実に履行させるために，相当の担保を供させることができる（29条1項）。

79)　不在者に親権者や後見人のような法定代理人がいる場合には，財産管理人を選任する必要はない。代理人の権限も法律の規定によって定まっているから問題はない。

る。また，報酬の有無についても，委任契約の内容による。定めがないときは無報酬である。このように，本人と財産管理人の関係は，もっぱら委任契約と任意代理人に関する規定が適用されるのであるが，次の2つの場合には，家庭裁判所の干渉が必要である。

(イ)　本人の不在中に，本人の置いた管理人の権限が消滅したときは，初めから管理人がいなかったと同様の状態が発生するから，「❷1」でのべたところと同様に取扱われる（25条1項後段）。

(ロ)　不在者の生死が分明でなくなると，本人によるコントロールが不可能になるから，次のような必要性が生じる。

(a)　家庭裁判所は，利害関係人または検察官の請求により，管理人を改任することができる（26条）。

(b)　家庭裁判所が従来の管理人を改任せず，監督だけする場合は，これに選任管理人とほぼ同様の権限と義務とを与えることができる（27条2項・3項，28条後段，29条1項・2項）。

# 第8款　失踪宣告

## 1　失踪宣告の意義

不在者の生死不明の状態が永続した場合に，残存配偶者に再婚の可能性を与え，法定相続人に相続をさせて，その住所を中心とする法律関係を確定させるために，不在者を死亡したものとみなす制度である。

## 2　失踪宣告の要件

次の要件が備われば，管轄の家庭裁判所は，審判によって失踪宣告をしなければならない（30条[80]）。

### 1　実質的要件

(1)　不在者の生死が分明でないこと

不在者の生存の証明も死亡の証明もないことが必要である。

(2)　生死不明の状態が一定の期間継続すること

(イ)　普通失踪の場合には，この期間は「7年」である（30条1項）。この失踪期間の起算点は，不在者の生存が確認された最後の時と解すべきである[81]。

(ロ)　特別に死亡の推定が強くなされる次の各場合には，特別失踪（危難失踪）として，上の期間を短縮して「1年」とする。(a)戦地に臨んだ者（戦争失踪）(b)沈没した船舶中にいた者（船舶失踪）(c)その他死亡の原因となるべき危難に遭遇した者（狭義の危難失踪）であり，その期間の起算点は，それぞれ(a)戦争が止んだ後，(b)船舶の沈没した後，(c)当該危難が去った後，である（30条2項）。

---

80)　30条は「……失踪の宣告をすることができる」と規定しているが，要件を満せば宣告をしなければならないと解されている。

81)「不在者の生存が確認された最後の時」は，個別具体的に決定する他はないであろう。立法例としては，最後の音信時とするものや最後の音信のあった年の終りとするものもある。たしかに一定時期を区切るのは法律関係を明確にする利点はあるが，このような基準によってみなされた時期以後の某時，某所で友人が不在者の姿を見かけたりした場合には，少なくともその時点までは生存していたことが明らかであるから，判定は不正確となる。やはり個々的に裁判所の自由な調査，裁定を認める方法が最も妥当であると思われる。

### 2　形式的要件

⑴　利害関係人の請求があること（30条1項）。

利害関係人とは，失踪宣告をなすことについて，法律上の利害関係を有する者でなければならず，事実上の利害関係を有するにすぎない者は含まれない[82)]。

⑵　公示催告をすること。

家庭裁判所は，普通失踪においては6ヶ月以上，特別失踪においては2ヶ月以上の期間を定めて公示催告をなし，不在者および不在者を知っている者に対して届出をするように促し，届出のなかった場合にはじめて宣告をすることができる（家審規39条―41条）。

## 3　失踪宣告の効果

### 1　認定の形式

失踪宣告を受けた者は，死亡したものと「みな」される。単に死亡したものと推定されるだけならば，反証を挙げてこれを覆すことができるが[83)]，死亡したものと見なされる法制の下では，宣告の取消しをしない限り，反証を挙げても覆すことはできない。

### 2　効果の範囲

宣告の効果は，利害関係人に対するだけでなく，すべての人との関係において絶対的である。しかし，これは失踪者の権利を剝奪する制度ではないので，失踪者が別の場所に生存している場合は，そこまでは宣告の効果は及ばず，その土地における法律関係は有効に成立するし，また，宣告後に帰来した場合は，それ以後の法律関係も，宣告の取消しをまたなくても有効に成立する。結局，失踪宣告の効果は，従来の住所を中心とする，失踪と見なされ

---

82)　利害関係人の例　　配偶者，法定相続人，受遺者，保険金受取人，親権者，後見人，父母，委任管理人，家庭裁判所選任の不在者の財産管理人など。

〔例〕Aは，Cが自己の子であることの確認を求めるため，戸籍上の父Bの失踪宣告の申立をしたいと考えている。この失踪宣告が認められれば，BはCの出生の2年前に死亡したものと見なされるためである。

上のAは，30条の利害関係人には含まれない（大判昭7・7・26民集11・1658）。

83)　ドイツ失踪法（9条1項），スイス民法（38条）は，「死亡したものと推定」するだけである。

る時期までの法律関係を，終了させるだけの意味しかもたないのである。

### 3　認定の時期

失踪宣告を受けた者が死亡したとみなされる時期は，普通失踪では失踪「期間が満了した時」であり[84)]，特別失踪では「危難の去った時」である[85)]（31条）。

### 4　生存推定

(イ)　失踪宣告を受けた者は，死亡と見なされた時期までは生存したものと見なされる効果を生ずる（我妻109，松坂108，幾代38）。

(ロ)　失踪宣告を受けていない者は，もし宣告があれば死亡と見なされる時期までは生存したものとの推定を受けるか。これについては，民法に規定がないので解釈上争われているが，肯定すべきものと思う[86)]（我妻109，松坂109）。

## ④　失踪宣告の取消し

### 1　要　　件

(1)　現に失踪者が生存すること，または宣告によって死亡したと見なされる時期と異なる時期に死亡したことの証明があること。

失踪期間中や死亡と見なされた時より後に生存していたことの証明がある場合も同様である。

(2)　本人または利害関係人の請求があること。

以上2つの要件を備えた場合は，家庭裁判所は失踪宣告を取り消さなければならない（32条1項本文）。

---

84)　昭和50年4月1日に最後の音信があった夫について，その妻から昭和60年4月1日に失踪宣告の申立がなされた。そして翌年2月1日に失踪宣告がなされた場合を仮定すると，同夫が死亡したものとみなされるのは昭和57年4月1日の24時である。

　死亡時期をいつとするかについては，宣告時，最後の音信時，失踪期間満了時，裁判所が死亡時を確定するもの等，立法例も様々であるが，宣告時とすると，手続の遅速により死亡時が異なる欠点があり，最後の音信時とするのも法律関係をあまりに以前に遡らせて複雑にする欠陥があるので，その中間をとった失踪期間満了時とするのが最も妥当である。

85)　昭和37年の民法一部改正までは，3年の失踪期間を定め，この失踪期間満了の時に死亡したとみなされることになっていた。しかし，特別失踪の場合は危難の時に死亡した蓋然性が最も強いのであるから，危難の時とすべきであるとして改正されたものである。

86)　宣告がない場合については，期間にかかわりなく生存を推定すべきであるとする説もある（幾代38）。

### 2　取消しの効果

(1)　**遡及効**　失踪宣告が取り消されると，失踪宣告は遡って効力を失うから，宣告によって生じた死亡の効果はすべて初めから生じなかったことになる。したがって，失踪宣告によって消滅した身分関係は復活するし，変動した財産関係は還元される。

もっとも，その取消しが，宣告による失踪者の死亡時期と異った時期における死亡を理由とするものである場合は，現に死亡している以上，身分関係の復活も財産関係の還元もありえないが，死亡時期の異なることによって，財産の帰属関係に重大な変動を生ずることがある[87]。

(2)　**遡及効の例外**　上の原則を貫く場合は，失踪宣告を信頼した配偶者や相続人，その他の利害関係人は，不測の損害をこうむるおそれがあるので，民法は身分関係の復活と財産関係の還元について，次の2つの例外を設けた。

(イ)　失踪宣告の後，その取消し前に善意でした行為は，その効力を変じない（32条1項ただし書）。

(a)　善意とは，失踪宣告が真実と異なっていることを知らないことを意味し，行為の当事者全員が善意でなければならないと考えるのが妥当であろう[88]（大判昭13・2・7民集17・1・59）。

(b)　宣告の取消しと物権変動の関係については，特別な配慮を必要としないと解してよい。すなわち，悪意であれば，宣告を前提とした物権変動は取消しにより効力を失って物権は復帰する。しかし，悪意の相続人から動産を

---

87)　Aは失踪宣告によって昭和55年10月1日に死亡したものとみなされたが，後に昭和50年3月1日に死亡していたことが判明したため，妻Bの申立により同宣告は取り消された。Aには父親甲と唯一の子Cがいたが，Cは昭和53年4月1日に死亡していた。

〔失踪宣告による相続人〕

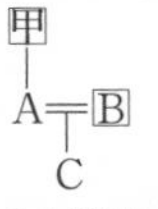


失踪宣告によって死亡とみなされた時点では子Cも死亡しているから，相続人は妻Bと父甲となる。

〔失踪宣告取消後の相続人〕

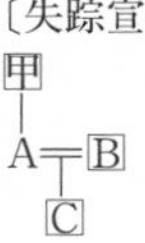


Aが死亡した時点では，子Cは生きていたのであるから，相続人は妻Bと子Cであり，父甲は相続人ではない。

取得した第三者は即時取得（192条）によって所有権を取得しうると解してよい。[89]

(ロ)　失踪宣告によって財産を得た者は，その取消しによって権利を失う場合でも，現に利益を受けた限度においてのみ財産を返還する義務を負うにすぎない（32条2項）。現に利益を受けた限度とは，取得した財産のうち，現に残存しているものだけ返還すればよいという意味である。703条の「利益の存する限度」と同意義と解してよい。32条2項は，財産を取得した者の善意と悪意とを区別していないが，悪意者にこのような保護を与える必要はないから，悪意の者については704条を適用すべきである（我妻112，松坂112，反対，高島46，四宮/能見74）。[90]

(3)　**取消しと婚姻関係**　残存配偶者が婚姻した後に失踪者が生還し，失踪宣告が取り消された[91]場合に，新旧婚姻の効力はどうなるであろうか。

(イ)　新婚姻の両当事者が共に善意であったときは，新婚姻は効力を失わないと解されている（通説）。しかし，その結果生じる法律状態については，以

---

88）単独行為のうち相手方のない場合については問題はないが，相手方のある場合については，契約の場合と同様に扱うべきであろう。ただし，最近では，財産行為に関しては，たとえ処分行為者が悪意であっても，権利を取得する者が善意ならその処分行為は効力を失わないとの解釈が有力となりつつある（四宮/能見73）。

なお，善意の権利取得者からの転得者が悪意の場合に，この者に目的物の返還請求が可能かということが論じられるが，この場合の転得者は常に承継取得するから返還請求はできないと解すべきである（善意の取得者が「わら人形」であれば独立の人格と評価しなければよい）。

89）善意の相続人から動産を取得した場合には，2つの保護が競合することがありうる。

90）32条2項の適用にあたっては善意・悪意を区別すべきでないとする説は，次のことを理由とする（高島46）。

①　悪意といっても利得の法律上の原因の不存在そのものについてではなく，宣告取消しの可能性についての認識を意味するにすぎないこと。

②　この制度は，本来，生死不明という不確定な状態を前提として一律に失踪者を死亡したものとして扱う制度であって，取消しの可能性を内在していること。

したがって一般の不当利得の場合の悪意とは法的評価を異にすべきである，と主張している。

91）①　身分行為については，特別な配慮が必要である。例えば，妻が善意で姻族関係終了の意思表示（728条2項）を行っていた場合に，夫が生還して失踪宣告が取り消されたときは，婚姻関係は復活すると解すべきである（谷口知平新版注民(1)394）。

②　失踪宣告によって生じた相続自体について，放棄や限定承認がなされた場合には，失踪宣告の取消しによって相続自体が開始しなかったものとなるから，善意でなされた放棄や限定承認も失効する（谷口新版注民(1)395）。

下のような問題が生じる。

(a)旧婚姻が復活するため重婚状態となり，旧婚にとっては離婚原因（770条1項5号），新婚にとっては取消し原因（743条，744条）となると解する説と，(b)新婚のみが有効であり，旧婚は復活しないとする説（昭25・2・21民甲520号民事局長回答）とがある。

(ロ)　新婚姻の当事者の少なくとも一方が悪意であった場合については，①　新婚姻は当然に無効（旧婚姻は復活），②　上記(イ)の(a)と同様，③　上記(イ)の(b)と同様など，学説は分かれている。

# 第3節　法　　人

## ① 法人制度の意義

法人とは，自然人以外のもので権利義務の主体となりうるものをいう。民法上は，人の結合体である社団法人と，一定の目的に捧げられた財産の集合体である財団法人とが認められている。

### 1　法人制度の必要性

資本主義社会における生産（経済）や国家，さらには文化の次元において，法人制度はいかなる意義と必要性を有しているのであろうか。

**(1)　資本家の人的結合体**　自然人である資本家が，生産手段と労働力のために資本を投下して，生産活動をする限りにおいては，法人制度を必要としない。しかし，資本はより多くの利潤を追及し，自己増殖しながら（資本の集積）他の資本との競争に打ち勝つためにも，資本相互の合体[92]を図らざるをえない（資本の集中）。株式会社の成立と発展はその典型である。ここでは，各資本家（株主）の個性は問題とならず，その結合体はその内部に意思決定機関と執行機関とを有している。このような資本家の人的結合体が行う経済的・社会的活動を法的に評価する場合に，各自然人の行為に分解することは，実態に合わないし取引社会の要請にも合致しない。そこで，このような人的結合体についても，自然人と同様に，権利義務の主体となりうる法的地位を認める必要がある[93]。

**(2)　国家と地方自治体**　資本主義社会における国家ないし国家権力をどのように評価し，位置づけるかは見解の分れるところであるが，国家と市民，国家と地方自治体，地方自治体と市民などそれぞれの間において様々な社会生活関係[94]が生じることは認めざるをえない。少なくともその諸関係の一部は

---

92)　ここでいう資本の合体とは，多数の市民の有する資本が一つの生産組織に出資されることを意味しているが，資本主義の発展は，さらにこのような資本結合体のうち同種のものの結合をも促進する（独占資本の成立）。

93)　しかし，法人と法人の構成員または事実上の設立者とを別個独立の法人格として扱うことが不当であると思われる場合もある。法人格が濫用的に用いられる場合と法人格が形骸化している場合である。このような場合には，具体的な法律関係との関連において法人格を否認すべき場合もある（法人格否認の法理）。

法律的関係として処理せざるをえない以上，国家や地方自治体にも権利・義務の主体としての法的地位を認めることが必要である。

**(3)　非営利・非公益の人的結合体**　われわれの生活は，経済的側面と対国家・地方自治体への側面に限られるわけではない。営利を追及するわけでもなく，直接に公的目的を追及するわけでもない場面で，市民相互の人的結合が生じる場合もある。この場合には前2者（(1)(2)）と同様に権利・義務の帰属主体として取り扱う必要性の強いものもあるが，その必要性がそれ程強くないものもある[95]。そこで，通常は国家の法人政策に任されることになる。

**(4)　財産の結合体**　以上に述べたことは，一定の目的のために捧げられた財産の集合体（財団）についても妥当する。わが国では，英米法系の国と異なって信託制度[96]が十分には発達しなかったために，財団法人のもつ意義と必要性は大きい。

## 2　法人制度の歴史的意義

**(1)　特許主義時代**　近代社会にあっては，その権力的要素はすべて国家が独占することを原則としている。市民と国家との中間に団体の存在を認めることは，この原則との関連から考えて好ましいことではない。何故ならば，団体が団体といえる実体を有するためにはその構成員を何らかの形で統制し

---

94)　国や地方自治体が市民の所有地を買収する場合（契約関係）や国や地方自治体がそれぞれ固有の財産を所有する場合（所有関係）を想定してみれば，権利・義務の主体として位置づけることの正しさを理解することができよう。また，不法行為（交通事故など）の面でも，公務員が職務を行うについて市民に加害行為を行った場合には，国や地方自治体が責任を負うことになっているが，これも国や地方自治体の権利能力を前提としていると考えてよい。

95)　学術，技芸，慈善，祭祀，宗教等の公益を目的とする社団の場合と，このような積極的な意味での社会全般の利益をはかるわけではなく，相互扶助や親睦をはかることを目的とする社団の場合とがある。民法は，前者については，主務官庁の許可によって法人化する道を設け，後者については原則として法人化の道を閉ざしていたが，特定非営利活動促進法（第1節❸）や一般社団法人及び一般財団法人に関する法律（後述第5節）により一定の領域において，法人化の道が開かれている。

96)　特定の財産を特定の管理者に帰属させ，その財産を一定の目的に従って管理運営させる法制度である。管理者と別個独立の権利主体を創設するという法律構成をとらない点で，法人制度との法技術上の差異がある。わが国でも信託法（大正11年法律62号）が制定されたが，あまり利用されていなかった。土地信託等が盛んに用いられるようになったのは極く最近のことである。近時，信託法制の改正がなされ，従来の法律は「公益信託ニ関スル法律」として存続し，新たに「信託法」（平成18年法108号）が制定された。

つつ，意思決定をし，行動しなければならないから，団体はその構成員との関連においては国家権力以外の権力（社会的権力）を意味することになるからである。したがって，近代市民革命以降における市民社会の確立過程においては，国家は原則として中間団体[97]（とくにギルド等の中世以来の団体）を厳しく禁止する政策をとった。やむをえず社団を認める場合にも，国家の命令または特別の法律によること（特許主義）を原則としたのである。

**(2)　自由主義時代**　資本主義の発達は必然的に資本（家）の結合体としての団体（株式会社）を生み出し，それが法人格の取得を，しかも簡易な方法での取得を要求[98]するに至った。また，資本（家）の社会的結合に対応して労働者も社会的に団結して労働組合を結成するようになり，団結の自由の法認と共に，労働組合の法人格取得についても法的障害は除去されるに至った[99]。

**(3)　独占禁止時代**　株式会社は，20世紀に入ると市場を独占的に支配するに至ったため，各国はこの市場独占に対して2つの方法によって対応している。一つは市場独占を禁止する態度であり，もう一つは，企業の集中を利用して，これを国家的監督の下におこうとする態度である。

以上，主として社団法人について述べたが，財団法人についても基本的には同様に考えてよい[100]。

### 3　法人の本質（法人学説）

上に述べたような国家の法人政策の変化を前提として，法学界においても，社会的に有意義な団体を市民法秩序の中に正しく位置づけるという課題が，19世紀以来，多くの学者の注目を引くに至った。以下に代表的な学説を紹介しておこう。

**(1)　法人擬制説**　権利義務の主体は自然人である個人に限るべきもので

---

97)　中間団体を承認することと法人格を与えることとは別個のことであるが，団体の活動にとっての法人格の重要性を考えれば分かるように，国家の団体に対する態度は，その法人政策の中に最も良く現れているということができる。

98)　全社会的規模で展開している商品交換関係の円滑化のためには，商品交換市場に登場する団体の権利能力の取得は不可欠の要求である。

99)　労働組合の法人格の取得については，苦難に満ちた労働運動の成果としての側面を軽視することはできない。

100)　中世において教会等に寄進され集積された財産が，社会の一般的経済活動の場において種々の特権をふるったが，そのことが財団に対する国家の消極的政策をもたらしたとされている（幾代90）。

あるから，それ以外のもので権利義務の主体となりうるものは，法律の力によって自然人に擬せられたものに限るとする学説[101]であり，ザヴィニー[102]を代表者とする。

⑵　**法人否認説**　法人は，法の擬制したものにすぎず，その法律関係を実質的に把握しようとすれば，個人または財産に帰着するのであり，法人の実体は存在しないとする学説の総称[103]である。

⑶　**法人実在説**　法人は，法の擬制したものではなく社会的実在であることを承認する学説の総称であり，一般に次のように分類される。

(イ)　有機体説　団体は,結合された全体のうちに内在する統一体として,自己固有の意思と行為とを有する有機体であり，このような社会的実体に法人格が付与されたものが法人であると説く[104]。

(ロ)　組織体説　法人は，法人格が付与されるのに適した法律的組織体として実在するものであると説く[105]。

(ハ)　社会的作用説　国家が法人格を与えることが望ましいと考えるような作用を営んでいる団体を，法人とすべきである（我妻 126 参照）。

---

101）団体を構成員の総体と同視する伝統的な考え方に対して，近代型の団体は構成員から超越した独立の個人として現われることを明らかにした点が，この説の最大の功績であるといわれている（川島 94）。したがって団体と機関との関係も代理関係として現われる。

102）Friedrich Carl von Savigny（1779 年—1861 年）

103）近代市民社会の団体が独立の個人によって成立し，かつ団体の中で個人がその主体性を失わないという歴史的事実に基づいて，団体の担い手が終局的には個人であることを承認し，法人の技術的性格を明らかにしたことが，この説の功績であるとされている（川島 94）。

104）ギールケ Otto Friedrich von Gierke（1841 年—1921 年）に代表される学説であり，市民社会において現実に活動している団体をそのまま国家法によって承認させようとする市民的要求に根ざしている。この学説が，団体内部の規範関係を明らかにしたことは最大の功績であるが，社会において団体が現実に存在していることと，それが国家法によって承認されなければならないこととの理論的架橋が明確でないとの批判がある（川島 95）。

105）有機体説は社会的有機体という観念の解明に努力することにより法律論の枠外に出てしまったが，組織体説はこれを法律的組織体として把えることによって法律論として一歩を進めたと評されている（我妻 125 以下，川島 95 以下）。

## ② 法人の種類

### 1　私法人と公法人

公法と私法の分離に対応して，公法に準拠して成立した法人を公法人[106]と呼び，私法に準拠して成立した法人を私法人と呼ぶ。本書では，公法人は考察の対象外であり，私法人の中でも会社法の領域に属する法律に準拠するものについては，ほとんど言及することができない。

### 2　社団法人と財団法人

社団法人とは一定の目的のために結合した人の集合体（社団）であって，法人格を付与されたものをいい，財団法人とは一定の目的のために捧げられた財産の集合体（財団）に法人格が付与されたものをいう。

㈠　社団と組合　　社団にあっては，その行動は機関によってなされ，その法律効果は団体自体に帰属し，団体員には帰属しない。同じく人的結合体であっても組合（667条）の場合には，団体としての独自性が弱く各構成員個人の色彩が強く現われる点で好対照をなしている。しかし，このことは団体の理念型として言えることであり，実質的にみれば組合であるものが社団法人として設立されることもあるから注意を要する[107]。

㈡　理念型と現実との不一致　　これは，社団と財団との関係についてもありうる。理念型としての財団は，社団と異なり構成要素としての個人の集団をもたないが，実際には社団との中間的な実体を有するものも存在している（宗教法人や学校法人など）。

㈢　最高の意思決定機関　　いずれにせよ，社団法人として設立された場合には，社員総会を最高の意思決定機関として自律的活動を行う。財団法人として設立された場合には，社員や社員総会は存在せず，定款に示された設立者の意思に従ってその存在を持続しうるだけである。もちろん，財団にお

---

106）　公法人・私法人の区別は，旧憲法下では重要な意義を有していた。とくに，その法人の起こした事件が司法裁判所の管轄に属するか否か，法人が不法行為責任を負うか否かについて争われ，行政権力の担い手である公法人についても，できるだけ法の支配に服させようとする努力が解釈上なされていた。現行憲法下では行政行為も司法裁判所の審査に服することになり，さらに国家賠償法の制定によって，この問題の重要性は小さくなった。

107）　会社法上の合名会社（持分会社）はその典型であるとされている（会社法575条以下）。

いても，具体的な事項は，理事会において決定される。

### 3　公益法人と営利法人

「学術，技芸，慈善，祭祀，宗教その他の公益」を目的[108]とする法人（33条参照）を公益法人，営利を目的とする社団法人を営利法人という。営利を目的とする社団法人は，会社法の規定に従って，法人格を取得することができる（民法33条，会社法3条）。なお，営利財団法人は認められていない。

## ③　民法上の法人と特別法上の法人

「この法律その他の法律の規定によらなければ」，法人は成立しない，と民法は定めている（33条1項）。これは，法律準拠主義を定めた規定である。そのうえで，「学術，技芸，慈善，祭祀，宗教その他の公益」を目的とする法人および営利事業を営むことを目的とする法人その他の法人の設立，組織，運営，および管理については，この法律（民法）その他の法律（一般法人法や会社法など）の定めるところによる，としている（同条2項）。その意味では，法人制度の根拠規定は，法人制度改革後も，依然として民法にあるということができる。しかしながら，法人に関する多くの重要な規定が，結果として一般法人法（後述）に委ねられることとなったが，法人制度の法規制のあり方としてこれでよいかは疑問である。法人の不法行為に関する規定など，少なくとも幾つかの重要な規定は，民法に残すべきであったのではないだろうか。

なお，法人は，法令の規定に従い，定款その他の基本約款で定められた目的の範囲内において，権利を有し，義務を負う（34条）。これは，法人の権利能力に関する規定であると解することができる（後述）。そのほかにも，法人登記に関する規定は民法に残された（後述）。

---

108）　公益を目的とするということは，単に営利を目的としないだけでなく，さらに積極的に社会全般の利益をはかるものでなければならないと解されている。そのため営利を目的としないが公益を目的とするわけでもないという社団や財団が存在することになる。この種の社団や財団は特別法によって法人設立が認められない限り（中間的法人と呼ばれる），法人化の可能性はなかったが，一般法人法の制定（後述）により，その設立は容易になった。個別の特別法による中間的法人の例としては，農業協同組合，中小企業等協同組合，消費生活協同組合，労働組合などがある。なお，特定非営利活動促進法（第1節③）にも注目すべきである。

## ④ 法人の設立

### 1　法人の設立に関する立法主義

(イ) 特許主義　すでに述べたように，近代資本主義社会の初期における国家の対法人政策は，基本的には中間団体を禁止するものであったから，法人は，国家の法律または主権者の命令によってとくに認められる場合にのみ設立された[109]。

(ロ) 許可主義　法人の設立を法定の要件の具備を前提とした国家（主務官庁）の許可にかからしめる方法は，民法が公益法人について採用していた（旧34条）。許可は主務官庁の自由裁量にゆだねられるから，法人の設立は事実上制限を受けることになる。

(ハ) 認可主義　許可主義に似ているが，一定の組織要件を具備したものについては，主務官庁は必ず認可しなければならない場合[110]もある。農業協同組合（同法59条―61条）のような中間的法人にこの例がみられるが，理念型としては公益法人に属する学校法人（私学30・31条）など[111]についても，この方法が採られている。

(ニ) 準則主義　法律の定める一定の組織要件を備え，一定の手続によって公示したときには，当然に法人の成立が認められる場合がある。営利法人である会社（会社49条，旧有限会社4条）などについて採られている方法である。認可主義との実質的差はほとんどないが，認可主義の場合は主務官庁による事前審査がある点で，手続的には異なっている。

(ホ) 民法は，自由設立主義を採らず，法律準拠主義を原則としている（33条）が，一定の場合には特別法により法人の設立を強制する場合もある（強制設立主義）。弁護士会[112]（弁護32条，45条）がその例である。また，相続人不存在の場合の相続財産法人（951条）のように，法律上当然に法人とされるものもある（当然設立主義）。

---

109) 特殊会社や国策会社が設立される場合には，特許主義によることが多い。日本銀行，日本輸出入銀行，日本開発銀行，電源開発株式会社などがその例である。

110) 拘束許可主義とも呼ばれる。不認可の場合には，その当否が司法審査の対象となる。

111) 社会福祉法人や宗教法人の設立手続も認可主義に属する。

112) 弁護士会の設立は設立手続の面からみれば準則主義であるが（同法34条，50条），その設置が義務づけられているという意味では強制設立主義に服している。

## 5　一般法人法による法人

### 1　法人制度の改革

「一般社団法人及び一般財団法人に関する法律」(平成18法48，以下「一般法人法」という)，「公益社団法人及び公益財団法人の認定等に関する法律」(平成18法49，以下「公益法人認定法」という）および「一般社団法人及び一般財団法人に関する法律及び公益社団法人及び公益財団法人の認定等に関する法律の施行に伴う関係法律の整備等に関する法律」(平成18法50，以下「整備法」という）が，平成18年5月に成立し，同6月2日に公布された。なお，同法の施行と同時に民法38条ないし84条が削除された。

民法旧規定の公益法人制度は，法人設立については，許可主義をとっており，民法において基本的な事項が定められていた結果，主務官庁の裁量の幅が大きい制度であった。新制度は，この仕組みを抜本的に改め，主務官庁制と許可主義を改めるとともに，法人制度を民法と特別法とに分属させ，さらに特別法においても，手続き面において法人の設立と公益性判断とからなる「2階建」の制度として仕組んでいる[113)]。

### 2　一般法人法の概要

一般法人法は．民法に定める公益法人に関する制度を改め，剰余金の分配を目的としない社団または財団について，その行う事業の公益性の有無にかかわらず，準則主義により法人格を取得することができるものとし，その設立，機関等について定めた。一般社団法人および一般財団法人の設立，組織，運営および管理については，他の法律に特別の定めがある場合を除くほか，一般法人法の定めるところによる。なお，平成13年に制定された中間法人法は廃止され，同法に基づく法人の多くは，一般法人法による法人に移行した。

一般社団法人または一般財団法人は，社団，財団の種類に従い，その名称中に，「一般社団法人」または「一般財団法人」という文字を用いなければならない（一般法人5条，なお，6条から9条に関連規定がある[114)]）。

---

113)　民法旧34条に基づいて設立された公益法人は，一般法人法施行以後は，一般法人として存続する（整備40条)。これは特例民法法人と呼ばれ，新法施行後，5年以内に公益法人の認定申請をおこなうか，一般法人としての認可申請をおこなわないと，「5年」の満了の日に，解散したものと見なされる（整備46条)。

## 3　一般社団法人

### (1)　設立

(イ)　設立時の社員　　一般社団法人が目的とする事業に制限はなく，登記のみによって法人格を取得することができる。一般社団法人を設立する[115]には，その社員となろうとする者（設立時社員）が共同して定款を作成して，公証人の認証を受けなければならない（一般法人10条・13条）。同法10条が「共同して」と規定しているのは，2名以上の設立時社員を必要とする趣旨である。設立時社員は，自然人に限られず，法人でもよい。なお，設立時の理事などの責任については，同法15条から26条に規定がある。

(ロ)　定款記載事項　　定款には，目的，名称，主たる事務所の所在地，設立時社員の氏名または名称および住所，社員の資格の得喪に関する規定，公告方法，事業年度を記載しなくてはならない（必要的記載事項，一般法人11条1項）。この他に，定款への記載は必要とはされないが，記載が可能であり，その場合の効力は必要的記載事項と同じとされている事項がある（同12条）。

また，社員に剰余金または残余財産の分配を受ける権利を与える旨の定款の定めは効力を有しない（同11条2項）。同法人は，公益を目的とする必要はないが，主として営利を目的としてはならないのである。

(ハ)　拠出財産の不要　　一般社団法人を設立するに際しての最低限の拠出等の額についての規定はない（旧中間法人法には存在した）。一般社団法人は，一定の目的のために結集した人の集まりであり，その本質からは直ちに一定の財産が拠出されることが必要であるとはいえない，との考え方に基づくものである。さらに，一般社団法人の目的には法律上制限はないので，その営む事業によっては，設立時に一定の財産を保有する必要のないものもあると考えられる。そのため，一般社団法人を設立するためには一定の財産が拠出されることを要するという規定は設けなかった，とされている。

---

114)　一般財団法人は，その名称中に一般社団法人であると誤認される恐れのある文字を用いてはならない（一般法人5条3項）。

115)　社団法人の設立行為は，行為の当事者間において債権・債務を発生させることを目的とするものではないから契約ではなく，必ず2人以上の者が合同して行わなければならないから単独行為とも異なるので，合同行為または協定行為と呼ばれている（第4章第2節❷，法律行為の種類　参照）。

### (2) 社員

(イ) 経費支払義務　社員[116]は，定款で定めるところにより，一般社団法人に対し，経費を支払う義務を負う（一般法人27条）。この経費支払義務とは，一般社団法人と社員との個別の契約に基づく会費等の支払義務とは異なり，経常的費用の範囲内という限度においては，社員の個別同意がない場合でも，定款により，つまり多数決原理により社員に支払義務を負わせることを認めたものと解されている。ただし，この義務を定款に定めるか否かは，個々の法人が自由に選択できる。

(ロ) 法的地位・権限　社員は総会において議決権を行使することができる（同48条[117]）。なお，社員の退社と除名については，同法28条から30条に定められている。

また，社員は，理事等の責任を追及する訴え（会社法におけるいわゆる代表訴訟の制度に相当）を提起することができる（一般法人278条）。これは，一般社団法人は法人運営に関して行政庁の監督を受けないため自律的なガバナンスを高める必要があることから，社員が法人を代表して理事の責任を追及することを可能とした規定である。

### (3) 法人の機関

(イ) 機関の設置と構成　一般社団法人には，社員総会および理事を置かなくてはならず，また，定款で定めた場合は，理事会，監事または会計監査人を置くことができる（一般法人35条・60条）。ただし，理事会を置いた場合および会計監査人を置いた場合には，監事を置くことが必要となる（一般法人61条）。

---

116）　社員は，社団法人の最も基本的な構成要素であるが，法人の機関ではない。社員は，一般的には，法人に対して一方で出資義務または会費支払義務等を負担し，他方では表決権，少数社員権等（共益権），利益配当請求権ないし施設利用権等（自益権）を有する。このような権利・義務を総合した社員の地位を一般に社員権と呼ぶ。

しかし，株式会社のような営利法人の社員権（株主権）は本質的には会社資本に対する持分としての意味を有する利己的権利であるから，その内容を共益的なものと自益的なものとに分けることには，疑問を呈示する説もある（川島116以下）。

117）　総会では多数決原理が支配するから，その限りでは少数派社員に対して総会の決議は強制力をもつことになるが，少数派社員を一定程度保護するために，総会招集に関する少数社員権（一般法人37条）や社員の表決権（同48条）は，その社員の同意がない限り総会の決議をもってしても奪うことはできない。

従って，一般社団法人の機関設計は，次の５ケースの組み合わせのいずれかになる。

①社員総会　理事
②社員総会　理事　監事
③社員総会　理事　監事　会計監査人
④社員総会　理事　理事会　監事
⑤社員総会　理事　理事会　監事　会計監査人

また，負債総額が200億円以上である場合は，会計監査人を置かなくてはならない（一般法人62条・２条２号）。負債総額が大きい場合は多数の利害関係人が存在していることを意味し，適正な経理処理がなされる必要があるからである。

(ロ)　社員総会（同35条—62条）　　社員総会は，毎事業年度の終了後一定の時期に招集されなければならない（36条１項）が，必要があればいつでも招集することができる（同条２項）。

理事会非設置型の場合には，社員総会は，この法律に規定する事項および法人の組織，運営，管理その他法人に関する一切の事項について決議をすることができる（一般法人35条）。

これに対し，理事会設置型の場合には，社員総会の権限は，この法律に規定する事項および定款で定めた事項に限定される（一般法人35条２項）。これは，法人の合理的運営という見地から置かれた規定である。理事会を設置して法人の業務執行の決定を理事会に委ねた以上，社員総会が自ら行使できる権限は，この法律に規定する事項および定款で定めた事項に限ることが合理的だからである。

(ハ)　理事等の選任・解任，任期等（63条—75条）　　理事，監事および会計監査人は，社員総会の決議によって選任され（一般法人63条），また，いつでも社員総会の決議によって解任することができる（一般法人70条）。これは，一般社団法人が行政庁による監督を受けないで自律的に運営される法人であるため，その執行機関等の選任という重要な事項については，法人の最高意思決定機関である社員総会が行うことが妥当であるという趣旨である。また，社員総会による理事等の機関に対する監督の実効性をより高めるために，社員総会による理事等の解任権は重要である。

任期は，理事については2年，監事については4年（定款で2年まで短縮可能），会計監査人については1年である（一般法人66条・67条・69条）。また，再任は妨げず・会計監査人については，定時社員総会で別段の決議がなされなかった場合は，再任されたものとみなされる（一般法人69条2項）。

㈡　理事・理事会の権限　(a)　理事　　理事は，法人の業務を執行し，法人を代表するが，代表理事を定めた場合は．当該代表理事が法人を代表する。[118] 代表理事は，一般社団法人の業務に関する一切の裁判上または裁判外の行為をする権限を有する。この権限に加えた制限は，善意の第三者[119]に対抗することができない（同76条・77条）。理事は，善良なる管理者の注意をもって業務執行にあたらなければならない（民644条[120]）。なお，一般社団法人は，代表理事その他の代表者がその職務を行うについて第三者に加えた損害を賠償する責任を負う（一般法人78条）。

理事は，法令および定款ならびに社員総会の決議を遵守し，一般社団法人のため忠実にその職務をおこなわなければならない（同83条）。理事は，利益相反的行為のうち，一定の行為については，社員総会において当該取引について重要な事実を開示し，その承認を受けなければならない。この承認を受

---

118)　代表権の法的性質については，理事による法人代表を法人自身の行為として観念する立場（我妻160以下，松坂136以下）が有力であったが，最近では，「法律関係の構造においては，理事による法人代表は個人対個人の代理関係としての構造をもっている」（川島122）との立場からの批判がなされている。団体法関係も個人法関係として処理されるところに近代法的団体法の特質が存在するという後者の認識が妥当である。代理関係の枠組の中で法人と理事との関係の特殊性に配慮することは十分にできるからである。これは，法人学説としては，実在説から離れる傾向にあることを意味する。

119)　最判昭60・11・29民集39・7・1760。[民法旧54条に関する]　〔理事が代表権を行使するには理事会の決議を経ることを要する旨の定款の定めがある場合に，本条の定める第三者の善意とは，右のような制限が加えられていることを知らないことをいい，またその善意についての立証責任は第三者にある。〕

なお，この判決は，第三者が上のような意味での善意とは言えない場合においても，理事が理事会の議決を経ているものと信じ，かつそれにつき正当の事由があるときは［民法］110条が類推適用されることを認めている。

120)　善管注意義務とは別に，理事は忠実義務を負うと解する説もある（四宮/能見110以下）。忠実義務の内容は，①受認者（＝理事）は本人と利益相反的地位に身を置いてはならない，②本人の不利益において第三者の利益を図ってはならない，③事務処理によって自ら利益を受けてはならない，ということであり，とくに代理行為との関連では①と②が重要であるとされている。

けた場合には，民法108条は適用されない（一般法人84条）。

(b)　理事会　　理事会は，法人の業務執行の決定，理事の職務の執行の監督，代表理事の選定およびその解職を行う。また，理事会は，重要な財産の処分および譲受け，多額の借財などの重要な業務の執行の決定を各理事に委任することはできない（一般法人90条）。

(ホ)　監事　　監事は理事の職務の執行を監査し，計算書類および事業報告，ならびにこれらの附属明細書を監査する（同99条・124条）。会計監査人は，計算書類およびその附属明細書を監査して会計監査報告を作成する（同107条）。なお，これらの規定の後に，監事を含む役員等の損害賠償責任について定めている（同111条―118条）。

(ヘ)　会計監査人　　会計監査人は，一般社団法人の計算書類およびその附属明細書を監査し，会計監査報告書を作成しなければならない（同107条）。

**(4)　計算**

一般社団法人は，その行う事業に応じて，一般に公正妥当と認められる会計の慣行に従う（一般法人119条）とともに，適時に正確な会計帳簿を作成しなければならない（法人法120条）。また，各事業年度に係る計算書類（貸借対照表および損益計算書）および事業報告書ならびに附属明細書を作成し（同123条），貸借対照表等を公告しなければならない（同128条）。

**(5)　基金**

一般社団法人は，財政的基礎の充実・維持を図るため，定款で定めるところにより基金制度を採用することができる（一般法人131条―145条）。基金とは，同法の規定により，一般社団法人に拠出された金銭その他の財産であって，当該一般社団法人が，拠出者に対して，この法律および当該一般社団法人と当該拠出者との間の合意の定めるところに従って，返還義務を負うものである。

**(6)　解散**

一般社団法人は，定款で定めた存続期間の満了，解散事由の発生等により解散する（148条―151条）。

**4　一般財団法人**

以下においては，主に，前述の一般社団法人制度と異なる取扱いがされている部分を説明する。民法旧規定において，財団の場合に，寄付行為とよばれていたものが，社団の場合と同様に，定款と呼ばれている。なお，従来の民法上の財団は，公益目的のものに限られていたが，公益認定を受けない一般財団も法人として認められている。

### ⑴　財団法人の設立

㈠　財産の拠出　　一般財団法人を設立するに際しては，設立者が合計300万円以上の財産を拠出しなければならない。また，設立に際して設立者が拠出する財産およびその価額を定款に記載しなければならない。なお，設立者は，遺言で一般財団法人設立の意思表示をすることができる。（一般法人152条，153条）。

財団は，一定の目的のもとに拠出された財産に法人格を与える制度であるから，その設立には一定の財産が拠出されることが必要不可欠であるが，小額な財産を拠出するだけで一般財団法人を設立することを認めると，制度が濫用される懸念が生じるので，上記の最低額が法定されているのである。

なお，財産の拠出が生前であれば贈与の規定（551条など）が，遺言による場合には遺贈の規定（1031条など）が，準用される（一般法人158条）。当該財産は，前者の場合には法人成立時に，後者の場合には遺言の効力発生時に，当該法人に帰属したものと見なされる（同164条）。

㈡　評議員の選任および解任の方法　　一般財団法人の定款には，目的，名称等の他，「評議員の選任及び解任の方法」を記載しなくてはならない（一般法人153条1項）。なお，後述（⑵㈡，㈣）のように，この評議員の選任および解任の方法に関する定款の定めの変更については，一定の制限がある。

㈢　剰余金，残余財産の分配　　設立者に剰余金または残余財産の分配を受ける権利を与える旨の定款の定めは，効力を有しない（一般法人153条3項2号）。

### ⑵　財団法人の機関

㈠　機関の設置　　一般財団法人には社員が存在しないため，社員総会を設ける余地がない。そのため，業務執行機関を監督・牽制し，その専横を防止するために，評議員，評議員会，理事会および監事を必置とした（一般法人170条1項）。なお，会計監査人については，一般社団法人の場合と同様である（同171条）。

(ロ)　評議員の選任・解任および任期　　前述のとおり，評議員の選任および解任の方法は定款の必要的記載事項であり，評議員は定款所定の方法で選任または解任される。しかし，理事または理事会が，評議員を選任し，または解任する旨の定款の定めは効力を有しない（一般法人153条3項1号）。評議員は，理事を監督する立場にあるため，被監督者である理事または理事会が評議員を選任・解任することを認めたのでは，この監督機能が十分に果たされなくなるおそれがあるためである。

評議員の選任・解任方法の具体例としては，評議員会の議決によるとする方法，評議員の選任・解任のための任意機関を設置する方法，外部の特定の者に選任・解任を委ねる方法などが考えられる，とされている。

評議員の任期は，4年を原則とされているが，定款の定めによって6年まで伸長することが可能であり（一般法人174条1項），また，再任は妨げない。

(ハ)　評議員会の権限　　評議員会は，この法律に規定する事項および定款で定めた事項に限り，決議することができる（一般法人178条2項）。評議員会の権限として法定されている事項としては，①理事，監事および会計監査人の選任・解任（同177条），②計算書類の承認（同199条），③定款の変更（同200条），④合併の承認（同247条・251条・257条）等がある。

(ニ)　理事，監事，会計監査人の選任・解任　　一般財団法人の理事，監事，会計監査人の選任・解任権を評議員会がもつことは，前記のとおりであるが，解任は，職務上の義務違反等があった場合に限られ，無理由解任は認められない（一般法人176条）。これは，評議員会の役員に対する監督権限と役員の地位の安定とのバランスを配慮したためである。

なお，理事，理事会，監事および会計監査人（同197条）などの損害賠償責任（同198条），計算（同199条）については，それぞれ読み替え規定が置かれている。

### (3)　定款の変更

一般財団法人は，評議員会の決議によって定款を変更することができる。しかし，「目的」及び「評議員の選任及び解任の方法」は，原始定款にこれらを変更することができる旨の定めがある場合または設立の当時予見することができなかった特別の事情により，これらを変更しなければ法人の運営の継続が不可能または著しく困難となるに至ったときであって，裁判所の許可を得た場合以外は，変更することができない（一般法人200条）。「目的」と「評議員の選任及び解任の方法」に係る定款の規定は，当該一般財団法人の運営方針を決定し得る重大な事項であることから，設立者の意思を尊重することが妥当であるため，その変更については上記のような制限を設けたのである。

#### ⑷　解散

一般財団法人は，定款で定めた存続期間の満了，解散事由の発生などのほかに，貸借対照表上の純資産額が2期連続して300万円未満となった場合には，解散することとしている（一般法人202条以下）。

なお，事業の全部譲渡ついては，評議員会の決議が必要である（201条）。

### 5　一般社団・財団に関するその他の規制

#### ⑴　清算の際の残余財産の帰属

清算（一般法人206条―241条）の際の残余財産のうち，定款または清算法人の社員総会もしくは評議員会の決議によって帰属が定まらないものは，国庫に帰属する（同239条）。

#### ⑵　合併（242条―255条）

一般社団法人および一般財団法人相互のほか，一般社団法人と一般財団法人とが合併することもできる。また，合併の形態としては，吸収合併・新設合併のいずれも可能である。

さらに一般社団法人相互の合併の場合には，合併後に存続する法人または合併により設立する法人は一般社団法人でなければならない（一般財団法人相互の場合も同様）。

さらに，解散命令（261条）や訴訟に関する規定（一般法人264条―286条），非訟に関する規定（299条―330条）が定められている。なお，役員（理事および監事）の背任行為などに関する罰則規定がある（同334条―344条）。

### 6　公益社団法人制度

公益法人認定法（本節❺1参照）によると，公益社団法人の認定制度の概要は，次のようになる。

### ⑴　認定申請

一般社団法人のうち，公益目的事業を行なうことを主たる目的としている法人は，申請により公益社団法人の認定を受けることができる。公益目的事業とは，学術・技芸・慈善その他の公益に関する以下の種類の事業であって，不特定かつ多数の者の利益の増進に寄与するものであるとされている。

一般社団法人が，公益認定を受けるには，これらの事業のうち一つまたは複数の事業を行なうものでなければならない。なお，政令で事業の種類の拡大が予定されている（公益法人認定別表［第2条関係］）。

①学術および科学技術の振興を目的とする事業

②文化および芸術の振興を目的とする事業

③障害者もしくは生活困窮者または事故・災害もしくは犯罪による被害者の支援を目的とする事業

④高齢者の福祉の増進を目的とする事業

⑤勤労意欲のある者に対する就労の支援を目的とする事業

⑥公衆衛生の向上を目的とする事業

⑦児童または青少年の健全な育成を目的とする事業

⑧勤労者の福祉の向上を目的とする事業

⑨教育，スポーツ等を通じて国民の心身の健全な発達に寄与し，または豊かな人間性を涵養することを目的とする事業

⑩犯罪の防止または治安の維持を目的とする事業

⑪事故または災害の防止を目的とする事業

⑫人種，性別その他の事由による不当な差別または偏見の防止および根絶を目的とする事業

⑬思想及び良心の自由，信教の自由または表現の自由の尊重または擁護を目的とする事業

⑭男女共同参画社会の形成その他のより良い社会の形成の推進を目的とする事業

⑮国際相互理解の促進および開発途上にある海外の地域に対する経済協力を目的とする事業

⑯地球環境の保全または自然環境の保護および整備を目的とする事業

⑰国土の利用，整備または保全を目的とする事業

⑱国政の健全な運営の確保に資することを目的とする事業

⑲地域社会の健全な発展を目的とする事業

⑳公正かつ自由な経済活動の機会の確保および促進ならびにその活性化による国民生活の安定向上を目的とする事業

㉑国民生活に不可欠な物資，エネルギー等の安定供給の確保を目的とする事業

㉒一般消費者の利益の擁護または増進を目的とする事業

㉓前各号に掲げるもののほか，公益に関する事業として政令で定めるもの。

### (2)　公益認定・申請先・認定基準

(イ)　公益認定

内閣総理大臣は公益認定等委員会に，都道府県知事は合議制の認定機関に，それぞれ諮問して，その答申を受けて認定する。

(ロ)　申請先

申請は，都道府県知事または内閣総理大臣あてとされている（公益認定7条，3条）。事務所が複数の都道府県にある法人，複数の都道府県で公益目的事業を行なう旨定款で定めている法人または国の事務・事業と密接な関連を有する公益目的事業であって政令で定めるものを行なう法人は，内閣総理大臣あてに認定申請を行い，その他の法人は，都道府県知事に対して申請を行なう。

### (3)　認定基準

主な認定基準は，次のとおりである（公益法人認定5条参照）。

①公益目的事業を行なうことを主たる目的とする法人であること。

②その行なう公益目的事業に係る収入がその実施に要する適正な費用を償う額を超えないと見込まれる法人であること。

③収益事業等を行なうことによって公益目的事業の実施に支障を及ぼすおそれがない法人であること。

④公益目的事業比率が事業活動のうち百分の五十以上となると見込まれる法人であること。

⑤遊休財産額が一定の制限を超えないと見込まれるものであること。

⑥理事と親族である理事の合計数が，理事の総数の三分の一を超えない法

人であること，監事についても同様である。

⑦理事，監事および評議員に対する報酬等が不当に高額なものとならないような支給の基準を定めている法人であること。

⑧他の団体の意思決定に関与することができる株式その他の財産を保有していない法人であること。その他計18項目の基準が定められている。

### ⑷　公益認定の効果

主な効果は，次のとおりである。

①「公益社団法人」という名称を独占的に使用できる（同9条）。

②公益社団法人ならびにこれに対して寄附を行なう個人及び法人につき税制上の優遇措置が受けられる。

③公益社団法人は，次の事項を遵守しなければならない。

ア　公益目的事業比率が事業活動のうち百分の五十以上であること（同15条）。

イ　遊休財産額が一定額を超えないこと（同16条）。

ウ　寄附金等の一定の財産は，公益目的事業に使用しまたは処分すること（同18条，19条）。

エ　理事等に対する報酬等の支給基準を公表すること（同20条）。

オ　財産目録等を備え置き，閲覧させ，行政庁へ提出すること（同21条）。

### ⑸　公益目的事業の実施

公益法人は，当然のことながら，公益目的事業をおこなうことが主たる目的でなければならない（整備5条1項）。その費用比率は，各年度100分の50以上でなければならない（同15条）。同法人は事業実施に要する適正な費用を償う額を超える収入を得てはならない（同14条）。行政庁による監督がなされ（認定27条），勧告・命令（同28条），公益認定の取消し（同29条）などがなされることがある。

### ⑹　公益認定の取消し

公益認定が取り消されると（同29条），定款の定めにより公益目的取得財産残額相当額の財産を類似の事業を目的とする他の公益法人等に贈与することとされているが（同30条），取消し後は一般社団法人として存続することができる。

## ⑥ 法人の対外的関係

### 1 法人の権利能力

法人が権利能力を有することはすでに述べたとおりであるが，自然人の場合と比べて，次の諸点で相違する。

(イ) 享受しうる権利　自然人についてのみ問題となる親権（818条以下），生命権，肉体的自由権などについては，権利能力も問題となりえない。その他の権利については一般財産権はもとより，氏名権や名誉権のような人格権[121)]も享有しうると解してよい。

(ロ) 民法34条の意義　法人の権利能力は法令によって制限することができるが（例えば商55条），民法旧43条の「目的の範囲」に関する規定が，法人の権利能力を制限したものであるか否かについては争い[122)]があった。

### 2 法人の目的による制限

(イ) 制限の趣旨　法人は一定の目的のために設立されて活動するものであるから，法人の活動およびその結果としての権利義務の帰属範囲は，法人の目的によって制限を受ける（34条）。この制限は，法人の権利能力自体を制限したものと解すべきではなく，理事の代表権（第4章第7節第1款❷3参照）を制限したものと解するのが妥当であろう（川島112，四宮/能見103）[123)]。

(ロ) 営利法人の場合　旧43条の「目的の範囲」につき，判例は当初，厳

---

121) 法人については精神上の苦痛というものは考えられないが，その名誉が侵害され，無形の損害が生じた場合には，損害の金銭的評価が可能であるかぎり，710条の適用がある（最判昭39・1・28民集18・1・136）。

122) この点に関する代表的学説は次の通りである。

(イ)「目的の範囲」とは法人の権利能力の範囲を意味する。これは従来の通説・判例である。

(ロ)「目的の範囲」とは法人の権利能力ではなく，行為能力のみを制限したものと解する。さらに権利能力と行為能力の双方を制限したものと解する説もある。

(ハ) 代表権制限説（注123）参照）

(ニ)「目的の範囲」とは，代表機関としてなしうる行為について，機関の法人に対する内部的義務を定めたものにすぎないと解する説もある。商法学者によって主張されている。

なお，「目的の範囲」外の行為に関する機関の責任（旧44条2項）は，共同不法行為として問題となる。

123)「旧43条は，目的外取引が法人の享益者（法人の構成員ないし一般社会）の利益を害するおそれがあることを考慮して，この義務を受任者としての『権限』の制限に高め，目的外取引の効果は法人に帰属しないとしたのである」との理由の下に理事の権限，つまり代表権の制限と解している。

格に解釈していたが，営利法人については緩かに解するようになった。「其目的タル事業ヲ遂行スルニ必要ナル行為」を含むと解し（大判大10・11・2民録27・1861），次いで「定款の記載自体から観察して客観的に抽象的に必要であり得べきかどうかの基準に従って決すべき」（最判昭27・2・15民集6・2・77）と説き，ついには政治献金までも会社の権利能力の範囲に属すると判示するに至った（最大判昭45・6・24民集24・6・625――八幡製鉄政治献金事件）。

(ハ)　非営利法人の場合　　非営利法人については，目的による制限は，緩和されているとはいえ，基本的に存在していると解してよい。つまり，非営利法人に関する限り，判例は，一方で法人の財政的基礎の安定を図りつつ，他方で取引の安全に配慮していると考えてよいだろう。実際には法令や定款で禁止されている行為，例えば農業協同組合における員外貸付[124]（最判昭41・4・26民集20・4・849）などを目的の範囲外の行為とすることが多い[125]。

### 3　理事の代表行為

(イ)　顕名　　すでに述べたように，法人の取引行為は，自然人である理事（または一時代表理事の職務を行う者，職務代行者，清算人）によって行われる。理事が代表行為をするには，本人（法人）のためにすることを示さなければならない（99条，100条）。契約書等には通常，「Ａ法人理事Ｂ」という表示がなされる。法人・理事・取引の相手方の法律関係は，本質的には代理関係であるから，無権代理や表見代理の問題も生じうる。

(ロ)　代表権の制限　　法人の理事は，通常の任意代理人の場合と違って，目的の範囲内では包括的な権限を有するから，これを特別に制限した場合には，善意の第三者に対抗することができない[126]（一般法人77条5項，197条）。善

---

124)　員外貸付の場合であっても，農業協同組合がその経済的基礎を確立するために，りんごの移出業者らにりんごの出荷をさせ同組合が販売委託を受ける契約を締結し，同人らに集荷に要する資金を貸付けた事案において，組合の事業に附帯する事業の範囲内に属するとした判例もある（最判昭33・9・18民集12・13・2027）。

125)　労働金庫の会員外貸付も無効であるが（最判昭44・7・4民集23・8・1347），その場合には同金庫は貸付金相当額の不当利得返還請求権を有する。また，無効である貸付金返還請求権を被担保債権として設定された抵当権は理論的には無効であるが，その設定趣旨から考えて，設定者が実行手続の無効を主張することは信義則上許されないと解されている（最判同上）。上記の抵当権は，本来，不当利得の返還請求権を被担保債権としていたと解する余地もあろう。なお，政治献金は，税理士会の目的の範囲外の行為である（最判平8・3・19民集50・3・615）。

意とは，理事の代表権に制限を加える定款の規定または総会の決議の存在を知らないことをいうと解されている（旧54条に関する最判昭60・11・29前掲）。

(ハ)　権限の濫用　　理事が外形的には権限に属する行為を，もっぱら個人的利益のために行使した場合でも，原則として代理行為は有効である。ただし，相手方が理事のこのような背信的な真意を知り，または知りうべかりし場合には，民法93条ただし書を類推して代表行為の効力を否認すべきである[127]（我妻345，幾代129ほか）。

### 4　法人の不法行為責任

#### (1)　法人の「不法行為能力」

理事等の法人の代表機関が「その職務を行うについて」他人に対して不法行為を行った場合には，法人が損害賠償責任を負う（一般法人78条，197条）。この規定が法人の不法行為能力を定めたものか[128]，単に一定の場合に法人が代表機関の行為について損害賠償責任を負う旨を定めたもの[129]であるかについては，民法旧44条に関してではあるが，争いがある。

法人が不法行為法の領域で権利義務の主体となる場合は，上の場合には限られない。すなわち，法人の被用者の行為を媒介とする場合（715条），土地工作物の所有者としての責任（717条1項ただし書），自動車の運行供用者としての責任（自賠法3条）などがある[130]。このように，法人は単に他人の不法行為に

---

126）　理論的には表見代理（110条）になりうる場合であるが，理事の代表行為については［民法旧］54条が特則として優先的に適用された。ただし，第三者が代表権に制限を加えた定款の存在を知っていても具体的行為につき理事会の決議等を経て適法に代表権を有すると信じかつ過失なきときは110条を類推適用することができる。

127）　代理人の権限濫用行為については，第4章注41)，第4章注185）参照。

128）　法人実在説によれば，法人は社会的活動においてみずから適法行為をなしうるのと同様に，機関の行為を通して他人に損害を加えることがあり，これについては機関個人の責任もさることながら，法人自体の不法行為として責任を負うべきであると主張し，このことを法人は不法行為能力を有すると表現している。

129）　法人と機関はそれぞれ独立の法人格者であり，その関係は基本的には代理関係であると解する立場によれば，法人自体の不法行為というものを考えることはできないが，機関である自然人の不法行為について，法人にとくに損害賠償責任を認めたものであり，その点で民法〔旧〕44条および法人法78条は法人の被用者の不法行為に関する法人の責任（715条）と共通の法的基盤に立つものである。

130）　法人の不法行為責任には，機関や被用者の行為を媒介とするものと，直接的に法人の責任が生じるものとがある。後者に属するものとしては，上段に述べた後2者の責任のほかに，一連の無過失責任立法（鉱業法109条，原子力損害の賠償に関する法律3条，水質汚濁防止法19条以下，大気汚染防止法35条以下）がある。

ついて責任を負うだけでなく，直接的な責任を負う場合があるのであるから，これを「法人自体の不法行為」と観念するかどうかは別として，不法行為に関しても権利能力（責任帰属の法的地位）を有していることを認めなければならない。

### (2) 理事の不法行為と法人の責任

法人が理事等の行為について不法行為責任を負うには，次の要件を充足することを必要とする。

(イ) 行為主体の範囲　「理事その他の代表者」の加害行為があることを要する。理事のほか一時代表理事の職務を行うべき者（一般法人79条2項，177条），理事の職務代行者（同80条），清算人等（同214条）を含むが，監事，理事から委任を受けた復代理人を含まない[131]（通説・旧判例[132]）。

(ロ) 不法行為要件の充足　当該加害行為が不法行為の要件（709条）を充足していることを要する。機関個人の責任が法人の責任の前提条件となっているという趣旨である。代表機関の行為が法律行為として有効であれば，一般法人法78条，198条の適用はないものと解される。

(ハ) 職務との関連性　「その職務を行うについて」損害を加えたことを要する。職務執行を厳格な意味に理解すれば，それが他人に対する不法行為となることはないから，「職務を行うについて」の意味が問題となる。これは「行うために」と「行うさいに」の中間にある観念であると解されている（我妻163ほか）。具体的な判断基準としては，次の2つによるべきである。

(a) その行為が外形上機関の職務行為であれば，法人と機関との法律関係（委任）に反してなされても，職務行為である。

(b) その行為が，職務行為と適当な牽連関係に立ち，社会通念上，法人がその社会的作用ないし目的を実現するために行うと認められるものであればよい[133]。

---

131）理事から代理権を与えられた支配人（商21条）や特定の行為の任意代理人による加害行為については，使用者責任（715条）を負う場合がありうる。

132）支配人につき大判大6・4・7民録23・690，代理人につき大判大9・6・24民録26・1083参照。

### ⑶ 表見代理との関連

理事の取引行為につき，民法旧44条を適用すべきかについては，特に110条との関連で，以下のように，学説は分かれていた[134]。

㈠ 不法行為に関する規定ではなく，法律行為の原則に基づき，110条のみが適用されるべきである（川島130ほか）。

㈡ 法律行為としての効力を維持することに努めるべきであるから，まず110条の適用を考慮し，それが否定されるときに旧44条を適用すべきである（我妻165，星野141，森泉93以下など）。

㈢ 両条の選択的適用を認めるべきである（川井113ほか）。

しかし，一般法人法82条において，相当程度に問題解決がなされた。

### ⑷ 機関個人の責任

㈠ 役員等の不法行為について法人が責任を負う場合に，直接の加害行為者である機関個人も責任を負うかについては民法に明文の規定はないが，責任を肯定するのが通説・判例[135]であった。被害者は法人と機関といずれに対しても損害全額について賠償請求することができた（不真正連帯債務）。

㈡ 一般法人法は，役員等の第三者に対する損害賠償責任について規定を設けた（117条，198条）。すなわち，役員等がその職務をおこなうについて悪意または重大な過失があったときは，当該役員等は，これによって第三者に生じた損害を賠償する責任を負う。この責任は,「悪意または重過失」が要件である点で，通常の不法行為責任とは異なっており，また連帯責任とされている（118条）

---

133） 具体例としては，次の判例が参考になろう。
　㈠ 肯定例（最判昭41・6・21民集20・5・1052)。〔市長がその権限をこえて自己のために市長名義の約束手形を振り出した場合において，市がかって市議会の議決に基づいて同様の借入行為等をしていた事実があるときは右手形振出は市長が職務執行についてしたものと判断すべきである。〕
　㈡ 否定例（最判昭37・2・6民集16・2・195)。〔収入役のおかれている町において，町長が町のためにする金銭受領行為は外形上その職務行為ということはできないから，町長がこのような行為をすることについて他人に加えた損害は職務を行うにつき他人に加えた損害ということはできない。〕

134） 規範の適用関係としては，㈡説が理論的には優れているといえよう。しかし，㈢説が最も実際的であることは否めない。

135） 大判昭7・5・27民集11・1069

(ハ)　機関が，法人の目的の範囲を超える行為によって他人に損害を加えたときは，その事項の決議に賛成した社員，理事およびこれを実行した理事その他の代表者は，連帯してその賠償の責に任ずるとされていた（民旧44条2項)。同条は削除されたが，共同不法行為（民719条）の要件を充足する限り，これらの者は不真正連帯債務を負う。

**(5)　法人の使用者責任**

理事以外の法人の被用者が業務の執行につき不法行為を行い，その者の選任監督につき理事に過失があったときは，民法715条の責任[136)]が生じる。

## 7　法人の登記

### 1　法人登記の意義

法人が取引市場に登場し，法的にも権利義務の帰属主体としての地位が認められている以上，これと取引をする者にその存在，組織，財産状態等を知らせておかないと，その者が不測の損害を受けることになる。そこで，法人登記の制度が採用されている（36条)。

### 2　法人と登記

登記所に，一般社団法人登記簿および一般財団法人登記簿を備える（一般法人316条)。

この法律の規定により登記すべき事項は，登記の後でなければ，これをもって善意の第三者に対抗することができない。登記の後であっても，第三者が正当な事由によってその登記があることを知らなかったときは，同様とする（同299条1項)。

故意または過失によって不実の事項を登記した者は，その事項が不実であることをもって善意の第三者に対抗することができない（同条2項)。

一般社団法人の設立の登記は，その主たる事務所の所在地において，第20条第1項の規定による調査が終了した日または設立時社員が定めた日のいずれか遅い日から2週間以内にしなければならない（同301条1項)。

当該登記においては，次に掲げる事項を登記しなければならない。①目的，

---

136)　法人は715条1項により責任を負い（大判大6・4・7民録23・690)，担当理事は同条2項により責任を負う（最判昭42・5・30民集21・4・961)。

②名称，③主たる事務所及び従たる事務所の所在場所，④一般社団法人の存続期間又は解散の事由についての定款の定めがあるときは，その定め，⑤理事の氏名，⑥代表理事の氏名および住所，⑦理事会設置一般社団法人であるときは，その旨，⑧監事設置一般社団法人であるときは，その旨および監事の氏名，⑨会計監査人設置一般社団法人であるときは，その旨および会計監査人の氏名または名称，⑩ 75条4項の規定により選任された一時会計監査人の職務を行うべき者を置いたときは，その氏名または名称，以下略（301条2項）。

一般財団法人の設立の登記は，その主たる事務所の所在地において，第161条第1項の規定による調査が終了した日または設立者が定めた日のいずれか遅い日から2週間以内にしなければならない（同302条1項）。

当該登記においては，次に掲げる事項を登記しなければならない。①から③までは社団法人と同じ。④一般財団法人の存続期間または解散の事由についての定款の定めがあるときは，その定め，⑤評議員，理事及び監事の氏名，⑥代表理事の氏名および住所，⑦会計監査人設置一般財団法人であるときは，その旨および会計監査人の氏名または名称，⑧ 177条において準用する75条4項の規定により選任された一時会計監査人の職務を行うべき者を置いたときは，その氏名または名称，以下略（同条2項）。

## 8 法人に対する罰則

一般法人法第7章において，理事の特別背任罪（同334条），法人財産の処分に関する罪（同335条），虚偽文書行使等の罪（同336条），理事などの贈収賄罪（同337条）などが規定されている。

## 9 権利能力なき団体

### 1 意　　義

権利能力なき団体とは，社団または財団としての実体を有していながら法人格を有しないもの[137)]をいう。実際上は，権利能力なき社団を中心として問題が論じられているから，本書でもこれを中心として述べておこう。

権利能力なき社団が発生するのは，第一に制度的理由による。すなわち社団法人は「公益」または営利を目的とするものに限られていたため，その中間目的をもった団体[138]は原則として法人格を取得できなかったためである（旧33条，旧34条）。第二に法人格の取得は可能であるが，何らかの理由により法人格を取得しない場合もある（例えば，未登記の労働組合，労組法11条）。第三に設立中の団体（設立中の株式会社など）である場合もある。

### 2　権利能力なき社団の要件

#### (1)　対内的要件

権利能力なき社団といいうるためには，一般に次のような特徴を有する団体であることを必要とする。[139]

(イ)　団体の構成員の数が多くて各構成員の個性が重要性を有していない（一体性）。

(ロ)　団体が長期間存続することが予定されている（長期存続性）。

(ハ)　団体構成員の加入・脱退が比較的自由に認められている（加入・脱退の自由）。

(ニ)　団体の業務執行者が総会等で選出される等の組織を備えている（組織性）。

これらの要件は，相互に密接に関連しており明確に区分できるものではな

---

137)　どのような団体について法人格を認めるかは，国家の法人政策の問題であり，資本主義の発展との関連で大きく変化してきたことについてはすでに述べた（本節❶参照）。現代社会においては，公益に反しない限り法人の成立を抑圧すべきではないから，現行法の枠内では法人格を取得しえない団体についても，できる限り社会的実態に合うように法律関係を規制すべきであり，そのためには，権利能力なき社団には，できる限り社団法人の規定を類推適用するなどの配慮が必要である。特定非営利活動については，同促進法（本章第1節❸）により，その他の団体については一般法人法（本章第3節❺参照）により問題解決が図られている。

138)　地縁による団体の権利義務（地方自治法260条の2）
　いわゆる自治会，町内会等の町または字の区域その他市町村内の一定の区域に住所を有する者の地縁に基づいて形成された団体（以下「地縁による団体」という）のうち一定の要件（同条2項）に適合するものは，当該団体の申請に基づき，地域的な共同活動のための不動産または不動産に関する権利等を保有するため，市町村長の認可を受けたときは，その規約に定める目的の範囲内において，権利を有し，義務を負うこととされている。

139)　これに対しては，理念性型として組合（民667条以下）が対比される。組合においては一般に構成員の数も少なく各人の個性が強く残っている。また，構成員の加入・脱退も契約に拘束されるから自由とはいえず，業務執行についても契約において定められる。

いが，判例もほぼ同様の見解に立っているど考えてよい[140]。

⑵　**対外的要件**

権利能力なき社団といいうるためには，対外的取引関係において団体自体が単一体として前面に出て，取引の主体とみられることが必要である。

### 3　権利能力なき社団の内部関係

㈠　権利能力なき社団の内部関係は，その団体の内部規則によるべきであるが，定めのない事項については，原則として公益社団法人の規定を類推適用すべきである[141]（通説）。

㈡　権利能力なき社団に属する財産の所有関係については，総有であると解するのが判例の見解[142]であるが，学説は分[143]かれている。

### 4　権利能力なき社団の対外関係

権利能力なき社団の対外関係をめぐる問題の中心は，権利能力なき社団にどの程度まで実際上の法主体性を認めるか，という点にある。

㈠　訴訟上の当事者能力　　権利能力なき社団は民事訴訟上の当事者能力[144]を有している（民訴29条）。すなわち，強制執行を受ける財産の主体になりうることが認められている。

㈡　社団に対する効果　　代表機関がその社団の名において法律行為をし

---

140）　最判昭42・10・19民集21・8・2078　〔権利能力のない社団が成立するためには，団体としての組織をそなえ，多数決の原理が行われ，構成員の変更にかかわらず団体そのものが存続し，その組織において代表の方法，総会の運営，財産の管理等団体としての重要な点が確定していることを要する。〕

141）　近時，社団の内部関係についても事項の性質によっては組合の規定を類推適用すべき場合もあるとの主張が有力である（幾代147ほか）。

142）　判例は積極財産についても消極財産についても総社員に総有的に帰属することを認めている。

㈠　積極財産について最判昭32・11・14民集11・12・1943参照。〔権利能力なき社団の財産は，実質的には社団を構成する総社員の総有に属するものであるから，総社員の同意をもって総有の廃止その他財産の処分に関する定めがなされない限り，現社員および元社員は当然には右財産に関し共有持分権または分割請求権を有するものではない。〕

㈡　消極財産について最判昭48・10・9民集27・9・1129参照。〔権利能力のない社団の代表者が社団の名においてした取引上の債務は，社団の構成員全員に1個の義務として総有的に帰属し，社団の総有財産だけがその責任財産となり，各構成員は取引の相手方に対し個人的債務ないし責任を負わない。〕

143）　合有説につき川島139頁参照。

144）　民事訴訟において当事者となることができる一般的能力である。

た場合には，その効果は社団に及ぶと解すべきである。しかし，権利能力を有しない団体である以上，総構成員を一体としてとらえた意味における社団に法律効果が及ぶと解さざるをえない。

(ハ)　権利・義務の帰属　　代表機関が行った行為の法律効果は，権利・義務の帰属形態として問題となる。判例・多数説の見解によれば，積極財産も消極財産（債務）も権利能力なき社団に総有的に帰属する。すなわち，社団の財産は各構成員の財産とは別個独立の財産となる。

したがって，構成員の債権者は社団の財産に執行することはできないし，社団の債権者は各構成員の財産に執行することができないのが原則である。しかし，権利能力なき社団の実態は多様であるから，社団の目的（公益・営利），構成員の脱退にさいしての持分払戻請求権の有無，利益配当の有無などの要素を総合的に考慮して，各構成員[145)]の無限責任を認めるべき場合もありうると解すべきだろう。

(ニ)　不動産登記　　権利能力なき社団が不動産を取得した場合には，その公示方法を含めて困難な問題が生じる。代表者個人の責任財産との区別を登記簿上も明確にすべきであるが，判例は，社団の名義で登記をすることはもとより，社団代表者[146)]としての肩書を付した個人名義の登記も認めていない[147)]。

(ホ)　不法行為　　権利能力なき社団の機関や被用者が他人に損害を加えた場合には，一般法人法78条等および民法715条を類推して社団に責任を認めるべきである。社団が他人から不法行為を受けた場合には，社団が損害賠償を請求できる。名誉権等についても社団法人と同様に考えてよい。

---

145)　代表機関としての行為者の個人責任も問題となる。代表者個人が明示または黙示に保証ないし連帯責任を負う旨の特約を行ったときにのみ責任を負うと解するのが妥当である（幾代153）。

146)　森泉70は「真実の権利関係と公示を一致せしめるためにも，社団財産と個人財産を区別する意味においても，せめて代表者の肩書を付した登記は認めるべきであろう」と主張している。

147)　最判昭47・6・2民集26・5・957〔権利能力なき社団の資産たる不動産については，社団の代表者が，社団の構成員の受託者たる地位において，個人の名義で所有権の登記をすることができるにすぎず，社団を権利者とする登記をし，または社団の代表者である旨の肩書を付した代表者個人名義の登記をすることは，許されないものと解すべきである。〕なお，地縁団体については地方自治法260条の2参照。

### 5　権利能力なき財団

財団としての実体を有しているが法人格を有していない場合[148]が生じる点については，社団の場合と同様である。権利能力なき社団の相手方の保護との関連において代表機関の責任が問題となるのと同様の趣旨で，基本財産提供者の個人責任が問題となる（幾代154）。民事訴訟に関しては，当事者能力を有している点でも，社団と同様である（民訴29条）。

**〈第2章の参考文献〉**

田山輝明『成年後見法制の研究』，『続・成年後見法制の研究』（成文堂，2000，2002），『成年後見読本』（三省堂，2007）
大谷美隆『失踪法論』（明治大学出版部，1933）
財産管理実務研究会『不在者・相続人不存在　財産管理の実務』（新日本法規，1990）
森泉章『公益法人の研究』（勁草書房・1977）
田中実『公益法人と公益信託』（勁草書房・1980）
星野英一「いわゆる『権利能力なき社団』について」（『民法論集第1巻」（有斐閣・1970）所収

148)　財団法人設立のため，その趣旨に賛同する者から寄附金を収受し，役員として理事長・理事・評議員を選出し，常勤執行機関として事務総局事務総長を選任したうえ，同寄附金中の一定額を基本財産として特定個人名義で銀行に定期預金をし，民法所定の事項を含む寄附行為を作成して，財団法人設立許可申請手続を推進していたものは，いわゆる権利能力なき財団と認めるのが相当である（最判昭44・11・4民集23・11・1951）。

# 第3章　物

## ① 序

民法は商品交換を媒介する法であるとの理解に立つならば，第1編第4章は「物」ではなく，さらに広く「権利の客体[1)]」とすべきであったと思われる。もっとも，商品交換の法的側面としては物権変動が最も重要であり，かつ典型的であるから，権利の客体の典型として物権の客体としての「物」に関する規定を置いたものと解することもできる。

## ② 物の観念

### 1　有体性

民法において，物とは有体物を意味する（85条[2)]）。有体物とは空間の一部を占めて有形的存在を有するものとされ，液体，気体，固体は物であるが，電気，熱，光などは物ではないと解されていた。しかし，最近では，電気等のエネルギーについても管理・支配可能性がある以上，これを物に準じて扱うべきであるから，物や物権に関する規定を類推適用[3)]すべきであると解されている。

### 2　支配可能性

私人による排他的支配が可能なものでなければならないから，月や星は民法上の物には含まれず，空気や海洋も原則として含まれない。ただし，海面

---

1）　権利の客体という観点から規定を置くとすれば，物権の客体としての物に限らず，債権や親族権の客体としての他人，人格権の客体としての権利主体自身などについても規定を置くべきことになろう。また，物は物権の直接的客体であると同時に債権の間接的客体でもあるため，総則編に規定をおいたものと思われるが，本章には，物権編にふさわしい規定も含まれている。例えば，85条は，主として所有権との関連で全面的支配権の客体にふさわしいものとして，有体的に限定したものと解すべきである。（曽田厚「物の抽象性と有体性」法学協会雑誌91巻3・4号）。

2）　85条の沿革については，川島142参照。

3）　管理・支配可能性のあるものについてまで物の概念を拡大する説（我妻202）と，これについては物や物権に関する規定を類推適用すべきだとする説（四宮〔第4版〕121）とがある。

（後述注8）参照）については，漁業権や公有水面埋立権などの客体となることはありうる。

### 3　独立性

物が債権の間接的客体になる場合には，それが独立した物であるかどうかは問題にならない[4)]が，物権の対象となる場合には，その物に対する物権的支配が客観的に認識できる必要がある。したがって，多くの材料（それぞれが独立の動産であるが）によって組成されている建物やテレビのようなものは全体として1個の独立した物となったときに，建物やテレビとして「物」となる。1つの物権（所有権など）の対象は1つの物でなければならない[5)]，というのが近代民法の原則（一物一権主義）だからである。

### 4　非人格性

物と言えるためには，外界の一部でなければならない。個人の尊厳を基本原理とする近代法は，生きた人間の身体[6)]またはその一部を権利の客体とすることを認めない。

## ③　物の分類

民法が定めている物の分類は，(イ)動産と不動産，(ロ)主物と従物，(ハ)元物と果実，であるが，学説上はさらに，(ニ)融通物と不融通物[7)]，(ホ)可分物と不可分物，(ヘ)代替物と不代替物，(ト)特定物と不特定物などの分類がなされている。

---

4)　ただし，物権の取得が最終的な目的とされている場合には，独立した物であるか否かが問題となる。判例によれば，一筆の土地の一部であっても売買の目的とすることができる（最判昭30・6・24民集9・7・919、最判昭40・2・23判時403・31）。

5)　商品取引と金融取引の発展は一物一権主義に重大な例外を要求するに至った。集合物論がその典型であり，具体的には「流動動産に譲渡担保を設定しうるか」ということをめぐって近時，議論が盛んである。判例も流動動産が一つの譲渡担保権の対象となりうることを認めている（最判昭54・2・15民集33・1・51）。

6)　人体から切り離された毛髪や歯などは物であり分離前の人の所有に属する。人の死体も物であり，慣習に従い喪主に帰属すると解すべきであるが，判例には，相続人に帰属するとしたものがある（大判昭2・5・27民集6・307）。
　遺骨の所有権は，通常の遺産相続によることなく，慣習に従って祭祀を主宰すべき者に原始的に帰属し，次いでその子によって承継されていくべきものである（東高判昭62・10・8家裁月報40・3・45，最判平1・7・18家裁月報41・10・128）。

7)　私法上の取引の客体となりうるか否かによる区別であり，例えば(イ)公用物，(ロ)公共用物，(ハ)禁制品などは不融通物である。

### 1　動産と不動産

物の法的規制に際して動産と不動産とを区別する実益は，2つあるとされている。第1に，一般的にみて不動産の経済的価値は，動産に優っている。とくに，物的信用の基礎（例えば抵当権の対象）としては，この点の差は著しい。第2に，その上に成立する物権を公示する方法が異なっている。不動産については登記，動産については占有が，所有権等の公示方法とされているのも，物としての本質的差異に基づいていると考えるべきである。

#### ⑴　不動産

土地およびその「定着物」を不動産という（86条1項）。

⒤　土地

土地とは，人為的に区分された一定の範囲の地面（一筆）に，正当な範囲においてその上空および地中（269条の2参照）を包含させたものである[8)]。したがって，地中の岩石や鉱物は土地の構成部分であり，独立の不動産とはならない。ただし，鉱業法は一定の鉱物について国家に排他的な採掘取得権を留保している（同法2条）。

⒭　定着物

土地の定着物とは，土地に附着するものであって，継続的に一定の土地に附着させて使用することが，その物の取引観念上の性質に適していると認められるものである。ただし，定着物の概念は，広狭3段階に分けて用いられることがあるから注意を要する。

(a)　取引観念上，その土地の一部とされ，土地に関する権利の変動に随伴するもの[9)]。

(b)　土地とは別個独立の不動産とみられるもの。その典型は建物である（後述）。

(c)　樹木のように，場合によってそのいずれかに属するものもある（後述）。

⒯　建物

---

8)　最判昭61・12・16民集40・7・1236　〔海は，国が行政行為などによって一定範囲を区画し，他の海面から区別して，これに対する排他的支配を可能にしたうえで，その公用を廃止して私人の所有に帰属させることにした場合を除き，私人の所有権の客体としての土地にならない。〕

9)　石垣（大判大7・4・13民録24・669），敷石，井戸などがこれに属する。

建物は常に土地とは別個独立の物として取り扱われ，登記も土地とは別の登記簿が設けられている。これは，民法の母法となったドイツやフランスの法制度とは根本的に異なる点である。建築中の建物は，木材を組み立てて屋根を葺いただけではまだ建物とはいえないが[10]，周壁として荒壁がぬられ屋根が葺かれれば，独立の不動産[11]となると解されている。なお，建物の個数は棟によって数えるのが原則である[12]。建物に改造が施された場合に新旧建物の同一性が失われたか否かは，新旧建物の材料，構造，規模等の異同に基づき社会観念に照らして判断すべきである（最判昭 50・7・14 判時 791・74）。

㈡　立木（りゅうぼく）

わが国の慣行によれば，立木は取引上ある程度まで土地から独立したものとして扱われてきたと言われているが，民法はそれを可能にする規定を置いていない。しかし，明治 42 年に立木法が制定されたため，現在では立木の法的処理は，次の区分によってなされる。

(a)　立木の集団が立木法[13]による登記を受けているとき（同法 1 条）は，独立した不動産となるから，地盤とは別に所有権の移転も抵当権の設定も可能である。

(b)　その他の立木の集団は，原則としてその地盤の一部であり，独立して取引の対象となりえない。

(c)　しかし，(b)の立木であっても立木の所有権だけを地盤から分離して処分し，または立木の所有権だけを留保して地盤所有権を譲渡することは可能であるとされている[14]。ただし，立木のみの処分または所有権の留保を第三者に対抗するには明認方法[15]と呼ばれる特別な公示方法を必要とする[16]。

---

10）　大判大 15・2・22 民集 5・99。なお，単に切組をすまし降雨をしのぎうる程度に土居ぶきを終えた程度で荒壁の仕事に着手したか否かも的確でない状態では，不動産登記に適する建物とは認めえない，とした判例もある（大判昭 8・3・24 民集 12・490）。

11）　大判昭 10・10・1 民集 14・1671

12）　ただし，建物の区分所有に関する法律（昭 37 法律 69 号，昭和 58 年改正）は，重要な例外を定めている。

　また，既存の 2 個の建物が結合された場合に 1 個の建物となるか否かも問題となりうる（最判昭 50・5・27 判タ 324・199）。〔相隣接する 2 個の建物の 2 階部分の隔壁のうち幅 1・8 メートルの部分を除去し，その部分を通行可能にしたという程度では，一般取引通念に照しその独立性を失ったとすることは相当でない。〕

13）　立木に関する法律（明 42 法律 22 号）

14）　大判大 5・3・11 民録 22・739

(d) 個々の樹木は地盤所有権の内容を成す[17]が，取引価値の高いものは，(c)の立木と同様に考えてよい。

### (2) 動産

不動産以外の物はすべて動産である（86条2項）。船舶（商686条，687条，848条，民執121条），自動車（自動車抵当法），農業用動産（農業動産信用法）などは，動産であっても法律上不動産に準じた取り扱いを受けることがある。

また，無記名の小切手，商品券，乗車券のような無記名債権は動産[18]として扱われる（86条3項）から，その譲渡は証券の引渡をもって対抗要件とし（178条），即時取得（192条）の適用もある。貨幣も動産であるが，その法律関係を考察するにあたっては，所有権と占有とを分離しないようになってきている点には，注意すべきである。

## 2 主物と従物

### (1) 従物の意義（87条[19]）

独立した複数の物相互の社会的・経済的関係において，一方（従物）が他方（主物）の効用を助けている場合には，この両者はその法律的運命を共にすることが望ましい。

### (2) 従物の要件（87条1項）。

(イ) 主物から独立した別個の物であること。　一方が他方の構成部分であってはならない。

(ロ) 主物の常用に供せられるものであること。　社会観念上，継続的に主物の効用を全うさせる機能をはたすものであることが必要である[20]。

---

15) 木を削って所有者名を墨書する方法や立札を立てる方法などがある。取引慣行に従って，それぞれの対象にふさわしいものが用いられるべきである（公示札の例として，最判昭30・6・3裁判集民18・741参照）。

16) 明認方法は，判例によって確立された公示方法である（大判明38・2・13民録11・20ほか多数）。

17) 最判昭40・8・2民集19・6・1337〔果樹は土地から分離独立した権利の客体ではなく，地盤たる土地の構成部分として1個の所有権の客体と認めるのを相当とする。〕

18) ただし，無記名定期預金債権は無記名債権ではなく指名債権に属する（最判昭32・12・19民集11・13・2278）。

19) 民法の規定（87条）は，当事者の意思の推測に基礎を置き，従物の効果を処分との関連で定めている点に特徴がある。しかし，解釈にあたっては，従物を主物の運命に従わせることが物の効用を高めるという客観的側面にも注目すべきである。

(ハ)　特定の主物に「付属」すると認められる程度の場所的関係にあること。

ガソリンスタンドの店舗用の建物に根抵当権が設定された場合において，地下タンク，ノンスペース計量機，洗車機などが，この建物内の設備と部分的に連通し，同建物の敷地上または地下に近接して設置され，これらを同建物に付属させて経済的に一体としてガソリンスタンド営業に使用していた場合において，これらを同建物の従物であるとした判例がある（最判平2・4・19判時1354・80）。

(ニ)　同一所有者への帰属　　主物と従物とは，同一の所有者に帰属していなければならない[21]。

### (3)　従物の効果

主物が処分された場合には，従物もその処分に従う（87条2項）。したがって，主物が賃貸された場合には従物も賃貸され，主物が売却されたときは従物も売却されたものと解すべきである[22]。もちろん，主物と従物とは別個の物であるから，所有者が従物のみを処分することは可能である。

### (4)　主たる権利と従たる権利

従物ではないが従たる権利である場合にも，87条2項を類推適用すべきである[23]。

## 3　元物と果実

果実とは，物の用法に従ってその物から生じる収益をいい，収益を生み出す物を元物という。民法は天然果実と法定果実とに分けて規定を設けている。

### (1)　天然果実

(イ)　物の経済的使命に従って収取する産出物を天然果実という（88条1項）。産出物には有機的産出物[24]の場合（果物，動物の仔，羊毛，野菜など）と無

---

20)　2階建家屋の常用に供せられている納屋，便所および湯殿（大判大7・7・10民録24・1441），料理店の庭に配置された石燈ろう，5重塔など（大判昭15・4・16評論29民法370）は，前者は家屋の，後者は土地の従物である。

21)　物の経済的効用を高める結合は，所有者を異にする物の間においても成立するから，第三者の権利を害しない範囲で87条の趣旨を拡大すべきである（我妻223）。

22)　主物に設定された抵当権の効力が及ぶ範囲をめぐって従物であるか否かが問題となる場合も多い。20）の2つの判例ともそうである。

23)　例えば，差押えられた債権と将来の利息債権（大判大10・11・15民録27・1959），借地上の建物と敷地賃借権（最判昭47・3・9民集26・2・213）などがある。

機的産出物の場合（鉱区から採掘される鉱物[25]など）とがある。

㈺　天然果実は，分離される時の収取権者に帰属する（89条1項）。誰が収取権者であるかは民法総則には規定されていない。元物の所有者（206条），賃借権者（601条），地上権者（265条），永小作権者（270条），不動産質権者（356条）などが主要な収取権者である。

**⑵　法定果実**

㈹　物の使用の対価として受けるべき金銭その他の物を法定果実という（88条2項）。不動産賃貸借における賃料などが典型的なものであり，消費貸借における利子も同様に扱われている。相続開始から遺産分割までの間に共同相続に係る不動産から生ずる金銭債権である賃料債権は，各共同相続人がその相続分に応じて分割単独債権として確定的に取得し，その帰属は，後にされた遺産分割の影響を受けない。（最判平17・9・8民集59・7・1931）

㈺　法定果実は，その収取権者が権利の存続期間につき日割に従って取得[26]する（89条2項）。なお，誰が収取権者であるかは，契約や法律の規定（例えば，189条，190条）によって定まる。

**⑶　使用利益**

物を現実に利用することによる利益は，果実ではないが，その実質は果実と異ならないから，果実の収取権や返還請求権に関する規定が類推適用される（判例[27]・通説）。

---

24)　山林内の立木は，あらかじめ定めた施業方法によって周期的に輪伐の用に供される場合以外は，天然果実とは認められず（青森地判大5・9・12新聞1181・22），また，ある時期に収取する桑葉は果実といいうるが，桑樹は土地の定著物であり果実ではない（大判大5・10・19民録22・1931）。

25)　ただし，果実の取得等については鉱業法の規制に注意すべきである。

26)　AがBに賃貸中の土地を月の途中でCに譲渡した場合は，その月の賃料は日割計算でAとCに分属するが，Cが取立ててAに分配するのではなく，請求権としてAとCに分属すると解すべきである。

27)　AがB所有の建物を自分の所有物と思って占有していた場合には，善意占有者Aは占有物より生じる天然果実および法定果実を取得する（189条）。所有者Bがその間取得しえなかった賃料は法定果実であるから，Bは同条によりこれを取得しうるものではない（大判大14・1・20民集4・1）。つまり，Aが同建物を第三者Cに賃貸して賃料を取得したとすれば，まさに法定果実であるから，善意占有者Aはそれを取得できる。しかし，Aが自ら使用して賃料に代る使用利益を得た場合にも，果実に関する規定を類推適用すべきである。ただし，判例は使用利益＝果実と考えて同じ結論に達している。

# 第4章 法 律 行 為

## 第1節 総 説

### ① 法律関係

われわれの生活関係を規範の観点からみた場合には，法律の規制を受けるものと，単に社会的習俗や道徳の規律を受けるものとに分けることができる。近代社会にあっては，その諸関係の発展と複雑化に伴って法律の規制を受ける場合がしだいに多くなってきている。このような法律の規制を受ける生活関係を法律関係という。

売主Aと買主Bとの間の売買契約は，近代社会における典型的な法律関係の一つである。これによって，Aについては目的物の所有権移転義務等が発生し，Bについては代金支払義務等が発生する[1)]。このような生活関係を，法律効果を発生させるものとしてみた場合に，法律要件という。近代市民社会における最も基本的かつ重要な法律要件は，法律行為である。

### ② 法律要件と法律事実

法律要件をさらに素因にまで分析した場合に，この素因を法律事実という[2)]。私的意思自治の原則が支配する近代市民社会では，意思表示を素因として成立する法律行為（法律要件）が最も重要なものであることは，前段で述べた通りである。意思表示以外の適法行為を要件とする法律事実を，準法律行為という。

---

1) A・B間の売買という法律関係を図式化すれば，左のようになる。売買契約から所有権移転義務等の債務等のみが発生するのか，所有権の移転という効果自体も発生するのかについては，契約法［民法要義5］136頁以下を参照。

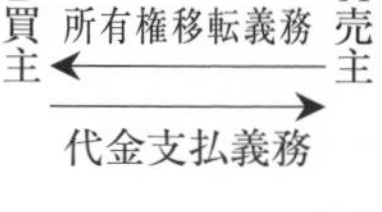

売　買　契　約
B買主 ←所有権移転義務― A売主
―代金支払義務→

### ⑴　準法律行為

これは，表現行為と非表現行為とに分かれる。

㈠　表現行為　　以下の2つは，これに属する。

ⓐ意思の通知としては，制限能力者の相手方のする催告（20条），債務の履行を要求する催告（153条，412条3項[3]，541条など），弁済受領の拒絶（493条，494条など）等をあげることができる。これらも意思表示と同様に意思の表示行為ではあるが，その内容が行為から生ずる法律効果以外のものに向けられている点で意思表示と異なっている。

ⓑ　観念の通知としては，社員総会招集の通知（一般法人39条以下），代理権授与の表示（109条），債権譲渡の通知（467条）等をあげることができる。意思表示のように当事者の効果意思に法律効果が認められるわけではないが，当事者の意思や感情表現に対して法が一定の効果を付与する。従って，意思表示や法律行為に関する規定の大部分を類推適用することができる。

㈡　非表現行為　　これは，一定の精神作用や意識を一つの要件とする行為であるが，一定の外形的な行為を本体とするものであり，「混合事実行為」とも呼ばれる。意思的要素が従たる地位を占めている点が特徴である（239条，697条など）。

### ⑵　意思表示

これは，以上の3行為とは異なり，契約における申込と承諾[4]，単独行為としての遺言（960条以下）などのように，表意者が一定の効果を意欲する意思

---

2）　法律事実は，一般にその性質に従って，次のように分類されている。

⑴　人の精神作用に基づくものは，次のように分類されている。

- 外部的容態（行為）
  - 適法行為
    - 意思表示
    - 準法律行為
      - 表現行為
        - 意思の通知
        - 観念の通知
      - 非表現行為（事務管理・先占など）
  - 違法行為（債務不履行と不法行為）
- 内部的容態
  - 観念的容態（善意・悪意）
  - 意思的容態（反対の意思〔474条1項〕など）

⑵　人の精神作用に基づかないものは事件と呼ばれる。

3）　同条同項の「請求」とは催告の意味である。

4）　申込と承諾については，契約法［民法要義5］19頁以下参照。

を表示し，法律がこれに応じた効果[5)]を承認してその達成に努力するものである。

以上の相違点は，意思表示を前提とした民法の規定を適用するにあたっても差異をもたらすので，注意すべきである。表現行為に属する行為は，当事者の意思や感情表現，すなわち特定の意識内容の表現に対して法が一定の効果を付与するものであるから，原則として意思表示に関する規定を類推適用してよいが，非表現行為については，原則として類推適用の必要はない。

---

5)　法律効果は，民法上，基本的には，権利の発生（取得），権利の消滅（喪失）として現われる。

⑴　権利の発生

①　承継取得（176条）

②　原始取得（192条など）

⑵　権利の消滅

①　相対的消滅（譲渡）

②　絶対的消滅（目的物の滅失，権利の放棄）

# 第2節　法律行為の本質と種類

## ❶ 法律行為

### (1) 法律行為自由の原則

近代資本主義社会は，自由競争を前提とした商品交換の論理が支配する社会である。したがって，ここでは私法上の有償契約が本質的に重要な役割を果たす。法律行為には，後に述べるように（本節，❷(2)(3)），契約のほかに，遺言のような単独行為や社団の設立のような合同行為も含まれる。これらのすべての法律行為について「私的意思自治の原則」（第1章第6節❶参照）が支配し，これらの法律行為は「自由」になされなければならないから，「契約自由の原則[6)]」というよりも，「法律行為自由の原則」と呼ばれるべきであろう。しかし，近代資本主義社会においては，契約とりわけ有償契約が決定的に重要であるから，そうしたニュアンスのもとに「契約自由の原則」という表現が使われることに注意すべきである。

### (2) 要素としての意思表示

法律行為は，一個または数個の意思表示そのものだと考えられた時期もあったが，最近では意思表示を要素とする法律要件であると考えられている。要素たる意思表示をさらに具体的な心理過程に従って分析すれば，次のようになる。

〔**例**〕 Aは，勤務先の会社で転勤を命じられたので，自宅を何らかの形で処分したいと考え（動機[7)]），当家屋を売却したいという意思（売買の効果意思）を決定し，この意思を表示しようとする意思（表示意思）を有し，その意思の表示としての価値を有する行為（表示行為）をした。

### (3) 意思主義と表示主義

近代資本主義社会においては，私法関係の形成を基本的に当事者の意思に

---

6) 「契約自由の原則」については，契約法［民法要義5］5頁以下参照。

7) 意思表示の動機を意思表示のプロセスに含めて考察することは，異論のあるところであるが，いずれにしても後に「動機の錯誤」として問題になる点であるから，「動機」を含めた見解に従っておく（第4節4款❶2(3)参照）。

委ね，国家権力はこれに干渉しないのが原則である。また，法が意思表示に一定の法律効果を付与するのは，それが当事者の意思に基づくものであるからである。したがって，意思表示の法的評価にあたっては，表意者の内心の意思が最も重要である，という考え方が成立する（意思主義）。

しかし，意思表示の法的評価は当事者の意思に基礎を置くとはいっても，外部の者からは知り得ない表意者の内心の意思のみを基礎としたのでは，取引の安全を害することになる。そこで，表意者の表示行為から推断される意思を意思表示の法的評価の基礎とすべきである，という考え方が主張されている（表示主義）。

表意者の意思と取引の安全とは，いずれか一方のみが強調されてはならないから，上の両主義の折衷が望ましいことになる。民法の意思表示に関する諸規定（心裡留保，虚偽表示，錯誤，詐欺）は，意思主義にやや傾いていると言われている。解釈にあたっては妥当な結論を導くような努力が必要とされる所以である[8)]。

## ②　法律行為の種類

法律行為は，その態様によって，次の3つに区分[9)]できる。

### ⑴　契約

相対立する2個以上の意思表示が合致して成立する。意思表示が各当事者にとって各別な意義を有するのが特徴である（双方行為ともいう）。

### ⑵　単独行為

1人の1個の意思表示で成立する。相手方のある単独行為（債務免除など）と相手方のないもの（遺言など）とがある（一方行為ともいう）。

---

8)　この問題は，後に錯誤論等との関係でも問題となる。

9)　発生する効果の法的性質に従って区分すれば，次のようになる。

⑴　債権行為　　売買契約（555条以下）や賃貸借契約（601条以下）のように，債権を発生させることによって法律行為の目的を達成させるものである。

⑵　物権行為　　所有権の移転，地上権の設定，抵当権の設定のように物権変動自体を目的とする行為であり，「履行」という問題を残さない点が特徴である。

⑶　準物権行為　　物権以外の権利の変動そのものを目的とする行為である。債権や無体財産権の譲渡および債務の免除などがこれに属する。物権行為と同様に「履行」という問題を残さない。

### (3)　合同行為

相対立せず，共通の目的を有する2個以上の意思表示が合致して成立する。各当事者にとって同一の意義を有するのが特徴である。社団の設立行為などはこれに属する（協定行為ともいう）。

# 第3節　法律行為の有効要件

## 1 総　説

### 1　成立要件

法律行為として成立するためには，当事者の存在および法律行為を組成する意思表示の存在が外形的に覚知されることが必要である。これは一般に法律行為の成立要件と呼ばれ，具体的には当事者，目的（内容），意思表示の3要件であるとされている。これらの3つの要件が具備していれば，その中味を検討することなく，契約は成立しているとされ，逆に一つを欠いても契約は成立しない[10]。

### 2　有効要件

法律行為がその内容に応じた効力を有するために必要な要件を有効要件と呼んでいる。有効要件も，3つの成立要件に対応している。(イ)当事者に関しては権利能力を有すること，(ロ)目的（内容）に関しては①確定性，②実現可能性，③適法性，④社会的妥当性を有すること，(ハ)意思表示に関しては意思と表示の不一致がないこと等が，一般に必要とされている[11]。

権利能力については，第2章第2節ですでに検討したので，以下では，法律行為の目的（内容）に関する一般的有効要件を検討することにする。

## 2 法律行為の目的（内容）についての一般的有効要件

ここでは，すべての法律行為の内容に通じる一般的有効要件のみを検討する。

### 1　目的の確定（法律行為の解釈）

法律行為の目的とは，当事者が達成しようとした効果である。したがって，

---

10)　このように，理論的には法律行為の成立要件と有効要件は分けることができるが，民法上は区分の実益はあまりない。しかし，立証責任との関係で，法律行為の成立についてはそれを主張する者が，成立した法律行為の有効性が問題となる場合にはその無効を主張する者が，それぞれ立証責任を負うと解するのであれば，実益があると言えるだろう。

11)　さらに，代理形式が用いられている場合であれば，原則として有効な代理関係が存在していなければならない。

目的の確定とは当事者の有していた表示行為の内容を明らかにすることであり，それは以下の基準に従ってなされるべきである。

⑴　**主観的意味の確定**　当事者の表示した目的自体によって，その意味の確定に努める。

⑵　**慣習**　確定しえない部分については，取引社会の慣習によって明らかにする（92条）。当事者が慣習に従う意思を表示している必要はない。とくに慣習に従わない旨を表示（この場合には91条）していない限り，取引社会の慣習に従って目的の確定に努めるべきである[12)]。この場合の慣習[13)]は，強行法規に反するものであってはならない。

⑶　**任意法規**　意思表示の内容が不足しているときは，任意法規によって補充し，単に不明瞭であるにすぎないときは，任意法規に従って明らかにすべきである（91条）。

⑷　**信義則等**　以上の基準に従って目的を確定することができないときでも，信義誠実の原則や条理に従って確定することができればよい。

**2　目的の可能**

法律行為の目的は，実現可能なものでなければならない。実現不可能な内容を有する法律行為は無効である。

㈠　不能は，物理的（自然科学的）不能[14)]に限定せず，社会通念に従って判断されるべきである。

㈡　不能は，原始的不能と後発的不能とに区別することができる。法律行

---

12)　91条との重複を避けるためにこのように解釈すべきであるとされている（我妻252）。

13)　従来の通説によれば，この場合の慣習は，法適用通則法3条〔旧法例第2条〕の慣習法と区別して事実たる慣習と呼ばれる。慣習法（法的確信に支持されている）は任意法規が存在する場合には成立しえないが，事実たる慣習（法的確信に支持されるに至っていない）は，法律行為の内容となることによって任意法規に優先する。
　しかし，最近では，法的確信に支えられた規範性の強い慣習（法）が任意法規に劣後し，法的確信に支えられるに至っていない規範性の弱い「事実たる慣習」が任意法規に優先するのは不合理であるとの批判が有力になっている。この説によれば，慣習法と事実たる慣習との区別は不要であり，慣習は法適用通則法3条〔旧法例2条〕により任意法規にも劣る法源性を取得し，法律行為の内容となる限りにおいて92条により任意法規に優先する法源性を与えられる（来栖三郎「法の解釈における慣習の意義」兼子還暦論集下など）。

14)　例えば，大洪水のさいの濁流の中に落した万年筆を発見することは不可能であるから，そのような内容の懸賞広告（529条以下）は無効である。

為の無効原因としての不能は，原始的不能[15]である。法律行為成立後の不能は，債務不履行としての「履行不能」(415条）または危険負担（534条以下）の問題を生じさせるにすぎない。

(ハ)　不能を理論的に考察する場合には，一部不能と全部不能とに区分することができる。法律行為の目的が原始的全部不能であれば法律行為も全部無効であるが，一部不能である場合には，その部分が可分であるか否かによって，分けて考察すべきである。不能である部分が不可分であるとき，または可分であっても残部のみでは法律行為の目的を達成することができないときは，法律行為全体が無効となると解すべきである。不能の部分が可分であって残部だけでも意味がある場合には，法律行為は一部無効となると解すべきである。

### 3　目的の適法

(イ)　強行規定[16]に違反した法律行為は，無効である[17]。

(ロ)　強行規定は，行政的取締規定とは区別されなければならない。後者は，行政上の考慮に基づいて，一定の取引行為を禁止または制限し，その違反に対しては刑罰や行政上の不利益を課すものである。これらの規定の中には，その趣旨をさらに徹底させるために，法律行為の私法上の効力にも影響を及ぼす（無効とする）ものもある（強行規定の性質をも有する)。

15)　原始的不能とは，売買契約締結の前日に目的家屋が焼失してしまった場合のように，行為時においてすでに実現不可能なことを意味する（契約法〔民法要義5〕33頁以下参照)。

16)　対立概念は任意規定である。一般的には，契約自由の原則が支配する法分野（債権法）の規定は任意規定であり，物権法定主義の支配する法分野（物権法）や親族・相続法のように基本的な社会秩序に関する法分野の規定は強行規定である，と考えてよい。しかし，債権法の分野でも特別法の中には多くの強行規定が存在している。例えば，民法の賃貸借に関する規定は原則として任意規定であるが，借地借家法には強行規定が多い（借地借家法9条，16条，21条，30条，37条参照)。なお，労基法13条等参照。

17)　強行規定に直接的には違反していないが，実質的にみればその適用を回避する目的でなされた行為を脱法行為という。脱法行為は無効である。

〔**例**〕 農地法における所有権の移転・利用権の設定の場合。[18)]

| 行政的取締法規 | 違反行為の処罰規定 | 効力規定 |
| --- | --- | --- |
| 農業委員会等の許可を必要とする（3条1項，4条1項，5条1項）。 | 3年以下の懲役または300万円以下の罰金（64条） | 許可を受けない行為はその効力を生じない（3条7項，5条3項）。 |

(a) 違反行為に対して処罰規定を置いただけでは，それを承知で違反行為を行う者がありうる。その場合には，法律行為（契約）は有効であるから，法はその法律行為の内容を実現するために助力を与えなくてはならないことになる。

(b) また，効力規定のみが置かれている場合には，法律行為の当事者に自ら行った法律行為の無効の主張を許す反面において，警察的取締ができないから，取引の安全を害することになる。

(c) その意味では，原則として処罰規定と効力規定の両方の規定を置くことが効果的である。

## ③ 公序良俗（違反）——内容の社会的妥当性

### 1　公序良俗違反の諸類型

法律行為自由の原則は，近代私法の大原則であるが，これはいかなる内容の法律行為でもまったく自由になしうることを意味するわけではない。法律行為の内容が個々の強行法規に違反しなくても，「公の秩序又は善良の風俗」に反するときは，その法律行為は無効である（90条）。「公の秩序」とは国家社

18) (1) 建設業法に違反した法律行為の場合

| 行政的取締規定 | 違反行為の処罰規定 | 効力規定なし |
| --- | --- | --- |
| 建設業の許可義務（同法3条） | 3年以下の懲役または30万円以下の罰金（45条1項1号） | |

(2) 利息制限法に違反した場合

| 行政的取締規定 | 違反行為の処罰規定 | 効力規定 |
| --- | --- | --- |
| 利息の最高限度（同法1条1項） | なし※ | 超過部分につき無効（同法1条1項） |

※ただし，出資法（本章注21）参照）では一定の割合を超える利息を約束した者は3年以下の懲役または300万円以下の罰金に処せられる（同法5条1項，2項）。

会の一般的利益を意味し，「善良の風俗」とは社会の一般的道徳観念を意味するとされているが，これらを区別する実益はない。なお，法律行為が公序に反することを目的とするものであるとして無効になるかどうかは，当該法律行為がされた時点の公序に照らして判断すべきである。(最判平15・4・18民集57・4・366)

⑴　**強行規定違反と公序良俗違反**[19]（暴利行為の場合）

強行規定に違反する行為は無効であるが，そのすべてが「公序良俗」に反するわけではない。しかし，規定違反の態様によって，同時に90条に違反する場合もある。

〔**例1**〕　Aは金融業者Bから日歩（100円に対する1日の利息）5銭で100万円を借りた。

〔**例2**〕　Cは金融業者Dから日歩35銭で100万円を借りた。

⒜　上のA—B間の利息契約[20]もC—D間の利息契約も共に利息制限法に違反しており，少なくとも超過部分については無効である（同法1条1項)。A—B間の契約については，BがAの窮迫，無経験等に乗じたというような事情がない限り，公序良俗違反の問題は生じないと解すべきである。しかし，C—D間の契約については，出資法[21]に違反する「暴利行為」であり，公序良俗にも違反すると解すべきである[22]。

⒝　上記の2つの事例では，いずれにせよ利息の約定は制限超過分につい

---

19)　強行規定に限らず，行政的取締法規に違反した場合にも90条違反の問題は，生じうる。
⑴　有毒物が混入したアラレ菓子の売買契約は食品衛生法6条2号（71条に罰則あり）に違反するが，同時に国民大衆の健康保護に反するから無効（90条）である（最判昭39・1・23民集18・1・37)。
⑵　無許可（食品衛生法21条）の営業者がなした食肉販売契約は罰則の対象となるが，無効ではない（最判昭35・3・6民集14・4・483)。

20)　A—B間の契約は，基本的には金銭の消費貸借契約（587条以下）である。しかし，ここで第一次的に問題となるのはA—B間の利息（率）に関する契約である。

21)　出資の受入，預り金及び金利等の取締に関する法律（昭和29年法195，昭和58年など改正)。

22)　ただし，判例によれば，貸主が借主の窮迫，軽率もしくは無経験を利用し，著しく過当な利益の獲得を目的としたことが認められない限り，単に利息が月一割というだけでは90条違反にはならない（最判昭32・9・5民集11・9・1479)。この判例は昭和22—23年に発生した事例に関するものであり，経済不況→貨幣価値の下落という事情が考慮されているものと解すべきである。

ては無効であるから，その限りにおいては差異はないと考えてよいが，90条違反の場合には，さらに利息の約定のみが無効となるのか，もう一歩進んで消費貸借契約全体が無効となるのかという点が，理論的に問題となりうる。

①　利息制限法違反のみの場合には，Aは任意に支払った利息の返還を請求できない（同法1条2項）。ただし，制限超過分は元本に充当され，元本消滅後に支払われた利息については，不当利得として返還請求できる[23)]（最大判昭43・2・13民集22・12・2526）。

②　90条に違反した場合[24)]にも，Cは支払った利息の返還を請求することはできない（708条）のが原則であるが，不法の原因が主としてDの側に在る場合には返還を請求することができる（708条ただし書）。

(c)　証券取引における損失保証契約は，90条違反により無効である（最判平9・9・4民集51・8・3619）。

(d)　出勤率が90％以上の従業員を賞与支給対象者とする旨の就業規則条項の適用に関し，その基礎とする出勤した日数に産前産後休業の日数を含めない旨の規定は，労働基準法等が当該権利を保障した趣旨を実質的に失わせるものであるから，公序に反し無効である（最判平15・12・4判時1847・141）。

**(2)　人倫に反する行為**

健全な婚姻秩序や性道徳に反する内容を目的とする法律行為は，無効である。

〔**例1**〕　夫Aは，妻Bの不治の精神病を理由として離婚を考慮中に，C女との間でBと離婚したあかつきには結婚する旨の約束をし，その時までCに扶養料を支払うこととした。

このA—C間の婚姻予約[25)]は，A—B間の婚姻継続中のものであるから，公

---

23)　利息制限法については，森泉章「判例利息制限法（増補）」参照。制限超過利息と公序良俗違反の問題については，とくに同書58以下，債権総論［民法要義4］33以下，参照。なお，昭和58年に制定された貸金業の規制に関する法律43条（廃止予定）によれば，貸金業者が行う消費貸借においては，任意に支払われた制限超過利息の返還請求は一定の要件を充足する場合にはできないことになっている。しかし90条にも違反する場合には，上の要件とは無関係に考察すべきであろう。

24)　消費貸借全体が無効になる場合において，借主がすでに金銭を受領しているときは（要物性を前提とすれば常にそうである），これを返還しなくてもよいということになるから（708条），その認定は慎重でなければならない。

序良俗に反して無効と解すべきであり，そのような婚約の維持を目的とした扶養契約も無効である（大判大9・5・28民録26・773）。

〔**例2**〕　夫Aと妻Bとの間に一時不和が生じたが，仲裁者の労により和解した。そのさい，将来再び不和が生じて離婚のやむなきに至った場合には，AがBに1,000万円を支払うことを約束した。

このような約束は，理由なく離婚することがないよう，婚姻関係の永続を図ったものと考えるべきであるから，公序良俗に反しない[26)]（大判大6・9・6民録23・1331参照）。

### (3)　正義の観念に反する行為

犯罪その他の不正行為を勧誘し，またはこれに加担することを内容とする法律行為は無効である。

〔**例1**〕　AはBから山林（土地）を買い受け，代金を完済して引渡を受けた。しかし，Bが移転登記に応じないでいる間に，Aに恨みを抱いていた第三者Cが，Bを説得して同山林を購入し，BがCに登記を移転してしまった。

このような場合には，B—C間の売買契約[27)]が公序良俗に反して無効となることもありうる（最判昭36・4・27民集15・4・901）。

〔**例2**〕　BがA会社の企業秘密を暴露するというので，AはBの行為を止めさせるために，相当の金額の支払を約束した。

A—B間の契約はBの悪事を止めさせることを内容とするものであるから，それ自体としては公序良俗に反するものではない。しかし，このような状況のもとでBの不作為に対して対価が支払われることは，正義の観念に反

---

25)　このような婚約は，いわゆる内縁とは区別すべきである。内縁は届出を欠いているから法律上の婚姻ではないが，実質的には法律上の婚姻と同様の関係にあるものとして，可能な限り同様に扱うよう判例上も努力が重ねられている（大連判大4・1・26民録21・49ほか）。

26)　次の判例も参考になる。

不倫な関係にある女性に対する包括遺贈（3分の1）が，不倫な関係の維持継続を目的とするものでなく，女性の生活を保全するためのものであり，相続人（妻と子1人）の生活の基盤を脅かすものでないときは，公序良俗に反するとはいえない。（最判昭61・11・20民集40・7・1167）

27)　A—B，B—C間の売買契約は，山林の二重譲渡と解することができる。その場合には，Cを背信的悪意者としてAは登記なくしてCに対抗することができると考えてよい。背信的悪意者の理論（177条）が確立している今日では，一般に，90条違反によるよりも，この理論によって解決する方が適切であろう。

することになる。したがって，A―B間の契約はその効力を生じない（類似した判例として，大判明45・3・14刑録18・337）。

### (4) 著しく射倖的な行為

人間の有する射倖性を否定することはできないが，著しく射倖的な契約を有効なものと認めると，一般的には健全な労働意欲を喪失させることにもなるので，公序良俗に反すると解すべきである。

〔**例**〕 AはBから60万円を借入したが，それはAが賭博に敗けた借金を支払うためのものであり，Bはその事実を知っていた。

A―B間の消費貸借契約は，Aが賭博をするための資金を用立てるために結ばれたものではない[28)]が，このような契約の有効性を認めると，Aが賭博資金の融通を容易に受けうることになるから，公序良俗に反して無効である（大判昭13・3・30民集17・578）。

賭博の勝ち負けによって生じた債権が譲渡され，債務者が異議をとどめないで承諾した場合でも，債務者は，原則として，90条違反による無効を主張できる（最判平9・11・11民集51・10・4077）。

### (5) 個人の自由を極度に制限する行為[29)]

契約によって個人の自由が著しく制限される結果，その者の発展が阻止される場合には，その契約は公序良俗に反して無効である。

〔**例**〕 AがBから一定額を借入するにあたって，Aの娘（16歳）をBの経営する料理屋で酌婦として労働させ，その報酬の半額を弁済にあてる旨の契約を結んだ。

上記のような事情のもとで，年少者を酌婦として労働させることを内容とした契約は，公序良俗に反して無効である。また，この契約とA―B間の消費貸借契約は密接不可分なものと考えることができるから，これも無効と解すべきである。なお，本例の場合には708条ただし書の適用はないものと解すべきであるから，BはAに対して貸金の返還を請求することはできない（最

---

28) 賭博の用に供するための事前の金銭消費貸借は，無効なものと解すべきは当然である（最判昭61・9・4判時1215・47など）。

29) これに関する判例の多くは，戦前の芸娼妓契約に関するものであった。後掲昭和30年10月7日の最高裁判決は，類似した実態を有する事例について，基本的人権を尊重する新憲法下の判例として画期的なものと評価されている。

判昭30・10・7民集9・11・1616)。また，従業員と使用者との間において従業員が特定の労働組合に所属し続けることを義務づける内容の合意がされた場合において，同合意のうち，従業員に同労働組合から脱退する権利をおよそ行使しないことを義務づけて脱退の効力そのものを生じさせないとする部分は，公序良俗に反し無効である（最判平19・2・2民集61・1・86)。

**(6)　経済的自由を制限する行為**

営業の自由，労働の自由等の経済的自由を過度に制限する行為は，公序良俗に反する。

**〔例〕**　Aは甲市およびその周辺地域で牛乳販売業を営んでいたが，Bを雇う際に，解雇後に同地域内で牛乳販売業をしないこと（大正10年から昭和23年まで)，もしこれに違反したときは違約金を支払うことを約束させた。

この例の程度に，制限の期間および区域が限定されている場合には，競業禁止の特約もBの経済的自由を過度に制限したことにはならないから，公序良俗には反しない（大判昭7・10・29民集11・1947)。

**2　公序良俗違反（反社会性）の諸形態**[30)]

**(イ)　内容**　　法律行為の内容自体が反社会性を有するもの（殺人や麻薬の取引を内容とする契約など)。

**(ロ)　強制**　　内容自体に反社会性はないが，契約等によって強制することによって反社会性を帯びるもの（結婚をしないことを内容とする契約，過度の競業禁止契約など)。

**(ハ)　金銭給付**　　金銭的利益を関連させることによって反社会性を帯びるもの（公務員が金銭的利益〔賄賂〕を得て職務を行うことを約束することなど)。

**(ニ)　条件**　　条件を付することによって反社会性を帯びるもの[31)]（ある者を

---

30)　憲法規範と公序良俗の関係に関する判例として，次のようなものがある。
　憲法9条が宣明する規範は，優れて公法的な性格を有する規範であるから，私法的な価値秩序においてそのままの内容で90条にいう「公ノ秩序」の内容を形成するものではなく，私法上の規範によって相対化されて本条にいう「公ノ秩序」の内容の一部を形成する。—百里基地訴訟上告審—(最判平1・6・20民集43・6・385)

31)　殺人行為を思い止まるならば，金銭を与えるという契約も無効である（132条)。しかし，妾関係の絶止を条件とする手切金契約は有効であると解されている（我妻284)。判例は「私通関係絶止の対価」であれば無効だが，「女の被りたる精神上の苦痛を慰藉する目的」であれば有効と解している（大判昭12・4・20新聞4133・12)。しかし，このような区別は困難である，と批判されている。

殺したら金銭を与えるという契約)。

(ホ)　**不正競争**　衣料品の卸売業者と小売業者との間における契約であって，他人の商品等の表示と同一または類似のものを使用した商品の売買契約は，単に不正競争防止法に違反するというだけでなく，経済取引における商品の信用の保持と公正な経済秩序の確保を害する著しく反社会性の強い行為であるといわなければならず，そのような取引を内容とする売買契約は90条により，無効である(最判平13・6・11判時1757・62)。

(ヘ)　**法律行為の動機に反社会性がある場合(動機の不法)**　賭博資金のための金銭消費貸借(本節**3** 1(4)の〔例〕参照)のように，契約内容自体に反社会性はないが，契約の動機が反社会的なものである場合には，契約自体が公序良俗に反することになる。しかし，この点の法律構成については，学説は次のように分かれている。

(a)　不法な動機が条件とされたときは無効とする説(支持者はほとんどいない)。

(b)　不法な動機が表示されたときは無効とする説(我妻284)。

(c)　相手方が動機の不法を知りまたは知りうべかりしときは無効とする説(川島231)。

(d)　動機の不法性の程度，取引の安全への配慮などを総合的に判断して決定すべきであるとする説(舟橋123，四宮〔第4版〕204など)。

一般論としては，上の諸学説の(a)～(d)に従って，動機の不法による無効を認める余地が広くなっていると解してよい。(b)説については，「表示された」という要件が狭すぎるという批判がなされている。明示の表示に限らず，黙示の表示でもよいと解するのであれば，(c)説の方が要件としては適切であると思われる。(d)説については，「総合的判断」といっても，「動機の違法の程度と相手方の関与ないし認識の程度の相関関係において決する」ことになると思われるので，(c)説との実際上の差はほとんど生じないと思われる。判断基準の明確さという点で(c)説[32]が妥当である。

---

32)　(c)説の場合にも，動機の不法を90条との関係で問題にする以上，当然に無効に値する程度の「不法性」は前提としているものと思われる。

### 3　公序良俗違反と708条の関係

公序良俗に違反する行為は，無効であるから，法律効果は発生せず[33]，したがって裁判上の保護も受けられない。そこで，当事者が任意に給付してしまった場合には，法律上の原因なき給付（703条・704条）となるべきところであるが，公序良俗違反を理由とする場合には，不当利得の返還請求権は認められていない（708条[34]）。ただし，不法の原因が受益者にのみ存するときは，返還請求が認められている（708条ただし書）。

## ④　消費者契約法により契約の無効を主張できる場合

消費者契約法[35]は，消費者が契約を結んだ後でも無効を主張できる契約の不当な条項をリストにして，規定している。無効な不当条項のリストは，以下の通りである。これは，場合によっては，同時に民法90条の要件を満たすかもしれないが，それを立証できなくても，同法により無効となる。すなわち，次に掲げる損害賠償の責任を免除する条項は，無効とする（同法8条）。

⑴　**事業者の責任を全部免除する条項**　当該事業者の債務不履行により消費者に生じた損害を賠償する責任の全部を免除する条項

⑵　**事業者の責任を一部免除する条項**　事業者の債務不履行（当該事業者，その代表者またはその使用する者の故意または重大な過失によるものに限る）により消費者に生じた損害につき，その賠償責任の一部を免除する条項

⑶　**不法行為責任の全部免除条項**　消費者契約における事業者の債務の履行に際してなされた当該事業者の不法行為により消費者に生じた損害につき，民法の規定による賠償責任の全部を免除する条項

⑷　**不法行為責任の一部免除条項**　消費者契約における事業者の債務の履行に際してされた当該事業者の不法行為（当該事業者，その代表者またはそ

---

33）公序良俗違反の効果は，法律によって最も強い否定的判断が加えられる場合であるから，自然債務的効果も発生しないと解すべきである。したがって，708条を自然債務理論によって説明することも妥当でない。

34）708条は，不当利得の章に置かれてはいるが，その効力範囲は単に不当利得に限定されないと解されている。その点では，90条に違反する売買契約は物権的効果も生じないと解されるのと同様に，708条により返還請求が認められないということは，物権的返還請求も認められない趣旨であると解すべきである。

35）消費者契約法については，注136）を参照。

の使用する者の故意または重大な過失によるものに限る）により消費者に生じた損害につき民法の規定による賠償責任の一部を免除する条項

⑸　**瑕疵担保責任の全部免除条項※**　消費者契約が有償契約である場合において，当該消費者契約の目的物に隠れた瑕疵があるとき（当該消費者契約が請負契約である場合には，当該消費者契約の仕事の目的物に瑕疵があるとき，以下同じ）に，当該瑕疵により消費者に生じた損害を賠償すべき事業者の責任の全部を免除する条項。ただし，次に掲げる場合に該当するときは，⑸の条項の規定は適用しない。

①当該消費者契約において，当該消費者契約の目的物に隠れた瑕疵があるときに，当該事業者が瑕疵のない物をもってこれに代える責任または当該瑕疵を修補する責任を負うこととされている場合

②当該消費者と当該事業者の委託を受けた他の事業者との間の契約または当該事業者と他の事業者との間の当該消費者のためにする契約であって，当該消費者契約の締結に先立って，またはこれと同時に締結されたものにおいて，当該消費者契約の目的物に隠れた瑕疵があるときに，当該他の事業者が当該瑕疵により当該消費者に生じた損害を賠償する責任の全部もしくは一部を負い，瑕疵のない物をもってこれに代える責任を負い，または当該瑕疵を修補する責任を負うこととされている場合。

---

※　債権法改定により「売主の瑕疵担保責任（旧570条）」の規定が「契約不適合責任（562条～564条）」に変更され再編成されたことに伴って，消費者契約法8条の規定も形式的に改正され，売主の瑕疵担保責任を全部免除する⑸を規定していた旧8条1項5号は削除され，①と②を規定する8条2項の柱書において新たに契約不適合責任の下で⑸の内容が書き加えられ，8条2項全体が改正されている。

# 第4節　意思と表示との不一致

## 第1款　総　　説

### 1 意　　義

Aが「土地を売りたい」と言ったのに対し，Bは買う意思もないのに，「自分が買ってやるよ」と言った。つまり，Bにとっては，買おうという効果意思がないのに，「買う」という表示行為をしてしまった。このように，意思と表示が不一致である場合に，表意者Bの真意を尊重して，Bの売買契約の意思表示を無効とするか，逆に，客観的な表示行為自体を信頼した相手方Aを保護して，Bの意思表示を有効とすべきか，が問題となる。このような場合を総称して意思と表示の不一致という。

### 2 類　　型

表意者の保護と取引の相手方の保護とは，常に表裏の関係に立つが，この調和を求めて，民法は意思と表示の不一致を，次のように分解し，それぞれの効果を定めた。

- 意思と表示の不一致を表意者自身が知っている場合…
  - 相手方が不一致を知らない場合，または相手方が不一致を知ってはいるが通謀がない場合 ＝心裡留保（93条）
  - 表意者と相手方が通謀している場合 ＝通謀虚偽表示（94条）
- 意思と表示の不一致[36]を表意者自身が知らない場合＝錯誤（95条）

36)　通常の錯誤については，意思と表示の不一致と考えてよいが，法律行為の動機の錯誤については，学説により，「意思と表示との不一致」はないと解するか，または，瑕疵ある意思表示の一種として解すべきことになる。詳細は「本節第4款　錯誤」を参照。

# 第2款　心　裡　留　保

## 1　心裡留保の意義

Aが土地を売るというのに対し，Bは買うとの意思表示をした。しかし，Bは冗談で言ったのであって，買う意思など全くなかった。このように，B自身が，内心の意思（真意）と表示とが異なることを知っていながら，それを相手方に告げない意思表示のことを心裡留保（または単独虚偽表示）という。

## 2　心裡留保の効果

### 1　原　　則

その効力は影響を受けない（93条本文）。すなわち，表意者自身が，表示から推断される意思と自らの真意が符合していないことを知りながらあえて真意に反する意思を表示した以上，その表意者を保護する必要はなく，表示を信頼した相手方を保護すべきであるとの観点から，表示にしたがった効果が発生するのを原則としたものである。

### 2　例　　外

相手方が表意者の真意を知っていた場合か，または当然知りうべき状況にあったときは，例外として，その意思表示は無効である（93条ただし書）。1の例で，Bが「買う」と言った際に，Aがそれは冗談であることを知っていた場合，またはその場の事情で誰しもが冗談であろうことに気がつくはずであった場合には，むしろ表意者の真意を尊重すべきであるから，その意思表示を無効としたのである[37)]。また，親権者がその法定代理権を濫用して法律行為をした場合において，その行為の相手方がその濫用の事実を知りまたは知りうべかりしときは，93条ただし書の規定を類推適用して，その行為の効果は子には及ばないと解するのが相当である（最判平4・12・10民集46・9・2727）。

---

37)　心裡留保が無効になる場合に，表意者による不法行為が成立しうるかについては学説が分れている。法律行為として無効なのであるから，債務不履行責任は生じないが，相手方に損害が発生することはありうる。表意者は「契約締結上の過失の理論」に基づく責任か，不法行為責任を負うことがあると解すべきである（とくに相手方が善意・無過失であるとき）。

上記の「知ることができたとき」とは，一般人の注意力をもってすれば知ることができた場合をいい，その基準時は相手方が意思表示を了知したときである。

### 3　善意の第三者との関係

心裡留保が無効である場合に，この無効を善意の第三者に対抗することができるだろうか。

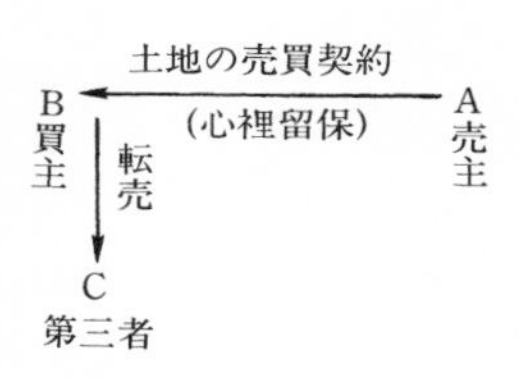


〔例〕 A・B間の土地の売買契約において，Aが実は売却の意思を有しておらず，またBもそのことを知っていた。ところが，Bは後に登記名義が自分に移転されていることを利用して，この土地を第三者Cに転売してしまった。Cは，当該A・B間の売買が心裡留保による売買であることを知らなかった。

A・B間の売買契約は無効である（93条ただし書）。しかし，新たに同土地について利害関係を有するに至ったCの立場をどのように保護すべきかが問題となる。通謀虚偽表示につき，第94条2項は，善意の第三者に対抗することができない旨を規定しているが，心裡留保の場合はこれに対応する規定が存在しない。このような形態の心裡留保は通謀こそないが，A・B間で無効を承知で行った法律行為であるという意味では虚偽表示と異ならないから，心裡留保の場合にも94条2項を類推適用するのが妥当である（四宮/能見174ほか）。Bが善意有過失であった場合（AB間の契約は無効）も，Cの立場については同様に考えてよい。

## ③　本条の適用範囲

### 1　単独行為・合同行為

相手方のない単独行為[38]や合同行為[39]にも適用される。これらの場合について

38）　93条は，双方行為（契約）のみならず，取消しや追認のような単独行為についても適用される。単独行為の中には，上に挙げた取消しなどのように，相手方のあるものもあるが，遺贈のように相手方のないものもある（受遺者は，法律効果の帰属先であるが，遺贈という意思表示の相手方ではない）。後者の場合について，93条本文の適用があることについては問題ないが，同条ただし書の適用については学説が分れている。遺贈が心裡留保であった場合に，受遺者がこれを知っていた場合には，例外として93条ただし書の適用（類推適用）を認めるのが妥当であると思われる（幾代243）。

は，93条ただし書は原則として適用されない。

### 2　身分行為

婚姻や縁組などのように，当事者の真意に基づくことを絶対的に必要とする行為には，本条の適用はない[40]。常に無効である。

### 3　商法上の行為

逆に，表示行為に常に絶対的効力を認める必要があるときは，本条ただし書の適用はなく，常に有効である。株式の申込がその例である（会社51条1項，同211条1項）。

### 4　代理人による虚為表示

代理人が相手方と通謀してなした「虚偽表示」は，心裡留保の問題となりうるだろうか。

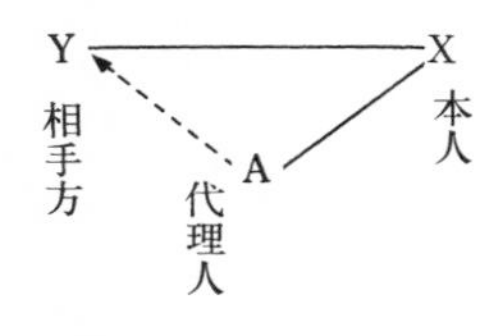


**〔例〕** Xの代理人Aは，本人Xに対する自己の立場を取繕う目的で相手方Yと通謀して，Yをして，債務負担の意思がないのにXに対する借用証を差し入れさせた。この場合につき，判例は，Yは債務負担の意思がないのにAを意思表示の機関としてXに対して債務負担の意思表示をしたのであるから，YのXに対する心裡留保であると構成している[41]（大判昭14•12•6•民集•18•1490）。

---

39)　大判昭7・4・19民集11・837　〔合資会社の設立行為である定款の作成は合同行為である。この意思表示には相手方が存在しないから虚偽表示（94条）の成立の余地はないが，心裡留保（93条）は成立しうる。〕

この判例については，合同行為について心裡留保の成立を認めた点は評価されているが，相手方のない意思表示であるが故に虚偽表示の成立の余地がないとした点については批判されていた（川島271ほか）。

近時，判例（最判昭56・4・28民集35・3・696）は，財団設立のための〔旧規定による〕寄附行為（相手方のない単独行為）に94条1項の類推適用を認めた。

40)　最判昭23・12・23民集2・14・493〔養子縁組に関する事例〕

41)　上段の事例と下の代理人の権限濫用の事例とは明確に区別すること（最判昭42•4•20民集21・3・697）。〔代理人Aが自己または第三者の利益を図るため権限内の行為をしたときは，相手方Yが代理人Aの意図を知りまたは知りうべきであった場合にかぎり，93条ただし書の規定を類推適用して，本人Xはその行為について責に任じないと解するのが妥当である。〕なお，第4章第7節第3款❷参照。

Y　X　A

(イ)　しかし，上の判例の考え方には賛成することはできない。X・Y間に効力を発生させるべきA・Y間の行為の有効性は，もっぱらA・Y間の意思表示（虚偽表示）について考察されるべきである。意思の欠缺等によって意思表示の効力が影響を受ける場合には，その事実の有無は代理人について判断すべきだからである（101条）。

(ロ)　思うに，A・Y間でなされたYによる仮装の債務負担行為は，以下の理由により，虚偽表示として無効と解すべきである。

(a)　この場合は，AはXの代理人として有効な代理権を有しているのであるが，代理行為が無効であるにすぎないのである。したがって，これを無権代理行為として処理するのは理論的にみて妥当ではない。

(b)　本人Xは，A・Y間の虚偽表示を前提にして新たに利害関係を有するに至った者ではないから，94条2項の第三者には該当しないと解すべきである。

(c)　したがって，本人XはYの債務負担行為を有効なものであると主張することはできないが，代理人Aに対しては委任契約に基づく債務不履行責任を追及できるし，Yに対しても，Aの債務不履行に加担した者として不法行為責任を追及することもできる[42]（幾代318ほか）。

42)　Xが善意・無過失であるときは，相手方Yは，信義則上，虚偽表示の無効を本人に対抗しえないと解する説もある。

# 第3款　虚偽表示

## ① 虚偽表示の意義

Aは債権者から差押えをうけるのを恐れて，その所有する土地を外観上，責任財産からはずしたいと考え，Bと通謀してAからBに登記を移転し，あたかも土地を売ったかのような外観を作出することにした。このように，Aにとっては実際には売る意思がなく，Bにとっても実際には買う意思がないのに，お互いに通謀してなした真意でない意思表示のことを虚偽表示または通謀虚偽表示という（94条）。

## ② 虚偽表示の要件

### 1　有効な意思表示があったかのような外観を作り出すこと。

社会通念上，意思表示があったと認識されるような外形[43)]が存在することが必要である。登記の移転とか契約書の作成などが最も一般的な形態であると思われる。

### 2　当事者の真意と表示から推断される意思とが符合しないこと。

意思表示の法律効果と，当事者がこれによって達成しようとする正当な経済的目的とが矛盾しても虚偽表示にはならない。たとえば，譲渡担保や取立のための債権譲渡は，虚偽表示とはならない[44)]。

### 3　表示と真意の不一致を表意者自身が知っていること[45)]。

---

43)　消費貸借のような要物契約であっても，契約書が作成されていれば，金銭の現実授受がなくても，「外形」の作出としては充分である（大判大15・9・4新聞2613・16）。なお，設定登記のみで，引渡がなされなかった不動産質権の設定について虚偽表示の成立を認めた判例もある（大判昭6・6・9民集10・470）。

44)　譲渡担保についても，かつては虚偽表示となるか否かについて問題とされたこともあるが，現在では判例・学説とも強行法規の理想（物権法定主義）と新たな経済的必要とを比較衡量して，その有効性を認める点では一致している。虚偽の行為は法律行為ではないが，譲渡担保にあっては経済的目的と法律的形式とが一致していないだけであり，しかも，後者を前者のために，隠蔽の意図なしに，利用するものである。すなわち，当事者は後者の形式をその法律効果と共に前者の目的のために欲しているにすぎないのである。

45)　したがって，錯誤との競合の問題は生じない。

### 4　相手方と通謀すること[46)]。

## ③　虚偽表示の効果

### 1　原　　則

当事者間においては，何等の効力も生じない（94条1項）。すなわち無効である。

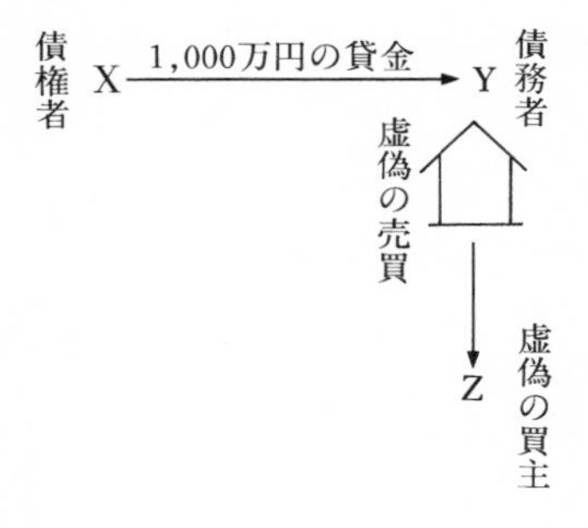


〔例〕　債務者Yは，債権者Xの差押えを免れる目的でZと通謀して自己所有の土地・建物をZに売却したことにして，不動産の登記名義をZに変更した。

Y・Z間の売買は虚偽表示であり，無効である（94条1項）。したがって，YはZに対して代金請求権は有しないし，ZはYに引渡請求をしたり，土地・建物を自分の物として処分したりすることはできない。

また，Y・Z間の売買は公序良俗に違反するから無効である（90条）と解すべき場合もある[47)]（刑法96条の2参照）。

なお，類似の事例であっても，Y・Z間の売買を無効なものとして構成せず，詐害行為（424条）として問題とすることもできる[48)]。この場合は，Y・Z

46)　理論的には交叉的心裡留保の場合と区別すべきであるが，双方とも虚偽であることについて悪意であるから当事者間においては，実際上の差は生じない（幾代250）。

47)　一般論としては，犯罪を構成する行為は公序良俗に違反すると解することができるが，その結果，708条によりYのZに対する返還請求（原状回復）が不可能になるのであれば，かえってXの保護にならないことになる。従って，虚偽表示の場合には原則として90条の適用はないと解するか，ありうるとしてもその要件は厳格に解すべきである。判例も，強制執行妨害（刑法96条の2）の目的のために財産を仮装譲渡したとの一事を持ってすべて不法原因給付に該当すると解すべきではなく，譲渡人は所有権移転の意思を欠き，譲受人はやがて所有名義を返還しなければならないことを知悉していた等の状況のもとで708条の適用を否定している（最判昭41・7・28民集20・6・1265ほか）。

48)　ある与えられた事実関係を前提にした場合に，それを虚偽表示として構成するか，一応有効なものとして詐害行為であることを理由に取り消すか，いずれも可能であるという場合もありうる。上段の〔例〕において，債権者Xの保護手段が問題となるのであれば，公序良俗違反，虚偽表示，詐害行為の三つの可能性について検討すべきであろう。

間の売買契約は取消しの対象となりうるが，詐害行為取消権の詳細は債権法に譲る（債権総論〔民法要義4〕第2章第4節第2款）。

## 2 例　外

(イ) 虚偽表示の無効は善意の第三者[49]に対抗することができない（94条2項）。

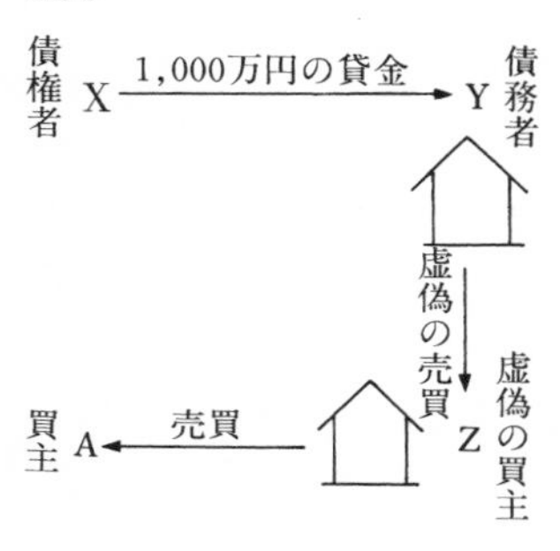


〔例〕 債務者Yは，債権者Xの差押えを免れる目的でZと通謀して自己所有の土地・建物をZに売却したことにして，土地・建物の登記名義をZに移転した。Zは登記名義が自分になっているのを利用して，この建物を1,000万円でAに売却してしまった。Aは，Y・Z間の売買が虚偽表示であることを知らなかった（これを「善意」という）。

虚偽表示の無効（Y・Z間の法律行為の無効）は，善意の第三者に対抗することができないから，Aは土地・建物の所有権を取得する。これは，登記などの外形を信頼して取引した善意者を保護する趣旨である。登記に公信力（田山・物権法〔第三版〕49頁以下参照）のない制度のもとでは，特に重要な意義を有する。

(ロ) Zが無権限者であるのに，何故にAは権利を取得できるのか。

Zのもとに存在しなかった権利がAのもとで発生するのは，94条2項によりY・Z間の無効をAに主張しえない結果，Y—Z，Z—Aとあたかも有効な取引がなされたのと同様に扱われるためである[50]。

なお，この場合に土地・建物に対する権利を失ったYが，Zに対して内部的に別の合意があれば債務不履行責任を追及できることは当然である（不法行為責任の追及も可能）。

---

49) 第三者の中には第三者からの転得者も含まれると解してよい。直接の第三者が悪意でも転得者が善意であれば保護される（最判昭45・7・24民集24・7・1116）。直接の第三者が善意であれば，その後の転得者は悪意でも承継取得すると解すべきである。

### 3　94条2項の第三者の意義

第三者とは，虚偽表示の当事者およびその包括承継人以外の者であって，虚偽表示の外形について新たな利害関係を取得した者をいう。

(1)　**肯定例**　　次のZは，「第三者」といえる。

〔**例1**〕 不動産の仮装譲受人から更に譲り受けた者Z[51]

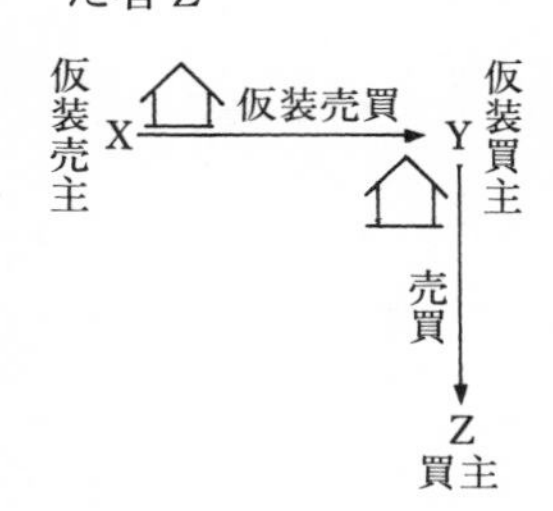


（参照判例，最判昭28・10・1民集7・10・1019）

〔**例2**〕 不動産の仮装譲受人から抵当権の設定を受けた者Z

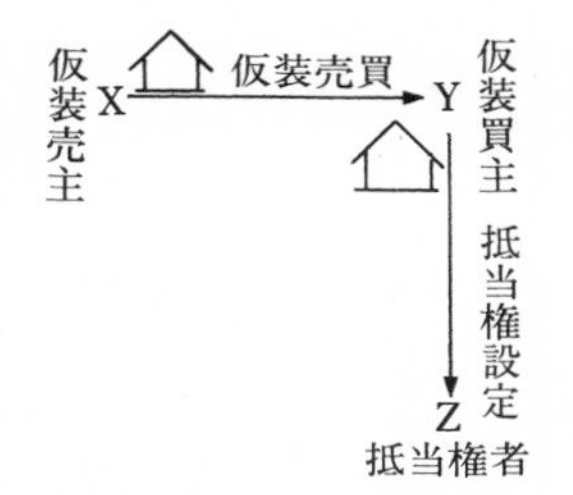


（参照判例，大判昭6・10・24新聞3334・4）

〔**例3**〕 仮装債権の譲受人Z[52]

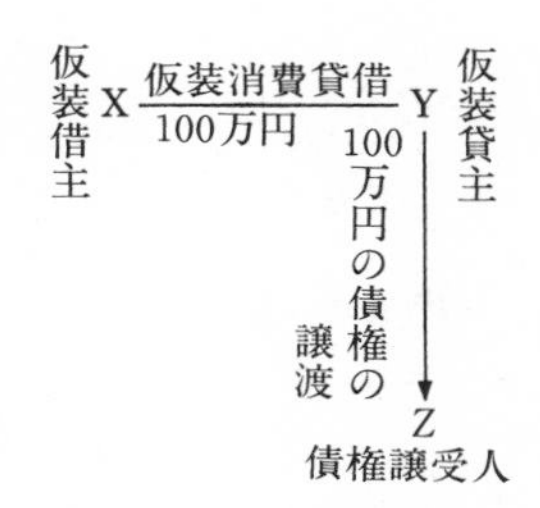


（参照判例，大判昭6・6・9民集10・470）

(2)　**否定例**　　次のZは，「第三者」ではない。

---

50)　虚偽表示の制度（94条2項）は，仮装譲受人Zのもとにある権利の外観を第三者Aが信頼して取引をした場合に，この信頼を保護しようとするものである。したがって，Aは非権利者と取引をしたにもかかわらず，権利を取得できるという意味では，Aの権利取得は原始取得であると言ってもよい。しかし，虚偽表示の場合は虚偽の権利者と真の権利者との間における虚偽の「法律関係」を前提としており，第三者もまたそれを前提として利害関係を有するに至った場合も考えられる（上例の土地・建物がYから第三者Dに賃貸中のものであり，Aもそれを承知で購入した場合を想定せよ）。このような場合には94条2項による権利取得は原始取得であるといってみても第三者Dの権利（対抗要件を具備していれば）を無視することはできないのであるから，結局，実益はない。

したがって，本来，無効であるY—Z間の法律関係（売買）が，Aとの関係で94条2項によって，有効なものとされるため，その当然の効果として，Aが目的物の権利を承継的に取得すると解するのが妥当であると思われる。

51)　上段と同様の例において，不動産の買主Yが便宜上，Z名義に移転登記をしておいたところ，これを奇貨としたZが，同不動産を善意の第三者Aに売却してしまった。この場合には，Y—Z間には「虚偽行為」は存在しないが，Zのもとに権利の外形が存在しているから，94条2項が類推適用される（最判昭29・8・20民集8・8・1505）。

X → Y
A ← Z
仮装買主

52)　大判昭13・12・17民集17・2651

〔**例1**〕 実質通りの無効を主張することに利益を有する者Z[53]

〔**例2**〕 財産の仮装譲受人に対する一般債権者Z[54]

〔**例3**〕 債権を仮装譲渡した者がその譲渡を無効として，債務者に請求する場合の債務者Z[55]

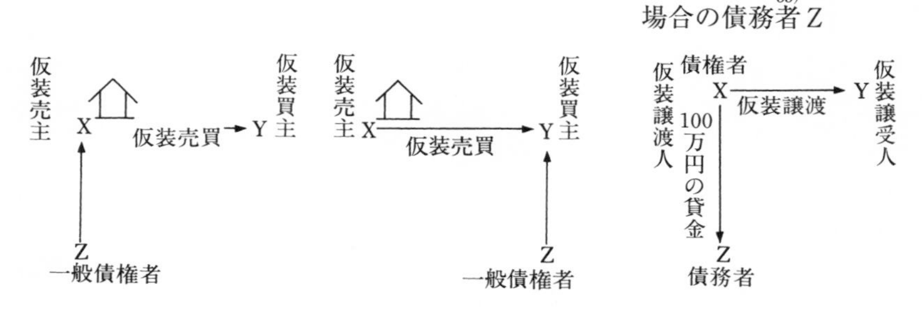


〔**例4**〕 担保物権などの仮装放棄行為が有効であったとしたら生じたであろう反射的効果の受益者も，「第三者」ではない。

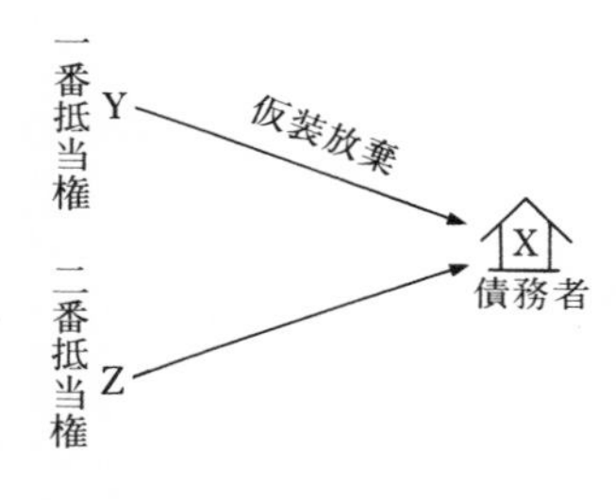


ＸＹ間の虚偽表示（Yの抵当権の放棄）がもし有効であるとすれば，Ｚの二番抵当権は一番抵当権に昇格するはずである（我が国では抵当権順位確定の原則は確立していない）。しかし，Ｚが一番抵当権者に昇格するのは，あくまでもＹの抵当権放棄の反射的効果であって，ＺはＹの放棄

---

53) 虚偽表示の無効を第三者Ｚ（一般債権者であっても）の側から主張することは許されなければならないから，Ｚの側からＸ・Ｙ間の仮装売買の目的物がＸの所有物であることを前提とした手段を講ずることは可能である。したがって，このような立場にあるＺは94条2項の「第三者」には含まれない。

54) この場合のＺも一般債権者であるが，Ｘ―Ｙ間の仮装売買を外形通り有効なものと主張するのであるから，94条2項との関係が問題となる。しかし，Ｚは未だ目的物についてはＹの一般財産の一部としての目的物に着目しているにすぎないから，このような抽象的な利害関係を有しているだけでは「第三者」とは言えない。一般債権者を「第三者」に含めるならば，Ｚが差押をしないうちに目的物の登記名義をＸに戻してしまった場合に，なお，Ｚとの関係ではＹの責任財産として扱わなければならないことになる。

なお，Ｚが目的物を差押える場合には，目的物について具体的・現実的支配を確立することになるから，94条2項の適用があり，したがって，Ｚの差押は有効である（大判昭12・2・9判決全集4・4・4）。

55) Ｘ―Ｙ間の仮装の債権譲渡について通知等の対抗要件がなされたか否かに関係なく，また同債権譲渡が虚偽であることを知らなかったとしても，ＺがＹに対して債務を負担することはないのであり，Ｚは同仮装行為によって利害関係を有するに至ったとはいえないから，Ｚは94条2項の第三者ではない（大判昭8・6・16民集12・1506）。

を真実と信じて新たな法律関係に入った者ではないから,「第三者」には含まれない。

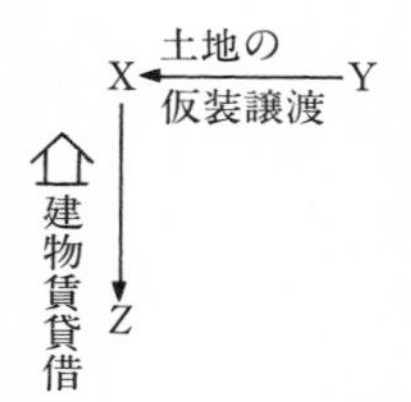


〔**例5**〕　Yからの土地の仮装譲受人Xが，同地上に建物を建て，これをZに賃貸していたが，YからXに対しては建物収去土地明渡，Zに対しては建物退去土地明渡の訴訟が提起された。この場合に，ZはX―Y間の虚偽表示を前提として新たに法律関係に入った者ではなく単なる建物の賃借人にすぎないから，X―Y間の虚偽表示の第三者とはいえないというのが判例（最判昭57・6・8判時1049・36）であるが，ZはX―Z間の建物賃貸借にとって絶対的に必要な法的前提として，X―Y間の虚偽表示の外形を信頼したと考えられるから，第三者と考えるべきである。

**4　94条2項の第三者と善意・無過失**

(イ)　判例・通説によれば無過失は要件ではない。すなわち，第三者は過失があったとしても善意ならば保護される[56)]（不要説）。しかし，善意であることにつき無過失でなければならないとの有力説[57)]（必要説）もある。また，最近では折衷説ともいうべき無重過失必要説[58)]が主張されている。これが最も妥当であると考える。理由は以下の通り。

(a)　利害関係を有する者は多方面に存在するが，基本的には虚偽表示の当事者は保護に値しないという点を重視するならば，原則的には無過失であることを要しないと考える。

---

56)　大判昭12・8・10新聞4181・9，大判昭17・3・23法学11・1288，学説では，我妻292，松坂217，川島281など。

57)　幾代257，遠藤133など。これらの学説の主張をまとめれば以下のようになろう。
(1)第三者の個別的な心理状態（善意か悪意）のみにより法律効果を大きく違わせる（有効か無効）のは妥当でない（しかも，当事者の帰責事由が大きいという点については上段(a)参照）。
(2)無過失を要件とすることにより，きめの細かい法的処理が可能となる（説得力のある理由ではあるが，無重過失必要説でも同様の目的は達しうる）。
(3)虚偽表示の当事者は一般的には保護に値しないが，仮装譲渡人の債権者の立場も考慮すべきである。（しかし，Aを保護するためにDに無過失を要求するということは，虚偽表示の要件としてDの無過失を要求することになるから，Dに過失があればBも保護されることになり，妥当でない）。

仮装譲渡人　債権者
B――――A
|
C――――D
仮装譲受人　第三者

58)　米倉明・債権譲渡――特約禁止の第三者効，195頁以下。

(b)　しかし，善意の第三者でも重過失がある場合は，むしろ悪意者に準ずるべきである。

したがって，第三者については虚偽表示であることについて善意であり，かつ無重過失であることを要すると考えるのが妥当である。

(ロ)　上記の善意・無重過失の判定時期は第三者としての地位を取得した時点と解すべきである。本契約の前に予約が先行している場合には，予約の時点で第三者としての地位を取得すると解すべきである[59)]。

(ハ)　94条2項の類推適用の場合（110条をも援用の事例）については，第三者は善意・無過失であることを要するとする判例もある（本章注63)）。しかし，この場合の無過失は，110条との関係で要求されると解すべきである。

### 5　第三者保護と対抗要件の関係

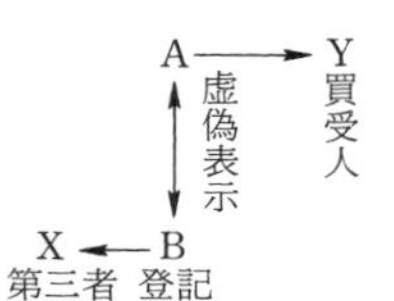


第三者が，94条2項の保護を受けるためには，さらに取得した目的物について対抗要件を具備することが必要であろうか。

**〔例〕**　A・B間で不動産売買の虚偽表示がなされた。Bは，偽装譲受人として登記を取得した。Xは，Bから同不動産を買受けたが未登記である。その後に，AはYに同不動産を売却したが，Yも未登記である。

(1)　**保護要件としての登記等**　　上の例で，Aからの返還請求に対して，Xが，Aに対して，A・B間の売買が虚偽表示であることを主張するには保護要件として登記が必要か。判例（大判昭10・5・31民集14・1220）および通説は，いずれも登記を不要と解している。その根拠としては，条文上対抗要件が要求されていないことと，虚偽の外形を造り出した者に対抗する場合にまで登記その他の対抗要件を要求するのは妥当でないことが挙げられている。

(2)　**対抗要件としての登記**　　では，Xが，Yに対して自己の権利を主張するには登記が必要であろうか。

この問題は，94条2項の適用を前提としたうえで，二重譲渡的構成によって解決すべきであるが，その「構成」については学説[60)]は分れている（判例は明

59)　判例は，善意の判定時期は「売買予約成立の時ではなく，当該予約完結権の行使により売買契約が成立する時」と解している（最判昭38・6・7民集17・5・728）。

らかでないが，最判昭42・10・31民集21・8・2232と下段注60）の判例参照）。しかし，AからYに移転する行為とAからBに移転する行為（本来は無効ではあるが94条2項によってXとの関係では有効とみられる）が二重譲渡の関係にたつと考えるべきであるから，Bがすでに登記を取得していれば，すでにYはBに対抗できない[61)]地位にある。XはそのBから権利移転を受けた者であって，A・X，A・Y間の二重譲渡ではないから，XとYは対抗関係にない。Xはたとえ登記がなくてもYに自己の権利を主張できる[62)]。かりに，Bが第三者Xと第三者Zに二重譲渡していれば，この時はじめて，Xは登記なくしてZに対抗できないことになる。

### 6　虚偽表示の外形と第三者（類推適用[63)]）

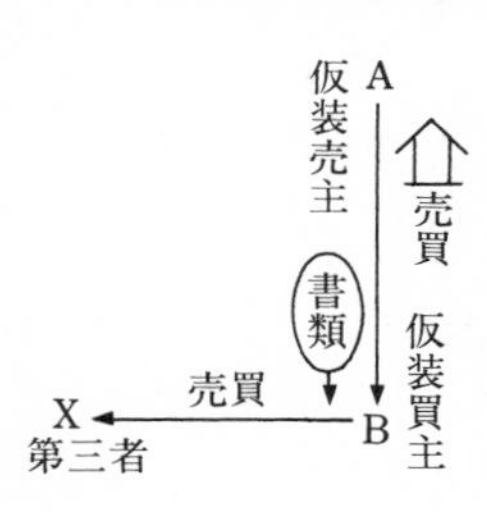


〔例〕　A・B間の不動産売買契約の虚偽表示において，AはBに委任状と権利証を手渡しておいたが，未登記であった。Bは，Xにこれらの書類を見せながら，本件建物は自分のものだと称して，Xにこれを売却した。

この例で，第三者Xが誤信した虚偽表示の外形は，

---

60）　Xとの関係では，A—B間の虚偽表示は有効なものとなるが，そもそも実体のないものであるから，B—X間の譲渡を有効なものとすることとの関連でのみ有効に存在していると解することができる。したがって，XとYとの関係では，A・Bを一体的なものとして把握することは可能であるから，（AB）を起点としてXとYの二重譲渡がなされたと構成することも可能である（対立説については上段の説明参照）。なお，最判昭61・11・18判時1221・32参照。

61）　94条2項の要件を満たした第三者が生じていない場合には，YはBに所有権の取得を主張できる。

62）　同旨，高森八四郎「民法94条2項と177条」（法律時報42・6），四宮167。

63）　厳密には虚偽表示といえない場合でも，虚偽の登記名義が存在し，真の権利者が何らかの形でこれを承認している場合には，判例は94条2項を類推適用して，その外形を信頼した第三者を保護している。

㈠　権利者が権利の外観全体を承認している場合には，第三者は善意であればよい（最判昭41・3・18民集20・3・451ほか）。

㈡　権利者が権利の外観の一部のみを承認している場合には，第三者は善意・無過失であることを要する（最判昭43・10・17民集22・10・2188）。この場合には，110条も援用されているため，無過失が要求されているものと考えてよい。

㈢　不実の所有権移転登記がされたことにつき，所有者に，自らこれに積極的に関与した場合やこれを知りながらあえて放置した場合と同視しうるほど重い帰責性がある，として本条2項，110条を類推適用すべきものとされた事例。（最判平18・2・23民集60・2・547）同旨（最判平15・6・13判時1831・99——消極）

登記それ自体ではない。このように，権利者が他人に委任状や権利証，印鑑証明書など移転登記に必要な書類を一括して預託していた場合にも，虚偽表示の外形があると考えてよい。しかし，A・B間の虚偽表示の外形が，単にAB間の売買契約書だけであった場合や，A・Bが同時に「私達は売買した」と言ったにすぎない場合には，通常は第三者を信用せしめるに足るものではないから，虚偽表示の外形ありとはいえないであろう[64)]。

### 7　虚偽表示の撤回

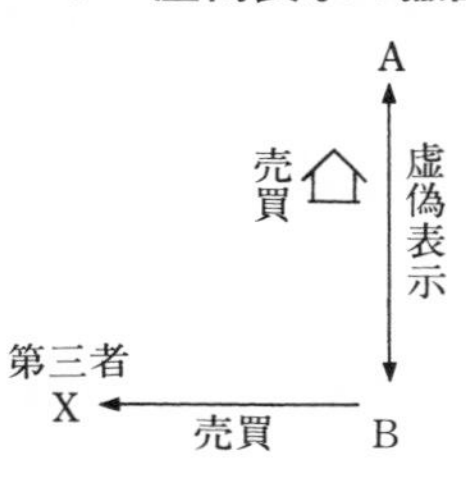


〔例〕　A・B間で仮装の不動産売買契約が成立し，登記名義がAからBに移転されたが，後にA・Bはこの「契約」を撤回した。しかし，登記は依然としてB名義のままであった。第三者Xは，同建物はBのものであると信じて，Bから同建物を買受けた。Aは，A・B間の虚偽表示が撤回されたことをもって，Xに対抗できるだろうか。

A・Bが虚偽行為の外形の存続を望まず，これを解消したいとの意思で両者が合意のうえ虚偽表示を撤回するなら，これは有効な撤回である。しかし，第三者との関係においては，困難な問題が生じる。すでにA・B間の虚偽表示が撤回されている以上，その後に第三者Xが利害関係を有するに至っても，もはや94条2項の第三者にはなりえないとも考えられるからである。Xの善意・悪意を問わず，AはXに虚偽表示の撤回されたことを主張しうるとの判例[65)]もあったが，虚偽の外形を除去しない限り，外形を信頼した善意の第三者に「撤回」をもって対抗することはできない[66)]と解すべきである。

---

64)　ここで問題となるのは，善意の第三者がそこに権利があると信頼するに足る「外形」であるから，その権利の対抗要件が典型であることは疑いない。したがって，不動産であれば，登記である（最判昭45・9・22民集24・10・1424，最判昭48・6・28民集27・6・724——固定資産課税台帳の事案）。

65)　①大判大8・6・19民録25・1063　〔虚偽表示により，AはBに対して債務負担を証する書面を差し入れたが，A・Bの協議によりこれを撤回した場合においては，虚偽の意思表示が存在しなくなるから，94条2項は適用の余地がない。〕
②大判昭13・3・8民集17・367も同旨。

66)　最判昭44・5・27民集23・6・998　〔虚偽表示の撤回があったとしても，虚偽表示の外形をとり除かない限り，それを信じてその撤回を知らずに取引した善意の第三者には，これをもって対抗できない。〕

## ④ 94条の適用範囲

### 1 財産法的行為

本条は性質上，相手方のない行為には適用されないが，相手方があれば契約に限らず単独行為でもよい。たとえば，債務免除，契約解除などは単独行為であるが，相手方があるから本条の適用ないし類推適用が可能である。

⑴ **権利の放棄**　しかし，放棄については問題がある。放棄は，意思表示の相手方が存在しないのが普通であるから，原則としては94条の適用はないというべきであろう。ただし，次の例のような場合は，共同相続人は，意思表示の相手方ではないが，実質的にみて相手方に等しい存在であるから，このような場合は，94条を類推適用してもよいのではなかろうか。

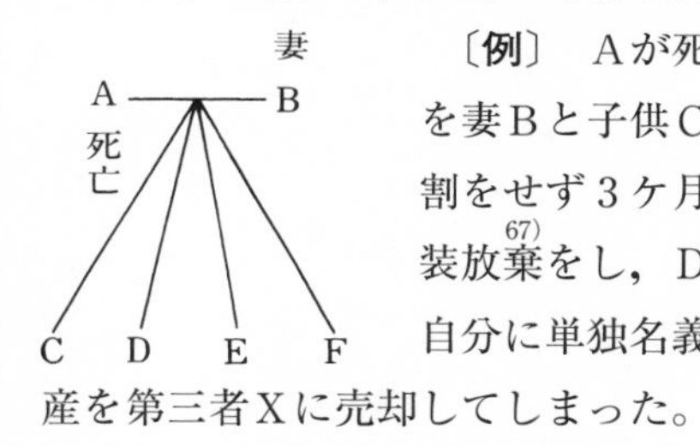


〔**例**〕 Aが死亡したため，その所有物であった不動産を妻Bと子供C，D，E，Fが共同相続したが，遺産分割をせず3ケ月経過後に，B，C，E，Fが各持分の仮装放棄[67]をし，Dのための単独登記をした[68]。その後，Dは自分に単独名義の登記があることを奇貨として，同不動産を第三者Xに売却してしまった。

B・C・E・Fの仮装行為は虚偽表示として無効であるので，DとB・C・E・Fの内部では，いつでも共有登記になおすべきことを請求し合えるが，善意の第三者Xには対抗しえない，と考えるのが妥当である。

⑵ **主たる権利への適用と従たる権利**　建物について抵当権を設定した者が，その敷地の賃借権を有しない場合には，同抵当権の効力が敷地の賃借権に及ぶと解する理由はないから，競売における同建物の買受人は，94条2項と110条の法意により建物の所有権を取得することとなるときでも，敷地

---

67）相続開始後3か月以内にのみなしうる相続の放棄（915条以下）ではなく，相続によって取得した共有持分権の放棄である。

68）類似の事案において，判例は「共有持分権の放棄は，相手方を必要としない意思表示から成る単独行為であるが，しかし，その放棄によって直接利益を受ける他の共有者に対する意思表示によってもなすことができるものであり，この場合においてその放棄につき相手方である共有者と通謀して虚偽の意思表示がなされたときは，民法94条を類推適用するのが相当である」と述べている（最判昭42・6・22民集21・6・1479）。この判例の事案では，税務署からの勧告があり，被相続人の名義のままにしておくと権利が消滅するのではないかとの誤った危惧に基づいて通謀虚偽表示がなされた。

の賃借権自体についても同様に，上の法意により保護されるなどの事情がない限り，建物の所有権とともに敷地の賃借権を取得することはできない（最判平12・12・19判時1737・35)。

### 2　身分法上の行為

身分法上の行為については，仮装行為が行なわれても性質上当然に無効とすべきであって，94条によってはじめて無効とされるものではない。したがって，善意の第三者が現れても，94条2項の適用の余地はなく，すべての関係において無効と解すべきである。

# 第4款　錯　　誤

## 1　錯誤[69]の意義

| 意思表示の生成過程 | | 〔例1〕 | 〔例2〕 |
|---|---|---|---|
| | 動　機 | 寒くなったから手が冷たい。 | 近くに鉄道の駅が開設されるから便利になりそうだ。 |
| | 効果意思 | 男性用の手袋を買いたい。（店頭の婦人用手袋を男性用と思い違いをして） | この土地を買いたい。（誤った情報に基づいて） |
| | （表示意思） | 「これがほしい」と言おうとの意識 | 「この土地を買う」と言おうとの意識 |
| | 表示行為 | 手袋購入の申込行為 | 同土地購入の申込行為 |
| | 現実 | 買った手袋は男性用でなく婦人用であった。 | 鉄道の駅は建設されなかった。 |

### 1　錯誤の定義

意思表示の生成過程を図にすれば上のようになるであろう。まず〔例1〕について考えてみよう。表意者には手袋を買うことについての動機が存在する。その動機をもとに，防寒のために男性用手袋を買いたいとの意思が発生し，表示行為に発展したのであるが，表示上の効果意思（婦人用手袋の購入）に対応する内心の効果意思が存在しない結果となってしまった[70]。このように，表示の内容と内心の効果意思とが一致していない場合において，そのことを

69)　錯誤と意思の不一致との区別　〔例〕 生糸製造販売業者Xは，生糸製造権を同業者Aに譲渡し，その代金（10,290円）は絹紡原料問屋YがXに支払うことになっていた。生糸製造権の譲渡は繰糸釜に関する権利の譲渡を伴うので全国蚕糸業組合連合会から2,000円の補償金が支払われることになっていた。Xはこの代金10,290円全額がYから支払われるものと考えていたが，Yはその代金額から補償金の額を差し引いた金額（8,290円）を支払えばよいと考えていた。

このような事実を認定したうえで，判例は，「当事者双方に於て互に解釈を異にし，双方相異れる趣旨を以て右文言の意思表示を為したるものにして，両者は契約の要素たるべき点に付合致を欠き，従て契約は成立せざりしものと云はざるべからず」と述べている（大判昭19・6・28民集23・387）。

この事例を意思表示の外形的不一致であると解すれば，錯誤ではなく契約の不成立の事例と解することができる。

70)　男性用の手袋であることには違いはないが，粗悪品であったという場合には，錯誤の問題となると同時に売主の瑕疵担保責任（旧570条〔債権法改正後の562条〜564条に対応〕）または不完全履行も問題となりうる（詳細は契約法〔民法要義5〕163以下に譲る）。

表意者自身が知らない場合を，錯誤というと一応定義できる。

ところが〔例２〕をみてみよう。表意者は「近くに鉄道の駅が出来る」との動機により当該土地を買う決意をして意思表示をしたが，鉄道の駅は設けられなかったのである。この場合にも，従来の通説・判例の見解は，動機と意思表示自体との峻別を前提として動機（近くに鉄道の駅ができること）が両当事者の契約の内容になっている場合に限って意思表示の重要な部分の錯誤となると解している[71]。この考えによれば，表意者の効果意思は，あくまで「この土地を買いたい」ということであり，現実にも「この土地」を買ったのであるから，表示の内容と内心の効果意思には不一致がないわけである。とすると，前述の定義は，この例では通用しないことになる。そこで〔例１，２〕を含めて，もっと適切な定義を考えるなら，「錯誤とは表意者の主観と現実との間に不一致が生じ，表意者がその不一致を意識していない意思表示のことをいう」というのが正しいことになる[72]。

従来から錯誤とは「意思の欠缺」とか「意思と表示の不一致」の場合として，心裡留保や虚偽表示と同等に扱ってきたが，上のような理解に立つならば，むしろ「瑕疵ある意思表示」として扱うべきものではないか，との疑問が生じてくる。錯誤は，〔例１〕の場合は「意思と表示の不一致」（同一性の錯誤）であり[73]，〔例２〕の場合は，「瑕疵ある意思表示」（性状の錯誤）である，というのが妥当な理解であろう。

---

71）　①最判昭29・11・26民集8・11・2087　　Ａ・Ｂ間において家屋の売買契約が成立し，買主Ａは内金を支払った。同家屋はＢが第三者Ｃに賃貸中のものであったため，ＡはＣとの間で購入後の共同使用について承諾を得ていた。しかし，実際にはＣが共同使用を拒絶したため，Ａは契約の目的を達成することができない，という事案において，判例は「Ｃの同居承諾を得るということは，買主Ａの本件売買の意思表示をなすについての動機に過ぎず，そしてこの動機は相手方に表示されなかったのであるから，……法律行為の要素の錯誤とはならない」と判示した。

②最判昭32・12・19民集11・13・2299　　ＡはＢのＣに対する債務の連帯保証人になったが，そのさい，Ｂから「他にもＤが連帯保証人になってくれるから名前だけ貸してくれないか」と欺罔され，誤信した結果，連帯保証をした，という事案において「保証契約は，保証人と債権者との間に成立する契約であって，他に連帯保証人があるかどうかは，通常は保証契約をなす単なる縁由にすぎず，当然にその保証契約の内容になるものではない」と判示した。

72）　舟橋105，川島284，幾代265，我妻296，高島57ほか参照。

73）　意思と表示の不一致は，表示上の錯誤に限定されるという理解に立てば，〔例１〕の場合も「瑕疵ある意思表示」となる（川島283以下，川井健・注民(3)187以下）。なお，幾代266以下参照。

### 2　錯誤の態様

#### (1)　表示の錯誤

**(イ)　表示上の錯誤**　表示行為自体を誤るものをいう。たとえば，誤記・誤談の類であるが，10ユーロと書くつもりのところをうっかり10ドルと書いてしまった場合などがこれである。

**(ロ)　内容の錯誤**　表示行為の意義を誤まるものをいう。最も普通に生じうるもので，例えば，アメリカ・ドルとカナダ・ドルは同価値だと思い込み，10アメリカ・ドルと書くべきところを，10カナダ・ドルと書いてしまった場合，ドイツの喫茶店で，冷たいコーヒーを注文するのに「アイスコーヒー」と言ったら，アイスクリーム入りのコーヒーが出てきた場合などである。

**(2)　動機の錯誤（行為基礎事情錯誤、事実錯誤）**　意思表示をした動機に誤りのあるものをいう。動機の錯誤は，前述の「表示上の錯誤」や「内容の錯誤」と別の態様であるか否かは，後述する学説の対立との関係で問題となる点である。動機の錯誤とは，たとえば，先の〔例2〕のように，鉄道の駅ができると信じたから買う決意をしたとか，偽物の指輪を，本物の指輪だと信じたから買うことにしたという場合のように，意思表示をする動機自体の誤りをいう。しかし，ここでは，次のような場合との違いには注意すべきである。

(イ)　子供の入学金にするために土地を売却したら，子供が入試に失敗した。

(ロ)　手袋を失くしたので，新しい手袋を買ったら，古いのが見つかった。

上の場合の，「入学金にするため」とか，「古いのが失くなったから」というのは広い意味では動機といえるかもしれないが，意思表示の内容自体とは直接的な関係を有しない[74]とみるべきである（川島387)。このような場合も広い意味では「動機」の錯誤ではあるが，ここで論ずべき錯誤は，受胎している良馬だと誤信して駄馬を買った場合[75]のように動機の段階での錯誤が目的物の性質や評価に直接に関係するような場合に限定すべきである（川井93)。

### 3　錯誤論をめぐる学説の基本的対立点（動機の錯誤論）

**(1)　意思表示理論の枠組**　まず，従来の学説・判例の基本的出発点を探っ

---

74)　意思表示の内容に影響を与えない動機は，意思表示の効力にも影響を与えないと解すべきである。

75)　大判大6・2・24民録23・284（受胎馬錯誤事件)。

てみよう（本款冒頭の図参照）。意思表示とは，あくまで効果意思から出発して表示行為に至るまでを意味し，動機は意思表示の前段階のものとして明確に両者を峻別する考えが基本に存在する。すなわち，錯誤論の出発点を，動機と区別した内心的効果意思に求めるものである（以下ではA説という）。

次に，最近有力となってきている学説の基本的考えによれば，動機はあくまでも効果意思の形成に大きな影響を与えるものであって，動機のない効果意思はありえないから，両者は一体となり，表意者の主観すなわち真意を決定するものである。したがって，錯誤論の出発点を表意者の真に意図するところに求めている（最近の通説，以下ではB説という）。

**(2)　A・B説の比較**　上のA・B説を具体的に比較してみよう。

**〔例〕**　近くに鉄道の駅が建設されると信じて（この動機は契約のさい表示されていなかった）宅地を買ったが，そのような事実は存在しなかった。

**〔A説〕　二元説＝動機・効果意思区別説＝動機表示・内容構成説**

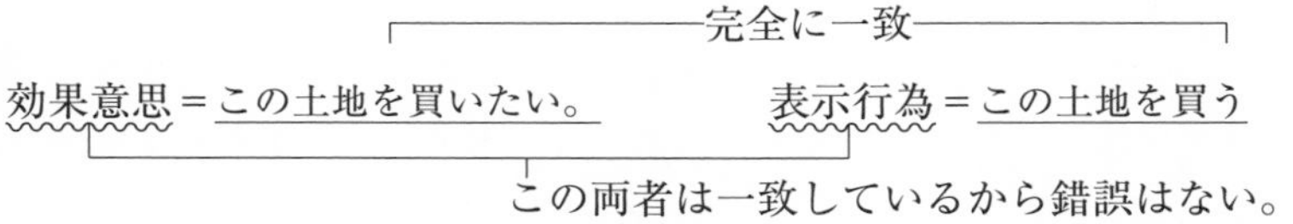

完全に一致

効果意思＝この土地を買いたい。　表示行為＝この土地を買う

この両者は一致しているから錯誤はない。

ただし，この動機が表示された場合に限って，動機は内容の錯誤となり，それが重要な要素であるか否かによって法律行為の効力が左右されるという[76]。すなわち，これを図に示せば次のようになろう。

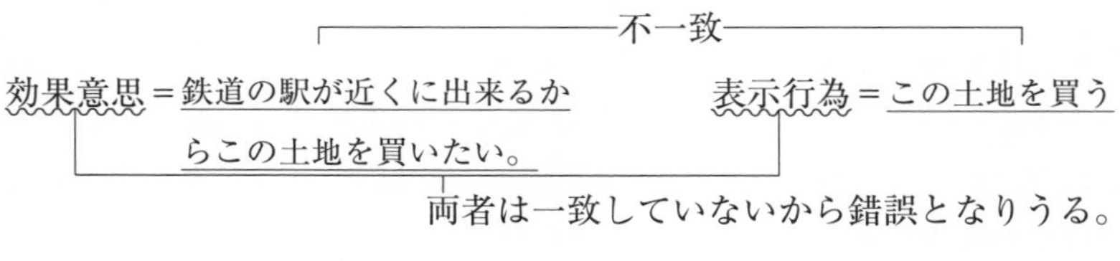

不一致

効果意思＝鉄道の駅が近くに出来るからこの土地を買いたい。　表示行為＝この土地を買う

両者は一致していないから錯誤となりうる。

**〔B説〕　一元説＝動機・効果意思非区別説**

この説は，動機が表示されたか否かを区別することなく，表意者の真意と

---

76）　大判大3・12・15民録20・1101　〔通常，意思表示の縁由に属すべき事実といえども，表意者が之を以って意思表示の内容に加える意思を明示または黙示に表示したときは，意思表示の内容を組成する。〕

表示された結果との不一致が，重要な要素の錯誤になるかどうかを問題とする。

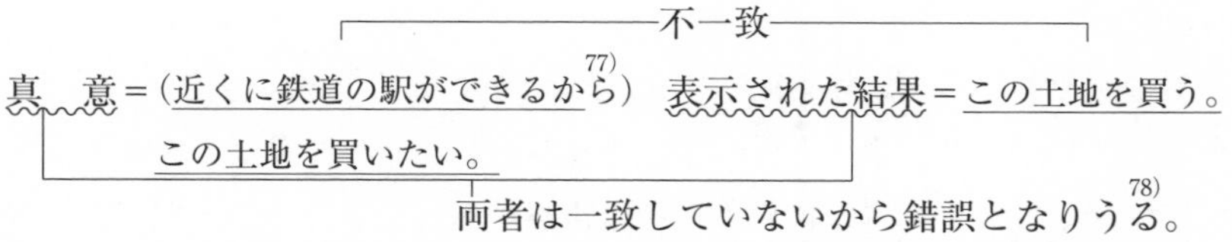

┌──────不一致──────┐

真　意＝（近くに鉄道の駅ができるから[77]）　表示された結果＝この土地を買う。

この土地を買いたい。

両者は一致していないから錯誤となりうる[78]。

**(3)　妥当な結論**　基本的対立点を理解した上で，いずれを妥当と考えるべきかを考察しておこう。A説は，表示されていない動機までも錯誤と考えると，取引の相手方は予測しえない損害を受けることになるという基本的考え方を出発としている。しかし，それならば，なぜに動機以外の錯誤に関しては，表示の有無を問題としないのかとの疑問が生じる。換言すれば，アメリカ・ドルとカナダ・ドルの価値の思いちがいの場合に「私は両者は同じ価値だと思っています」と表示しない以上は錯誤にならないというのが論理的帰結だと思われるが，そのような理論をとる者はいないのである。そうであるならば，動機の場合にだけなぜ表示の有無を重要視する[79]のかとの批判がなされるのも当然である。表意者の真意とは異なる結果が発生した場合に，結果をそのまま有効とすることが表意者にとって酷であるというのが錯誤論の本質なら，動機だけを区別することなく，動機を含めた真意と表示行為の不一致を問題とするのが妥当であろう。その意味では，B説が妥当である[80]。

### 4　表示機関の錯誤

**(1)　意義**　本人の意思表示を使者が誤って相手方に伝達することを表示機関の錯誤という。たとえば，本人が45坪の土地を2千万円で売ると言ったのを，使者は思いちがいをして，相手方に54坪の土地を2千万円で売ると伝言した場合などである。この場合は，本人の表示上の錯誤と同視してよい。

---

77)　(……) 内は不表示であってもよい。

78)　錯誤として無効となるためには，相手方の保護との関連で一定の要件を充足しなければならない（本章注91）参照）。

79)　動機が表示されたときにだけ意思表示の内容になるという理論は，相手方に対する配慮（取引の安全）としては理解できるが，意思表示自体の理論構成としては，適切ではないと思われる。また，相手方に対する配慮は後述のように（❷2），相手方の予見可能性を要件とすることによってなすべきである。

80)　相手方の保護は，錯誤の要件論において配慮すべきである（後述❷2参照）。

なぜなら，使者の誤った伝言は本人の表示行為となるとみられるからである。[81)]

(2) **具体例**　この表示機関の錯誤と区別すべきものとして，次の2例をあげておこう。

(イ) 使者でなく，代理人が，本人の意思と異なった意思表示をした場合は，それだけでは錯誤とはいえない。代理人の意思表示が本人のために効果を生ずるからである。ただし，代理人自身に錯誤があった場合は別問題である（101条）。

(ロ) また，本人のもとで完成した意思表示が，郵便物の誤配などの形で相手方に不送達となった場合は，意思表示の不到達の問題であって表示機関の錯誤ではない。

## 2 錯誤の要件

### 1 要素の錯誤

#### (1) 重要な部分の錯誤

法律行為はその「要素」に錯誤があるときは無効である（95条）。「要素」というのは，意思表示の内容（すなわち表意者が達成しようとした事実的・社会的効果のことである）の重要な部分をいう。重要であるといえるためには，表意者にとってのみならず，一般人が同じ立場に立ったときにも同じように重要であると評価しうるような場合でなければならない。この判断は形式的・画一的な判断ではなく具体的・実質的なものと解されている。また，その重要度は，錯誤がなければその意思表示はしなかったであろう程度のものでなければならない。

#### (2) 要素の錯誤の態様

(イ) 人に関する錯誤

(a) 人の同一性に関する錯誤　相手方が誰であるかが重要な法律行為に

81) 〔例〕AはBの依頼によりBのCに対する債務について連帯保証するつもりで，借用人欄が空欄になっている借用証書に署名捺印してBに渡したところ，Bは債務者の氏名をDと記入してCに差し出した。

上のような事実において判例は，保証人が無事に債務を免れるかまたは債務を履行した場合に満足な求償を受けうるか否かは，ひとえに主債務者の「物的心的の事情」にかかっているから，「当該意思表示はいわゆる法律行為の要素に錯誤がありたるものとして無効」であると判示している（大判昭9・5・4民集13・633）。

おいては，人違いは要素の錯誤となる[82]。たとえば，贈与契約の受贈者，信用売買の買主，建物使用貸借契約の借主についての人違いなどは要素の錯誤となりうるが，通常の売買，交換などにおいては，それが等価性を有している限り，通常の人違い[83]は要素の錯誤とはならない。

(b)　人の身分・資産に関する錯誤　　身分や資産に関する思い違いが重要な意義を有する場合，たとえば保証契約において主債務者が資力を有すると信じて保証人となったら主債務者は無資力であった場合[84]とか，貧しくて気の毒だと思って贈与したら実は金持ちであったというような場合は，要素の錯誤となりうるが，通常の売買ではこのような事情が要素の錯誤となることはまれであろう。

(ロ)　物に関する錯誤

(a)　対象物の同一性に関する錯誤　　対象物の個性に重きを置いてなす契約，例えば不動産のような特定物の売買では，原則として要素の錯誤となる。

(b)　物の性状・来歴に関する錯誤　　その思い違いが重要な意義を有する場合は，要素の錯誤となる。例えば，恩給が担保となる[85]と誤信して保証契約をしたところ，その恩給証書は偽造であった場合（大判昭9・2・26判決全集1・3・19），仮差押の目的となっているジャムが一般に通用している特選のもの

---

82)　〔例〕AはBの依頼に基づいて小切手を割引いたが，そのさいAはBを振出人Cの代理人であると思っていた。しかし，実際には，Bは，Bを通じて割引によって小切手を取得した金融業者Dの代理人であった。

上の例において，判例は「金融業者より再割引に出したる手形小切手は不払に終るを常とするを以て絶対に之が割引を為さざる慣習」が金融業者の間にはあることを認定したうえで，このような当事者の錯誤は重要な要素の錯誤に当るとしている（大判昭12・4・17判決全集4・8・3）。

83)　戦前の土地売買契約において，買主が国であると思い，国の軍事目的による買収行為だからやむをえないと考えて契約を締結したところ，買主は財団法人であったという場合には，重要な要素の錯誤に当る（最判昭29・2・12民集8・2・465）。これは例外的事例と考えてよい。

84)　主債務者において抵当権を設定するからというので連帯保証を引き受けたところ，資力がなく抵当権の設定もできない，という事例において，判例は，このような事情は，通常，保証契約の縁由であるにすぎない，として錯誤の主張を認めていない（大判昭4・12・17新聞3090・11）。しかし，動機の錯誤に関する近時の通説によれば，要素の錯誤の成立を認める事例であると思われる（もちろん，他の要件の検討は必要）。

85)　恩給を担保にすることは違法であったが（恩給法11条），現在では若干の例外が認められている（同法同条但書）。

であることを前提として和解契約をしたところ，右ジャムが粗悪品であった場合（最判昭33・6・14民集12・9・1492）などは要素の錯誤となりうる。[86)]

しかし，美術品が本物か偽物かについて，買主自身の鑑識にゆだねられていた場合に，鑑識を誤って偽筆の書画を買い受けた場合（大判大2・3・8評論2・民法161），買った株が予期に反して値上りしなかった場合などは，要素の錯誤とはいえない。[87)]

(c)　物の数量・価格についての錯誤　　これは，程度の差により要素の錯誤となりうる。一部の弁済があったのに債権者がそれを知らないで抵当権付債権を譲渡した場合[88)]などは要素の錯誤となるが，山林の売買でその面積に多少の錯誤があったという場合には，数量（565条参照）に関する錯誤の問題となるので直ちには要素の錯誤の問題とはならない。[89)]

(ハ)　法律または法律状態の錯誤

物の性状の錯誤に準じて判断すればよい。判例によれば，訴訟上の争いが有利な判決で確定しているのに，それを知らずに譲歩した和解契約の場合（大判大7・10・3民録24・1852），名義借入の仲買取引が無効であるのに有効と誤信して手形を振り出した場合（大判大10・9・20民録27・1583），遺言の存在を知らずにその趣旨と異なる遺産分割協義の意思表示をした場合（最判平5・12・16判時1489・114）商品代金の立替払い契約に基づく債務の保証人の意思表示は，前提としての売買契約が存在しない「空クレジット」の場合におい

---

86)　売主の瑕疵担保責任（旧570条〔債権法改正後の契約不適合責任（562条～564条）に対応〕）との関連については，契約法〔民法要義5〕163頁参照。

87)　ただし，株は相場で取引されるのが常態であるから，予想外の値違いのあることに気付かないで取引したときは，錯誤により無効となりうる（大判昭18・6・3新聞4850・9）。

88)　B・Cは連帯してA銀行から3,000万円を借入し，それぞれの土地に抵当権を設定したが，BはA銀行の支店長の承諾を得て1,600万円を弁済しBに対する抵当権を放棄させ，同地を第三者に売却した。A銀行はこの事実を知らないで，3,000万円の抵当権付債権をDに譲渡した。

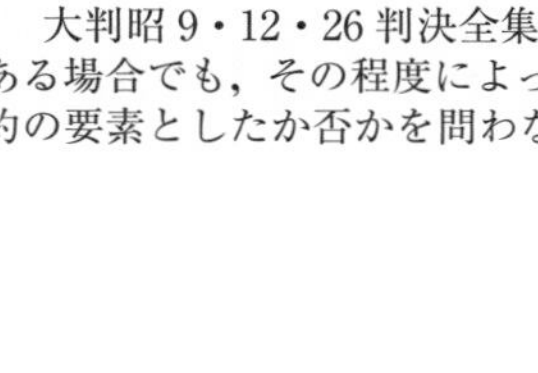

判例は，類似の事案において，同債権譲渡を要素の錯誤を理由として無効とした（大判昭6・4・2評論20・民法692）。

89)　大判昭9・12・26判決全集13・3　〔売買の目的たる山林の面積について錯誤がある場合でも，その程度によっては要素の錯誤となりうる。当事者間でその面積を契約の要素としたか否かを問わない。〕

て，善意であるとき（最判平14・7・11判時1805・58）などには，要素の錯誤となりうるとされている。なお，債務の引受によって，無罪または執行猶予の判決を得るものと誤信するのは要素の錯誤とはいえない（大判昭9・1・13新聞3665・17）。

甲の相続放棄の結果，乙の相続税が甲の予期に反して多額に上ったため（現行税法と異なる）放棄の所期の目的を達成できないという場合は，要素の錯誤となりうると解すべきものと思う。ただし，判例は，動機の錯誤であることを理由に95条の適用を否定している（最判昭30・9・30民集9・10・1491[90]）。

### 2　相手方の予見可能性[91]

相手方が表意者の誤信について悪意であるか，または有過失・善意であることを要すると解すべきである（誤信についての相手方の予見可能性）。相手方が善意・無過失であるときは95条を適用しない結果となる。予見可能性の有無の判断にあたっては，表意者が動機を表示していたか否かが重要な資料となる。なお，動機の錯誤について，動機は必ずしも表示されることを要しないと解するときは，相手方保護との関連でこの要件はとくに重要である。

### 3　表意者に重過失の存しないこと（95条ただし書）

これも消極的要件である（❸2(ロ)参照）。❶〔例1〕の婦人用手袋購入の場合は，重過失となろう。ただし，表意者と相手方が共通の錯誤（例えば目的物の性状に関する同一の誤解）に陥っている場合には，95条ただし書を適用すべきではない。表意者が相手方の詐欺によって錯誤に陥っている場合も同様である。

---

90)　判例は，理論的には，相続放棄に本条を適用することを認めている（最判昭40・5・27判時413・58）。〔相続放棄は家庭裁判所がその申述を受理することにより効力を生ずるものであるが，その性質は私法上の法律行為であるから，これにつき民法95条の適用があることは当然である。〕

また，次の判例も参考になる。協議離婚に伴う財産分与契約において，分与者が自己に譲渡所得税が課されることを知らず，そのような理解を当然の前提とし，かつその旨を黙示的に表示していたときは，財産分与契約は動機の錯誤により無効となりうる。（最判平1・9・14判時1336・93）

91)　相手方の「予見可能性」を錯誤の要件とする説については，川島209頁以下参照。高島63，幾代273はこれを支持している。ただし，解釈論としては，これを独立の要件と解することも「要素」の一内容として判断することも可能である（川井注民(3)199）。

## 3 錯誤の効果

### 1 原則的効果

意思表示は要素に錯誤があるときは無効である（95条本文）。

#### (1) 無効を主張しうる者

「無効」の主張をしうるのは，錯誤者およびその承継人に限ると解すべきである。一般的には，意思表示の無効とはすべての者にとって効力の無いことを意味するから，誰からでも主張できるはずである。しかし，錯誤無効の制度趣旨は，表意者の保護にあると解すべきであるから，錯誤者自身が無効の主張をする意思がないのに，相手方[92)]や第三者[93)]が無効を主張できるとしたのでは，その制度趣旨に反することになる。したがって，無効の主張は，錯誤者本人とその承継人に限るとするのが妥当であり，近時の通説・判例となっていると考えてよい。

#### (2) 第三者による無効主張

ただし，表意者が無効を主張しないために，第三者にとって不当な結果をもたらす場合には，例外的に代位権行使による第三者の無効の主張を認めるべきである。

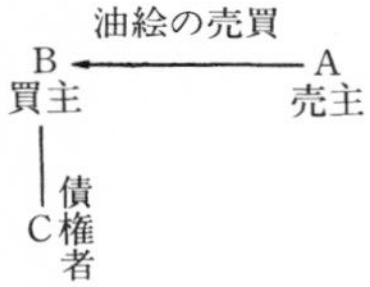

油絵の売買
B（買主）←A（売主）
C（債権者）

〔例〕 A・B間での名画の売買契約にさいして，BがAに本物であることを確認したところ，Aがその旨言動をもって示したので，それを信じて購入したが，実は偽物で

---

92）大判昭7・3・5新聞3387・14　〔表意者を欺罔して要素に錯誤ある意思表示をさせ，法律行為の無効を惹起させた者（相手方）に，その無効を主張することを認めれば，民法95条，96条の立法精神に反することになる〕

93）表意者が無効を主張しない場合に，第三者が無効を主張することは原則として許されない。

〔例〕 CはAから土地を賃借して建物を建てて居住していたが，Aは同土地をBに対する債務のために代物弁済に供した。Cが建物の保存登記をしたのは，同代物弁済後であった。

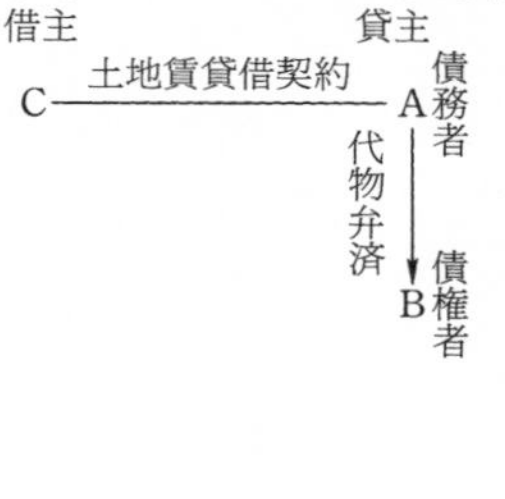

借主　貸主
C ―土地賃貸借契約― A（債務者）
代物弁済 ↓
B（債権者）

この例において，Aが同土地を代物弁済に供したのは，他の土地と誤信したためであったとしても，Aが錯誤によって無効を主張する意思がない場合には，CがAの意思に反して無効を主張することはできない（最判昭40・9・10民集19・6・1512）。この事案はBからCに対する建物収去・土地明渡訴訟において，CからAの錯誤が主張されたものであり，次頁注95）の事案とは異なる。

あった。

Bの債権者CはBの資産状態が悪化し，弁済ができないので，BのAに対する名画の代金返還請求権を代位行使した（423条）。

(イ)　前提としての錯誤の成否　　このようなBの誤信を錯誤として扱ってよいだろうか。目的物である絵が本物かどうか分らない状態で，買主が自分の鑑定に従って購入したときは，鑑定が誤っていたとしても，原則として錯誤とは考えるべきではない。なぜなら，属性の程度に関する錯誤は，売買における通常のリスクというべきだからである。しかし，上の例のように本物として購入している場合は，錯誤となりうる（最判昭45・3・26・民集24・3・151）。

(ロ)　Bが錯誤の主張をしない場合　　(a)　錯誤の制度は表意者保護の制度であるから，表意者が無効を主張していない限り，原則として相手方や第三者が無効を主張することは認めるべきではない[94]。したがって，上例において，Bが無効を主張していない限り，Cはこれを代位行使することはできない。

(b)　しかし，上の例において，表意者が無効を主張しないまでも，錯誤があったことを認めている場合には，行使上の一身専属性はないと解すべきであるから，表意者の債権者Cが債権者代位権（423条）により無効を主張することを認めるのが妥当である[95]。

## 2　重過失者に関する例外的効果

重過失ある表意者は，前述のように，自ら無効を主張できない（95条ただし書）。

(イ)　重大な過失とは，表意者の地位・職業，経験，行為の種類・目的等に応じ，当該事情のもとで普通になすべき注意を標準[96]として，その注意を著し

---

94)　最判昭40・9・10民集19・6・1512（注93）参照）。

95)　最判昭45・3・26民集24・3・151　〔意思表示の要素の錯誤の場合において，第三者の側で表意者に対する債権を保全する必要があり，かつ表意者が意思表示の瑕疵を認めているときは，表意者みずからは当該意思表示の無効を主張する意思がなくても意思表示の無効を主張し，それを前提とする表意者の債権を代位行使することができる〕なお，債権総論〔民法要義4〕79頁以下参照。

96)　大判大6・11・8民録23・1758　〔株式の売買を業とするAが，某銀行の大株主となって実権を握る目的でBから株式を買収したところ，株式には譲渡制限が付いていたという場合には，Aの平素の株式譲渡についての知識，経験，買収の目的などに照してみるならば，甚しき不注意といわざるをえない。〕

く欠くことをいう。

(ロ) 重過失のあることの挙証責任は相手方にある（大判大7･12･3民録24･1852）。

(ハ) 表意者に重過失があるときは，自ら無効を主張しえないばかりでなく，相手方および第三者も無効を主張しえない[97]。その結果，当該法律行為は有効なものとして扱われる。

### 4 95条の適用範囲

(1) **本文適用の是否**　95条本文は身分行為を含むすべての意思表示に適用されると解してよい。反対説は，身分行為には本条は適用されないとしたうえで，同一の結論（無効）を認める（四宮/能見201ほか）。

(2) **ただし書適用の是否**　身分上の行為においても錯誤がある場合は無効であるが（本章注89）参照），仮にその錯誤が重大な過失による場合でも，やはり事柄の性質上無効の主張を認めなければならない。すなわち，身分上の行為には，本条ただし書の適用はないと考えるのが妥当である。

(3) **商行為への適用**　商法は株式の引受けについて，無効の主張を制限している（会社51条2項）。取引の安全を錯誤者の保護に優先させる趣旨である。

---

97) 最判昭40・6・4民集19・4・924　〔宅地がA→国B→C→Dと譲渡されたが，国BがCに払下げたのは，Cが同地上に建物を所有し，宅地として利用しているためであった。しかし，実際にはCが払下げを受けた時には，同建物はすでに賃借権と共に地主の承諾なしにEに譲渡されていた。DからEに対する土地賃借権不存在の確認を求める訴えに対して，Eの側からB—C間の払下げの錯誤・無効を主張した。しかし，国Bには重大な過失があって無効を主張することはできないときは，第三者からも無効を主張することはできない。〕

# 第5節　瑕疵ある意思表示

## 第1款　総　　説

### 1 意　　義

瑕疵（かし）ある意思表示とは，他人から詐欺または強迫を受けて行った意思表示のことをいう。意思と表示の不一致の場合とちがって，この場合は，表示と内心の効果意思との間に不一致が生じているわけではない。ただ，他人の詐欺・強迫という不当な干渉によって，表意者の自由意思が誤った方向に動機づけられた結果，表示上の効果意思に瑕疵があるとされる場合である。

### 2 詐欺・強迫をめぐる法律効果

(イ)　民法は詐欺・強迫によって瑕疵ある意思表示をした者を救済する手段として，その意思表示を取り消すことができるものと定めた（96条）。これは，意思表示の効果そのものを取り消すことによって，その拘束から表意者を救済する手段として，民法が総則編に規定したものであるが，一方，詐欺・強迫は不法行為に該当するから，表意者は被害者として加害者に対して損害賠償請求をすることも可能であり，これに関しては債権編が規定している[98]。

(ロ)　また，民事上の効果の他に，詐欺罪（刑法246条），恐喝罪（刑法249条）という刑事上の責任を追及することが可能である。いずれも，その社会的・法的目的に応じて異なった観点から判断がなされることになる。

---

98)　709条以下参照。なお，96条の要件と709条の要件とを同時に充足する場合には，意思表示を取り消して損害賠償の請求をしてもよいし，取り消さないで損害賠償だけを請求することもできると解されている（大判大5・1・26刑録39，松坂233，幾代280ほか）。

## 第2款　詐欺による意思表示

### 1　意義および要件

#### 1　意　　義

詐欺とは欺罔行為によって他人を錯誤に陥れて意思表示をさせる行為である。詐欺による意思表示の場合には，表示上の効果意思に対応する内心の意思は存在するが，その意思の形成過程に瑕疵があったにすぎない。

#### 2　要　　件

##### (1)　詐欺者の故意

相手方を欺罔して錯誤におとし入れようとする故意と，この錯誤によって意思表示をさせようとする故意（二段の故意）が必要である。第一段の故意があっても，第二段の故意がなければ詐欺とはならない。[99)]

##### (2)　違法な欺罔行為

他人をして誤った表象ないし観念をいだかせる行為，すなわち，真実でないことを真実だと表示したり，真実であることを虚偽の事実だと表示したりする行為をいう。積極的に虚偽の事実を陳述するのはもちろん，消極的に真実を隠蔽することも含んでいる。沈黙も欺罔行為となりうる。すべての欺罔行為が詐欺となるものではなく，個々の状況下において，一般社会の取引観念に照らして違法とされるものだけが，詐欺に該当する。[100)]

例としては，意見や評価の陳述は，誰が述べるかによって，詐欺となる場

---

99)　大判大11・2・6民集1・13　　AがB会社との間で既往症について陳述せずに生命保険契約を締結し，1回の保険料を支払っただけで死亡した，という事例において，「Aが其既往症に付き虚偽の陳述を為したる事実を立証するをもって足れりとせず，進んでAが其陳述を以って保険契約締結の手段と為したる事実を立証せざるべからず」と判示している。

100)　大阪控判大7・10・14新聞1467・21　　Aは，遊廓免許地に指定された土地を，その事情を知らないBから買い受けた。そのさい，Aは自己の氏名を詐称し，かつそれを住宅用地として買う旨述べていた，という事案において，「売買取引に於ては，当事者は利害相反する地位にあるを以って，別段の事情なき限りは自己に不利なる事情を対手人に告知するの義務あるものにあらず。各自その知識経験を利用して以って自己の利益を防護すべきは当然の条理」であると判示し，Aの詐欺を否定した。

しかし，反面において，信義則上相手方に告知すべき義務がある事実を黙秘して契約を締結すれば，詐欺となる（大判昭16・11・18法学11・617）。

合とならない場合がある。デパートの店員や一流品店の店員の虚偽の評価は詐欺となっても，露店商の虚偽の評価が詐欺にならないことが多いとされるのはそのためである。

#### ⑶　錯誤に陥ったこと

欺罔行為の結果として，表意者が錯誤に陥ったことを要する。すでに錯誤に陥っている場合に，欺罔行為によりさらに錯誤の度合が高められた場合も，これに含めて考えてよい。

#### ⑷　錯誤によって意思表示をしたこと

錯誤と意思表示の間に因果関係が存在することが必要である。錯誤がなかったとしてもその意思表示をしたであろうときは，詐欺による取消しは許されない。この因果関係は，表意者について具体的に存すれば足り，通常人を基準にして判断する必要はない（幾代281）。

## ②　詐欺の効果

### 1　意思表示の取消し

(イ)　詐欺による意思表示は，取り消すことができる（96条1項）。取り消されるまでは有効であって，取り消されると初めから無効であったとみなされる[101]（121条）。

(ロ)　相手方のある意思表示について，第三者が詐欺した場合は，相手方がその事実を知っていたときに限って[102]，その意思表示を取り消すことができる（96条2項）。代理人は第三者に含まれない。

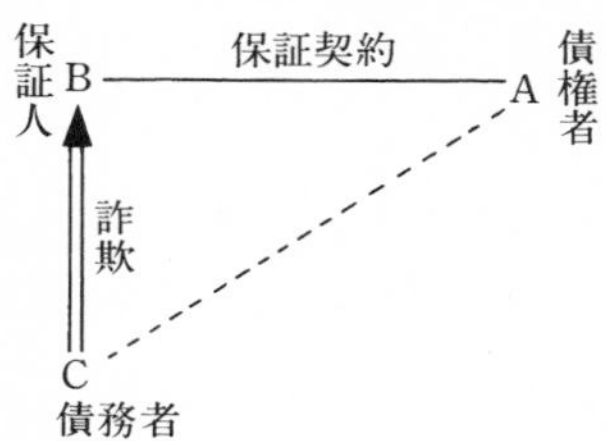


〔例〕　ＡＣ間の金銭消費貸借契約について，ＣはＢに保証してもらいたいばかりに，他に連帯保証人がいるなどと言って同人を欺罔し，

---

101）　刑法上の詐欺罪（刑法246条）に該当する行為であっても，取り消されるまでは無効ではないと解すべきである（大連判明36・5・12刑録9・849）。

102）　知りうべき場合にも，取り消せると解すべきである（我妻311，幾代281）。表意者に帰責事由がある心裡留保の場合にさえ，相手方が保護を受けるためには，善意・無過失が要求されていることを考えれば，この場合にもバランス上，上記のように解すべきである（幾代同上）。

A・B間に保証契約を締結させた。Bは，この保証契約をCの詐欺を理由に取り消すことができるか。[103)]

Cは，A・B間の保証契約の第三者であるので，「CがBを欺罔した」事実をAが知りまたは知りうべきであった場合に限って，Bはこれを取り消すことができる。すなわち，善意・無過失の相手方Aは保護されることになる。

### 2　詐欺による取消しと第三者

#### (1)　善意の第三者の意義

(イ)　具体例　　詐欺による意思表示の取消しは，善意の第三者に対抗することができない（96条3項）。具体的に検討してみよう。

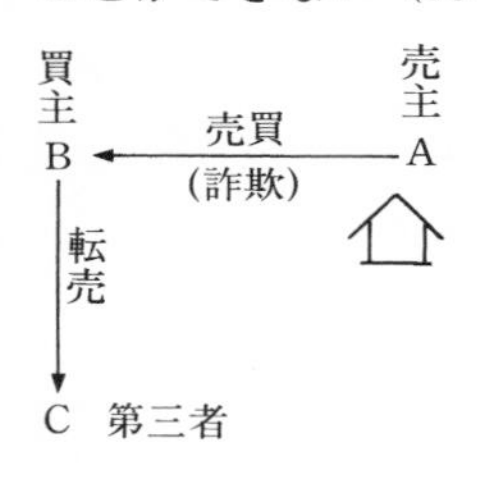


〔例〕　A・B間の建物売買は，Bの詐欺によるものであったが，Cはそれを知らず，その建物をBから買い受けた。

この場合には，AはA・B間の売買契約を詐欺によるものであることを理由に取り消すことができる。しかし,善意者Cがすでにその建物を取得しているから，AはCに対しては,その権利取得を否定してこれを取り戻すことはできない。[104)] その結果，Aは，Bから金銭による賠償をうけるだけに止まる（なお，Cが権利を取得する法的論拠については後述)。

(ロ)　善意の「第三者」　　これは，当事者，包括承継人（例えば，相続人）以外の者であって，詐欺による意思表示によって生じた法律関係に基づいて，新たに利害関係を取得した者に限る。

上の(イ)の例において，BがAを欺罔して建物の所有権を手に入れ，それをCに売却し移転登記をも経由した場合には，Cは，A・B間の売買契約を前提として，Bから建物の所有権を取得したのであるから，Cは「第三者」に該当する。[105)]

(ハ)　無過失不要　　第三者は善意であることについて無過失であることを

---

103)　錯誤による無効を主張する場合には，動機の錯誤の問題となる。判例は動機が表示されていることを要するとしている（最判昭32・12・19民集11・13・2299)。

104)　厳密にいえば，Cの対抗要件（登記）の有無が問題にされなければならないが，その点については後述する（❷2(3))。

要しないと解すべきである[106]。基本的にはＢ→ＡとＢ→Ｃの間における二重譲渡と同様の関係が成立する[107]と解すべきであるから，条文にない無過失を要件とする必要はないからである。ただし，重過失・善意者は悪意者に準じて扱うべきである（Ｃの重過失は，Ａが立証しなければならない）。重過失の場合の法的評価は，この場合に限らず悪意に準じてよいし，そう解することによって妥当な結論を導きうるからである。

㈡　取消し時との関連　　第三者は，取消しとの関連で理解すべきものであるから，Ａが取り消す時点においてすでに存在していなければならない。すなわち，取消しの効果が生じた時点で存在している第三者に対してのみ取消しの効果が及ぶのである。従って，取消しの後に取引関係に立った者は，広義では第三者であるが，本条３項の第三者ではない（物権法〔第三版〕74 頁参照）。

**⑵　第三者の地位の法的性格**

法律行為の多様性に相応して，詐欺による法律行為も様々な場面で生じる[108]。

---

105）　これに対して，次のような場合は，詐欺によってなされた意思表示を前提として新たな法律関係に立った者ではないから，Ｃは「第三者」に該当しない。

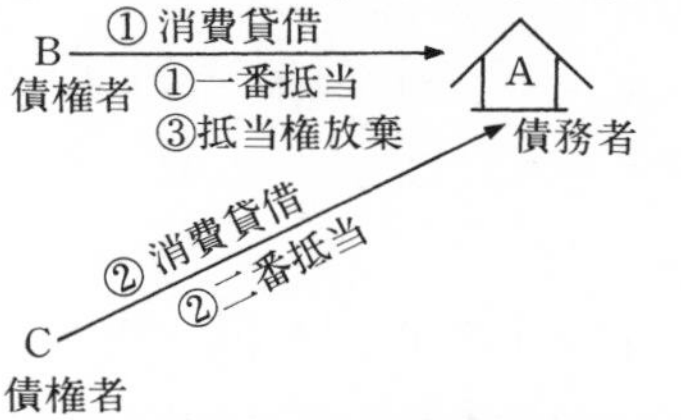

Ｂ　債権者　①消費貸借　①一番抵当　③抵当権放棄
Ａ　債務者
Ｃ　債権者　②消費貸借　②二番抵当

〔例〕　Ｂ，ＣはともにＡの債権者であり，それぞれ同一建物につき一番抵当権，二番抵当権を有していたが，ＢがＡの詐欺により一番抵当権を放棄した結果，Ｃの二番抵当権が自動的に一番に昇格した。

この例におけるＣの抵当権者としての地位の変化は，Ｂの一番抵当権放棄の反射的効果であるにすぎず，Ｂの放棄を前提にして取引関係に立ったわけではないから，96 条３項の「第三者」とはいえない（類似の判例として大判明 33・5・7 民録 6・5・15 参照。なお，本章第４節第３款❸⑵３の〔例４〕をも参照）。

106）　判例は明らかでない。通説は無過失を要しないとしているが，94 条２項と同趣旨の規定であるから無過失を要すると解する有力説がある（幾代 257）。

107）　第三者の保護要件を過重すべき理由はない。この点は通説と異なる。

108）　㈠　注 105）において，Ａの詐欺によってＢが一番抵当権を放棄し，抹消登記も済ませた後に，Ｃが同一の建物について一番抵当権を取得した。その後，Ｂが詐欺に気がついて同放棄を取り消したという場合には，Ｃは「第三者」といえる。Ｃは詐欺による意思表示（放棄）によって生じた法律状態を前提にして新たな法律関係に立った者であるから，Ａの詐欺について善意であれば，「第三者」に該当すると考えてよい。

㈡　第三者のように見えるが，そうでない場合もある。例えば，Ａ・Ｂ間の売買契約から生じた代金債権を売主Ａから譲り受けた第三者Ｃは，本条３項の第三者ではない（なお，解除に関しては契約法〔民法要義５〕115，債権総論〔民法要義４〕184 参照）。

最も典型的な事例は，すでに例として用いているように，有体物の売買契約であり，その中でも不動産の売買の場合には，対抗要件（登記）との関係が重要な問題点となる。

(イ) 具体的　〔例〕 AはBの詐欺によって自己所有の不動産をBに売却した。Bは移転登記を取得しない段階でこの不動産をCに転売したが，その直後に，詐欺に気づいたAは，A—B間の売買契約を取り消した。

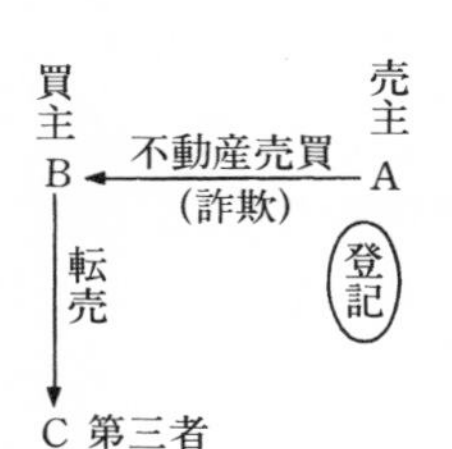


従来は，このような事例は，通常，この不動産所有権が誰に帰属するかということを中心のテーマとして考察されてきた。そのために，Cの法的地位も不完全な所有権者として把握され，その結果，対抗要件の要否が問題とされたのである（後述(3)参照）。対抗要件を備えて完全な所有権者となった者だけが「第三者」として保護に値するという考え方も，このような理論的背景を有していたと考えてよいだろう。

(ロ) 物権の移転との関連　しかし，上の例におけるCの立場は，常に所有権者（物権の取得者）であるとは限らない。A—B間の所有権の移転が無い場合もありうるし，かりにBに所有権が移転していても，Cにはいまだ所有権が移転していない場合もありうる。[109)]

このような場合においては，Cは誰かと目的不動産の所有権の取得を相争う関係にはなく，転売契約の売主Bに対して目的不動産の所有権の取得と引渡を請求する権利（売買契約上の債権）を有するにすぎない。Cがこのような自己の法的地位を守るために96条3項による保護を主張するのであれば，そのために目的不動産の対抗要件の要否を論ずることは的はずれな議論であり，このような場合は保護要件としての登記等を問題にすべきである。[110)]

---

109) 所有権は移転していなくても，A—B，B—C間において物権的合意があれば，Aの取消し後においては，後述(3)の場合と同様，二重譲渡類似の関係と解してよい。従って，Cの対抗要件としての登記を問題とすることに意味がある（物権法〔第三版〕50頁以下参照）。

110) 大判昭7・3・18民集11・327　この判例は，売買契約の目的物は動産（清酒）であったが，まさに第三者が取得した単なる目的物引渡請求権の侵害が問題とされた事例であった。従来からも，この判例はやや特殊な判例として取り扱われてきたが，その特殊性は上段のような趣旨において理解すべきであろう。

(ハ)　条件付権利の取得　　第三者の法的地位は物権取得者か単なる債権者か判断しかねるような場合もある。

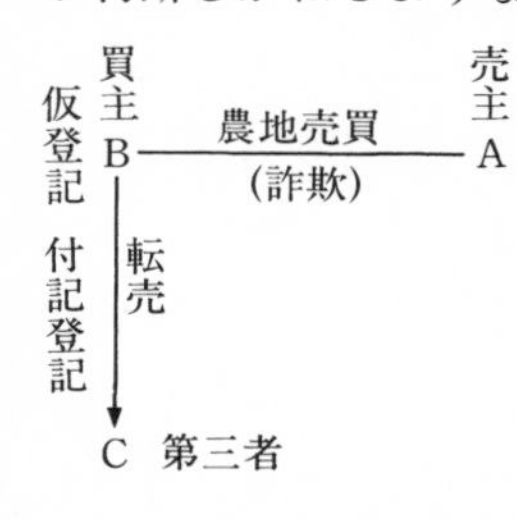


〔例〕　AはBに転用売却の許可（農地法5条）を条件として農地を売却した。Bは同農地を仮登記のままCに転売し，その旨の付記登記をした。

農地法上の許可は効力要件とされているから（農地法3条7項，5条3項），Cの法的地位は債権的性質を有するにすぎない。しかし，この場合のCは「許可」さえあれば確実に所有権を取得できる地位にあるから，単なる債権者ではない[111)]。

**(3)　取消しの法律構成――取消しと登記**（物権法73頁以下参照）

(イ)　復帰的物権変動　　A―B間の土地売買契約が詐欺を理由として取り消されると，それを前提として生じていた物権変動は消滅する（復帰的物権変動）。これは取消しが第三者の出現の前になされる場合にも，後になされる場合にも同様に考えてよい（物権法〔第三版〕73以下）。

(ロ)　二重譲渡類似の関係　　Aの取消し後に，第三転得者Cが出現した場合には，B→A間の復帰的物権変動と，B→C間の物権変動とが生じ，両者は二重譲渡の関係に立つ（後述〔例5〕参照）。

(ハ)　96条3項の要件を満たす場合　　転得者Cが出現してから，Aの取消しがなされた場合[112)]にも，一方では，C→B→A間の復帰的物権変動が生じ，他方では，B―C間の契約関係は残存するから，両者は二重譲渡の関係に立つ（後述〔例1～4〕参照）と解すべきである[113)]。この場合には，96条3項がな

111)　この場合のCは，自己の法的地位を確実なものとするために自分としては可能な限りの手段を尽していると評価することができる。その意味において，判例がCを物権取得者に準じて，96条の第三者にあたると解したのは妥当である（最判昭49・9・26民集28・6・1213）。

112)　この事例で，CがA―B間の取消し原因について悪意であったときは，「二重譲渡」の理論によれば，対抗要件を先に取得した者として，悪意者であっても権利を取得できるのが原則である。しかし，この考え方は，自由競争の原理を背面から支えるものであるから，その前提（健全な競争）を欠くときは，適用が制限されるべきである。このような意味で，詐欺によって取り消されうることを承知で，その目的物を転得する者は背信的悪意者として取消しの効果を甘受しなければならないと解する説（広中129）に基本的に賛成である。96条3項はこれを表明していると解すべきである。

くても，B→Aの復帰的物権変動とB→Cの契約に基づく物権変動により二重譲渡の関係は成立すると解すべきである。すなわち，第三者は取消しにより原則として二重譲受人の地位に立つのである。96条3項は善意の第三者について上の結論を確認している。ただし，取消し原因の存在を知っていた第三者は，Aの取消権の効果を甘受すべきである（96条3項の反対解釈）[114]。

上に述べた理論は，保護要件として対抗要件等を要求する意味ではない。AとCとの関係は，いずれの場合にも，二重譲渡の関係に立つから，CがAに対して権利の取得を対抗しうるためには，登記等の対抗要件を備えなければならない。結果的には対抗要件を具備することを要するが，それは96条3項の適用を受けるための要件ではない。

㈡　私見の展開　この考え方に従って，主要な事例を以下に図示しておこう（事例は，取消しと第三者出現の時期との組合せによって差が生じるよう配慮してある。なお，①……④は行為の順序を意味する）。

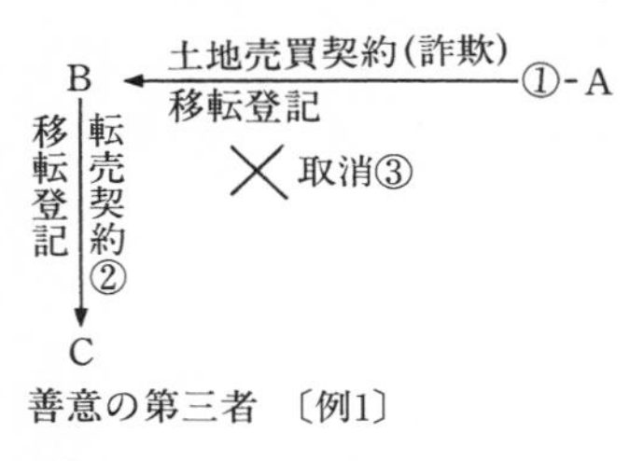

善意の第三者　〔例1〕

〔**例1**〕　左図のような順序で法律行為がなされた場合において，CがA—B間の詐欺について善意[115]であるならば，B→A，B→C間において二重譲渡が成立し，Cが登記を取得しているからCが所有権者となる。（96条3項は注意規定）

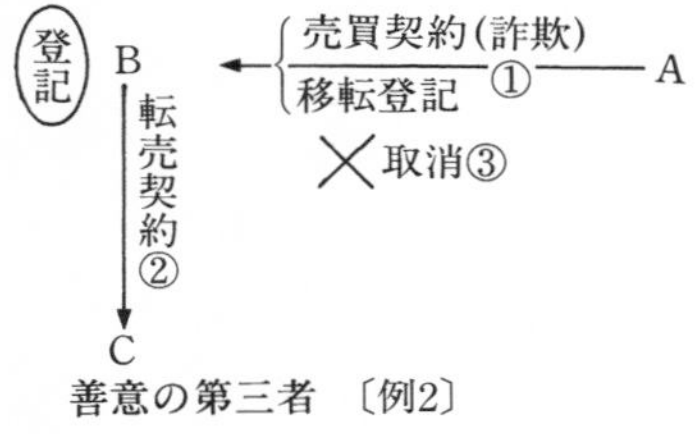

善意の第三者　〔例2〕

〔**例2**〕　左図のような順序で法律行為がなされた場合，B→A，B→C間は二重譲

---

113）　通説は，第三者との関係で取消しの遡及効が制限されると解している。

114）　96条3項の適用によってAとCの間において対抗関係が生じると解する立場をとらない場合には，対抗要件について，次のような考え方が可能である。

㈠　96条3項によってCが保護されるためには，Cは対抗要件を必要としない，と解する。

㈡　または，Cは対抗要件を備える必要はあるが，それは，本来の意味での対抗要件ではなく，CがAとの関連（比較衡量）において保護に値する地位を取得するために必要であると解する（我妻312参照）。

115）　善意の第三者は無過失であることを要しないと解すべきであるが（反対四宮185），重過失のないことを要すると解すべきである。重過失ある善意は，法的評価としては，悪意に準ずるからである。

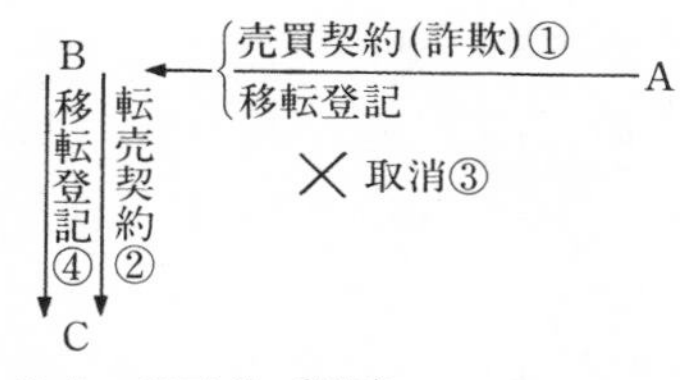

善意の第三者〔例3〕

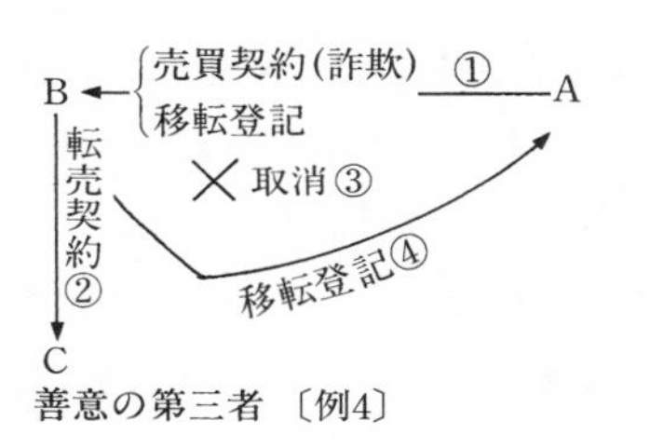

善意の第三者〔例4〕

登記B
売買契約(詐欺)①
移転登記
A
転売契約③
取消②
C
第三者〔例5〕

渡の関係に立つから，Cは善意者であっても登記を取得しない限りAに対抗できないし，AもCに対して所有者であることを主張しえないと解すべきである[116)]。

〔**例3**〕 Cは取消し後に移転登記を得たものであっても，A―C間は取消しによって二重譲渡の関係に立つから，対抗要件の取得により自己の所有権取得を対抗できる(177条)。

〔**例4**〕 Cは善意者であっても，登記を取得しない限り，Aに対して所有権の取得を対抗できない。Aが先に登記を取得したことによってAが所有権者となる(177条)。

〔**例5**〕 取消しの段階では第三者Cはまだ存在しないから，Cは96条3項の「第三者」ではありえない。しかし，Aの取消しとその後になされたB―C間の転売契約によって，A・C間は対抗関係に立つと考えられるから，A・Cいずれが先に登記を取得するかによって所有権の最終取得者が決まると解すべきである（177条[117)]）。ただし，A・B間の契約が取り消されたことを知って転売契約を結んだCは，原則として背信的悪意者となると解すべきである（本章注112）参照）。

以上述べたように，詐欺による取消しと第三転得者との関係は，基本的には二重譲渡の関係において理解すべきである。この点は，通説・判例[118)]および最近の有力説[119)]とは見解を異にしている。

取消しと第三者の関係に関する理論によれば，第三者が取消しの前に現わ

116）　この場合には，Cは96条3項の第三者であるが，最終的な権利者ではない。しかし，対抗要件を先に取得すれば最終的な権利者になれる（177条）。
　通説の立場では，保護要件としての登記を要求するか否かによって結論が異なることになる。

117）　この事例における理論は，通説・判例と同じである。

れるか否かに関係なく，B―A，B―C間は二重譲渡と同様の関係になるが[120]（従って，第三者は対抗要件を必要とする――177条），取消し前の第三者は，善意でなければならない（96条3項）のに対して，取消し後の第三者は原則として悪意でもよいことになる[121]。（177条）。

**(4)　詐欺による取消しと錯誤による無効の選択的主張の可否**

(イ)　両要件を充足する場合　　詐欺によって錯誤が生じ，詐欺による取消しの要件と同時に,要素の錯誤による無効の要件をも満たしている場合[122]には，いずれの主張をするのが正当であろうか。取消しは有効な行為を前提としているから，要素の錯誤により無効な行為を取り消すことは理論上不可能であるともいえるが，法制度は文化的存在であるから，自然的存在と同様の論理で考えるべきではない。2つの法制度の要件を同時に満たしており，両制度が当事者の一方の利益になる場合には，いずれの要件を立証してその保護を受けようとも当事者の自由であり，単なる法律構成上の問題にすぎない。

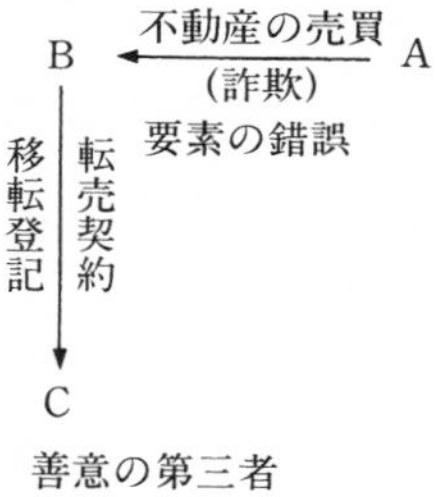

B ← 不動産の売買（詐欺）要素の錯誤 ― A
B → C：移転登記　転売契約
C：善意の第三者

**〔例〕**　AはBの詐欺によって不動産を売却したが，Bがそれをさらに善意の第三者Cに転売して移転登記も経由した時点で，Aが詐欺に気づいた。

この例において，AがBの欺罔行為によって要素の

118)　通説・判例は，第三者が取消し前に出現した場合には，取消しの純粋な遡及効（復帰的物権変動を問題としない）を前提として，96条3項の要件を満たす第三者についてのみ遡及効が制限されると解し，取消し後に出現した第三者との関連においては，取消しによる復帰的物権変動と転得者との権利取得との間において二重譲渡の関係が生じると理解している。（大判昭17・9・30民集21・911）

119)　最近の有力説は，取消し前に出現した第三者については，96条3項を適用し（この制度を表見法理の一環と考えて無軽過失を要求する点では通説・判例とは異なる），取消し後の第三者との関係においては，94条2項の類推適用によって処理すべき旨を主張している（四宮/能見209ほか）。

120)　詐欺を受けた者と第三者との関係は，対等な能力を有する者相互の関係であるから，二重譲渡の処理（177条）になじむが，制限能力を理由とする取消しの場合には，その適用基盤を欠くから，取消しの効果をもって常に第三者に対抗することができる。

121)　ただし，前述のような意味での背信的悪意（本章注112））の問題は生じる。取消し後の時間の経過により背信性は減少するであろう。登記申請を放置している場合には，背信性のない悪意の第三者が発生しうる。

122)　詐欺（96条）の要件としての錯誤と，無効（95条）の要件としての錯誤とは，要件が異なるから，常に競合するわけではない。

錯誤に陥っていた場合には，Cとの関係において95条による救済のみを主張することは許されるだろうか。

(ロ)　肯定説について　　錯誤者が詐欺の要件を主張・立証すると，善意の第三者には対抗できないが（96条3項），錯誤を主張・立証すれば善意の第三者にも対抗できる（95条）と解することは妥当ではなかろう。

そこで，かりにいずれの要件を立証してその保護を受けることも当事者の自由であるとするならば，95条の錯誤の主張・立証をした場合にも，第三者は96条3項を類推適用してもよいのではないか，という点が問題となる。2つの制度は要件を異にするのであるから，錯誤無効の場合に一般的に96条3項の類推適用を認めるべきではないが，詐欺によって錯誤に陥ったが故に，要素の錯誤となった場合については，同項の類推適用を認めるべきである。[123)]

123)　同一の方向性を有する複数の保護手段の競合を認める場合には，わずかな法技術上の差が大きな法律効果上の差を生み出すことのないように配慮すべきであろう。しかし，二重効を認めつつ，被詐欺者Aが95条の要件を主張している場合には，96条3項の適用はないとする立場もある。

判例は，その不一致が法律行為の要素に関するときは，その錯誤の生じたる原因の如何を問わず意思表示は民法95条により無効となり，また錯誤が単に意思決定の原因のみに在する場合には，それが詐欺に基づく場合に限り，民法96条により取消しの目的となるとしている（大判大5・7・5民録22・1325）。

# 第3款　強迫による意思表示

## 1 意義および要件

### 1 意　　義

強迫による意思表示とは，他人が違法な害悪を示した場合に，表意者がそれに恐怖心を抱き，害悪から免れるために行った意思表示のことをいう（96条)。

### 2 要　　件

#### (1) 強迫の故意[124)]

相手方に畏怖を生じさせ，この畏怖によって意思表示をさせようとする二段の故意[125)]が必要である。

#### (2) 違法な強迫行為

強迫とは害悪を示して相手方に畏怖を生じさせる行為であり，その種類，方法には制限がない。結果的に表意者に恐怖心を生じさせるものであれば足りる。しかし，仮に表意者が恐怖心をもったとしても，それが正当な権利の行使や，社会通念上許容されうる程度の行為であれば違法な強迫行為とはいえない[126)]。しかし，正当な権利行使であっても，目的が違法であったり[127)]（大判大6・9・20民録23・1360)，手段が不当であったりすれば違法とみなせる場合もある。一般には，目的と手段とを相関的に考察して，行為全体としての違法

---

124)　大判大5・5・8民録22・931　〔強迫があったといえるためには，単に表意者が畏怖の結果，意思表示を為したる事実だけでは足りず，強迫行為者に強迫する意思があったことが必要である。〕

125)　大判昭11・11・21民集15・2072　AがBに一定額の金銭を貸すにあたって，Bの土地を担保にとったが，Aの夫Cが区役所で図面を調べたところ該当地番に土地が存在しなかったため，実在しないものと勘違いし，CがAの代理人としてB方に出向き，共同経営者Dらの面前で難詰し，告訴すると迫ったところ，Dが身の危険を感じて手形を振出した。しかし，後にAが手形の支払を求めたのに対して，Dは強迫を理由として取り消した。この事案において判例は〔CがDらを畏怖せしめて，意思表示をなさしめようとして，告訴をなすべき旨を不法に告知したこと，すなわち，同手形行為がCの欲したる意思表示の範囲内に属することが必要である〕として，取り消しの抗弁を否定した。

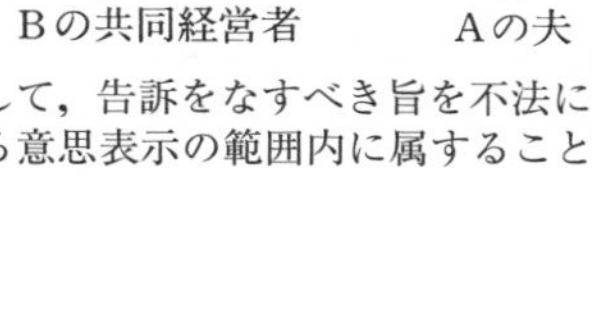

B　消費貸借　貸主 A
手形振出
D Bの共同経営者
C Aの夫

性の有無を判定すべきである（我妻315）。

**⑶　畏怖心を生じたこと**

強迫によって畏怖を生じたことが必要である。すでに存する恐怖心がさらに強められた場合でもよい。

**⑷　畏怖心によって意思表示をしたこと**

畏怖心を生じたことと意思表示との間に因果関係が存することが必要である。また，当該因果関係は詐欺の場合と同様に主観的なもので足りる。

## ②　強迫の効果

### 1　当事者間における効果

(イ)　強迫による意思表示は，取り消すことができる（96条1項），取り消されるまでは有効であって，取り消されると初めから無効であったとみなされる[128)]（121条）のは，詐欺の場合と同様である。

(ロ)　第三者が強迫した場合には，詐欺の場合とは異なり，相手方の善意・悪意を問わず常に取り消すことができる（96条2項の反対解釈）と解するのが通説である[129)]。強迫は詐欺よりいっそう表意者を保護する必要があるとの理由によるものであろうが，転得者との関係において差を設けることは，単に立法論としての当否のみならず，解釈論としても問題である[130)]。

### 2　強迫による取消しと第三者

強迫による取消しは，善意の第三者にも対抗することができるというのが通説・判例[131)]である。しかし，第三者による強迫の場合（2項）と同様に，詐欺

126）　大判昭4・1・23新聞2945・14　　A銀行は被用者Bが横領したので，Bの父Cに対して借用証を入れなければBを告訴する旨告げ，借用証を差し入れさせた。同告訴がなされれば，Bの他の背任行為も発覚したと思われる場合であったが，Aの行為は違法とはいえない，と判示している。

127）　会社取締役の不正を告発すると通知して無価値の株式を買い取らせた事例。

128）　詐欺の場合と同様に，A—B間の売買契約が取り消されると，B→A間で目的所有権について復帰的物権変動が生じると解すべきである。

129）　学説としては，我妻315，幾代287，松坂239以下ほか。

130）　詐欺と強迫の法律効果について重大な差を設けるべき合理的理由がない以上，解釈論としても96条2項を強迫についても類推適用することを考えてもよいのではないかと思われる（同条3項については本章注133）参照）。

131）　学説については，本章注129）の諸学説参照。判例については，大刑判明39・12・13刑録12・1360，大判昭4・2・20民集8・59参照。

の場合より保護されている点については解釈論としても問題である。これを是正するためには，強迫を理由とする取消し原因を有する契約を前提として新たな利害関係に立った第三者は，取消権者との間で二重譲渡の関係に立つと解すべきである。これを前提として詐欺の場合と同一の法律構成をとるべきであり，したがって，取消しと対抗問題についても基本的構成の点では，詐欺の場合と同様に解してよい。

### 3　強迫による取消しと無効の選択的主張の可否

強迫によってまったく意思決定の自由を欠いた状態でなした意思表示は，意思無能力状態の意思表示と同様に，無効である[132)]。この場合には，表意者は，意思無能力の状況にあったことを立証して無効を主張することも，強迫による意思表示の取消しを主張することも（取消し事由としての要件も具備している）自由に選択できると解すべきである（転得者につき，本節第2款**2**2(4)参照）。

### 4　詐欺・強迫による取消しと第三取得者

#### (1)　動産の場合

動産に関する取引においても，不動産取引と同様に対抗問題として処理すべき場合が多いことは当然であるが，動産であるがゆえに，即時取得（192条）との関係が問題となる。

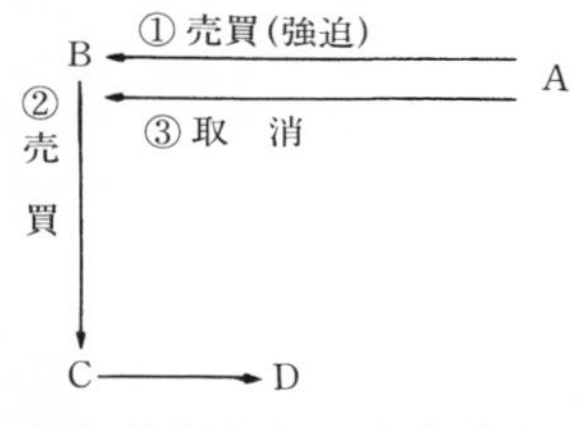


〔**例**〕　売主AがA・B間の契約を取り消す前に，BがCに当該動産を売却した。

左図の場合には，取り消されるまではBは権利者であるから，Cが権利を取得するのは当然である。ところが取り消されると，遡及的にA・B間が無効となり，もともとBは無権利者であったことになるから，Cは，無権

132)　最判昭33・7・1民集12・11・1601参照。ただし，この判決の評価については注意すべき点がある。とくに「所論〔上告理由―注〕は，強迫の結果選択の自由を失わない限り強迫に因る意思表示ありといい難いとするものであるが，完全に意思の自由を失った場合はむしろその意思表示は当然無効であり，民法96条の適用の余地はないのである」という部分の評価をめぐって，(a)文言通りの意味を有するものと評価していると思われるもの（川島305），(b)傍論として限定したうえで同様の評価するもの（幾代288），(c)後半部分の先例的価値を否定するもの（須永醇「強迫による意思表示」民法判例百選Ⅰ総則物権（第2版）がある。

利者Bを権利者と信じて平穏・公然・善意・無過失で目的物を取得したことになり，192条の要件[133]を満たすと考えられるのである。Cが要件を満たさない場合でも，Dが満たすことはある。しかし，強迫による取消しの場合にも取消しの前後を問わず，対抗問題として処理すべきであると考える（広中・物権法129，さらに物権法〔第三版〕79参照）のであれば[134]，その限りでは192条の適用を認める実益はない。

**(2)　不動産の場合**

A—B間の契約の取消し原因（取消しの可能性）を知っていただけのCを原則として背信的悪意者と解することについては，明文の規定を欠く点でやや疑問が残るが，96条3項が強迫の場合を除外している点を重視し（すなわち，詐欺の被害者と強迫の被害者とを区別し，後者をより厚く保護している），民法がとくに保護を要するとして取消権を与えている者（A）が取消権を行使しさえすれば権利を取得することを知りながら，Cが自らその物の所有権を取得したという点に背信性を認めることができる（注112）参照）。

Cが取消原因を知らなかった場合には，96条1項に基づいて，Aは復帰的に所有権を取得し，B→C，B→A間の関係は原則として二重譲渡となる。しかし，この場合にはCの背信性は問題にならないから二重譲渡の一般理論に従って，最終的には登記を先に取得した者が権利を取得すると解すべきである[135]。

---

133）「強迫による取消しと第三者」に関する通説・判例によれば，上例のAは取消しの効果をもって第三者に対抗することができるから，192条の適用の可否は重要な問題である。

134）A・B間の契約が取り消されても，B—C間の転売契約は一度は有効になされたのであるから，その効力はAとCとの関係においては，二重譲渡となりうる限りにおいて残存することになり，CがA・B間の強迫について善意・無重過失であり，かつ対抗要件を具備すれば，Cは目的物の権利を承継的に取得するから，引渡を受けていれば192条の適用の余地はない。詐欺の場合においても96条3項の要件を満たさないが192条の要件を充足するという場合はありえない。したがって，192条の適用はCが96条3項の要件を満たさない場合に，Cからの転得者D以降の者について考慮すればよい（不動産の場合には，94条2項の類推適用が考えられる）。

135）ただし，Aが取消しの前後において登記を取得しうる余地のない時点ですでに第三者Cに移転登記がなされていた場合（物権法92参照）には，Aは177条の適用基礎（現実の登記可能性）が欠けていたことを主張することができる，と解すべきである（広中130頁）。その結果，Aは登記なくしてCに所有権の復帰的取得を主張することができる。

## 第4款　消費者契約法により契約の取消しができる場合

消費者契約法[136)]による取消しについては，大きく分けて2つの部分からなる。一つ目は悪質な勧誘などによる誤認によって締結してしまった契約についてであり，二つ目は，不適切な勧誘行為による困惑により締結した契約について，消費者が取り消すことができるための要件を定めている。前述のように，民法にも詐欺や強迫がなされた場合には取り消すことができる旨の規定（96条）があるが，要件が厳格であるため適用が難しい場合も少なくない。そこで，その緩和を図り，要件の具体化を図ったのである。これにより消費者の立証責任が軽減された。なお，消費者契約法に基づいて無効主張ができる場合については，本章第3節**4**で述べた。

### 1　不適切な情報提供等による誤認

事業者が消費者契約の締結について勧誘をするに際し，当該消費者に対して，次の(イ)ないし(ハ)に掲げる行為をしたことにより，消費者が所定の誤認をし，それによって当該消費者契約の申込みをしまたはその承諾の意思表示をしたときは，消費者は，これを取り消すことができる（4条1項）。

(イ)　虚偽告知　　重要事項について事実と異なることを告げることにより，当該告げられた内容が事実であるとの誤認をした場合。

(ロ)　不確実な事項に関する断定的判断　　物品，権利，役務その他の当該消費者契約の目的となるものに関し，将来におけるその価額，将来において当該消費者が受け取るべき金額その他の将来における変動が不確実な事項につき，断定的判断を提供することにより，当該提供された断定的判断の内容が確実であるとの誤認をした場合。

(ハ)　有利な事項の告知と不利な事項の不告知　　事業者が消費者契約の締

---

136)　消費者契約をめぐるトラブルの防止をめざす特別法が1999年に成立した〔同年法律第61号〕。これにより，2000年4月以降に結んだ消費者契約については，消費者が悪質な勧誘を受けていれば取り消すことができ，不当な条項を含んでいれば無効を主張することができることとなった。商品やサービスを買う側の消費者は，売る側の事業者よりも，情報量や交渉力で圧倒的に弱い立場にある。この格差を埋めるのが消費者契約法の狙いであると考えてよい。自己決定・自己責任の原則が妥当する社会を創造するための法的基盤整備の一環としてなされた立法である。

結について勧誘をするに際し，当該消費者に対してある重要事項または当該重要事項に関連する事項について当該消費者の利益となる旨を告げ，かつ当該重要事項について当該消費者の不利益となる事実（当該告知により当該事実が存在しないと消費者が通常考えるべきものに限る）を故意に告げなかったことにより，当該事実が存在しないとの誤認をし，それによって消費者が当該消費者契約の申し込みをしまたはその承諾の意思表示をした場合。ただし，当該事業者が当該消費者に対し当該事実を告げようとしたにもかかわらず，当該消費者がこれを拒んだときは，この限りでない（4条2項）。

**2　不適切な勧誘行為による困惑**

さらに，事業者が消費者契約の締結について勧誘をするに際し，当該消費者に対して,次に掲げる各行為をしたことにより消費者が困惑し,それによって当該消費者契約の申込みをしまたはその承諾の意思表示をしたときは，消費者は，これを取り消すことができる（4条3項）。

(イ)　業者の不退去　　当該事業者に対し，当該消費者が，その住居またはその業務を行っている場所から退去すべき旨の意思を示したにもかかわらず，それらの場所から退去しないこと。

(ロ)　消費者を退去させないこと　　当該事業者が当該消費者契約の締結について勧誘している場所から当該消費者が退去する旨の意思を示したにもかかわらず，その場所から当該消費者を退去させないこと。

**3　取消し対象としての重要行為**

前述の「重要事項」とは，消費者契約に係る次に掲げる事項であって消費者の当該消賞者契約を締結するか否かについての判断に通常影響を及ぼすべきものをいう（4条4項）。

(a)　物品，権利，役務その他の当該消費者契約の目的となるものの質，用途その他の内容

(b)　物品，権利，役務その他の当該消費者契約の目的となるものの対価その他の取引条件。

**4　善意の第三者との関係**

消費者契約の申込みまたはその承諾の意思表示の取消しは，これをもって善意の第三者に対抗することができない（4条5項）。

### 5　取消権行使の期間

権利行使の期間は，民法とは異なり，追認をできる時から6ケ月，当該消費者契約締結の時から5年としている（7条1項）。

### 6　消費者団体訴訟制度

内閣総理大臣の認定を受けた「適格消費者団体」（同法13条以下）は，事業者等が，不特定かつ多数の消費者に対して，消費者契約法に違反する不当な行為を現に行いまたは行うおそれがあるときは，当該行為の停止，予防，その他の必要な措置（当該行為に供した物の廃棄，除去等）をとることを請求することができる（同法12条）。この制度の活用によって，消費者被害の未然防止や拡大の防止が可能となった。

# 第6節　意思表示の効力発生時期と受領能力

## 1　意思表示の効力発生時期

⑴　**到達主義の原則**　相手方のある意思表示は，表意者が意思を表白し（申込書を書く），これを発信し（投函し），相手方がこれを受領し（配達し），その内容を了知する（読了する）という4つの段階から成る一つの過程である。4つのうちいずれの段階で意思表示としての効力を生ずるものとすべきかを決するに当っては，表意者と受領者の双方の利益を配慮しなければならない。その意味では，表白主義と了知主義は一方に片寄りすぎている。

民法は原則として到達主義をとり（97条），特別な場合にその例外[137)]を定めた。

⑵　**相手方のない意思表示の場合**　相手方のない意思表示については，一般的な規定は設けていないが，他の効力発生要件[138)]を具備すれば効力を生ずると解されている。

## 2　到達主義の原則

### 1　到達主義の適用

相手方のある意思表示でも，対話者に対する意思表示については，実際上[139)]，「到達」が問題になることはない。民法も「隔地者に対する意思表示はその通知が相手方に到達した時からその効力を生ずる」とのみ規定している（97条1項）。

(イ)　到達とは，意思表示が相手方の支配領域内に入ること，すなわち社会観念上一般に了知しうべき客観的状態を生じたと認められることである[140)]。

(ロ)　意思表示は表意者の意思に基づいて発せられることを要するが，到達

---

137)　例外（発信主義）のうち最も重要なものは，契約の承諾（526条）と商人に関する特則（商509条）である。前者については，契約法〔民法要義5〕第1部第2章第2節参照。

138)　法人設立行為のための主務官庁の許可（旧34条），相続放棄のための家庭裁判所の手続（938条）など。

139)　対話者間においては，通常，意思表示の不到達は生じないと考えられるため，特別の規定を置かなかったものと解してよい。しかし，外国人と通訳を介して対話をしている場合には，部分的な不到達などの問題が生じることがありうる。

経路は問わない。表意者が発信後に死亡しまたは能力を喪失しても，影響を受けない（97条2項）。

### 2　到達主義の効果

(イ)　意思表示は，原則として相手方に到達したときからその効力を生じるから，意思表示の不到達や延着による不利益は表意者の負担となる。

(ロ)　意思表示の発信後であっても到達以前であれば，表意者は意思表示を任意に撤回することができる。

## 3　公示の方法による意思表示

(イ)　意思表示の相手方が誰であるか分らないとき，または相手方は分っているがその所在が不明であるときは，公示の方法によって意思表示を行うことができる[141)]（98条）。

(ロ)　公示の方法は，民事訴訟法の規定（110条―113条）に従って裁判所[142)]の掲示場に掲示し，かつその掲示があることを官報および新聞紙上に少なくとも1回掲載することが必要である。ただし，裁判所が相当と認めるときは，市役所，区役所，町村役場またはこれに準ずる施設の掲示場に掲示することによって官報等への掲載に代えることができる（98条2項）。

(ハ)　公示の方法による意思表示は，最後に官報もしくは新聞紙に掲載した

---

140)　(イ)　相手方が了知する必要はない（最判昭36・4・20民集15・4・774)。〔会社に対する催告書が使者によって持参された時，たまたま会社事務室に代表取締役の娘が居合わせ，代表取締役の机の上の印を使用して使者の持参した送達簿に捺印の上，同催告書を右机の抽斗に入れておいたという場合には，同人に同催告書を受領する権限がなく，また同人が社員にその旨を告げなかったとしても，催告書の到達があったものと解すべきである。〕なお，最判平10・6・11民集52・4・1034も参照。

(ロ)　了知しうる可能性は必要である（最判昭42・7・20民集21・6・1583)。〔所在不明の代表社員の実母が，第三者の意思表示を受領した場合に，その者が社印および代表者印をもっていたとしても，その者に代理権がなく，かつ代表社員がこの意思表示を了知しうる状況になかったときは，同意思表示は会社に到達しないことに帰着する。〕

141)　公示送達を許可する裁判所の決定に対しては不服申立ができないと解されているが（下級審判例)，実質的にみて要件を欠いていれば効力を生じない（98条第3項ただし書)。

142)　公示の手続は，相手方を知ることができないときは表意者の住所地の簡易裁判所，相手方の所在を知ることができないときは相手方の最後の住所地の簡易裁判所の管轄に属する（98条第4項)。表意者は公示に関する費用を予納しなければならない（同条5項)。

日，またはこれらの掲載に代る掲示をした日から2週間を経過した時に相手方に到達したものとみなされる。ただし，表意者が相手方を知りえずまたは相手方の所在を知りえないことにつき過失があったときは，到達の効力を生じない（同条3項）。

### ④　意思表示の受領能力

(イ)　意思表示は，受領者にこれを了知しうる能力がなければ到達とはならない。[143]

(ロ)　未成年者と成年被後見人は受領能力を有しないが，[144] その法定代理人が受領を知った後は，表意者は意思表示のあったことを主張することができる[145]（98条の2）。

---

143)　精神上の障害により事理を弁識する能力を欠く常況にあるが，後見開始の審判を受けていない者に対する意思表示についても，効力を生じないと解すべきであろう（川島219）。

144)　事情が分っている場合には，その法定代理人に対して意思表示をなすべきである。

145)　制限能力者の側から到達の効力を主張することは妨げないと解されている。

# 第7節 代　理

## 第1款 総　説

### 1 代理の意義

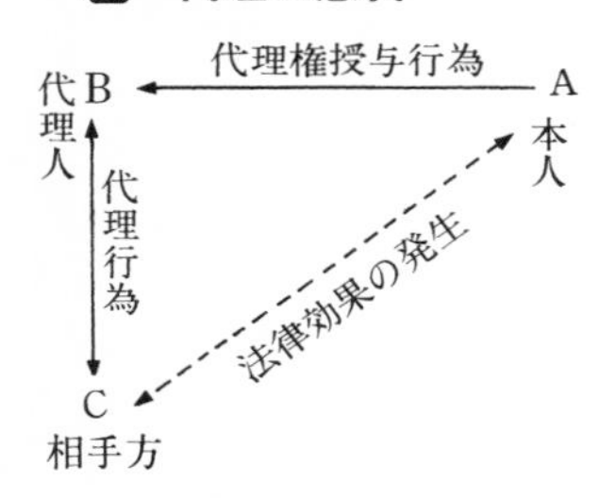


#### 1　代理と委任等

代理とは，Aとの一定の関係（Aが「私のために代りにやってほしい」とBに委任した場合のような関係）にあるBが，相手方Cとの間で，Aのために意思表示をしたり（能働代理），またはCの意思表示を受けたり（受働代理）することによって，その法律効果を直接Aに取得させるための法制度である[146)]。たとえば，Aが建物をCから買いたい場合に，売買契約締結行為はB・C間で行われるが，契約の効果として，代金を支払う義務を負担するのはA自身であり，建物の所有権を取得するのもA自身であるという関係である[147)]。

---

146)　代理関係における本人・代理人・相手方の関係が，それ自体としてわれわれの生活関係の中に存在しているわけではない。例えば，本人Aと代理人Bとの間においては，委任契約等の法律関係が存在しており，その関係に基づいて代理人が本人Aの事務を処理するために有する法的地位（対外的地位）の一つが代理権である。

147)　代理の法的構成　　代理行為の法律効果が直接本人に帰属することを理論的にどのように説明すべきかをめぐって以下のような学説の対立がある。

⑴代理人行為説　　代理は，本人に対して一定の関係にある者（代理人）が，本人の権利関係に変動を及ぼそうとするときに，法律がこれを認めてその効果を保障するものである（我妻 329 ほか）。上段の説明もこれに属する。

⑵本人行為説　　代理人は，本人の意思の担い手として，本人の代理権授与行為に基づいて意思表示をなすのであるから，代理人の意思表示は本人の意思表示である。

これに対しては，代理人の意思を本人の意思と擬制しているとの批判がなされている。

⑶共同行為説　　代理においては，本人と代理人とが共同して法律行為を行う。すなわち，代理における法律行為は代理人と本人との間に分割され，双方が法律行為をなすことによって法律効果が発生する。

これに対しては，代理人の法律行為に含まれていた効果意思に対応する法律効果が何故本人に帰属するのかの説明がない，との批判がなされている（なお，伊藤進「代理の法的構成」ジュリスト民法の争点Ⅰ，56 以下参照）。

### 2　代理制度の機能

法律行為の効果は，本来，その意思表示をした当事者について生ずるのが原則であるが，近代市民社会においては，次の２つの社会的・経済的要請に基づく代理制度の生成・発展により，「例外」が拡充されてきた。

(イ)　社会的・経済的活動の拡大　　資本主義社会の発展は，私的自治の範囲の拡張，すなわち人の社会的活動範囲の拡張を要請する。代理制度の活用によって，Ａは自分の法律関係を他人Ｂによって処理させることが可能となるため，Ａは同時に複数の企業を経営するなど幅広い社会的・経済的活動をすることができる。

(ロ)　意思能力の不十分な者への援助　　法律行為に一定の法律効果が付与されるのは，それが表意者の意思に基づいてなされるからであるが，市民社会にはそのような意思能力を欠いたり，不充分にしか有していない者がいる。そこで代理制度の活用によって彼らの私的自治の補充すなわち社会的活動の補充を図る必要がある。前図におけるＡが未成年者であったり成年被後見人であったりする場合のように，自らは完全な法律行為をできない者も，居住用の建物の売買とか賃貸借というような法律行為の主体となるべき必要性は，健常者と変わるところがない。このような者に権利の主体としての効果を取得させるには，能力者の代理による方法が必要となる。

## ②　代理とは区別すべき類似した制度

### 1　間接代理（商法 551 条）――問屋[148)]

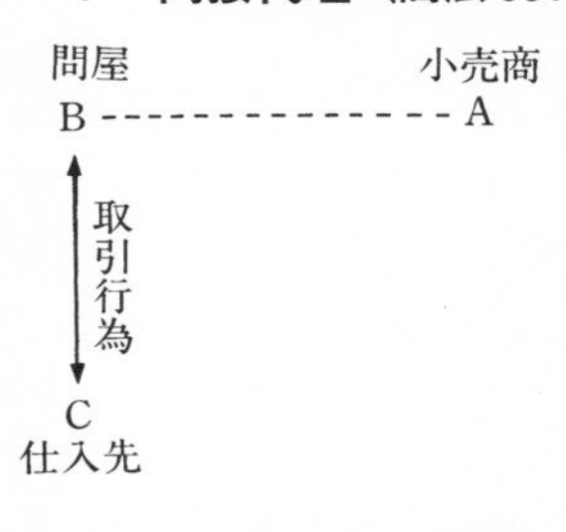


問屋Ｂは，他人であるＡの計算において，Ｃと取引をするが，自己の名をもつてなすので，法律行為の当事者はあくまでＢとＣであり，その法律効果はＢ・Ｃに帰属する点で代理とは異っている。[149)]

しかし，Ｂが取得した権利は，通常Ａに移転される。しかも，あらかじめＡ―Ｂ間でＢが取得した権利は当然にＡに移転することを約束しておくことも可能であり，この場合には代理ときわめて類似したものとなる。

Ｂの負担した義務は，Ｃの同意がなければ，当然にはＢからＡに移転する

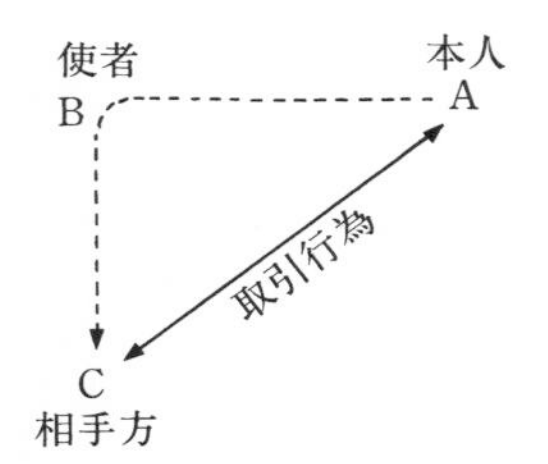


ことはないが，実際にはAが負担する場合が多い点でも代理と類似しているといえよう。

### 2 使　者

使者Bは履行補助者と呼ばれ，本人Aが決定した意思を相手方に表示して意思表示を完成させるもの（表示機関）と，完成した意思表示を伝達するもの（伝達機関）の2種類がある。前者の方がより代理人に類似しているといえる。

代理においては，意思表示は代理人自身の意思表示であるのに対し（代理人行為説），使者においては使者の意思表示は存在せず，あくまで本人の意思表示の伝達であるにすぎない。したがって，代理行為においては，代理権の授与が有効であれば，本人の意思能力の有無は問題とならないが，使者にあっては，本人の意思能力は当然に必要である。

### 3 代　表

代表[150]とは，法人の機関について認められる観念である（一般法人77条）。法人Aの機関である代表理事Bが法律行為をすれば，これによって直接に法人

---

148）問屋，代理，委任の相互関係を考えてみるために，下の事例が参考になる（最判昭31・10・12民集10・10・1260）。

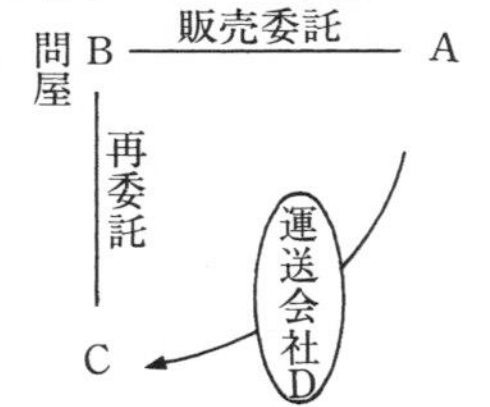


〔例〕 Aは問屋Bにスイカの販売を委託したが，運送会社Dが商号の似ている問屋Cに配達したため，Cは自分が委託されたものと思い直ちにその一部を販売した。しかし，間もなく誤配が判明し，B・C間で話し合ってBからCに再委託することとした。そこで，AからCに対して直接に委託売上金を請求した。

上のような事案に対して判例は「問屋と委託者との法律関係はその本質は委任であり，商法552条2項が両者の間に委任及び代理に関する規定を準用すると定めているのは，委任の規定を適用し，代理の規定を準用する趣旨であり，そして代理に関する規定中民法107条2項は，その本質が単なる委任であって代理権を伴わない問屋の性質に照らし再委託の場合にこれを準用すべきでないと解するを相当とする」と判示している。

149）問屋とも異なり，BがAの所有物についてBの名においてCに売却する場合があるが，これが有効となるためには，Aがそのような処分権をあらかじめBに与えていること（授権）が必要である（最判昭29・8・24裁判集民15・439）。この場合の法律行為の当事者は，BとCである。あらかじめの承諾なしにそのような処分行為をした場合については，本節第6款第2項参照。

150）代表という表現は，法人以外にも用いられている。例えば，親権者が財産に関する行為について，その子を「代表」する（824条）という場合である。しかし，この場合は法定代理の意味である点については，従来からも争いのないところであった。

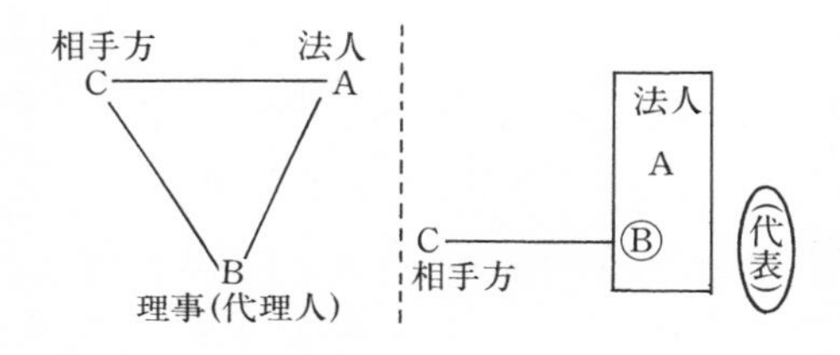


Aが権利・義務を取得する（同条4項）。このことを説明するために，従来の通説は，法人実在説の立場から，「代表」は「代理」とは別個の制度であると説いてきた（我妻328ほか）。すなわち，代理では，本人自身の行為というものが代理人の行為とは別に存在するのに対し，代表においては，代表機関の行為の他に本人の行為というものはありえないのである[151]と。しかし，最近では「代表」関係と代理関係とを区別する必要はないと解する者が多くなっており，通説化していると考えてよいだろう。

## 3　代理の種類（概念）

### 1　任意代理と法定代理

任意代理とは，代理権が本人の意思に基づいて発生する場合の代理である。法律の規定では，「委任[152]による代理」と表現されている（104条，111条，商法506条）。

法定代理とは，上記以外の代理であって，通常は，代理権が法律によって与えられる以下の場合をいう。

(イ)　本人に対して一定の地位にある者が当然に代理人になる場合（818条など）。

(ロ)　本人以外の私人の協議または指定によって定まる者が代理人になる場合（839条など）。

(ハ)　裁判所の選任する者が代理人になる場合（25条，26条，841条など）。

---

151)　代表と代理とを区別し，前者の場合の法人と理事の関係は，一般の本人と代理人の関係よりもはるかに密接であると解する立場では，理事が不法行為を行った場合に生じる法人の責任（旧44条1項）を適切に説明できる点などが強調されていた。しかし，ある者が不法行為をした場合に，一定の関係にある者が，無過失責任またはそれに準ずる責任を負う例は他にも存在しており（自賠法3条，鉱業法109条など），それらと同種のものとして理解すればよいと解されている（幾代129以下ほか）。

152)　代理権の発生原因として委任を必要とする，という意味ではないことにつき，本節第2款 2 2参照。

### 2　有権代理，無権代理，表見代理

代理とは，A（本人）と一定の関係にある人（代理人）がAのために意思表示をし，またはこれを受けることによって，その行為の法律効果が直接にAについて生ずることを認める制度である。したがって，正当な代理権を有する代理人によって法律行為がなされたか否かによって，広義の「代理」は，次のように区別される。

- 有権代理………………代理人が正当な代理権を有する場合（99条―107条）
- 無権代理（広義）……代理人が正当な代理権を有しない場合
  - 無権代理（狭義）　代理人が正当な代理権を有しない場合であって，表見代理とならない場合（113条―118条）
  - 表見代理[153]　代理人が正当な代理権を有しない場合ではあるが，相手方保護のために代理行為とみなされる場合（109条，110条，112条）

## 4　代理制度の適用範囲

### 1　非法律行為

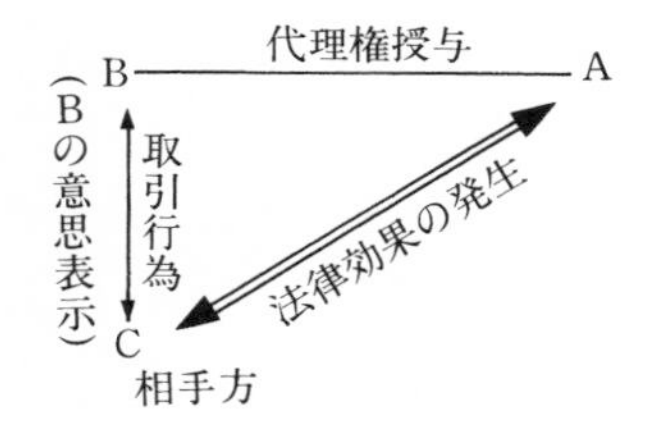


代理は意思表示に関する制度である。事実行為や不法行為[154]については，代理は認められない。

〔意思表示〕

〔**例1**〕　AがBに土地売却の委任をし（643

153)　表見代理の要件を満たしている「代理関係」を基本的に無権代理とみるか，有権代理とみるかについては，争いが無いわけではないが，上段の説明は無権代理説に従っている。代理を基本的に有権代理と無権代理に区分するならば，無権代理の中の特殊なものが表見代理であるということになるが，効果の観点から区分するならば，本人に効果が及ぶのは本来の有権代理と表見代理であり，狭義の無権代理とは区別されることになる。

154)　Aが不動産の仲介業者Bを通じて第三者Cから適当な不動産を購入する場合には，A・B間では準委任契約（656条）が締結され，A・C間では不動産の売買契約が締結されるから，通常は，A・B間に代理関係は成立しない。A・B間には法律行為の依頼はないからである（本節第2款①の〔例〕と対照せよ）。

条以下)，BがCと交渉して売買契約を成立させた。売買契約（555条以下）はA・C間において成立する。この場合のBの行為は法律行為である。

すなわち代理（99条以下）である。Bの行為（代理行為）の効果がA—C間において発生するという点に特徴がある。

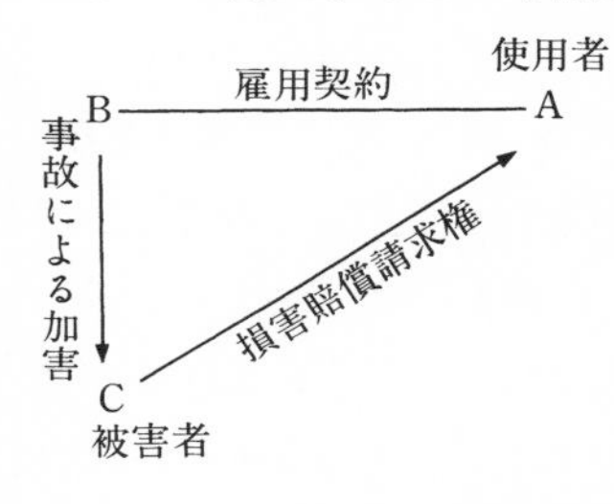


〔不法行為〕

**〔例2〕** Aの従業員BがA所有のトラックで資材を運搬中，過失によりCをはねて重傷を負わせた。BはCに対し損害賠償義務を負うが(709条)，AもCに対して損害賠償の責任を負う（自賠法3条，715条)。

しかし，これは代理ではない。Bの事実行為によって被害を受けたCを保護するためにAの特別な責任を認めているにすぎない。

なお，準法律行為といわれる意思の通知（催告など）や観念の通知（債務の承認など）[155)] については，代理または代理に準ずる関係として処理するのが妥当である。

### 2　代理に親しまない行為

意思表示であっても，本人による意思表示を絶対的に必要とするものについては，代理は許されない。たとえば，婚姻，縁組，認知，遺言などがこれに該当する。[156)]

155)　債権者の代理人に対して行った承認は，直ちに時効中断の効力を生ずるとされている（大判大10・3・4民録27・407）

156)　ただし，若干の例外は存在する。代諾縁組（797条)，相続の承認と放棄（917条）などである。

## 第2款　代理権の存在（本人と代理人の関係）

### ① 代理権の本質

#### 1　委任契約等と代理関係

本人・代理人間の対内関係（委任契約等）と代理関係とは区別すべきである。

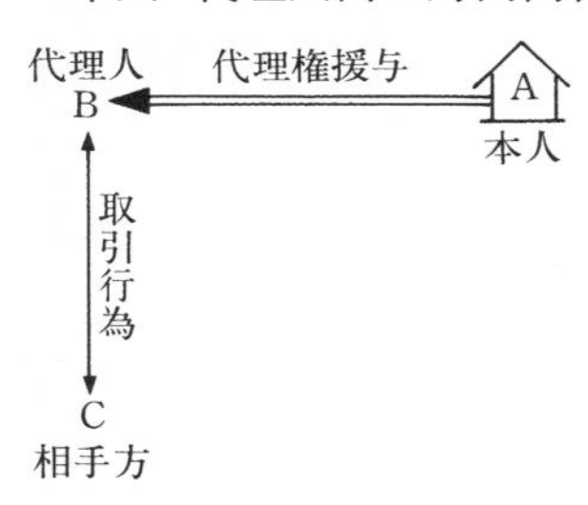


〔**例**〕　AがBに対して，自己所有の建物をCに売却してほしいと依頼する場合に，Bがこれを承諾して，以後Aのためにこの売却行為をなすことを受任する場合には，このA・Bの対内関係は委任契約であったり，雇用契約，請負契約[157]，組合契約[158]等であったりする。しかし，このような対内関係があれば必ず代理関係が発生するわけではない（代理類似の制度については第7節第1款②参照）。すなわち，代理は，自分の行為によって本人に権利・義務の変動を生じさせる地位であり，対内関係とは別個独立の制度である。

#### 2　代理形式

ある法律関係が代理関係であるか否かは，代理形式をとっているか否かによって判断されるから，上例におけるBに代理権が授与されているか否かが，考察の出発点として，決定的に重要である。

### ② 代理権の発生原因

#### 1　法定代理権の発生原因

⑴　**狭義の法定代理**　　本人に対して一定の身分上の地位を有するものが当然に代理人となるべき場合は，その根拠法規が代理権発生の原因である

---

157)　大判昭17・1・23評論31・民法83　　A町から水道工事を請負ったBが，実質上はCに仕事を〔準〕委任し，そのさい委任状には請負契約の履行に関する一切の事項を委任する旨記載されていた。これに基づいて，CがさらにDに仕事を下請けさせた事例である。

158)　大判大8・9・27民録25・1669　　〔A組合において，組合契約をもってBを業務執行社員と定めた場合には，Bは第三者に対して組合を代理して法律行為をなすことができる〕

(818条，824条)。

⑵　**指定代理**　　本人以外の私人の指定した者が法定代理人となるべき場合は，この指定が代理権発生の原因である（819条1項，839条，1006条，1015条)。

⑶　**選定代理**　　裁判所が決定・選任した者が法定代理人となるべき場合は，この決定・選任が代理権発生の原因である（840条，859条)。不在者の財産管理人（25条ほか)，相続財産管理人（918条3項ほか)，遺言執行者（1010条ほか）は，この例である。

### 2　任意代理権の発生原因

⑴　**授権行為**　　任意代理権は授権行為によって発生する。授権行為は，本人・代理人間における委任・雇用・請負・組合契約などとは別個独立の代理権を発生させることを目的とした行為であるが，通常，上のような対内関係を生ずる行為と合体してなされることが多い。

⑵　**授権行為の性質**　　授権行為は，契約であるか（契約説)，単独行為であるか（単独行為説）争われている。いずれの説をとるかによる相違は，以下の点において生じる。

(イ)　代理人に意思無能力・意思の欠缺がある場合には，授権行為も影響を受けるか。

(ロ)　委任・請負・雇用契約などの対内関係を生じさせる契約と授権行為とが合体している場合に，当該基礎的契約が無効・取消し・終了となったときは，代理関係はどうなるか。

契約説をとれば，(イ)，(ロ)共に原則的には代理関係の無効・取消し・終了がもたらされることになるが（ただし102条に注意)，単独行為説をとれば，原則として影響を受けないことになる[159]。代理権は，代理人に一つの資格を与えるだけで，何らの義務を負担させるものではない（通説）としても，代理人側の

159)　単独行為説によれば，代理人側の意思表示の瑕疵などを問題とする必要はないし，授権行為を内部関係（事務処理契約）とは無因の行為であると構成することによって，遡及的無権代理という事態の発生を回避することができる（意思表示の受領能力は必要)。しかし，単独行為説の利点とされている結果は，契約説によってもほぼ達成されると解されるから，内部関係たる事務処理契約と合体してなされることが多いことを考慮して，契約説を妥当とすべきであろう。

何の承諾もないのに代理権が発生すると解する必要性もないであろうから，一種の無名契約と考えてよいであろう[160)]（本節第3款❸も参照）。

⑶ **委任状**　授権行為は不要式行為であるが，委任状を渡すのが慣例となっている。これは，代理権授与契約の要件ではなく，代理権授与の証拠となるにすぎない。したがって，委任状なしに授権することはもちろん可能であるし，委任状があるというだけでは，正当な授権行為があったといえない場合もあり得る。

特殊な委任状として白紙委任状がある。代理人の氏名（受任者名）の記載のないもの[161)]と委任事項の記載のないものがある。前者の場合は，さしあたって代理人となるべき者が確定していないが，やがて委任状所持者によって白地補充がなされると交付者と白地補充者との間に正当な代理関係が成立するというものである。後者は委任事項を詳細に記入することのわずらわしさを避けるために用いられているが，白地補充権の濫用の問題が生じやすい。その場合にも，取引の相手方は表見代理（110条）で保護される場合があり得るが，具体的取引の状況により表見代理の成立が否定されることもある（表見代理

---

160）　契約説は，事務処理契約自体から代理権が発生すると解する説と，通常それと合体してなされる一種の無名契約から発生すると解する説とに分かれている（判例は両者を区別する立場であると思われる。大判大14・10・3民集4・481参照）。しかし，以下の理由により，代理権発生を目的とする一種の無名契約と解するのが妥当である。

㈠極めて類似した事務処理契約であっても代理権授与を含む場合と含まない場合とがあること。

㈡事務処理契約が存在しない場合の無権代理行為の追認の場合に，事務処理契約とは無関係に代理関係を説明できる方が適切であること。もっとも無権代理行為が追認された場合にも，無名契約が成立するわけではなく，それと同じ法律効果が発生するにすぎないが，この問題は事務処理契約とは無関係である。

㈢表見代理の説明にさいしても，㈡と同様であること。

161）　代理人の氏名を記入しない白紙委任状については，2つの種類を区別すべきであるとされている。

㈠転輾流通を予期している場合　　記名株式の譲渡の場合に，譲渡人が名義書換の用に供するため代理人氏名の記入されていない委任状を株券に添えて交付する場合（現行法上は，この方法は不要である――会社128条）が，これに当たる（大判大7・10・30民録24・2087，年金証書に白紙委任状を添付した事例）。

㈡転輾流通を予期していない場合　　消費貸借契約およびそのための保証契約を締結するにあたって，主債務者・保証人間において，代理人の氏名を記入しない委任状を交付した場合には，その受取人をして代理人を選定せしめ，かつ委任状を補充せしめる意思であることが普通である（大判大3・4・6民録20・265）。

との関係は第7節第3項表見代理参照)。

**(4)　代理権授与の擬制**　最近，一定の地位にある者の間に一定の状況が存在するときは，たとえ代理権授権行為が存しない場合にも代理関係を認めうるとして，代理権発生原因の独立の類型として「事実上の授権」という概念を提唱する学説があらわれた（川島 332 以下)。父と子が一体となって家内営業をしている状況下で，父の知人に対して身元保証書に子が父の氏名を記入し捺印した例で，親子間に代理関係を認めた判例[162]などをめぐって評価が分れている。従来から，このような場合には，「代理権授与の黙示の意思表示[163]」とか「代理権授与の推定」という理論によって代理関係を認めてきた。近代市民法における意思理論の重要性に鑑みれば，可能な限り意思理論（意思主義）を基礎として解釈すべきであろう。

### ③　代理権の範囲の決定

#### 1　法定代理権の範囲

これは，それぞれの根拠法規の定めるところによって決まる[164]。

#### 2　任意代理権の範囲

授権契約の解釈によって決まるが，授権契約の解釈にあたっては，委任状の文言，授権の目的，代理人の地位，代理される事項の性質などが考慮されなければならない。注意すべきことは，一定の事項に関する委任がどこまで他の事項に及ぶかということである。判例にあらわれた例を示しながら，具体的に検討してみよう。

**(1)　契約締結についての授権**　相手方の選任[165]，明示された事項に付随する事項[166]，付随的といえなくても本人に不利益をもたらさないような事項[167]については，代理権は及ぶと考えるのが妥当である。

**(2)　債権取立についての授権**　代物弁済（482 条）を受ける権限（大判大

162)　大判昭 15・11・19 法学 10・415 ほか。

163)　大判昭 16・2・4 新聞 4674・8　〔夫が妻と共同の利害関係を有する事案を処理するにあたって相手方と交渉したときは，妻の代理人の資格においても行為したものと解すべきである。〕

164)　例えば，親権者については 820 条以下，後見人については 853 条以下などであるが，不在者の選定管理人のように，必ずしも法定されない場合もある。

165)　大判大 2・4・19 民録 19・255

6・2・7民録23・210)，債務の一部を免除する権限（大判昭5・12・23評論20・民法31)，契約を合意解約する権限は，本人に不利益をもたらすおそれがあるから，債権取立の代理権には含まれないと解すべきである。

**(3) 土地家屋の「管理人」，「差配人」の場合**　賃料取立，賃貸借契約の締結・更新，賃料値上げ，賃借権の譲渡転貸についての承諾など広い権限を含むと解すべきであるが，判例の中には比較的厳しい判断基準を示すもの[168]もあるので注意を要する。

### 3　範囲が明らかでない場合

代理権を授与されたが，権限について定めがなかった場合には，代理人は，保存行為，代理の目的である物または権利の性質を変えない範囲内において，それを利用または改良する行為に限って代理権限を有する（103条）。

**(1) 保存行為**　これは，財産の現状を維持する行為，すなわち家屋の修繕，消滅時効の中断，期限到来の債務の弁済などを意味する。

**(2) 利用行為**　これは，収益をはかる行為，すなわち，家屋を賃貸し（602条)，本人の金銭を預金する行為などを意味する。

**(3) 改良行為**　これは，使用価値または交換価値を増加する行為，すなわち家屋に造作を施し，荒地を耕地にし，無利息消費貸借を利息付消費貸借に変更する行為などを意味する。

これらの行為は，権限の定めのない代理人に与えられた当然の権限というべきもので，この行為（管理行為という）の結果がたまたま本人の不利益になっても，代理権限の存在することには影響がない。また，これ以外の行為は，逆に本人の利益となっても，代理権限外の行為であることに変りはない。

---

166)　①大判昭16・3・15民集20・491　〔売買契約締結の権限を付与された者は，特別の事情なき限り，当該売買契約不成立の場合には，すでに交付済の内金の返還を受けるべき権限を有するものと解するのが相当である。〕
　②最判昭34・2・13民集13・2・105　〔売買契約締結の代理権を授与された者は，特段の事情がない限り，相手方から売買契約取消しの意思表示を受ける権限を有するものと解するのが相当である。〕

167)　大判大10・2・14民録27・285　〔債権の取立を授権された者は，その債務の承認を受ける権限を有すると解すべきである。〕

168)　大判大4・2・16民録21・149　〔土地の差配人は，係争地の賃貸借をなす場合において5年間は賃料を値上げしないこと，20年間は賃貸借を継続すべきことを特約する権限を有しない。〕

## ④ 代理人の基本的義務と代理権の制限

### 1 代理人の事務処理契約上の義務と代理関係

本人と代理人との間には，内部関係として，代理関係の前提としての事務処理契約が存在し，通常，両者は合体してなされるということについてはすでに述べた（第2款②2(1)）。代理人は代理権授与契約によって何らの義務も負わないが，事務処理契約によって事務処理者としての基本的な義務を負っている。すなわち，代理人は事務処理者としては一般に善良なる管理者の注意義務をもって事務処理をしなければならないし（644条，671条等），依頼者本人の利益になるように事務処理をすべきであり[169]（忠実義務），事務処理依頼者の信任に応えるために，事務処理は原則として代理人である事務処理者自身で行うべきである[170]（104条以下）。

### 2 代理権の制限

事務処理者としての義務に違反しやすいような代理関係を設定することは，望ましいことではない。そこで，民法は予め画一的に回避した方がよいと思われる代理のタイプについては，これを禁止し，さらに一定の場合に代理権制限の可能性を認めている。

#### (1) 自己契約と双方代理

(イ) 意義　民法は，Aの代理人BがBを相手方とする「自己契約」と，A―C間の取引においてBが双方の代理人となる「双方代理」とを禁止している（108条）。それぞれを図示すれば，次のようになる。

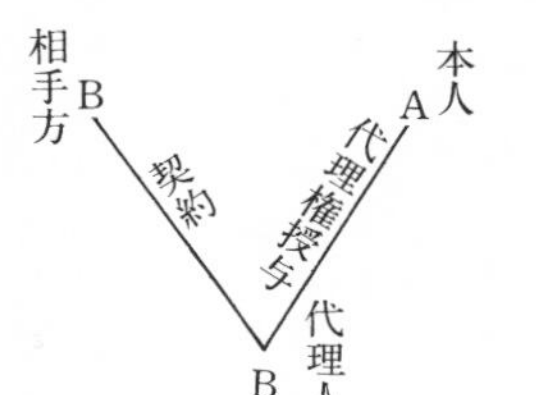


〔**例**〕 自己契約とは，BがAの代理人となって，B自身と契約を締結することをいう。

---

169）　この義務は，法人の理事についても問題となる（第2章第3節⑤3(3)(ニ)）。とくに，会社法においては，取締役の忠実義務（会社355条）という形で具体化されている。この点については，善管注意義務を強調し，明確化したものにすぎないという見解と，英米法上の会社と取締役間の信認関係に由来するものであるから，善管注意義務とは別個のものであるとの見解が対立している。

取締役の忠実義務自体の法的性質如何の問題は別にしても，民法上の事務処理契約にも同種の義務が含まれていることは確かなことであろう。

170）　履行補助者を使用することはできる（大判大3・3・17民録20・182）。

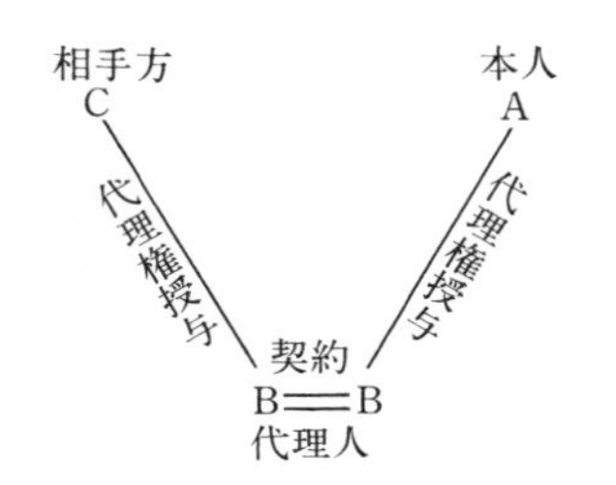


〔例〕 双方代理とは，BがAおよびCのそれぞれの代理人となって，A・C間の契約を成立させることをいう。

108条がこれらのタイプを禁止する理由は，自己契約では代理人はもっぱら自己の利益のために行為するおそれがあり，本人を害することになりやすいからであり，双方代理では両本人のために公平に行為することを代理人に対して期待できないからである。理論上は，あくまでも本人・相手方・代理人という三つの主体が存在するから，契約の締結は可能であるが，本人の利益保護の観点から禁止されているのである。

(ロ) 違反の効果　(a) 108条に違反してなした法律行為の効力は，ただちに無効となるのではなく無権代理となる[171]。したがって，前図のA（ないしC）が追認をすれば，完全な代理行為となる。

(b) 本人が予め自己契約・双方代理を許諾した場合は，本人・代理人間に実質的な利害の対立がない場合[172]に限り，有効な代理行為となると解すべきである[173]。なお，この種の事例では，事情により，この許諾自体が90条に違反することがありうる。

(c) 債務の履行については，新たな利害関係を生ずるものではないから，

---

171) 大判大12・5・24民集2・323　〔民法108条の規定は，一方の当事者がその相手方の代理人となることによって相手方に損害を及ぼすことを恐れて，相手方の利益を保護するために代理権を制限したものと解すべきであるから，その代理人のなした行為は無権代理行為に他ならない。〕

172) ①大判大12・11・26民集2・634　A・B間の金銭貸借の約束に基づいて，Aが第三者Cに預託しておいた金銭からCがBのために第三者Dに支払ったという事例（双方代理）。なお，大判昭13・5・14民集17・932をも参照。

173) 108条に違反した行為は無効ではなく，無権代理になるにすぎないから，同条は強行法規ではない。したがって，当事者本人が予め自己契約・双方代理について了解している場合には，原則として有効な代理行為となると解する見解もある。しかし，108条の立法趣旨を生かすためには，事前同意と事後同意の意味の違いに鑑みて，同条に違反する行為は予め承諾がなされていても実質的利害対立があれば，無権代理行為となると解すべきである。同条は違反行為を無権代理行為とする限りにおいて一種の強行法規性を有するものと解すべきである。

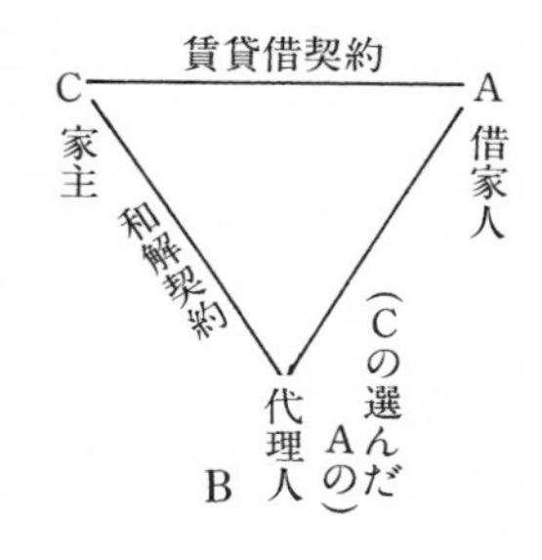


この禁止から除外されている(108条ただし書[174])。しかし,債務の履行の中でも,代物弁済や期限未到来のものについては許されない。

(d)　厳密には自己契約・双方代理に該当しない場合でも,その趣旨を類推[175]すべき場合がある。

〔**例**〕　家主Cが借家人Aに対して,将来紛争が生じた場合に和解するため,その代理人を選ぶ権限を予め授与させておいて,紛争が生じた場合に,CがBをAの代理人として選任し,B・C間で和解を行った。

これは純理論的には自己契約でも双方代理でもないが,BはCの選任を受けた者という意味で,B＝Cと考えられるので実質的にはC(＝B)がAの代理人としてC自身と和解したと考えうるし,一方BはCの利益代表者であるから,実質的にはBを双方の代理人に仕立ててCの利益のために行為させる双方代理とも考えうる。したがって,Bの行為はAとの関連で無権代理となる。判例は108条に準拠してこのような委任は無効であるとする(大判昭7・6・6民集11・1115)。また,A・C間の行為の反公序良俗性も問題となりうる(本章第3節❸1⑸参照)。

### ⑵　利益相反行為

親権者や後見人などの法定代理人についても,108条は適用されると解す

---

174)　大判昭6・11・14民集10・1060　〔社債の支払について,同一の第三者が,社債債権者と社債債務者の代理人となっても,債務の履行のためであるから108条には違反しない。〕

175)　例えば,普通地方公共団体の長が当該普通地方公共団体を代表するとともに相手方を代理ないし代表して行う契約の締結には,本条が類推適用される。(最判平16・7・13民集58・5・1368)

なお,108条ただし書または116条を類推すべき場合もある。

①A・B両会社間において消費貸借が成立し,AがBに公正証書作成の目的で白紙委任状を交付したところ,B会社の支配人Cがそれを用いて第三者DをA会社の代理人に選任し,執行認諾条項の入った公正証書を作成した,という事案において,判例は,「本件においては,執行約款を含めて契約条項は既に当事者間において取り極められてあり,公正証書作成の代理人は,単に右条項を公正証書に作成するためのみの代理人であって新たに契約条項を決定するものではないのであるから」108条の法意に反するものではない,と判旨している(最判昭26・6・1民集5・7・367)。

②登記申請行為について双方代理がなされても108条に違反しない(大判昭19・2・4民集23・42)。

べきであるが[176]，利益相反行為として特則が置かれているので注意を要する（826条2項，860条）。一般的には，108条では形式的基準が，「利益相反行為」では，実質的基準が用いられるべきである。したがって，形式的には108条に違反する（しない）が「利益相反行為」にはならない（る）行為は有効（無効）であると解すべきである[177]。例えば，親権者が自己の債務のために子を保証人にすることは，108条には違反しないが，利益相反行為（826条）になる（大判昭11・8・7民集15・1630）。親権者の財産を子に贈与するにあたって子を代理することは，形式的には自己契約に該当するが，利益相反行為にならないから有効であると解されている（大判昭6・11・24民集10・1103）。

### ⑶　共同代理

⑷　意義　　代理人が数人存在し，かつその代理人が全員共同[178]してはじめて代理行為が可能となる場合をいう。したがって，代理人が数人いるというだけでは共同代理ではない。代理人の専断を許さず，軽率な代理権行使を防ぐ目的で利用されるが，代理人の全員の意思の一致がない限り代理行為は許されないという意味で代理権に関する制限とみるべきものである。例としては，親権者たる父母の法定代理（818条3項）がある。

代理人が数人いる場合に，共同代理であるか単独代理であるかは，法規または授権契約の解釈によって決まるが，いずれとも判明しない場合は単独代理とみる方が妥当である。

⒭　効果　　共同代理人のうちの一人の代理人が単独で行った代理行為の効力は，権限踰越の表見代理（110条）の問題となる（後述第6款第3項）。ただし，受働代理については，共同代理の場合にも，一人で代理して受領する権限があると解すべきである。

---

176）　大判昭14・3・18民集18・183

177）　このような意味で，利益相反行為に関する規定は，108条に対する特別法であるといわれる（幾代349，同旨四宮239）。

178）「共同」の意味については，当該代理行為をなすについての意思決定につき全員が一致していればよいのか，全員の共同した意思表示を要するのか。

根拠法規の趣旨や当事者の意思により，後者の意味であることが明白でない限り，原則として前者の意味に解する方が実際的でありかつ制度趣旨にも反しないから，妥当であると思われる（浜上注民⑷30，幾代342）。

## 5 代理権の消滅

### 1　任意代理権と法定代理権に共通の消滅原因

これは，次のとおりである。

(イ)　本人の死亡（111条1項1号），

(ロ)　代理人の死亡もしくは破産または代理人が後見開始の審判を受けたこと（同条同項2号）。

なお，本条は任意規定であるから，代理権は上の原因によっては消滅しない旨の合意は有効である[179)]。

### 2　任意代理に特有の消滅原因

これは，委任その他内部関係の終了である（111条2項）。

### 3　法定代理に特有の消滅原因

これは，法律の規定である（25条2項，26条，834条，835条など）。

---

179)　最判昭28・4・23民集7・4・396　　Bの父であるAが，Bの応召出征にさいしてBからその後事一切について包括的委任を受けた事案（財産管理人として試堀権の売買契約を結んだ（買主の）事例）において，判例は「右AとBとが父子の関係にあり且つBの応召出征に際しての授権であるというような特別の事情からして，右授権は，財産管理人として右Aの有する代理権は，必ずしもBの死亡によって消滅しない趣旨においてなされたものと解する余地もないわけではない」として，111条と異なる合意の効力を承認している。

## 第3款　代理行為（代理人・相手方間の関係）

### 1　代理意思の表示（顕名主義）

代理人が本人に行為の効果を帰属させるために代理行為をするには，本人のためにすることを示さなければならない（99条）。これを顕名主義とよぶ。たとえば，ＢがＡを代理してＣと契約をなす場合に，「私はＡの代理人のＢですが……」と口頭で言ったり，「Ａ代理人Ｂ」と記載した書面を示すことが要求されるのである。ただし，商法504条は，商行為について例外規定をもうけている。

#### 1　顕名の方法

「Ａの代理人Ｂ」のように本人名や代理人という言葉を使わなくても，意思表示全体から本人のためになされることが推測される場合は，どうだろうか。

(イ)　名刺の肩書に「某会社部長」とか「某出張所主任」と表示し，会社として取引行為をしている場合は，会社の代理人として会社に効果を帰属させる意思が明らかであるから，これは代理意思の表示に欠けるところはなく，顕名主義に反しない[180]。

(ロ)　代理人が代理人としての氏名を記さずに，直接本人の氏名入りのゴム印を押すような場合でも，顕名の手段と考えられるだろうか。例えば，法人の事務所において事務員が代金を受領し，法人名で領収証を発行する場合などは，事務員も相手方においても当該事務員（または責任者）が法人を代理[181]していると考えているだろう。このように，具体的状況からその趣旨が明らかであれば，これも顕名主義に反しないといえる[182]。この場合は，単なる使者と

---

180）　大判明40・3・27民録13・359

181）　単なる事務員は，法人の代理権を有する者の履行補助者と解すべきである。

182）　支配人Ａが雇主である商人Ｂの名前を署名して手形行為を行った事例（大判大9・4・27民録26・606），番頭が直接主人の名で手形を振り出した事例（大判昭8・5・16民集12・1164）など参照。

これに対して，Ａ商店の営業者Ｂは，平常の取引をするのに妻の名前を用いていたという事案において，判例は手形上の氏名は妻のものであっても，それが自己を表示するものとしてなされたものである以上，Ｂが手形上の責任を負うべきであると判示している（大判大10・7・13民録27・1318）。このような場合には，相手方にとっては一般的には詐欺ないし錯誤，さらには不法行為が問題となろう。

は区別されるべきである。

(ハ)「本人」として常に特定人を指示し，または特定人が予想される必要はあるだろうか。相手方が誰であるかが重要な取引である場合を除いては，行為者以外に本人が存在することだけを示してなされる行為も，相手方が承知している場合には，許されると考えてよい。

### 2　顕名しない場合の効果

代理人が顕名しないときの行為の効力は，行為者すなわち代理人自身のためになしたものとみなされる（100条本文）。

(イ)「みなされる」結果，代理人の行為の効果の帰属者は，代理人自身とされるから，代理人と相手方との間に権利義務が発生する。そのため，代理人は真意では自分のためでなく，本人のための代理行為のつもりであったとしても，錯誤を主張することは許されなくなる。これは，相手方の利益を保護するためである。その結果，本人自身も相手方に向かって，直接に自分に権利が帰属することを主張できない。

代理人自身に法律効果を帰属させるよりも，本人に帰属させた方が相手方にとって有利である場合でも，相手方は当該行為が代理行為である旨を主張することは許されない[183]。

(ロ)　相手方においてその行為が本人のためになされたものであることを

183）〔例〕BはAからA所有建物の売却に関する代理権を授与されており，3月1日にCに売却したが，その際Bは顕名せず，CもBがAの代理人であることを知らず，知らないことについて無過失であった。

他方，第三者Dは3月30日にAに対する債権を取得した。5月になってから，CがBに同建物の移転登記を求めたところ，B自身が売主でないことが判明した。

Cは，100条によりBの責任を追及するよりも，Bの行為を代理行為と認めてAから建物を獲得したいと考え，A，Bもそれに応じた。

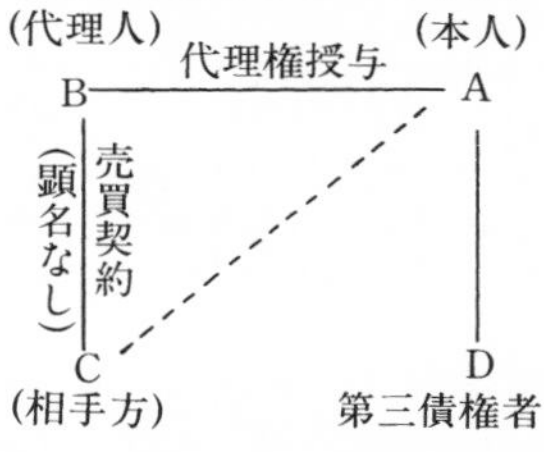


しかし，同建物はAのほとんど唯一の財産であったため，第三者DはAの処分行為を詐害行為として取り消したいと考えている。このような場合に，3月1日のB―C間の行為をAのための代理行為とするCの主張を認めれば，Dの立場が害されることになる。

このような結論を回避するためには，100条は単なる相手方保護の規定ではなく，行為を客観的，画一的に性格づけるための規定であると解すべきである（川島364，幾代313）。すなわち，A，B，C3者の合意によりその適用を回避することはできない。

知っているか，または過失によって知らなかった場合は，100条本文の適用はない（100条ただし書）。

これらの行為は，黙示的であっても，本人のためにすることを示してなした行為ということができるものであって，顕名主義に合致している。すなわち，顕名主義といっても明示的である必要はないことの注意的規定[184)]にすぎない。この意味で，前頁(イ)の場合との相違点に注意すべきである。

### 2　代理行為の瑕疵

#### 1　瑕疵ある代理行為の対象

代理行為としての意思表示が，意思の欠缺（心裡留保・虚偽表示・錯誤），詐欺・強迫またはある事情についての知，不知または不知について過失があったことによって（93条ただし書，117条2項前段など）その効力に影響を受けるべき場合には，これらは代理人について決せられる（101条）。代理においては，意思表示は代理人自身によってなされるのであるから（代理人行為説——本章注147）参照），当然のことである。

#### 2　意思の欠缺の場合

心裡留保と虚偽表示の具体例をあげておこう。

(イ)　代理人が心裡留保をした場合には，原則として，その効果に何らの影響もない[185)]。

(ロ)　代理人Bと相手方Cが通謀虚偽表示をした場合は，本人Aの善意・悪意を問わず，本人との関係において当然に無効であり[186)]（94条1項），本人が善意の第三者（94条2項）となる余地はないと解すべきである（大判大3・3・16

---

184)　顕名はなされなかったが，相手方がたまたま代理行為であることを知っていた場合にも代理の成立を認めてよい。相手方が不測の損害を被る恐れはないからである。

185)　代理人の権限濫用の場合については，次の判例を参照。

最判昭42・4・20民集21・3・697　〔代理人が自己または第三者の利益を図るため権限内の行為をしたときは（権限の濫用），相手方が代理人の意図を知りまたは知りうべきであった場合に限り，93条ただし書を類推適用して，本人はその行為について責に任じないと解するのが相当である。〕

しかし上記の見解では，過失ある相手方よりも本人が保護される結果になるので，代理人の背信行為によるリスクは本人が負うべきであるとの考えから，相手方に悪意または重過失がある場合にのみ，本人は責任を免れるとする見解がある（四宮/能見118以下）。なお第4節第2款注41）参照。

民録20・210)。

(ハ)　代理人に要素の錯誤があった場合は，無効である（95条)。

### 3　詐欺・強迫の場合

(イ)　代理人が詐欺・強迫を受けた場合　　代理人がこれによって意思表示をした場合は，本人が詐欺・強迫を受けていなくても，本人は取消権を取得する。なぜなら，法律上の効果は本人に帰属するからである。代理人自身が取消権を行使できるかどうかは，代理権の範囲の問題である（本章注258）参照)。

代理人　本人
B ──→ A
代理権
↕
C
相手方

(ロ)　本人が詐欺・強迫を受けた場合　　この場合でも，代理人が詐欺・強迫を受けずに意思表示をしていれば，当該詐欺・強迫は取消し原因とはならない。

(ハ)　代理人が相手方に対し詐欺・強迫を行った場合　　この場合については，101条の規定するところではない。代理人は本人のために行為をするのであるから，代理人の詐欺・強迫は本人の詐欺・強迫とみなせるのであって，第三者の詐欺とはならない（大判明39・3・31民録12・492。ただし，判例は101条1項の適用を前提としている)。96条2項の適用は否定されるべきで，本人の知・不知を問わず，相手方は取り消すことができる[187)]。同様の理由により，101条1項を適用した判例は，妥当ではない。

### 4　善意・悪意の判断

ある事情の知・不知が法律行為の効力に影響を及ぼす場合には，代理人を基準とする。例えば，X所有の不動産について，Aが買主となりCが売主となって売買契約を締結したとしよう。Bは買主Aの代理人である。

A・C間の売買契約は，他人の物の売買（560条）である。この場合には，

186)　大判昭14・12・6民集18・1490　〔本人Aの代理人Bと通謀してなした虚偽の意思表示は，表意者Cの心裡留保となり，Aが表意者の真意を知りまたは知りうべき場合でない限り有効である。〕

この判例は，相手方と通謀した代理人Bを，相手方Cの本人Aに対する意思表示の伝達機関にすぎないと解しており，実態に合わない解釈というべきである。判例の理論構成は本人の利益を保護するためのものと思われるが，基本的には，本人の保護は，本人─代理人間の法律関係によって達成されるべきものである（本章第4節第2款❸4)。

187)　大判昭7・3・5新聞3387・14。判例は101条1項の適用により同一の結論に達している。

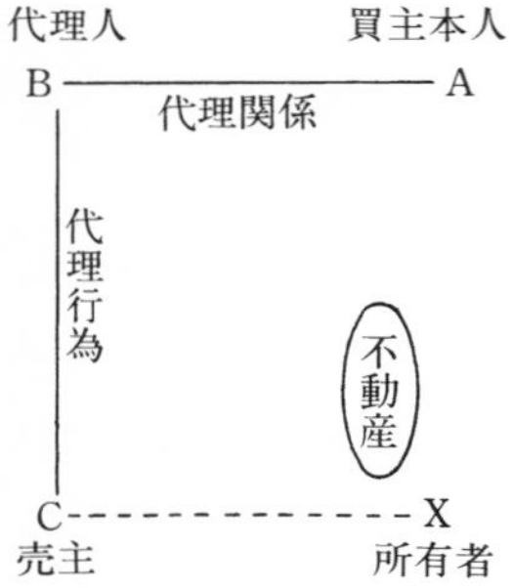

代理人　買主本人
B ―――――― A
代理関係
代理行為
不動産
C - - - - - - - - X
売主　所有者

CがXから所有権を取得してAに移転しなければならないが，それが不可能なときは，Aはこの契約を解除することができる。契約締結時に，この不動産がCの所有でないことをAが知っていれば，Cに対して損害賠償の請求をすることはできない（561条）。

同様に，Aは契約当時（Bが代理して契約を締結した時），この不動産がCの所有物でないことを知らなかったが，代理人はそれを知っていたという場合にも（101条1項），AはCに対して損害賠償の請求は出来ないことになる[188]。

また，この例で仮に目的物が動産であり，AはCから買受けた動産がCのものでないことを知らなかった場合には，本来なら192条の即時取得の適用があるが，代理人Bが，Cの所有でないことを知っていたり，また仮に知らなかったとしても善意であることに過失があれば（101条1項），Aは192条の即時取得を主張することはできない。

### 5　例外（101条2項）

**(1)　本人が悪意または有過失の場合**　代理人と相手方とが行為をするについて本人がどのような心理状態であったかは，理論（代理人行為説）的にみれば，その効力とは無関係である。しかし，本人がある事情を知っていたりまたは知らなかったことに過失があった場合についてまで，代理人がこれを知らずかつ知らなかったことに過失が無かったからといって，相手方に対してそれに基づく法律効果の主張を認めたのでは公平に反する結果となる。このような場合にまで，本人を保護する必要は全くない[189]からである。本条は，この趣旨に鑑みて柔軟な適用をなすべきである。

---

188)　最判昭30・5・13民集9・6・679　〔法人の機関たる地位にある者が悪意であるならば，法人も悪意とすべきは当然であるが，法人の単なる使用人（代理権を有しない者）の悪意をもって直ちに本人たる法人の悪意とすべきではない。〕

特定の行為について代理権を有する使用人の悪意については，別個に考える余地がある。

189)　本人が相手方を積極的に詐欺した場合にも，代理人の知・不知に関係なく，本人を保護する必要はない。なお，101条1項は，代理人が詐欺を受けた場合の規定であるから，この場合には関係ない。

〔**例**〕　A自身はCの売り出した建物に瑕疵の存在することを知っていたが，特にこれをBに告げずに同建物を買い受けるための代理権を授与した。Bは同家屋の瑕疵の存在を知らずに，Cとの間で売買契約を締結した。

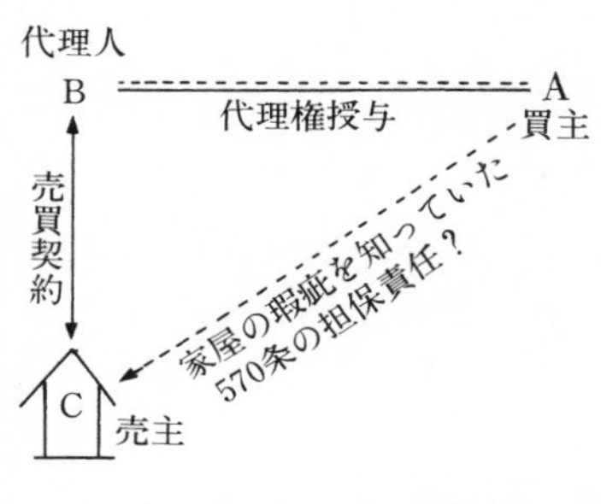


570条によれば売買の目的物に隠れた瑕疵があった場合には，買主は契約を解除することが許される場合と，損害賠償の請求のみが許される場合とがある。

しかし，これは買主が瑕疵の存在を知らないことが前提である。Bがそれを知らなかったと主張して解除なり損害賠償なりができるとすると，上の場合にAは事情を知らないBをかくれみのとしてこれを利用することができることとなり，公平に反する結果となる。

101条2項は上記の観点から定められたものである。「代理人が本人の指図に従って……」となっているが，以上の理由からすれば，特別な指図がなくても，本人が事情を知っていて授権したという事実さえあれば，代理人の不知を主張することを許さない趣旨と解すべきである。[190)]

**(2)　本人による事情の不告知**　　本人が代理人の知らない「物の瑕疵」(570条）を代理権授与後にたまたま知ったが告げなかった場合，本人が代理人の錯誤（95条）を知っている場合などが考えられる。このような場合にも，101条2項を類推適用すべきである。

## 3　代理人の能力

### 1　代理人の行為能力と意思能力

#### (1)　102条の趣旨

代理人は行為能力者であることを必要としない（102条)。代理人が制限行為能力者であっても，制限能力を理由にしてその法律行為を取り消すことは

190)　大判明41・6・10民録14・665　〔101条2項を適用するためには，特定の法律行為を為すことを委託された代理人が，本人の指図に従ってその行為を為したことが必要であるが，それ以外にさらに本人の指図を受けるということを常に必要とするわけではない。〕

できない。101条が法律行為の効力要件を代理人を基準にして判断する旨を規定したのに対し，102条は，行為能力に関しては，代理人を基準としないことを明記している。それは，法律行為の効果は代理人自身に帰属するものではないから代理人を保護する必要がないことと，本人が特定人の才覚を信頼して代理権を与えたのであれば，たとえ代理人が制限能力者であったとしても本人を保護する必要がないこととを理由としている。ただし，代理人に意思能力がない場合には，法律行為それ自体が無効であるから，意思能力の有無については，代理人を基準に判断しなければならない。

### (2)　法定代理への適用

上の理論は任意代理については全面的に妥当するが，102条は任意代理のみならず法定代理にも適用があると解して妨げない。ただし，法定代理の場合は，本人の意思で特定人に代理権を授与するものではないから，代理人が制限能力者である場合には，本人の保護に欠ける場合がありうる。そこで，法定代理については，制限能力者が法定代理人になることを禁止する規定[191)]が設けられていたが，裁判所の実質的判断にまかされるようになっている。しかし，このような制限のない場合には，制限能力者も法定代理人の地位を取得してさしつかえないと考えてよい（判例反対[192)]）。ただし，実際上問題となりうる場合[193)]は，ほとんどない。

## 2　本人と代理人（制限能力者である）の内部関係

### (1)　事務処理契約と合体している場合

授権行為は代理人に単に資格を与えるだけの行為であるとしても，通常は他の契約（委任・請負・雇用・組合など）と合体していることが多く，両者は独立・無関係に処理されることはない。この場合には，内部関係，すなわち委任等の契約（事務処理契約）について取消しや無効の原因があれば，特約があ

---

191)　833条，847条，852条，867条などは，未成年者に関するものである。

192)　大判明39・4・2民録12・553　　上の判例は，本条が法定代理にも適用されることを前提としたうえで，父または母が（旧）禁治産者または（旧）準禁治産者である場合には，明文の規定はないが，親権者になりうると解することはできないとしていた。

193)　実際上考えられるのは不在者の財産管理人（25条）くらいであるが，これも後見人（847条）とのバランスから考えて除外するのが妥当であると解されている（幾代320）。

る場合を除いて，従たる契約である授権契約も取り消され，または無効となると解すべきである[194]。

### ⑵　事務処理契約と合体していない場合

事務処理契約と授権契約がそれぞれ別個に存在する場合でも，事務処理契約が主たる契約で，授権契約が従たる契約の意味を有している場合がほとんどであると解すべきであるから，特約により両者が無関係とされていない限り，主たる契約の無効・取消しは，従たる契約の無効・取消しをきたすと考えるべきであり，両者を無因と考えるべきではない（我妻351以下）。

### ⑶　授権契約のみが存在する場合

本人と代理人間に単に資格を与えるだけの授権契約が成立する場合も，まれではあろうが存在しうる。この場合には，102条に従って代理人の制限能力を理由に代理権授与契約が無効となりまたは取り消されることはない[195]。

### ⑷　取消しの遡及効との関係

契約が制限能力を理由に取消しとなるときは，契約は遡及的に消滅するのが原則である。しかし，内部契約の取消しによって，代理権授与契約までも遡及的に無効となると，102条の趣旨は没却されることになるから，102条の趣旨を尊重して，代理権の消滅には遡及効がないと解するのが妥当である。すなわち，主たる契約の取消し時までになされた代理行為の効力は，取消しによって何らの影響も受けないと考えるべきである（我妻352）。

194）　事務処理契約と授権契約の関係については，制限能力者が代理人である場合に限られない。能力者が詐欺または強迫によって代理権を含む事務処理契約を締結した場合についても，同様に考えてよい。

195）　しかし，意思無能力の状態での授権契約を認めることはできないから，成年被後見人については取消しを認めるべきである（我妻351旧禁治産者について同旨）。

## 第4款　法律効果の帰属（本人と相手方間の関係）

### ❶ 代理行為の法律効果の帰属

代理人・相手方間の法律行為の効果は，代理人にいったん帰属するのではなく，直接本人に帰属する（99条）。また法律行為から生ずる効果であれば，意思表示の中心的効果（たとえば代金債権，物の引渡債権など）だけでなく，意思表示制度の目的を完全に達成させるために法律が認めた非法律行為的効果（取消権など）も本人のもとで生ずる。

代理人が代理行為を行うについて，相手方に不法行為を行ったとしても，不法行為は法律行為ではないから，その効果は本人に生じないのは当然である。この場合には，本人が相手方に対して契約上の責任を負うことはないが，代理人を使用する者として使用者責任（715条）を負うことがあるのは別問題である[196]（本節第一款❹の〔例1〕〔例2〕参照）。

### ❷ 本人の能力

#### 1　権利能力

本人は，権利能力を有していなければならない。法人には代理人が存在するが，法人格のない団体には代理人は存在しえない[197]。本人は意思能力も行為能力も必要としない。もちろん，意思能力を有しない場合には授権行為ができないから任意代理はありえない。

また，胎児については，限定的な権利能力を認める立場（解除条件説）においては代理人の存在も肯定するが，権利能力を認めない立場（停止条件説）では，その代理人も認めることはできない（第2章第2節第1款❶3参照）。

#### 2　判断能力・行為能力

授権契約をなす場合において，本人にいかなる能力が必要であるかは，授

---

196）同様の問題として，責任無能力者の法定代理人が本人の財産管理に際して第三者に対して不法行為を行った場合に，旧44条を類推適用して本人の不法行為責任を認めるべきであるとの主張もみられる（四宮/能見289参照）。

197）権利能力なき団体に限定的権利能力を認める場合には，その限りで代理関係も成立しうる。

権契約の内容に応じて，一般理論に従って考えればよい。

# 第5款　復 代 理

## ① 復代理の意義

復代理とは，代理人が自己の名で選任した者に，直接に本人を代理して法律行為を行わせる場合をいう[198)]。

### 1　本人の代理人

復代理人は直接本人の代理人となるのであり（107条），代理人の代理人ではないし，もちろん単なる使者でもない。

### 2　復代理人の選任

復代理人は，代理人が自己の名において選任した者である。したがって，代理人の復代理人選任行為は代理行為ではない。このことは，代理人が復代理人を監督する責任ある地位に立つことから当然に推論される（105条参照）。

〔**比較**〕 Cの立場の違いを図示すれば，次のようになる。

(イ)　代理人の代理人

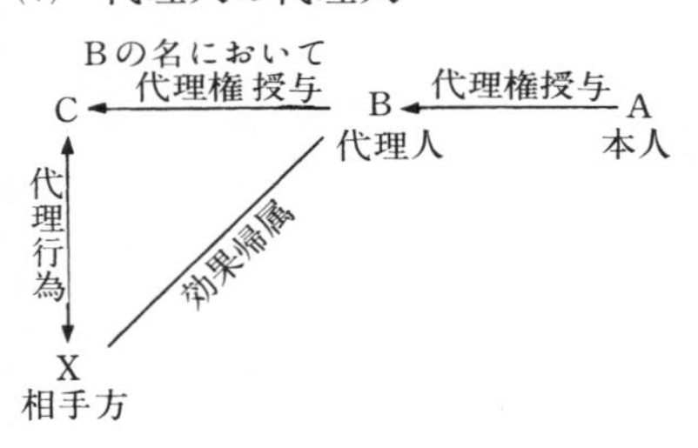


(ロ)　通常の代理人[199)]

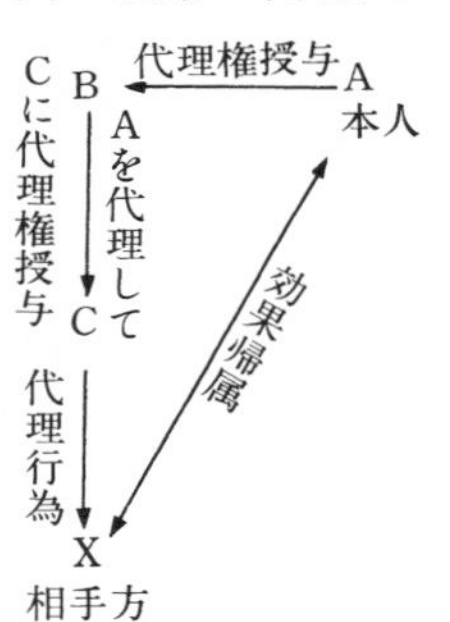


198)　任意代理の制度を私的自治の範囲の拡張として理解するならば，代理人は本人から託された事務を自ら処理するのが原則であるが，本人の承諾のもとに，これをさらに他人に処理させることも許されるべきである。

法定代理の場合には，①本人との人的信頼関係が任意代理の場合のように密ではない，②任意に辞任することが認められていない，③本人が不在者であったりして，復代理についての許諾能力を欠いている場合がある，などの理由により，復代理を自由に認める立法例が多い。

199)　これは代理人が本人を代理して選任した本人の代理人であるが，結局は，通常の代理人である。BがAから代理人の選任を依頼された場合などが考えられる。

(ハ)　復代理人

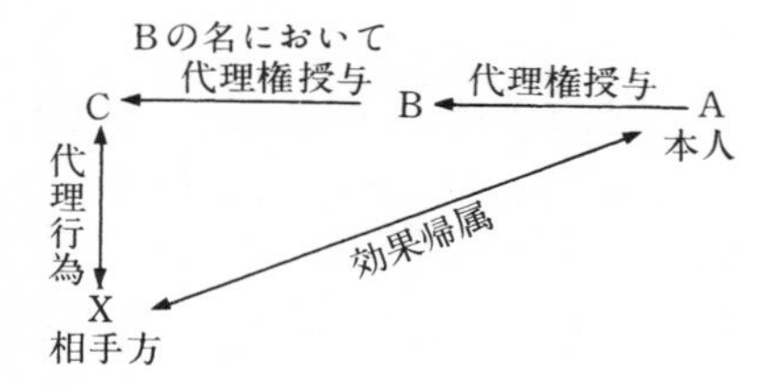


**3　選任行為をした代理人と復代理人との関係**

復代理人を選任した後も，選任行為をなした代理人（原代理人）は，従来通りの代理権を有する。復代理人選任行為は，代理権の譲渡ではない。したがって，復代理人選任後は，それぞれ単独代理権を有する複数の代理人が存在することになる[200)]。その代理権の範囲は，原代理人と復代理人については同じである。

〔**比較**〕Cの代理権の範囲を図表で示しておこう。

| | (イ)　代理人の代理人 | (ロ)　通常の代理人 | (ハ)　復代理人 |
|---|---|---|---|
| Aに対するBの地位 | 従前通り | 〃 | 〃 |
| Cの代理権の範囲 | Bから与えられた範囲に限られる。Bの代理権の範囲とは相互に無関係 | Aから授権された事項。Bの代理権の範囲とは相互に無関係 | Bの代理権の範囲内 |

## **②　復代理人を選任しうる場合**

代理人が復代理人を選任しうる権利ないし資格を復任権と呼ぶ。復任権の有無は，任意代理人と法定代理人とで異なり，復任権のないものが復代理人を選任し，その復代理人が本人の代理人として第三者と取引行為をした場合は，復代理人には代理人たる資格がないのであるから，その行為は無権代理

200)　大判大10・12・6民録27・2121　〔訴訟代理人がその委任権限に基づいて復代理人を選任するのは，本人から委任された権限に基づいて本人のために訴訟行為を委任するのであるから，その訴訟代理人が出廷したからといって当然に復代理人が資格を喪失するわけではない。〕

行為となる。

### 1　任意代理人の復任権

⑴　**原則**　　任意代理人には，原則として復任権はない（104条）。任意代理人は本人の信任を受けてその地位にあるものであり，また，何時でも辞任できる自由を有しているからである。

⑵　**例外**　　「本人の許諾を得たとき」と「やむを得ない事由があるとき」には，例外として復任権が認められる（104条）。「やむを得ない事由」とは，代理人（原代理人）自身が代理行為をしえない場合とか，本人の所在不明のため，本人の許諾をえたり，辞任したりできない事情にある場合などをさす。[201)]

### 2　法定代理人の復任権

法定代理人には，つねに復任権がある（106条）。一般に，法定代理人の権限は広汎で，その辞任も容易ではなく，本人の許諾の能力がないことが多いからであり，しかも元来本人の信任を受けて代理人となった者ではないからである。

## ③　復代理をめぐる内部関係

復代理の関係が生じた場合には，本人・代理人（原代理人）・復代理人・相手方の間に，次の五つの関係が存在する。

### 1　本人と代理人の関係

(イ)　任意代理人の責任　　任意代理人は，復代理人の行為によって本人が損害を受けた場合には，復代理人の選任および監督につき，本人に対し責任を負う（105条1項）。ただし，代理人が本人の指名に従い復代理人を選任したときは，その不適任または不誠実なことを知りながらこれを本人に通知せず，またはこれを解任することを怠った場合でなければ，責任を負わなくてよい（105条2項）。

(ロ)　法定代理人の責任　　法定代理人は，復代理人の行為については，自

---

201)　なお，商法上の支配人については，特別規定によって（商法21条2項）他の使用人を選任する権限が認められているから，104条の適用はない。支配人がその代理権に基づいて訴訟代理人を選任する場合についても，その選任は主人に代ってなすものであり復代理人の選任ではないから，民法104条の適用はないと解されていた（大判昭6・10・10民集10・859）。

身の行為と同様に本人に対して責任を負う。ただし，やむを得ない事情がある場合については，任意代理人と同様に，選任および監督についてのみ責任を負う（106条）。

### 2　代理人と復代理人の関係

復代理人と代理人の間には，委任・雇用などの基本的契約関係が存在するのを常とする。

### 3　復代理人と本人の関係

復代理人は，直接本人を代理する（107条1項）けれども，代理人により代理人自身の名において選任されたものであって，本人との間には理論上は何らの内部関係も生ずることはない。しかし，本人は，復代理人の対外的な代理行為によって，代理人の代理行為によるのと同様の利害を受けるものであるから，本人・復代理人間にも，本人・代理人間と同様の内部関係を成立させることが，本人にも復代理人にも便利である。107条2項の規定の趣旨も，ここにある。したがって，本人と代理人の基本的関係が委任契約であれば，本人と復代理人の内部関係も委任契約とされ，復代理人は本人に対し，善良なる管理者の注意義務（644条）を負い，受領金銭などの引渡義務[202]（646条），費用償還請求権（650条），代理人と同様の報酬を受ける権利（648条）を有することになる。

202)　復代理人の本人に対する受領物の引渡義務と代理人に対する引渡義務との関係が問題となる。

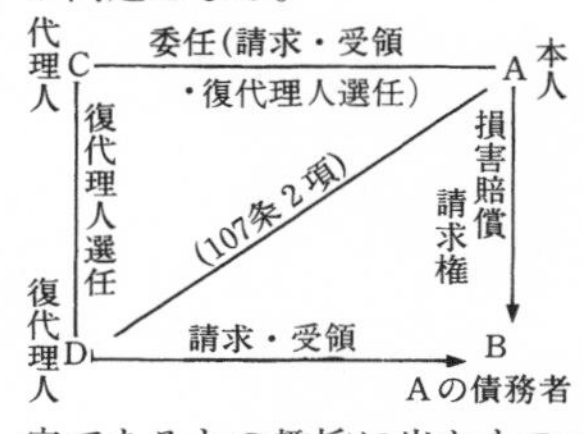


〔例〕　Aは，B会社に対する損害賠償請求権を行使するにつき，Cを代理人とし，同請求権の行使，賠償金の受領ならびにそのための復代理人の選任を委任した。Cは，Dを復代理人に選び，Dが同請求権を行使して賠償金を受領した。

このような事案につき，判例はつぎのように判示している。107条2項は「契約関係のない本人復代理人間にも直接の権利義務関係を生じさせることが便宜であるとの趣旨に出たものであるにすぎず，この規定ゆえに本人または復代理人がそれぞれ代理人と締結した委任契約に基づいて有する権利義務に消長をきたすべき理由はない……復代理人が委任事務を処理するにあたり金銭等を受領したときは，復代理人は，特別の事情のない限り，本人に対して受領物を引き渡す義務を負うほか，代理人に対してもこれを引き渡す義務を負」う。この義務は，いずれか一方に対して履行すれば消滅する（最判昭51・4・9民集30・3・208）。

### 4　復代理人と相手方の関係

復代理人は，本人の代理人であるから，原代理人と全く同様の関係に立つ。すなわち，復代理人は本人の名において代理行為をなし，その他 100 条，101 条等の適用をうける。

### 5　本人と相手方の関係

復代理人は，直接本人の代理をするのであるから，原代理人がなした代理行為の効力と同様に，法律効果はことごとく直接に本人・相手方間で発生する。

# 第6款　無権代理と表見代理

## 第1項　序　　説

### 1　無権代理

代理権が授与されていないのにかかわらず，代理人と称して相手方に対して代理行為をした場合を無権代理行為という。代理権が無いのであるから，本来は本人には何らの効果も生ずることはなく，代理人と称した者と相手方との間で，不法行為に基づく損害賠償（場合によっては不当利得に基づく返還請求）の関係が生ずるだけである[203)]。しかし，代理権の存否ならびにその範囲は，本来，本人と代理人との内部関係で決められるのであって，第三者がその詳細を知るのは容易なことではないから，一定の配慮が必要となる。

### 2　表見代理

実際の取引は，代理人と第三者（すなわち相手方）との間で行われるから，その代理人に代理権がなかったとして契約が無効となっては，取引をした相手方の地位を著しく危険なものにし，取引の安全を害することになる。代理

---

203)　Aの代理人と称する無権限のCが，Bと取引をした場合の法律関係について考えてみよう。

(イ)B・C間では「法律行為」が存在している。本人Aが追認すれば有効な代理行為になりうるような「法律行為」が存在していると解すべきである（無効な行為との相違点）。

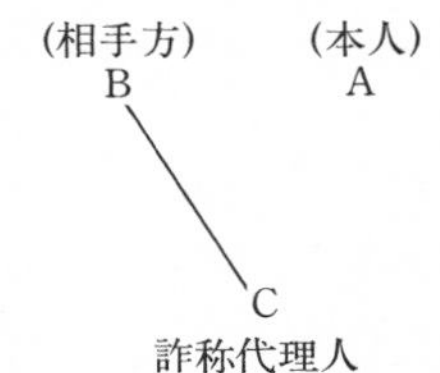


Cの意思表示に含まれている効果意思が，代理的効果意思であるため，Aの追認がないと効力が生じないだけである。

(ロ)Aの追認がない場合には，BはCの無権代理行為のために何らかの損害を被る場合がある。その損害については，Cの不法行為か一種の契約締結上の過失（故意）に基づく責任を追及して賠償を求めるべきところであるが，それでは不充分であるので，113条以下の規定が置かれていると考えてよい。

(ハ)Cの無権代理行為について，本人AとCとの間に特定の緊密な関係があるときは，それを前提とした相手方の救済が考えられるべきである（109条，110条，112条）。

(ニ)Cの無権代理行為によって，本人Aが損害を被った場合には，Cに対して不法行為，不当利得，場合によっては事務管理の規定に基づいて責任を追及することができる。なお，110条が適用される場合には，基本代理関係と合体している事務処理契約に基づいて債務不履行責任を追及することができる。

人と称する者が代理人らしい外観を有する場合には，相手方がこれに寄せる信頼は，特に大きいからである。このような観点から，民法は，無権代理人と取引をした者を保護するための特別な規定を設けている。

第一には，無権代理行為をもって本人との関係を完全に無効なものとはせず，追認によって有効な代理行為となる余地を残し（113条以下），他方で無権代理行為を行った者に重い責任を課している（117条以下）。

第二には，本人と無権代理人の間に特定の緊密な関係がある場合には，正当な代理行為と同様の効果を生じさせようとするものである（109条以下）。

上記第一の場合が狭義の無権代理であり，第二の場合が表見代理である。

## 第2項　無権代理（狭義）

### ① 契約の無権代理

#### 1　本人と相手方間に生ずる効果

代理権を有しない者が本人の代理人としてなした契約の効果は，当然には本人に帰属しない（113条1項）。本人の一方的犠牲の上に取引の安全を図るべきではないからである。

**(1)　本人の追認**

本人は無権代理行為を追認することによって，無権代理行為の効果を自己に帰属させることができる（113条1項）。代理権のない者による契約も，本人にとって常に不利益であるとは限らないから，本人がその法律効果を欲するならば，その効果の帰属を認めても不都合はない。かえって，相手方と無権代理人の意思に合致し，取引の円滑がはかれるからである。

**(イ)　追認の法的性質**　追認は，本来なら効力を生じない法律行為の効果を，自己に帰属させようとする意思表示であり，単独行為である。

**(ロ)　追認権者**　本人[204]およびその権限を有する者[205]である。本人が代理行為の当時に意思無能力者であっても，追認によってその法律効果は意思無能力

204）　意思能力を有していなかった本人のためになされた無権代理行為は，後に意思能力を回復した本人が追認できる（大判昭9・9・10民集13・1777）。

205）　戦死者の母がその事実を知らずに行った代理行為は相続人にとって無権代理行為であるから，その追認により遡及的に有効となる（最判昭33・6・5民集12・9・1296）。

者に及ぶ（大判昭9・9・10民集13・1777）。

**(ハ)　追認の相手方**　　これは，無権代理行為の相手方または無権代理人である。ただし，無権代理人に対して追認がなされたときは，その事実を相手方が知るまでは，相手方に対して追認の効果を主張することができない（113条2項）[206]。

**(ニ)　追認の方法**　　単独行為であるから，無権代理人や相手方の同意を必要としない。黙示の追認も可能である（大判昭6・3・6新聞3252・10）。しかし，取消しうべき行為についての法定追認（本章第8節③6参照）を定めた125条の規定は，無権代理行為の追認には類推適用されない（最判昭54・12・14判時953・56）。

**(ホ)　追認の効果**　　(a)　追認の遡及効　　本人によって無権代理行為の追認がなされると，無権代理行為は原則として，契約の時点に遡って契約の内容通りの効力を生じる（116条本文）。ただし，「別段の意思表示」があるときは遡及効は生じない。すなわち，遡及効の生じないような追認も可能である。

なお，（旧）禁治産者の後見人が，その就職前に（旧）禁治産者の無権代理人（第三者）によって締結された契約の追認を拒絶することが信義則に反するか否かは，後見人が悪意であったとしても，追認拒絶が取引関係に立つ当事者間の信頼を裏切り正義の観念に反するような例外的場合にあたるかについても考慮して判断されなければならない（最判平6・9・13民集48・6・1263）。

---

206)　追認が無権代理人に対してのみ，なされた場合。

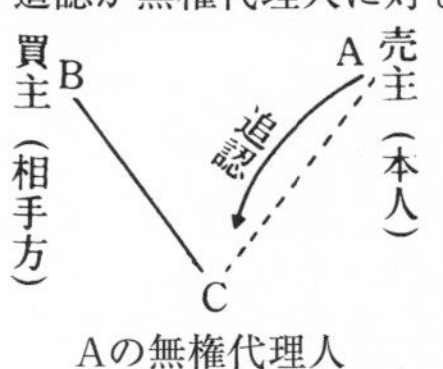


(イ)大判大8・10・23民録25・1835　〔113条2項は無権代理人に対する契約の追認またはその拒絶をもって相手方Bに対抗する場合に関する規定であり，AがCに対抗する場合にもなおBに対する追認またはその拒絶を必要とするという趣旨ではないから，Cに対抗するにはCに対する追認またはその拒絶で充分である。〕したがって，AはCに対して受領代金の返還を請求することができる。

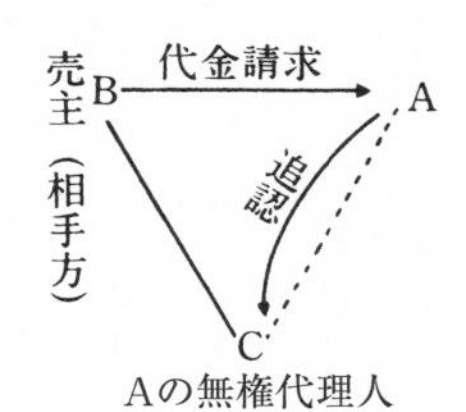


(ロ)大判大14・12・24民集4・765　〔無権代理人Cに対してなされた追認またはその拒絶も有効であって，相手方が知らない場合には，これを対抗することができないというにすぎない。したがって，相手方が追認またはその拒絶を前提としてその効果を本人に対して主張することは妨げない。〕すなわち，相手方である売主Bは本人である買主Aに代金を請求できる。

後見人としては，本人の利益を守る立場にあるからである（4(3)も参照）。

(b)「第三者の権利を害することはできない」（116条ただし書）の意味

この規定が実際に機能する場合は少ないと解されている。この規定は，無権代理行為から追認までの間に第三者が権利を取得していた場合に，追認の遡及効によってこの権利の根拠が覆えされるのを防ぐことを目的とするものである。しかし，法定の対抗要件を具備しなければ排他的効力を有しない権利（たとえば不動産所有権）取得者の間では，先に対抗要件を具備した者が優先するのであって，116条ただし書の適用される余地はない。本条ただし書が現実に機能するのは，追認によって認められる権利も，第三者の権利も，ともに特段の対抗要件なしに排他的効力を認められるような場合や両方共に対抗要件を具備している場合だけである。[207)]

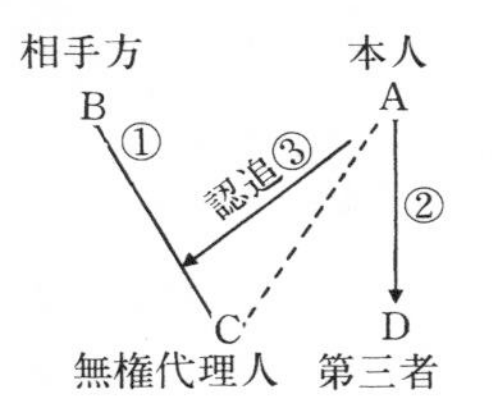


〔**例**〕 Aの無権代理人Cが，A所有の不動産をBに売却したが，その直後にAも同一不動産を第三者Dに売却した。AはCの無権代理行為を検討したところ，A—D間の売買よりも有利であることが判明したため，これを追認した。この場合に，Dのために116条ただし書は適用されるであろうか。

---

207)　116条の適用範囲は下記のように解されている。

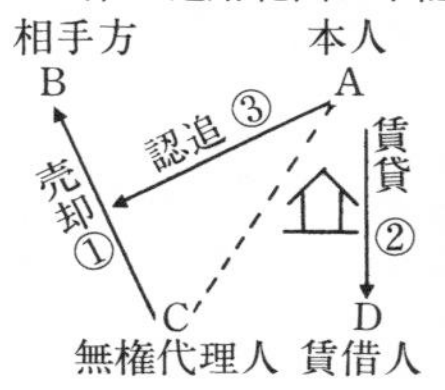


〔例1〕 Bは，無権代理人Cを通じてAの所有家屋を購入し，移転登記をも経由したが，その直後にAも同家屋を第三者Dに賃貸して引き渡した。Aは，その後Cの無権代理行為を知り，これを追認した。Dの借家権は新所有者に対抗することができるだろうか（借地借家法31条参照）。

上のような場合には，Aの追認前にDが取得した既得的地位は，Aの追認の遡及効によって害されることはないと解されている（幾代361）。

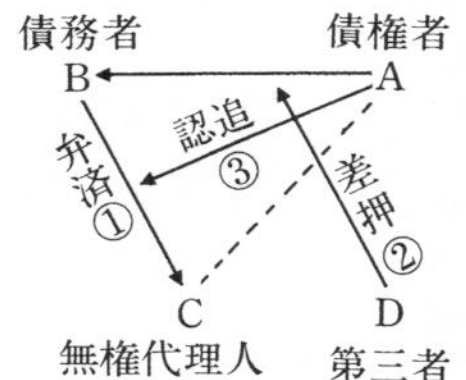


〔例2〕 債権者Aの無権代理人Cが弁済を受領した後に，Aの債権者Dが同債権を差押えて転付命令を取得したが（Dは対抗要件を具備している），AはCの無権代理行為を追認してしまった。

類似の例について，判例は〔Dが転付命令を得たからといって本人の地位を承継するわけではないから，Dの第三者としての権利は，Aの追認の遡及効によって害されることはない〕と判示している（大判昭5・3・4民集9・299）。なお，最判平9・6・5民集51・5・2053参照。

上の例におけるBとDとの関係は，二重譲渡の関係であるから，BとDのいずれが先に登記を取得したかによって，最終的な権利者が決定されると解されている（177条）。

(c)　116条の類推適用　　本条は他人の権利の処分の場合にも類推適用される。例えば，他人Aからの授権（本章注147）参照）がないB・C間の他人物売買において，Aが売主の処分行為を追認する場合である[208)]（本章第8節❶4）。

### (2)　本人の追認拒絶

無権代理行為は，本人が積極的に追認をしない以上，もともと本人には何等の効果を生ずるものではないから，特に追認を拒絶することの意味は大きくはない。しかし，本人が追認を拒絶することにより，以後，追認をすることができなくなり，相手方は115条の取消しをする必要がなくなるから，法律関係が確定的に無効となる，という意味で実益がある。拒絶の相手方および効果は，追認の場合と同様である（113条2項）。

### (3)　相手方の催告権（114条）

これは，不確定な状態におかれた相手方に，法律関係を確定させるために与えられた権利であり，相手方は，(a)相当の期間を定め，(b)その期間内に無権代理行為を追認するかどうか確答すべき旨を，(c)本人に対して，催告することができる[209)]。この場合において，上の期間内に確答がないときは，追認の拒絶があったものとみなされる（114条）。なお，この催告権は契約の当時に相手方が無権代理であることを知っていた場合にも認められる。

### (4)　相手方の取消権（115条）

(イ)　この取消しは，契約を確定的に無効にする行為[210)]であって一種の撤回であり，本人の追認があるまでの間に行われなければならず，取り消されると

---

208)　最判昭37・8・10民集16・8・1700〔ある物件につき何ら権利を有しない者が，これを自己の権利に属するものとして処分した場合において，真実の権利者が後日これを追認したときは，116条の類推適用により処分の時に遡って効力を生ずると理解するのが相当である。〕

209)　催告の際に付される猶予期間は，本人の利益のために与えられるものであるから，本人がいったん拒絶した以上，期間内であっても後に追認することは許されない（大判大9・3・20民録26・384）。

210)　1個の契約が不可分であるときは，契約の一部取消しは認められないが，契約の内容が可分なものであるときは，契約の一部取消しも可能である（大判大12・6・7民集2・383）。

以後本人は追認することができなくなる。

(ロ)　この取消権を有するのは，契約当時，無権代理であることを知らなかった相手方のみであり，悪意の相手方は不確定な状態におかれることは覚悟すべきであるから，取消権を有しない。

(ハ)　取消しの意思表示の相手方（追認の相手方については本節第2項❶(1)(ハ)参照）が誰であるかについては規定がないが，本人または無権代理人のいずれに対して行ってもよいと解されている。

**2　相手方と無権代理人間に生ずる効果**

無権代理行為が本人の追認を得られないためにその効力が生じない場合には，代理人を信頼して契約関係に入った相手方を保護するために，無権代理人に無過失責任[211)]を認めている（117条）。

**(1)　責任の要件**

(イ)　他人の代理人として契約をした者が，自己の代理権を証明することができない場合であること　　行為をした者が代理人として契約をしたということの証明は相手方においてなさなければならないが，その者が代理権を有していなかったということまで立証する必要はない。自称代理人側が，代理権を有していたことを立証しなければならず，これが証明できなければ117条の責任を免れない。

(ロ)　本人の追認を得られないこと

(ハ)「代理権を有しないことを相手方が知っていたとき，若しくは過失[212)]によって知らなかった」場合でないこと　　相手方が悪意であったことまたは善意であることに過失があったことの立証責任は，自称代理人が負う。

---

211)　同時に表見代理が問題となりうることに注意すべきである。無権代理人の責任と本人の表見代理責任との関係については，本款第3項参照。

212)　無権代理人と表見代理の関係につき，表見代理が成立する場合には117条の責任は発生しないと解するのであれば（我妻381ほか），本条の「過失」は重過失の意味に解すべきことになる。相手方が無過失であれば表見代理の問題となるから117条が無意味な規定となるからである（この点につき最判昭62・7・7民集41・5・1133は重過失であることを要しないとしている。とくに原審の見解参照）。

「過失」を通常の軽過失の意味に解すると，体系的には，本条による責任と表権代理責任との競合を生ずることになる。しかし，具体的には一方の要件のみを充足し，競合を生じない場合もある。具体的にも競合を生じた場合には，相手の選択に従うことになろう。

(ニ) 「代理人として契約をした者が行為能力を有しなかったとき」でないこと この立証責任も自称代理人が負う。

(ホ) 相手方が115条による取消しをしていないこと 取消しがなされたことの立証責任も自称代理人が負う。これは法文上明らかではないが，当然のことである。

(ヘ) 無権代理人の帰責事由は不要 117条の責任は，無権代理人の無過失責任である。

**(2) 責任の内容**

無権代理人は，「相手方の選択に従い，相手方に対して履行又は損害賠償の責任を負う」(117条1項)。

**(イ) 「履行」の責任** これは，本来なら，本人と相手方との間に成立したであろうはずの一切の法律関係が，無権代理人と相手方との間で成立したものとして取扱うという意味であり，これにより無権代理人は，本人と同様の権利を取得し義務を負うことになる。[213)]

**(ロ) 「損害賠償」** これは，信頼利益（代理権があったと信じたことによって被った損害）の賠償ではなく，履行利益（有効な契約の履行があったと同一の利益）の賠償をなすべきものと解釈されている（最判昭32・12・5新聞83・84合併号・16)。

**(ハ) 「選択に従い」** これは，履行責任と損害賠償責任が一種の選択債務の関係にあることをいうと解するのが通説である。ただし，判例には，これを否定するものもある。[214)]

**(3) 117条の責任と不法行為責任の関係**

代理権を有しない者が，代理権を有すると称して取引行為に入ったために，相手方に損害を生じさせた場合は，その行為は，一般的には不法行為に該当する。相手方は117条の責任と不法行為責任を選択的に，あるいは競合して追及できるであろうか。117条は，無権代理行為の不法行為性を十分認識し

---

213) 大判昭8・1・28民集12・10 〔117条1項の趣旨は，無権代理人が代理権を有していたとすれば，本人との間において生じたであろう場合と同一の利益を，相手方にその選択に従って享受させることにある。〕

214) 大判昭2・4・21民集6・166 〔117条1項に基づいて相手方が有する権利は，民法406条以下の選択債権ではない。〕

て，それに対応するために規定されたのであるから，一般不法行為法に対する特別法の関係にあるものと考えるのが妥当であり，同規定の範囲内で，117条は一般不法行為の規定の適用を排除するものと解すべきである。

### 3　本人と無権代理人との間に生ずる効果

(イ) 本人が無権代理行為を追認しない場合　本人に何らの効力も生じないから，本人と無権代理人の間には法律関係は生じない。しかし，本人に事実上何らかの損害が発生していれば，本人は無権代理人に対して不法行為責任を追及しうる。

(ロ) 本人が無権代理行為を追認した場合[215)]　この場合には，無権代理行為は本人に対して効力を生ずる。本人の追認があるときは，無権代理行為につき本人のために事務管理が成立する。学説・判例（注215)）には，無権代理行為が本人の利益となる場合のみ事務管理が成立すると解するものが多い。これに対して，無権代理人の意思如何にかかわらず，内部関係としては委任関係があったのと同様に扱うべきであるとの主張もある（我妻383)。

### 4　本人と無権代理人の地位が同一人に帰した場合

相続などによって，無権代理人の地位と本人の地位とが同一人に帰した場合に，追認があったと同様の効果が生ずると考えるべきか否かについては問題がある。

#### (1) 無権代理人が本人の地位を相続した場合

相続一般の効果の例外として，両者の地位は融合することなく，本人の地位と無権代理人の地位の二面性を有することになると解すべきであるが，信義則上，本人たる資格で追認を拒絶することはできず，これによって無権代理行為は相続と同時に有効となる[216)]。ただし，本人が無権代理行為の追認を拒絶した場合には，その後相続によって本人の地位と無権代理人の地位が同一人に帰属することになっても，無権代理行為が有効になるものではない（最判平10・7・17民集52・5・1296)。

---

215)　大判昭17・8・6民集21・850　〔無権代理行為を本人が追認しても，無権代理人が遡及的に有権代理人になるわけではなく，その無権代理行為が遡及的に有権代理と同一の効力を有することになるにすぎない。したがって，追認された行為はその結果が本人の利益に帰した場合においては，事務管理となる。〕

### (2)　本人が無権代理人を相続した場合

判例は「相続人たる本人が被相続人の無権代理行為の追認を拒絶しても，何ら信義に反するところはないから，被相続人の無権代理行為は一般に本人の相続により当然有効となるものではない」(最判昭37・4・20民集16・4・955)と判示していたため,「当然有効となるものではない」という表現の不明確さが指摘されていたが，近時，この点を明確にした判決がなされている。[217)] (1)と同様に，この場合も両者の地位は融合することなく，一人の人間が本人と無権代理人の2つの地位を有するから,「本人」の地位において追認を拒絶（履行責任を拒絶）できるが（信義則に反しない)，その場合には，無権代理人としての損害賠償責任は免れることができないと解するのが妥当である。

### (3)　無権代理人が後に法定代理人となった場合

Aが未成年者Bの後見人と称してBの不動産をCに売却した後に，Bの後見人に就任した場合には，Aは原則として追認を拒絶することは許されない(最判昭47・2・18民集26・1・46)。すなわち，Aの後見人就任と同時にCは有効に権利を取得する。[218)] 例外につき，本章注204）の判例参照。

---

216)　(イ)　無権代理人Cが，本人Aを相続した場合については，①本人の地位と無権代理人の地位が融合(混同)するから，本人自ら法律行為をなしたのと同様の関係が生じると解する立場（旧判例）と，②地位の融合は生じないが，無権代理人が「本人」として追認を拒絶することは信義則に反するから許されないと解する立場がある（大判昭17・2・25民集21・164)。前説は，相続によって代理構造自体が消滅すると解するのに対し，後者は代理構造は存続することを前提としている。

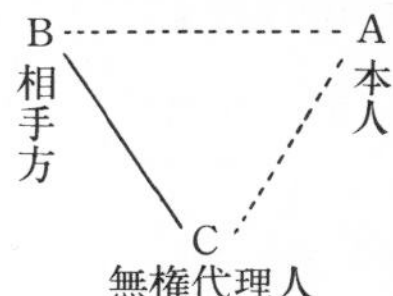


(ロ)　Cが相続でなく目的物の所有権を取得した場合についても，C・B間に通常の契約が成立したのと同様に考えてよい（最判昭41・4・26民集20・4・826)。

(ハ)　無権代理人を本人と共同で相続した者が，その後さらに本人を相続した場合は，当該相続人は本人の資格で無権代理行為の追認を拒絶することはできない。(最判昭63・3・1判時1312・92)

217)　最判昭48・7・3民集27・7・751　〔民法117条による無権代理人の債務が相続の対象となることは明らかであって，このことは本人が無権代理人を相続した場合でも異ならないから，本人は相続により無権代理人の同債務を承継するのであり，本人として無権代理行為の追認を拒絶できる地位にあったからといって同債務を免れることはできないと解すべきである。〕なお，共同相続の場合につき，最判平5・1・26金商920・3参照。

218)　ただし，A・B間において利益相反の関係があるときは，この限りではない。

### 2 単独行為の無権代理

契約において無権代理行為の追認を認めたのは，本人の追認さえあれば，それと関係のあるすべての当事者の意図を満足させることができ，かりに本人の追認がないときには，無権代理人に重い責任を負担させることが適当であるからである。これに対し，単独行為は一方的意思表示によって法律関係の変動を生ぜしめるものであって，これについて追認を許せば，本人には追認の自由が生じて利益となっても，相手方は自らの関与しえない法律関係について不安定な状態におかれる場合が生ずる。そこで，単独行為の無権代理については契約の場合と取扱を区別し，原則として無権代理人がなすものも，無権代理人に対してなされるものも無効であるとし（118条）[219]，不都合のない範囲で例外を認めた。118条の規定は非常に分りにくい表現となっているので，次に整理しておこう。

#### ⑴ 相手方のない単独行為（遺言，寄付行為，所有権の放棄，相続の承認・放棄など）

これらの場合には，無権代理は常に確定的に無効である。追認によっても有効となしえない。また，相手方は存在しないから，その保護も考える余地はなく，無権代理人には何らの責任も生じない。

#### ⑵ 相手方のある単独行為（取消し，解除，債務免除，法定代理人の同意）

これらの場合には，原則として確定的に無効であるが，次の⑴，⑵の場合にかぎり，契約における無権代理と同様に無権代理人としての責任（117条）が生じるとされている。

㈠ 能働代理においては，「代理人」が代理権なしに行為をすることを，相手方がその行為の当時に同意し，またはその代理権を争わなかった場合[220]

㈡ 受働代理においては，無権代理人の同意[221]を得て相手方が行為をなした場合。

---

219） 同条は自己の名において他人の財産権を処分する単独行為にも，類推適用されるべきである（川島406）。

220） 本人は，追認によって無権代理行為の欠陥を補充することができる。

221） 同意を要件としないと，意思表示の受領をさせられて無権代理人の責任を負わされる結果になってしまうからである。

# 第3項　表見代理

## ① 意　　義

### 1　第三者の意義

表見代理とは，本来は無権代理行為であるが，無権代理人と本人との間に特殊な関係[222)]がある場合に，無権代理人を真実の代理人であると誤信して取引した相手方を保護し，取引の安全をはかるために，有権代理であったかのごとくに本人に対して効力を生じさせる制度である。表見代理の保護を受ける者は，法文上は「第三者」とされている。これは代理関係における第三者，すなわち本人と代理人以外の者（相手方）であると解されている[223)]（通説・判例）。相手方の利益（取引の安全）を保護することは，反面において，本人の利益が犠牲になることを意味する。従って，表見代理の中心問題は，本人の利益と相手方の利益の調和をはかることに存する。表見代理が成立するためには，一面では，相手方においてその利益が保護に値するような事情（善意無過失ないしは正当理由（正当事由）といった正当な信頼）があり，他面では，本人においてその利益を犠牲にしてもやむをえないとみられるだけの事情[224)]があることが必要とされる。民法は3種の表見代理を規定し（109条，110条，112条），取引の保護と本人の利益との調和をはかっている。

---

222)　無権代理人と「本人」との間の特殊な関係について，民法は3つの基本的なタイプに分けて規定している。
⑴ある人に代理権を授与した旨を他人に表示した場合（109条）。
⑵代理人が与えられた代理権（基本代理権）の範囲を超えて背信的な行為をした場合（110条）。
⑶代理人の代理権が消滅したにもかかわらず，放置しておいたために旧代理人が「代理行為」をした場合（112条）。

223)　したがって，下図のDは，仮にBについて表見代理が成立しない場合には，D自身のために表見代理の保護を受けることはできない。

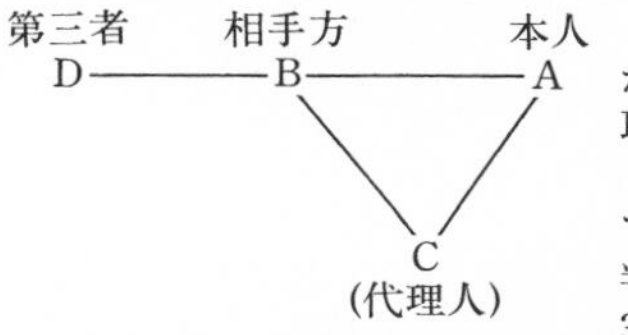


なお，転輾流通することが予想される白紙委任状が用いられる場合には，受取人だけでなく委任状を取得する可能性のある人はすべて「相手方」である。
転輾流通を予定しない白紙委任状の転得者については表見代理による保護が問題となる（肯定例，最判昭42・11・10民集21・9・2417，否定例，最判昭39・5・23民集18・4・621）。

224)　故意又は過失という帰責事由とは，区別すべきである（本節第6款第3項③2⑶参照）。

### 2　制度の根拠

表見代理制度は，誠実信義の原則（信義則）（1条2項）の現れである禁反言法理（エストッペル）すなわち矛盾的態度の禁止の一適用であり，表示による禁反言である。すなわち，AがBの表示を信じてBと法律行為を行った場合（例えば契約を締結した場合）には，Bは後に自己の表示が真実に反していたことを理由として，それを翻すことは許されないとする法理に基づく制度である。

## ② 代理権授与表示による表見代理（109条）

### 1　要　件

⑴　本人が，第三者に対して，ある人を自分の代理人とする旨の表示をなすこと。

(イ)　代理権授与表示　　上記の「表示」とは，代理権授与の意思表示をさすのではなく，その事実を第三者に示す観念の通知のことであるが，行為能力および意思表示に関する規定を適用して妨げない。例えば，制限能力者が法定代理人の同意なしに授権表示をした場合は，これを取り消しうるし，要素の錯誤に基づいて授権表示をした場合は無効である。

(ロ)　表示の方法　　表示は書面によっても口頭によってもよいし，特定人に対するものでも不特定人に対するものでもよい（最判昭35・10・21民集14・12・2661,「東京地方裁判所厚生部」[225]の例）。代理人とされる者を通じてする場合でもよい。例えば，代理人とされる者に委任状を交付し，その代理人が相手方にこれを呈示するような場合である。

(ハ)　表示の撤回　　この授権は,表見代理人が代理行為をする前であれば,撤回することによって効果の発生を阻止することができる。たとえば，相手方に対する撤回通知，交付した委任状の回収・破棄などにより，授権を了知した者に対して撤回を了知させなければならない。

⑵　表示された「代理権の範囲内」における行為をすること。

---

225)　日本電信電話公社近畿電気通信局の施設内において,「近畿地方生活必需品販売部」の名称使用を許した場合でも,「日本電信電話公社」の名称使用を許していない限り，代理権授与の表示があったものとはいえないとした判例もある（最判昭40・2・19判時405・38）。

109条の適用のみによって表見代理の成立を認める場合は，この要件は原則的に重要であるが，表見代理一般の成立を検討する場合には，標記の場合に適用を限定すべきではない。つまり，代理権の範囲を越えるときは110条を併せて適用すべきである（白紙委任状の例，最判昭45・7・28民集24・7・1203)。

(3)　表見代理の効果は，表示を受けた相手方に限る[226]。

(4)　相手方が善意・無過失であること。

これは，法文上明らかではないが，表見代理制度の趣旨に鑑みればこの要件は当然に要求されるべきである。なお，相手方が善意・無過失を立証するのではなく，表示した本人が，代理行為の相手方の悪意または過失を立証しなければならない（最判昭41・4・22民集20・4・752[227])。

(5)　109条は法定代理には適用されない。

法定代理については，否定的に解するのが判例[228]，通説[229]の見解である。法定代理では，「代理権を与えたる旨」を表示すること（109条）がないからであると解されている。

### 2　効　　果

本人が無権代理人の行為について責任を負う。「責任を負う」というのは，有効な代理権があったと同様に，権利義務の一切が本人に帰属することを意

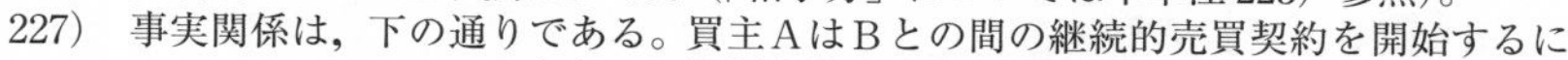

226)　大判明38・2・21民録11・196（「相手方」については本章注223）参照)。

227)　事実関係は，下の通りである。買主AはBとの間の継続的売買契約を開始するにあたって根抵当権を設定する必要があるが，自らは担保になる物を所有していない。そこで，Cに相談した。Cは融資を希望しているDに対してAから融資を受けられるから，と欺罔してD所有の不動産に根抵当権を設定するのに必要な書類を受けとり，D名義の委任状と共にAに交付したところ，AはこれらをBに呈示してDを物上保証人とする根抵当権設定契約を締結して登記も完了した。

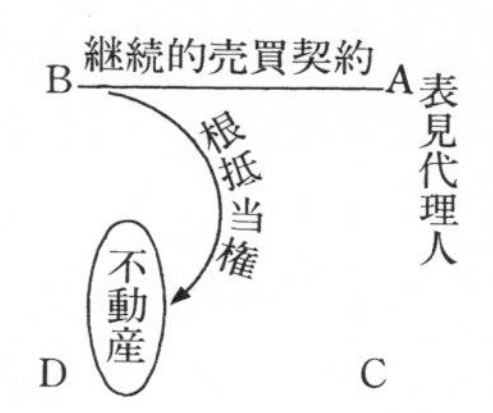


上の事例においては，Bは，物上保証人Dと何ら面識をもたず，かつ目的不動産を評価する目的でD宅を訪れながらAの代理権の有無を確かめなかったから，BにはAに代理権があると信ずるにつき過失があるとされている。

228)　大判明39・5・17民録12・758

229)　近時，取引の安全のために法定代理にも109条を適用すべきであるとの主張がある。制限能力者制度が本人（制限能力者）の保護に傾きすぎていることと，戸籍簿への法定代理人の記載を代理権授与の表示に準じるものと解することができることを理由としている（椿寿夫注民(4)122)。しかし，1999年の改正で浪費のみを理由とする制限能力制度はなくなったから，適用の必要度も低下したと言えるのでないだろうか。

味する。

しかし，上のように解しても，無権代理であることには変りがないから，相手方は，表見代理としての効果と無権代理としての効果を選択的に主張することができる[230]。なお，表見代理であることが裁判上認められれば，相手方は代理人に無権代理の効果を主張することはできなくなる（四宮/能見270）。

また，本人が効果の帰属を欲すれば，表見代理の要件を充足している場合であっても，無権代理行為を追認して，相手方の取消権を消滅させることができる（幾代402）。

なお，表見代理は相手方保護の制度であるから，無権代理人自身が，表見代理であることを主張して自らの責任を本人に転嫁することは許されない[231]（このことは相手方に無権代理の効果と表見代理の効果とを選択的に主張することを認める以上，当然の帰結である）。

### ③　権限外の代理行為の（権限踰越による）表見代理（110条）

#### 1　意　　義

代理人が，与えられた代理権の範囲を越えて代理行為をなした場合に成立しうる表見代理である（110条）。

#### 2　要　　件

##### (1)　基本代理権の存在

(イ)　基本代理権　　何らかの代理権[232]（基本代理権）を有する者がその権限を越えて行った代理行為であることが必要である。この代理権自体が109条の表見代理による場合であってもよい[233]。

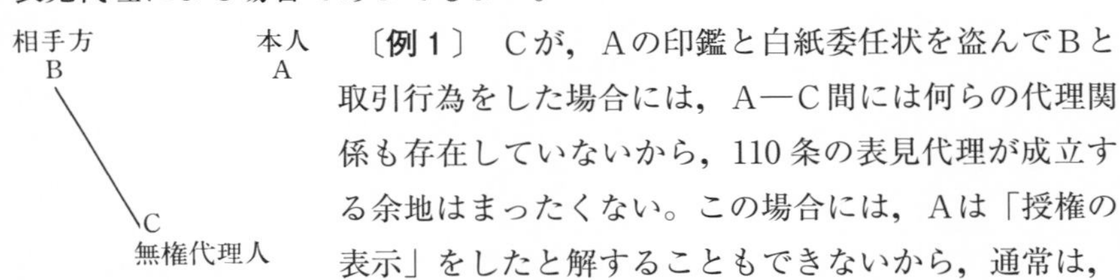


〔例1〕　Cが，Aの印鑑と白紙委任状を盗んでBと取引行為をした場合には，A―C間には何らの代理関係も存在していないから，110条の表見代理が成立する余地はまったくない。この場合には，Aは「授権の表示」をしたと解することもできないから，通常は，109条の表見代理も成立しないと思われるが，委任状等がCのもとにあるこ

---

230)　反対説については，本章注212）参照。
231)　最判昭62・7・7民集41・5・1133参照。

とをAが知っていながら，これを放置しておいたというような事情が加わると，そのことが「授権の表示」と評価しうる場合も生じうると思われる。

(ロ)　権限外（権限踰越）　代理人が本人から与えられていた代理権の範囲を越えて代理行為をした場合に110条の適用が問題となる。代理権の範囲を量的に越えた場合に限るのか，その代理権とは直接関係のない事項について代理行為をした場合も含まれるのか（権限の同質性），については，かつて争いのあった点である。

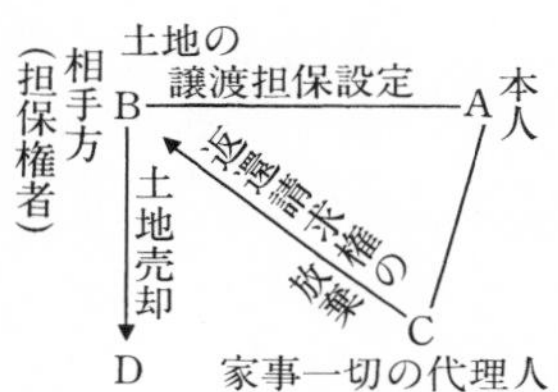


〔**例2**〕　AがBから融資を受けるにあたって，自己の土地を譲渡担保に供したところ，Bは同土地を譲渡担保権の存続中にDに売却してしまったので，AはBに対して損害賠償を請求した。これに対して，Bが，同土地の処分にあたって，Aの家事一切の代理権を有するCが同土地の返還請求権を放棄した旨主張したので，Cの越権行為とCの代理権との同種・同質性が問題となった。判例は，仮にCの行為と代理権との間に何らの関連が存しなくても110条の適用を妨げるものではない旨判示した（大判昭5・2・12民集9・143）。

〔**例3**〕　CはAから土地の贈与を受けていたため，その移転登記手続に必要であると称して，Aから実印，印鑑証明書，権利証等の交付を受けた。と

---

232)　表見代理は代理行為（法律行為）に関する制度であるから，本人と「表見代理人」との間に事実行為に関する準委任契約が存在しているにすぎない場合には，110条の適用ないし類推適用が可能かどうかが問題となる。

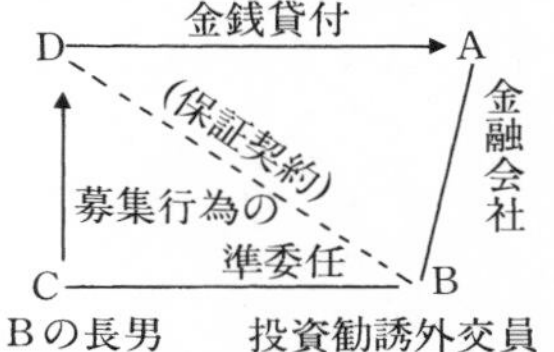


〔例〕BはA金融会社の投資勧誘外交員であったが，募集行為一切を長男Cに委ねていた。DはCの勧誘によってA会社に金銭を貸し付けるにさいして，Bの保証を求めたので，CはBの印鑑等を冒用して保証書を作成してDに差し入れた。このような場合に，DはCの表見代理を主張することができるだろうか。

判例は，CがBを代理して少なくともなんらかの法律行為をなす権限を有していなければならない，として110条の適用を否定している（最判昭35・2・19民集14・2・250，最判昭34・7・24民集13・8・1176も同旨）。近時の学説につき注235）参照）。

233)　無権代理の追認も基本代理権と同様の評価を受けることがある（最判昭45・12・24民集24・13・2230）。〔AがBの代理人と称してCと締結した抵当権設定契約をBが追認した後，AがBの代理人と称してDと抵当権設定契約を締結した場合にも，110条と112条の類推適用によりBの責任を認めることができる。〕

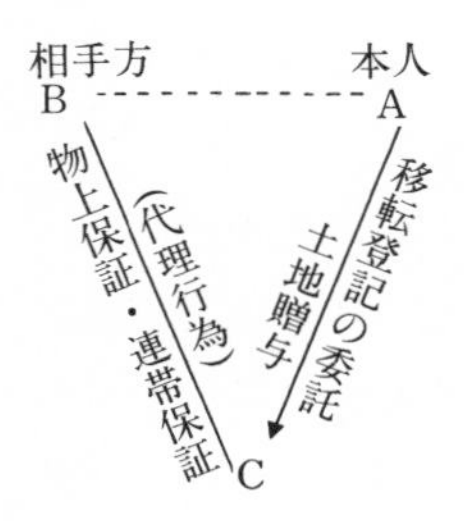


ころが，Cへの融資者であるBから人的・物的担保の供与を求められていたCは，上記のAの書類を用いて，Aが担保提供者兼連帯保証人である旨の契約書を作成してBに交付した。

この場合においては，A・C間の代理権は，移転登記の申請という公法上の行為を内容とするものであるが，[234] A・C間には，AがCに対して一定の法律行為[235]を第三者に対してすることを委託したという関係が存在するから，110条の基本代理権があると考えてよい。

(ハ)　行為の法的性質　　私法上の行為でなければならないか否かは，基本代理権について問題となるだけでなく，表見代理の適用対象自体についても問題となる。例えば，AがBに対して抵当権の抹消登記を依頼したところ，Bはその関係書類を用いて他の債権者のために根抵当権の設定登記をしたという場合には，基本的には根抵当権設定行為に関する表見代理のみを問題とし，この点で表見代理の成立を認めさえすれば，根抵当権に関する登記申請行為（公法上の行為）については表見代理の適用を認めるまでもない。そのうえで，登記の抹消請求はできないと解すべきである。判例も，このような場合について，①登記の記載が実体的法律関係に符号すること，②登記義務者において登記申請を拒否する特段の事情がないこと，③登記権利者において

234)　最判昭46・6・3民集25・4・455　〔単なる公法上の行為についての代理権は，110条による表見代理の要件である基本代理権にあたらないと解すべきであるとしても，登記申請行為のように，その行為が特定の私法上の取引行為の一環としてなされるものであるときは，110条の適用に関してもその私法上の作用を看過することはできない。すなわち，受任者の権限の外観に対する第三者の信頼を保護する必要があることは，委任者が一般の私法上の行為の代理権を与えた場合におけると異なるところがない。〕

しかし，別の判例では，印鑑証明書下付申請手続一切に関する代理権の授与が基本代理権といえるかが問題となった際に，「取引の安全を目的とする表見代理制度の本旨に照らせば，民法110条の権限踰越による表見代理が成立するために必要とされる基本代理権は，私法上の行為についての代理権であることを要」するとしている（最判昭39・4・2民集18・4・497）。

235)　法律行為という点についても，あまり厳密に考えるべきではないという見解が有力である。経済的観点からみた場合にあまり重要性のない委託行為でも，法律行為であれば基本代理権となり，極めて重要な行為であっても，準法律行為であるから基本代理権とならないというのは合理的でないからである（幾代381）。注232）参照。

当該登記申請が適法であると信ずるにつき正当の事由があること，を要件として登記の抹消はできないと解している（最判昭41・11・18民集20・9・1827）[236]。

⑵　**権限を越えた代理行為であること。**

代理権を与えられている者が，その権限を越えて代理行為をすることが原則として必要であるが，代理人が実印，印鑑証明書，従来の権利証等を有している場合には，相手方がその者を本人であると誤信することはありうる。誤信してもやむをえないような場合であれば，代理形式でなくても相手方は保護されて然るべきであると考えられる[237]（最判昭44・12・19民集23・12・2539）。

⑶　**相手方の誤信について正当の理由があること。**

「正当の理由[238]」があるといえるためには，相手方が完全に有効な代理権の不存在について善意であり，かつそのことについて過失がないことが必要である。代理人が本人の実印や権利証を有している場合には，一般に正当事由があると考えられるが，本人と代理人との間に特殊な関係がある場合でも，それだけで代理権の存在を推定すべきではない（夫婦の例，最判昭27・1・29民集6・1・49，主たる債務者と連帯保証人の例，最判昭45・12・15民集24・13・2081）。

「正当の理由」があるといいうるためには，本人の側に過失があることは必要でないと解されている（判例[239]・通説）。この点は，110条を法定代理の場合にも適用しうると解する場合[240]には，前提的意義を有する（我妻373，幾代385）。なお，「正当の理由」の存否は代理行為の時点を基準として判断すべきである（大判大8・11・3民録25・1955）。

---

236）　登記申請行為自体について，表見代理を適用したと思われる判例もある（最判昭37・5・24民集16・7・1251）。

237）　本人が途中で代理人の背信行為に気がついたにもかかわらず，権利者の外形を放置していたという場合には，さらに94条2項の類推適用も問題となりうる。

238）　代理人が本人の実印の押捺された契約書と印鑑証明書を相手方に交付する場合には，原則として「正当事由」があるが，重要な取引行為の場合にはさらに本人の意思確認をしなければ「正当事由」があるとはいえない（不動産売買につき最判昭36・1・17民集15・1・1，根保証契約につき，最判昭51・6・25民集30・6・665）。

銀行取引約定の保証人になる者に意思確認をしなかった銀行につき，110条の適用を否定した例もある（最判昭36・11・26判時284・15）。

239）　最判昭28・12・3民集7・12・1311〔本人の作為または不作為に基づくものであることを要しない〕，最判昭34・2・5民集13・1・67〔本人の過失によって生じたものであることを要しない〕

240）　大連判昭17・5・20民集21・571

### ⑷　110条の「第三者」

通常，代理行為の直接の相手方を意味するが[241]，手形の転得者については商法学者の間で争いがある。

### ⑸　本条と法定代理との関係

(イ)　帰責事由との関係　　表見代理の成立要件として本人の帰責事由をあげる立場においては，110条を法定代理に適用することは困難となるが，そのように解すべきでないことは，すでに述べた。また，法定代理の場合には，代理権の範囲が法定されているから権限の範囲について誤信が生じることはないはずだとの主張もあるが，現に日常家事債務（761条）などにおいて，「範囲」の問題が生じている。

(ロ)　代理構成との関係　　日常家事に関する法律行為については夫婦間に連帯責任が発生することになっているが，これについては，夫婦間において当然に代理権を認めたものであるとの理解と，そうではないとの理解が対立している（前者が判例・多数説）。

日常家事債務について代理権的構成をとる場合においてもその法律構成をめぐって対立がある。

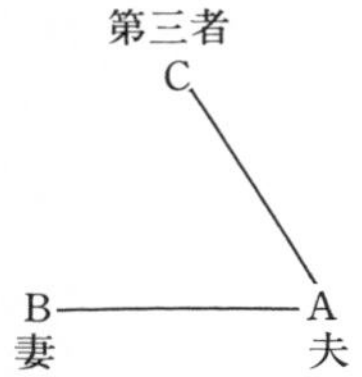


(a)　甲説　左図の夫Aが第三者Cとの間で越権代理をするのは，通常，任意代理行為としてであるから，そのさいには，A―B間における法定代理権が基本代理権となりうる，と構成する（任意代理と法定代理）。

(b)　乙説　Aが越権代理をするのは，通常，日常家事の処理にさいしてであるから，日常家事の代理権を基本代理権として日常家事に関する越権的代理行為をしたものと構成すべきである（法定代理と法定代理）。

上の両説の根本的相違点は，Aの越権代理を任意代理と法定代理の組み合せとして考えるか，法定代理と法定代理の組み合せとして考えるか，という点にあるといってよい[242]。

判例は，乙説に立っている[243]（最判昭44・12・18民集23・12・2476）。

---

241)　判例は，直接の相手方に限るとしている（最判昭36・12・12民集15・11・2756）。

### 3　効　　果

本人が，その責に任ずることである（109条に関する説明参照）。

表見代理が成立しなかった場合においては，「本人」の不法行為責任を追及しうる場合（例えば，715条の適用があるとき）もあるが（取引行為的不法行為の場合），それは表見代理とは直接的には関係のない問題である。

## ④　代理権消滅後の表見代理（112条）

### 1　意　　義

代理権がすでに消滅しているのに，代理権が存在するものとしてなされた場合に成立する表見代理である。

### 2　要　　件

#### ⑴　代理権が消滅したこと。

以前有していた代理権は，継続的なものであっても，個々的なものであってもよい。無権代理行為は，かつて存在した代理権の範囲内の行為でなければならないが（大判昭8・11・22民集12・2756），その代理権の範囲を越える場合には，110条の重畳的適用が認められている[244)]。また，取引の相手方は，代理権消滅前にすでに取引をしたことがあることを要するものではなく，それは相手方の善意・無過失を認定する際の一資料にすぎない（最判昭44・7・25判

---

242)　考え方の分類（山畠正男「民法761条と表見代理」民法判例百選第2版87頁）
⑴　夫婦間で具体的な代理権授与があった場合に限り，これを基礎として110条の適用を認めるべき（任意代理の範囲内で処理する説）。
⑵　具体的な代理権授与がなくとも，761条の代理権を基礎として110条の適用を認めるべき（上段甲説）。
⑶　後掲の判例の立場が前提とする枠組（上段乙説）。
⑷　日常家事の範囲内に属すると信ずるにつき善意であったときは，761条の責任を認めるべき（761条類推適用説とでも言うべきもので，表見代理を問題にしない）。

243)　判例の考え方を示せば，以下のようになろう。

まず，日常家事に関する法律行為の具体的範囲は，個々の夫婦ごとに，または地域の慣習などによって異なりうる，という認識がある。したがって一般的に日常家事債務における代理権を基本代理権とすべきではないから，夫婦の一方が日常家事の代理権の範囲外の事項について第三者と代理行為をしても110条を適用する余地はない（日常家事代理権以外の代理権を基本代理権としうる場合には，110条の表見代理が成立しうることは当然である）。

しかし，前頁の図においてＡＢ夫婦の日常家事債務の範囲が広いように見えたため，ＣがＡの代理行為は日常家事の範囲内に属するものと信じ，かつそのように誤信したことについて過失がないと考えられる場合には，110条を類推適用してよい。

時574・26)。

**(2)　相手方が，代理権の消滅について善意・無過失であること。**

例えば，社会福祉法人の理事が退任登記後に同法人の代表者として第三者と取引した場合には，客観的支障により登記簿閲覧が不可能であるなどの特段の事情がない限り，第三者に過失があるから112条は適用されない（最判平6・4・19民集48・3・922)。

なお,「善意・無過失」の挙証責任については，本人が相手方の悪意または過失あることを証明すべきであるとされている（大判明38・12・26民録11・1877)。

**(3)　本条は任意・法定両代理に適用される**[245]（反対，四宮/能見313)。

**3　効　　果**

本人は，代理権の消滅をもってその相手方に対抗することができない。前の2つの表見代理と表現は異なっているが（112条)，いずれも同一の意味をもち，有効な代理権があった場合と同様に，本人が一切の権利・義務を取得するということである。

---

244)　大連判昭19・12・22民集23・626　　Cは，かつてAの代理人としてD銀行からの借り入れ行為をしたことがあったが，今回は，C自身がB銀行から借入行為をするにさいして，権限なくAを代理してBと連帯保証契約を締結した。

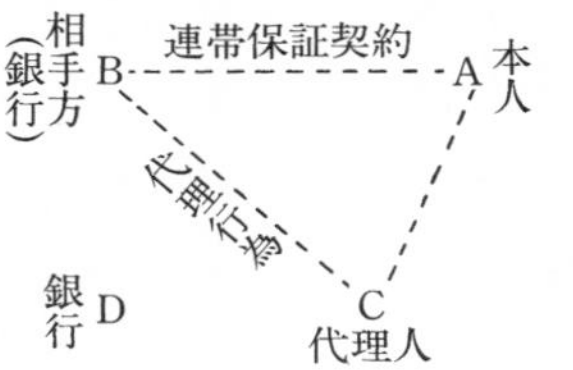

相手方（銀行）B
連帯保証契約
A 本人
代理行為
銀行 D
C 代理人

このような事案に対して判例は〔代理権の消滅につき善意・無過失の相手方において諸般の事情に鑑みて自称代理人の行為につき代理権があると信ずべき正当の理由を有する場合には，110条と112条の両規定の精神に則り，これらを類推適用して本人の責任を認めるのが相当である〕と判示している。最判昭32・11・29民集11・12・1994も同旨。

245)　大判昭2・12・24民集6・754　　未成年者Aの親権者であったBが，Aの成年後に，Aの代理人として株式譲渡の「代理」行為をした事例。

# 第8節　無効および取消し

## 1 無効，取消しおよび類似の概念

### 1　無効

法律行為が無効[246]とされる場合としては，意思能力を有しない者の法律行為，目的を最終的に確定しえない行為，不能なことを目的とする行為，強行法規に反する行為，公序良俗に反する行為（90条），心裡留保の例外の場合（93条但書），虚偽表示（94条1項），錯誤に基づく行為（95条本文）などがある。これらの行為は，はじめから法律効果を生じない。

### 2　取消し

法律行為が取り消しうるものとされる場合としては，制限能力者の行為（5条2項，9条，13条4項）や詐欺・強迫による行為（96条）などがある。これらの行為は，一応有効に成立するが，取消し[247]の意思表示によって遡及的にその効力を失う（121条）。

### 3　無権代理

無権代理人Bが，本人Aの名においてCを相手方として法律行為を行っても，本人Aの追認がない限り，その法律効果はAに帰属することはない。本

---

246）　無効と取消しの基本的相違点は，以下の通りである。

| 無　　　　効 | 取　　消　　し |
| --- | --- |
| (イ)　何らの行為を要せず，当然に効力を有しない。 | (イ)　取消しによって遡及的に無効となる（121条）。 |
| (ロ)　無効は原則として何人からも主張できるが，法律の規定（94条2項）や解釈により制限される場合がある。 | (ロ)　取消権者が限定されており（120条），他の者からの主張は原則としてできない。 |
| (ハ)　放置しておいても無効の効果に変化は生じないのが原則であるが，解釈により修正の余地がある。 | (ハ)　取消権は追認可能な時から5年，または行為の時から20年経過すると消滅する（126条）。 |
| (ニ)　民法上は無効の主張について裁判手続を必要としないが，商法上は例外がある（会社830条など）。 | (ニ)　取消権は裁判上行使されなければならないもの（424条，743条，803条）とそれを要しないものとがある。 |

247）　撤回の意味の取消し

民法はいったん行った行為を撤回する場合にも取消しという表現を用いていた。2004年の現代用語化の際に改正されたが，認知の取消し（785条）は，改正されなかった。撤回は，原則として法律行為の終局的効果が生じない場合に許される。

人Aに法律効果が帰属しないという意味では，無効に類似しているが，通常の無効の場合のように，意思表示自体に欠陥があるわけではなく，効果の帰属のための要件（代理権）を欠いているにすぎない点に注意すべきである。

### 4　他人の物の処分

他人の所有物を，その処分権限を有しない者が，自己の物として処分をした場合には，物権変動を生じないという点では無効に類似しているが（このような処分行為は無効であるということがある），債権契約としては有効である。売主は目的物の処分権限を取得して買主に所有権を移転すべき義務を負っており（560条），その意味では有効である（第7節第6款第2項①1㈭(c)参照）。

### 5　無効の主張制限

無効の効果自体が，制限される場合もある。例えば，A・B間の契約がAの錯誤によって無効となった場合についても，表意者Aに重大な過失があった場合には，A自ら無効を主張することができない（95条ただし書）。

それでは，Aに重過失がない場合には，第三者から無効を主張することができるだろうか。95条による無効を絶対的無効と解するならば，これを肯定的に解すべきことになる。しかし，本条の趣旨は基本的には錯誤に陥った表意者を保護することにあると解すべきであるから，表意者本人が無効を主張していない以上，第三者からの無効主張を認めるべきではない[248)]。

## ②　無　効

### 1　無効行為の意義と効果

⑴　**意義**　　法律行為が無効であるということは，その法律効果の発生につき，法によって否定的価値判断を受けることを意味する。したがって，その外形的な法律行為については，実体法上の効果はまったく発生しない[249)]。裁判所もこれに助力を与えることはできない。

〔**例**〕　AがBに対して自己所有の土地を売却する契約を締結したが，Aが

248)　学説・判例につき第4節第4款③1⑴も参照。

249)　ドイツ法上は「無効」に相当する語が2つある。1つはNichtigkeitであり，追認によって有効とすることはできない場合であり，もう1つはUnwirksamkeitであり，これは追認によって有効とすることができる。

契約の要素について思い違いをしていたため，この契約が無効であった場合には（95条），A・B間の「売買契約」からは何らの法律効果も発生しない。BがAに対して土地の引渡および登記の移転を請求しても，裁判所はこれに助力を与えることはできない。

上の例で，Aが錯誤に気がつく前に代金と引き換えに土地をBに引き渡し，登記も移転していた場合にはどうなるであろうか[250]。A・B間の「売買契約」は何らの効果も生じていないから，Aの土地の引き渡しおよび登記の移転とBの代金支払とはいずれも法律上の原因（有効な契約）なしになされた給付であるから，相互に返還を請求することができる（703条以下）。

**⑵　効果**　　無効とは絶対的無効を原則とするから，当事者間ではもとより，第三者からも無効の主張ができるが，その行為が否定的価値判断を受ける趣旨（例えば，表意者保護や取引の安全の調和）との関連において例外が法定され（95条ただし書），解釈による制限も認められている（錯誤につき，第4節第4款❸⑴参照）。

上の例において，A・B間の契約が無効とされた理由がAの錯誤ではなく，A・B間の虚偽表示であったとすれば，この契約は無効であるが（94条1項），善意の第三者には無効をもって対抗することはできないから（同条2項），Bからこのような事情を知らないでこの土地を購入した第三者Cは，この土地所有権を取得することができる（第4章第4節第3款参照）。

### 2　一部無効と無効行為の転換

**⑴　一部無効**　　法律行為の一部に無効原因がある場合には，まずその部分のみを無効とすることが妥当であるか否かを検討すべきである[251]。すなわち，

---

250）　この関係を図示すれば下のようになる。

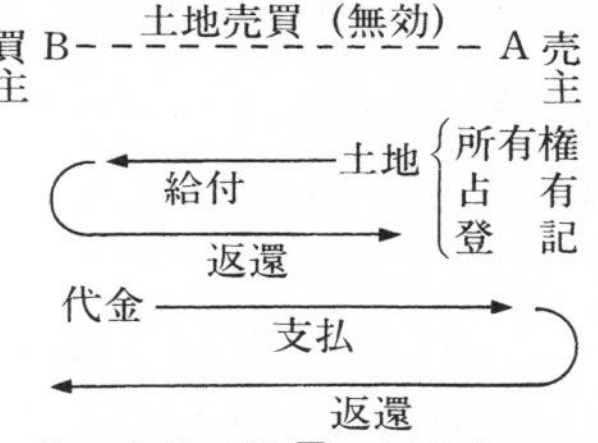


A・B間の契約は無効であったが，有効なものと誤信して相互に給付をしたのであり，通常は同時に履行されるから（533条），A・B間の返還請求にさいしても同時履行の関係に立つものと解すべきである。

251）　第4章第3節❷1⑷も参照。契約の解釈にあたっては，できる限り契約の効力を維持することに努めるべきである。

無効な部分を取引慣習，法律の規定，条理によって補完することができる場合には，全体を有効とすべきである[252]。それが不可能な場合において，無効な部分を除いた残余だけでは当事者が契約を締結した目的を達成することができないと思われるときは，契約全体を無効と解するのが妥当である。「残余」だけでも当事者にとって意義がある場合には，契約の残余部分のみを有効と解すべきである。

(2)　**無効行為の転換**　意思表示が当事者の意図した通りの効果を生じないが，その行為が他の法律効果を生ずる要件を具備している場合に，後者の法律行為としての効果を認めることを無効行為の転換という[253]。当事者が企図した効果と転換によって認められる効果とが，当事者にとって社会的意義を同じくするものであれば，当事者は前者が無効であれば後者の効果を欲するのが通常であろう。この理論は，当事者の意思解釈を前提とした一部無効理論の応用である。

(a)　不要式行為への転換の場合には，先に述べたように社会的・経済的目的が共通であればよい。

(b)　要式行為への転換の場合には，それを要式行為とした立法趣旨との関連で考えなければならない。一定の形式自体が必要とされる手形行為のようなものへの転換は一般に認められないが，当事者の意思を明確にするために形式を必要としている行為への転換は一般に可能であると解されている。

---

252)　下記の場合には明文の規定がある。
　不能条件（133条），永小作権の存続期間（278条），不動産質権の存続期間（360条），不能による選択債権の特定（410条），買戻期間（580条），賃貸借の存続期間（604条）など。

253)　(イ)　明文で認められている例として，秘密証書遺言の自筆証書遺言への転換（971条）の例がある。
　(ロ)　判例で認められている例としては，妾との間の子を本妻との間の嫡出子として届け出ても嫡出子になるわけではないが，認知（781条）としての効力が認められるとした例（大判大15・10・11民集5・703，最判昭53・2・24民集32・1・110）がある。
　(ハ)　判例において転換が否定された例としては，①いったん他人の嫡出子として届け出た自己の非嫡出子と養子縁組をしても認知の効力は生じない（大判昭4・7・4民集8・686），②他人の子を養子とする目的で自分の嫡出子として届け出ても，それによって実親子関係が発生しないことはもとより，養親子関係も発生しない（最判昭25・12・28民集4・13・701）。これらの判例については，学説は批判的である。

### 3　無効行為の「追認」

**(1)　効果の不遡及**　無効行為は絶対的無効を原則とするから，本来，その行為の当時からすべての人が効力のないものとして扱うべきである。したがって，当事者が後に一般的にこれを遡及的に有効なものとするために追認することは認めるべきではない（119条本文）。

ただし，無効の法律行為であっても当事者がそのことを知ってこれを追認した場合は，その時点で新たに法律行為をしたものとみなされる（119条ただし書）。もちろん，当事者が無効原因を知って追認した場合でも，客観的な無効原因が解消していなければ，新たな行為もまた無効となる[254)]ことは当然である。

**(2)　当事者間での処理**　当事者間において，その無効行為を有効なものとして扱うことは可能であると解されている[255)]（債権的遡及的追認）。

さらに，ある目的につき何ら処分権限を有しない者が，これを自己の権利に属するものとして処分した場合において，真の権利者が後日これを追認した場合には，遡及的に有効となるとするのが判例[256)]である（第4章第7節第6款第2項①1(1)(ホ)(c)参照）。

## ③　取消し

### 1　取消しの意義

取消しとは，いったん有効に成立した意思表示に欠陥がある場合に，その効力を遡及的に失わせるための特定人の意思表示である（120条以下）。この

---

254)　AがBとの間の売買契約において，要素の錯誤に基づく意思表示を行っている場合において，特にその行為の無効であること（95条）を知って追認した場合には，同一内容の新たな契約を締結したものとみなされるが（119条），同契約の無効原因が公序良俗違反（90条）であった場合には，単に追認しただけでは有効な契約を締結したことにはならない。

255)　このような考え方に対しては，物権関係と債権関係を区別して後者についてのみ遡及的追認を認めることは意思主義の建前に反するとの批判がある（川島415以下）。たしかに，債権行為によって物権的効果をも生じると解する場合にはその通りであるが，通常，売買契約においては債権的合意と物権的合意とが合体していると解する立場では，債権関係においてのみ遡及効を認めることは何ら矛盾ではない（田山・物権法〔第三版〕45参照）。

256)　最判昭37・8・10民集16・8・1700

ような意思表示をなしうる法的地位を取消権と呼んでいる（一種の形成権）。取消しという概念は多義的に用いられるが，ここでいう取消しは，意思表示の取消しであり，具体的には当事者の制限行為能力および意思表示の瑕疵（詐欺・強迫）に基づくものに限られる[257)]。

### 2　取消権者

取消権を有するのは，次の者である（120条）。

⑴　**制限行為能力者**　制限行為能力者が意思能力を有する状態で行った取消しは，単独でなされたものであっても取り消しうる取消しにはならず完全に有効である（通説）。このように解しないと法律関係を無用に複雑化させ，相手方を不当に不利にすることになるからである。

⑵　**瑕疵ある意思表示をした者（96条）**　詐欺または強迫によって意思表示を行った者も，取消権者である。

⑶　**代理人**　⑴，⑵に掲げた者の代理人であり，任意代理人と法定代理人を含む[258)]（通説）。

⑷　**承継人**　⑴，⑵に掲げた者の承継人であり，包括承継人（相続や会社の合併などの場合）と特定承継人を含むと解されているが，後者については理論的にも問題点が多い[259)]。取消権が一身専属性を有する場合には承継されない。

### 3　取消しの方法

㈠　取消し（形成権の行使）は権利者の単独行為である。相手方が確定して

---

257)　意思表示以外のものの取消しには，適用されない。例えば，後見開始の審判等の取消し（10条，14条），失踪宣告の取消し（32条），法人の設立許可の取消し（旧71条）など。法律行為の取消しでも，無権代理行為の取消し（115条），詐害行為の取消し（424条），書面によらない贈与の撤回（550条），養子縁組の取消し（大連判大12・7・7民集2・438）などは含まれない。

258)　㈠　取消しも意思表示である以上，任意代理人を通して行いうるのは当然である（ただし，第7節第3款❷3参照）。

　㈡　法定代理人は，表意者本人の取消権を代理行使しうるという意味か，固有の取消権を有するという意味か，条文上明確ではない。しかし，法定代理人の取消権の根拠をその同意権ないし管理権に求める以上，固有の権利と解すべきである（幾代428）。

259)　取消権は，契約当事者としての地位に附着する権能の一つであると解すべきであるから，これだけを単独で譲渡することは認めるべきではないし，契約の目的物（例えば売買の対象物）が譲渡されても，それに随伴することはなく，一般的には法定追認の問題となる（125条5号）。したがって，特定承継人が生じうるとすれば①取消権者からその契約当事者としての地位を承継した者であって，かつ②法定追認の要件を充足しない者（②の要件については，本章注269）参照）に限られるであろう。

いる場合にはその者に対する意思表示によって行う（123条）。取り消しうる法律行為によって相手方が取得した目的物が第三者に譲渡されている場合にも，相手方の契約当事者としての地位の移転が生じていない限り，取消権は法律行為の直接の相手方に対して行使されるべきである[260]。取消しの効果を主張する行為があれば，一般に取消しの意思表示があったものと解すべきである。取消しの相手方が確定していない場合（撤回に関する530条参照）には，取消しの意思表示と評価しうる行為がなされればよいと解されている。

(ロ)　取消しの意思表示は，訴訟の方法による必要はない[261]。

(ハ)　取消しの対象行為を明示する必要はあるが，取消し原因まで明示する必要はないと解してよい（反対説あり）。

### 4　取消しの効果

**(1)　遡及効**　取り消された行為は，初めから無効であったものとみなされる（121条本文）。これを取消しの遡及効という。ある意思表示が取消しの対象となるのは，意思表示の内容に欠陥があるか，または判断能力が不足していたからであるから，そのような表意者は取消しによって原状（意思表示をした際の状態）に戻されることが望ましいという点に遡及効の根拠があると解してよい[262]。

**(2)　遡及的無効の具体的効果**

(イ)　未履行の債務は遡及的に消滅するから，履行する必要はなくなる。

(ロ)　履行済の給付については，その法的根拠が失われるから，不当利得として返還義務が生じる（121条，なお703条，704条）。

(ハ)　制限能力者の返還義務の範囲は，「現に利益を受けている限度」に制限

---

260)　取消しの効果は，対象である法律関係全体を遡及的に消滅させるものであるから，その法律関係を創出した契約の当事者から，相手方当事者に対してなされるべきである。このように解しないと，法律関係が必要以上に複雑になってしまうからである。したがって，現在の権利者（転得者）に対しては，この取消しを前提としてその権利を否認すべきである（大判昭6・6・22民集10・440）。

261)　大判明33・12・5民録6・11・28

262)　取り消された行為は遡及的に無効になるとはいえ，これを全く存在しなかったものとしてよいか，については別個に考えてみる必要がある。本来，無効であった法律行為とは異なり，取り消されるまでは有効であったのであり，少なくとも社会的には取り消されることにより所有権（物の売買の場合であれば）が売主に復帰するからである。この問題については，田山・物権法〔第三版〕73以下参照。

されている（121条ただし書[263]）。「現に利益を受けている限度」とは「その利益の存する限度」（703条）と同趣旨であると解されている。すなわち，取り消しうべき行為によって得た利益を生活費その他の必要費として出費した場合には利益は現存するが（大判昭7・10・26民集11・1920），浪費してしまったときは利益は現存しない[264]ことになる。

⑶　**対第三者効**　取消しの効果は，当事者間のみならず，第三者に対しても主張することができるのが原則である。しかし，詐欺に基づく取消しの場合（96条3項）のように，善意の第三者に対しては取消しの効果をもって対抗できないとされることもある（第4章第5節第2款❷2参照）。

⑷　**物権的効果**　物権の設定・移転行為を包摂する法律行為が取り消されたときは，物権は原権利者のもとに復帰することになるが，これは物権変動の一種と理解してよい[265]（復帰的物権変動という）。

### 5　取り消しうべき行為の追認

⑴　追認とは，取り消しうべき行為を取り消さないことに確定する行為であり（122条），効果の点からみれば取消権の放棄と同じである。

⑵　追認権者は，取消権者（120条）である（122条）。

⑶　追認をなしうる時期は，法定代理人については制限はないが（124条3項），他の者については，次のような制限がある。

(イ)　制限能力者および瑕疵ある意思表示をした者は，「取消しの原因となっ

---

263）121条ただし書は，制限能力を理由とする取消しの場合にのみ適用されるから，後見人・保佐人または補助人の同意を得てなされた行為につき，詐欺された場合には適用されない。

264）利益が現存するか否かの立証責任については，返還請求者にあるとした判例（大判昭14・10・26民集18・1157—浪費者の例）があるが，立証責任に関する一般原則通り，制限能力者側にあると解するのが，学説の大勢である。

265）取消しの効果は，法律効果の遡及的消滅であるといっても，取り消しうべき法律行為は取り消されるまでは有効に存在していたのである。したがって，A・B間の土地売買契約が，履行された後に取り消された場合には，取消しの効果は遡及的無効であるとはいっても，同土地の所有権は取り消された瞬間に遡及的にAに戻るのである。遡及的という法的技術を用いるのは，取消権者を可能な限り原状に復させるためであると解すべきである。
　さらに契約に基づいて給付されたものが戻るという要素にも注目すべきである。つまり，A・B間の契約が双務契約であれば戻る過程についても同時履行の関係（533条）を認めるべきである（最判昭28・6・16民集7・6・629，最判昭47・9・7民集26・7・1327）。

ていた状況が消滅した後」でなければ，追認することができない（124条1項・2項）。これに違反してなされた追認は無効である（取り消しうべき追認とはならない）。

(ロ)　被保佐人（12条）または被補助人（16条）は，保佐人または補助人の同意を得て，追認をすることができるが（20条4項），未成年者と成年被後見人については規定がない。未成年者は法定代理人の同意を得れば有効に法律行為をなしうるのであるから，同じ要件のもとで追認も認めてよいが，成年被後見人については同意を得ても有効な法律行為をなしえないのであるから，追認も否定すべきである。

(4)　追認は，その行為が取り消しうるものであることを知ってなされなければならない。成年被後見人が能力を回復した後に追認をする場合について，民法はこのことを特に規定しているが（124条2項），これは成年被後見人が精神上の障害により事理を弁識する能力を欠く常況にあったことを配慮したためである。したがって，この要件は成年被後見人以外の制限能力者の追認にも必要である[266)]。

(5)　追認の方法は，取消しの方法と同様である（123条）。

(6)　追認がなされると，取り消しうべき行為は，以後完全に有効なものとして確定する[267)]（122条）。

### 6　法定追認

(1)　取り消しうべき行為について，社会一般から追認と認められるような事実があった場合には，取消権者の意思を問題にすることなく，法律上当然に追認とみなされる（125条）。これを法定追認と呼ぶ。

(2)　取り消しうべき行為につき，次の事実の1つがある場合には法定追認

---

266)　祖父の養子となった未成年者につき，祖父の死亡後，父母が後見人に選任されたというケースにつき，2人が後見人というのは（旧）民法843条に反するが，本人が成人に達した後も父母による財産管理を事実上承認していたような事実関係においては，本人は2人の後見人による無権代理行為の追認を拒絶することはできない。（最判平3・3・22判時1384・49）

267)　122条本文は，この点につき「以後，取り消すことはできない」と変更された。初めから有効であったものをそのように確定しただけであるからこの表現でよい。また，追認によって「第三者の権利を害することはできない」とのただし書は，注意規定であろうか。

となる。

(イ)「全部又は一部の履行」　取消権者が債務者として履行する場合と，債権者として相手方の履行を受領する場合，とを含むと解されている（通説，大判昭8・4・28民集12・1040）。

(ロ)「履行の請求」　取消権者からの履行の請求に限る。

(ハ)「更改」(513条以下)　取消権者が債権者としてする場合でも，債務者としてする場合でもよい。

(ニ)「担保の供与」　取消権者が担保を供与すること，と担保の供与を受けること，とを含む。

(ホ)「取り消すことができる行為によって取得した権利の全部又は一部の譲渡」　これは，取消権者が譲渡を行う場合に限られる。

(ヘ)「強制執行」　取消権者が債権者として執行した場合だけでなく，執行を受けた際に訴訟上の異議を主張しなかった場合にも，法定追認となると解する説が有力である[268)]。

**(3)**　上の(イ)ないし(ヘ)の事実は,「追認をすることができる時以後」に生じたものであることが必要である（125条)。反面において，成年被後見人を除き，追認の意思の有無，取消し原因の知・不知は問わない[269)]。また，未成年者，被保佐人または被補助人が法定代理人，保佐人または補助人の同意を得て，(2)所定の行為をした場合には，直ちに法定追認となる（通説)。

**(4)**　(2)所定の行為をする際に「異議をとどめた」場合には，法定追認の効果は生じない。

### 7　取消権の消滅

**(1)　権利行使の期間的制限**　取り消しうべき行為を長期間不確定な状態にしておくことは，相手方や第三者の立場を不安定なものにするから，これを防止するために取消権の主張には次のような時間的制限が加えられている

---

268)　我妻402頁ほか。ただし，判例は法定追認にはならないとする（大判昭4・11・22新聞3060・16)。

269)　大判大12・6・11民集2・396〔本条の規定は取消権者が取消権の存在を知っているか否かを問わず適用される。〕もっとも，A・B間の売買において，売主Aの詐欺によりBが土地を購入しその際に代金の半額を払った場合には，Bは未だ「追認をすることができる」(125条）ときに至っていないから（124条)，法定追認にはならない。

(126条)。

(イ)　取消権[270]は追認をなしうる時から5年間行使しない場合には，時効によって消滅する。追認をなしうる時とは，取消し原因たる状況（強迫，未成年など）が止んだ時である。取り消しうべき行為であることを了知することは，原則として要しないと解すべきである[271]（成年被後見人についてのみ要すると解すべきである)。

(ロ)　行為の時から20年間経過した場合には，一律に取り消すことができなくなる。これは，20年間経過した場合には，たとえ取消し原因が継続していても取り消しえないものとして法律関係を安定させる趣旨である。

**(2)　期間の法的性質**　上の5年間と20年間の期間については，ともに時効期間であると解する説，5年間の方は時効期間であるが20年間の方は除斥期間であると解する説，双方とも除斥期間であると解する説が対立している。

20年の期間は，取消し原因が継続していて短期の期間は進行しない場合であっても，20年間の経過によって取消権は絶対的に消滅する趣旨であると理解すべきである（法律関係の絶対的安定)。短期の期間については，取消権の行使によって原状回復請求が問題にならない場合については，除斥期間の性格を，原状回復請求が問題になる場合については，消滅時効の性格を有すると解する説もある（四宮/能見264)。

取消権は一種の形成権であり，意思表示のみで権利内容の実現ができるから（権利行使したが権利内容が実現されないということは考えられない)，「中断」を想定することは論理的に不可能であり，双方とも除斥期間と解するのが妥当である。取消権は，返還請求権を発生させる手段（形成権）にすぎないから，取消権者は上記の期間内に取消権を行使し，かつ返還請求することを要すると解すべきである[272]。

---

270)　法定代理人の取消権との関係については，第2章第2節第3款❷も参照。
271)　大判大5・9・20民録22・1721〔未成年者の事例〕

# 第9節　条件および期限

## ① 総　説

### 1 意　　義

われわれが法律行為をする場合には，通常，無制限にその効力が生じることを前提としているが，それを望まない場合もある。例えば，Aは自己所有の現に居住している土地・建物をBに売却したいが，Aの海外転勤が未だ確定的でないために直ちに売却することはできないという場合などである。この場合には，(イ)Aの転勤が何時であるかは確定していないが近い将来の転勤は確定している場合と，(ロ)そもそも転勤命令が出るか否かも確定的でない場合とがありうる。(イ)の場合には，Aの転勤は何時であるかは分からないが確実に到来する事実であるから，期限（不確定期限）付の売買になる。(ロ)の場合には，Aの転勤という事実が発生するか否かは不確実であるから，条件付売買になる。

### 2　法律行為の附款

条件および期限は，上記のように，法律行為に特殊の制限を付加するもの[273]であるため，法律行為の附款[274]と呼ばれている。附款とは，法律行為とは別個の付属的な行為ではなく，法律行為の一部として付加された約款という意味である。

---

272）判例は，所定期間内に形成権の行使があれば，裁判外の行使であっても，不当利得返還請求権が発生し，これはさらに消滅時効期間（10年）が終了するまで存続すると解している（解除と原状回復請求権に関する事案，最判昭35・11・1民集14・13・2781）。このような解釈に対しては，5年という短期の期間を定めた趣旨が没却されるとの批判がなされている。詳しくは除斥期間の項（第6章注46））参照。

273）制限の内容は，当事者の効果意思によって定まるから，本質的には法律行為解釈の問題である。

274）附款としては条件および期限のほかに負担がある。例えば，負担付贈与の場合の負担（553条）などである。

## ② 条　件

### 1　条件の意義

条件とは，法律行為の効力の発生または消滅を将来の不確定な事実[275)]の成否にかからしめる附款である。

(イ)　条件には，一定の事実の発生までその法律行為の効力の発生を停止するもの（停止条件）と，いったん発生した法律行為の効力を一定の事実の発生によって消滅させるもの（解除条件）とがある。

(ロ)　条件となる事実は，将来に確定すべき事実でなければならない[276)]。したがって既発生の事実は，たとえ当事者には分かっていなくても，条件とはなりえない[277)]。また，A・B間の契約において「Aが死亡した場合には」という附款が付されても，これはいつか必ず発生する事実であるから，期限（不確定期限）であって条件ではない。

(ハ)　条件とは，当事者が任意に定めたものをいう。法が法律行為の効力発生のために，一定の事実を要求している場合に，法定条件と呼ぶ場合[278)]があるが，ここでいう条件ではない。

### 2　条件に親しまない行為

法律行為の中には，その性質上，法律効果が確定的に発生しまたは存続しなければならないものもある。こうした法律行為には，条件を付することは許されない。

(イ)　条件を付すること自体が公序良俗に反する場合には，条件を付するこ

---

275)　この事実が現状変更的事実（転勤をする）であるときは，積極条件，現状不変更的事実（転勤をしない）であるときは，消極条件という。

276)　いわゆる出世払の約束は，条件である場合と期限である場合とがある。出世した時に，または出世しないことが確定した時に，支払債務が生じる趣旨であれば不確定期限である。判例は一般に不確定期限と解している（大判大4・3・24民録21・439）。

277)　これを既成条件と呼ぶ。成就した停止条件が付された法律行為は無条件であり，解除条件が付されているときは無効である。不成就に確定した停止条件が付されていたときは，法律行為は無効であり，解除条件であれば無条件である（131条1項・2項）。ただし，当事者が条件の成否を知らない間については，128条と129条が準用される（131条3項）。

278)　遺贈が有効となるには，受遺者が遺言者よりも長生きしなければならない旨の規定（994条）は，この例である。農地法3条—5条の許可も一種の法定停止条件と解しうるが，民法の停止条件に関する規定を適用することは妥当ではない。判例も130条の適用を否定する（最判昭36・5・26民集15・5・1404）。

とは許されない。当事者の意思を絶対的に尊重すべき行為，すなわち婚姻，縁組，認知などの身分行為は，その例である。

(ロ)　単独行為に条件を付すると相手方の地位を著しく不安定にすることになるから，原則として許されないと解されている[279)]。相殺については明文の規定がある（506条1項）。

### 3　条件付法律行為の効力

#### (1)　一般的効力

法律行為に関する一般的有効要件を充足していることを前提としたうえで，次の諸点に注意しなければならない。

(イ)　その条件が付されることによって，法律行為全体が不法性を帯びる場合には（不法条件），その法律行為は無効である（132条）。

(ロ)　発生不能な事実をもって停止条件とした場合には（不能条件），法律行為は無効となる（133条1項）。それが解除条件の場合には，無条件の法律行為となる（同条2項）。

(ハ)　債務者が欲すれば弁済するという附款（純粋随意条件）の付いた法律行為は無効である（134条）。当事者を法律的に拘束する意味をもたないからであるとされている。

#### (2)　条件成就の効果

(イ)　停止条件付法律行為では，条件が成就するとその効力が生じ，不成就に確定すると無効となる。これに対して，解除条件付法律行為では，条件が成就するとその効力は消滅し，不成就に確定すると有効に確定する。

(ロ)　条件成就の効力は，原則として遡及しない（127条1項，2項）。ただし，当事者が遡及効につき合意していたときはこれに従う（同条3項）。

### 4　条件成就前の当事者の地位

(1)　条件付法律行為の場合には，条件の成就によって利益を受ける当事者は，条件の成否未定の間でも，その利益に対する期待を有している。このよ

---

279)　契約の解除にさいして，1週間後に雨が降ることを条件とすることは，相手方を不安定にするから許されないが，催告期間内に履行がなされないことを停止条件として契約解除の意思表示をすることは，相手方を不利に陥れる恐れがないから有効である（契約法〔民法要義5〕104）。

うな当事者の法的地位[280]を，期待権または条件付権利という。

⑵　条件付法律行為の各当事者は，条件の成否未定の間においても，条件の成就により生ずべき相手方の利益を害してはならない（128条）。

(イ)　売主が停止条件付売買契約の目的物を故意または過失によって損傷しまたは第三者に売却した場合には，売主は債務不履行として損害賠償責任を負う。後者の場合には，第三者への売却行為自体も無効となると解する説もあるが（我妻417），二重譲渡の関係が生じると解する説[281]（四宮/能見320）が妥当である。

(ロ)　上記のような条件付法律行為の当事者の地位は，単に当事者間においてのみならず，第三者による侵害からも守られるべきである。すなわち，条件付権利者の法的地位を侵害した場合には，不法行為[282]にもなる。

⑶　条件付法律行為における当事者の権利義務は，一般の規定に従って処分，相続，保存（不動産の場合であれば仮登記）または担保[283]することができる（129条）。「一般の規定に従い」とは，無条件の，その種の権利を取得する方法に準じて，という意味である。

### 5　条件成就とみなされる場合

条件が不成就となった場合でも，一定の要件を満たす場合には，条件の成就によって利益を受ける者に対して，条件が成就したとみなす権利を認めて

---

280)　これは，一般に，条件付権利とも呼ばれているが，将来取得される権利自体の保護というよりも，条件付法律行為の当事者の地位が保護されていると解すべきである。例えば，不動産に関する停止条件付売買契約において買主は将来不動産を取得しうる債権を有しているが，この場合の条件付権利は，同債権を含む買主の法的地位と解すべきである。

281)　ＡＢ間で，停止条件付売買契約を締結した場合にも，Ｂはその条件付権利について仮登記（不登法105条）をしておけば，その後に第三者Ｃが二重に譲り受けて移転登記をしていても，条件が成就したときにＢは仮登記を本登記に直すことによって（不登法109条）同土地の所有権を確定的に取得することができる（大判昭11・8・4民集15・1616）。

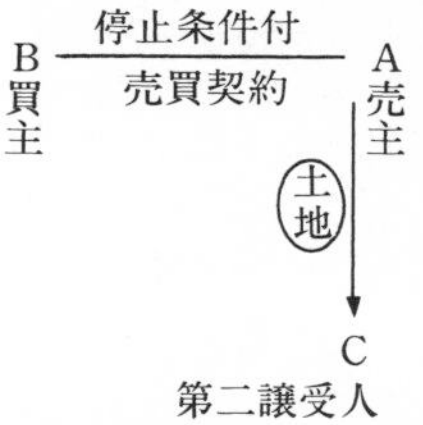

282)　最判昭39・1・23民集18・1・99〔停止条件の成就を故意に妨げた場合には，期待権侵害による不法行為が成立する。――山林の売却を委任した者が，受任者を介せずに自ら直接第三者に売却した事例〕

283)　相手方に相当の担保を供させることなどである。

いる（130条）。

**⑴　要件**　⑴　条件の成就によって不利益を受ける当事者が条件成就を妨害したこと，⑵　故意[284]に妨害したこと，⑶　妨害によって不成就となったこと，⑷　条件を不成就にしたことが信義則に反すること[285]，が必要である。

**⑵　効果**　条件の成就によって利益を受ける当事者は，条件成就とみなす権利を取得する。この権利は，相手方に対する意思表示によって行使する（形成権）。相手方の行為は，条件付権利の侵害にも該当することが多い[286]。

### 6　条件不成就とみなされる場合

条件の成就によって利益を受ける当事者が条件の成否未定の間に，条件の不成就を期待できない状態を招来した場合には，130条を類推適用して条件が成就しないものとみなすことができる（最判平6・5・31民集48・4・1029）。火災保険の被保険者が対象家屋に放火したような場合には，保険法に規定がある（同法17条）。

## ③　期　限

### 1　期限の意義

期限とは，法律行為の効力の発生もしくは消滅または債務の履行を，将来到来することの確実な事実の発生にかからしめる附款である。

⑴　期限には，法律行為の効力の発生または債務の履行時期に関するもの（始期[287]）と，法律行為の効力の消滅に関するもの（終期[288]）とがある（135条）。

---

284)　一般不法行為の場合と同様に，結果発生（条件の不成就）の認識で足りると解するのが，判例・多数説である（大判大9・10・1民録26・1437）。

285)　Aが，不動産業者Bの仲介でCと土地の売買契約について交渉するに際して，AがBに対して同売買契約が成立したら報酬を支払うことを約束していながら，Aの意思で購入しなかったとしても，通常はAの意思（土地に関する希望）が尊重されるべきであるから，130条の適用はないと解すべきである。なお，相手方（B）が条件成就を妨げる行為に同意を与えた場合には130条の適用はない（大判昭6・7・15新聞3310・11）。

286)　前掲最判昭39・1・23は，128条と130条の適用が，同時に問題となった事例である。

287)　契約に始期が付される場合にも，履行時期としてではなく，契約全体に始期が付される場合がある。例えば，A・B間の土地賃貸借契約を4月に締結して同年の6月1日に発効する旨を合意する場合などである。

288)　期間と類似する概念であるが，期限は一定の時点に着目している点で，相違する。

(ロ)　いつ到来するか不確実であるが，必ず到来する場合には，条件ではなく期限である（不確定期限）。

(ハ)　期限も当事者が任意に定めたものに限られる。

**2　期限に親しまない行為**

法律行為に始期がつけられると，法律効果が直ちに発生しないことになるから，そのことによって公序良俗に反する事態を招来させることになる法律行為には始期をつけることは許されない（条件の場合とほぼ同旨）。また，遡及効のある行為に始期をつけることは無意味である（相殺につき506条）。終期については，解除条件とほぼ同様に解してよい。

**3　期限付法律行為の効力**

**(1)　期限到来の効果**　　期限は，その内容である事実の発生したときに到来する。

(イ)　債務の履行に付されていた始期が到来した場合には，債権者は履行を請求することができるようになる（135条1項）。

(ロ)　法律行為自体に付せられた始期が到来した場合には，その効力が生じる。

(ハ)　法律行為に付せられた終期が到来した場合には，その効力は消滅する（135条2項）。

**(2)　期限到来前の法律行為の効果**　　債務の履行に期限が付されていた場合には，期限到来前であっても債権は成立しており，法的保護を受けることができる。

法律行為の効力の発生・消滅に期限が付されている場合には，条件に関する128条と129条を類推適用すべきである，と解されている（通説）。

**4　期限の利益の放棄と喪失**

**(1)　期限の利益の放棄**　　期限の利益とは，期限が存することによって当事者が受ける利益である。債務の履行に期限が付されるのは，通常，債務者に履行の猶予を与えるためであるから，期限は債務者の利益のために定めたものと推定される（136条1項）。

(イ)　期限の利益は放棄することができるが，それによって相手方の利益を害することはできない（136条2項）。期限の利益が相手方のためにも存する場合については，相手方の損害を賠償することによってのみ放棄することができる[289]。(大判昭9・9・15民集13・1839)。

(ロ)　期限の利益の放棄は，遡及効をもたない(大判大1・11・8民録18・951)。

**(2)　期限の利益の喪失**　期限の利益を有する債務者に，次の事由が発生した場合には，債務者は期限の利益を喪失するから（137条），債権者は直ちに請求することができるようになる。

(イ)　債務者が破産手続開始の決定を受けたとき（同条1号，破産法30条参照），

(ロ)　債務者が担保を滅失させ，または減少させたとき[290]（同条2号），

(ハ)　債務者が担保供与義務を履行しないとき（同条3号），

(ニ)　当事者間で期限の利益喪失事由として定めた事実が発生したとき[291]。

**〈第4章の参考文献〉**


平井宜雄「法律行為　前注」(『注釈民法(3)』（有斐閣・1973))

末弘厳太郎「法令違反行為の法律的効力」(『民法雑考』（日本評論社・1932）所収)

川井健『無効の研究』（一粒社・1979)

舟橋諄一「意思表示の錯誤——民法第95条の理論と判例」（九州大学10周年法学論文集（1937))

椿寿夫・伊藤進編『公序良俗違反の研究』（日本評論社，1995)

椿寿夫編『法律行為無効の研究』（日本評論社，2001)

川島武宜「『意思欠缺』と『動機錯誤』」(「民法解釈学の諸問題」(弘文堂・1949) 所収)

磯村哲『錯誤論考』（有斐閣・1977)

小林一俊『錯誤法の研究』〈増補版〉（酒井書房，1997)

於保不二雄『財産管理権論序説』（有信堂・1954（復刻1995))


---

289)　ただし，消費貸借の借主が元本利用について有する期限の利益については，貸主は損害賠償によっても奪うことはできないと解されている（舟橋164，四宮/能見324)。

290)　担保の目的物を損傷することや保証人を殺害することなどが考えられる。

291)　当然に期限が到来する旨の合意と債権者が期限の利益を喪失させることができるようになる旨の合意とがありうる。

割賦販売において問題となるが，割賦販売法は無催告解除の特約は許されないとしている（同法5条参照)。

遠田新一『代理法理論の研究』（有斐閣，1984）
遠田新一『代理と意思表示論』（法律文化社，1985）
伊藤進『授権・追完・表見代理論』（成文堂・1989）
高橋三知雄『代理理論の研究』（有斐閣・1976）
幾代通「法律行為の取消と登記」（於保還暦記念『民法学の基礎的課題上』有斐閣・1971）

# 第5章　期　　　間

## ① 期間の意義

期間とは，一定の時点から他の時点まで継続した時の区分である。法律によって一定の期間が要件とされている場合としては，成人による行為能力の取得（4条），時効による権利の得喪（162条，167条など），催告期間（20条，114条ほか）などがある。

## ② 期間計算の方法[1]

瞬間から瞬間までを計算する方法（自然的計算方法）と日を最小単位として暦にしたがって計算する方法（暦法的計算方法）とがある。

(イ)　時・分・秒を単位とする期間の計算の場合には，即時を起算点とする（139条）。

(ロ)　日・週・月・年を単位とする期間の場合には，当該期間が午前零時に始まる場合[2]を除いて，初日を算入せず[3]翌日から起算し（140条），末日の終了をもって期間の満了とする（141条）。期間を日または週で定めた場合は，最後の日が末日である[4]。期間を月または年で定めた場合には，日に換算せずに暦にしたがって計算する（143条1項）。月または年の初めから計算しないときは，最後の月または年においてその起算日の前日にあたる日が末日となり

---

1)　民法の定める期間の計算法は，法令，裁判上の命令または法律行為に別段の定めある場合を除いて，すべての場合に適用される（138条）。年齢計算（年齢計算ニ関スル法律），戸籍届出期間（戸43条）などについては，例外が定められている（前者につき第2章第2節第3款参照）。

2)　債権の消滅時効期間の計算に当たっては，その初日である弁済期日を算入しない。債権者が権利行使をなしうるのは，初日の取引時間以降であって零時からではないからである（大判昭6・6・9新聞3292・14）。

3)　ただし，消費貸借における借主は，元本受領の日からこれを利用できるのであるから，特約のない限り，契約成立の日から約定利息を支払うべき義務がある（最判昭33・6・6民集12・9・1373）。また，金融機関の受け入れる定期預金の計算については，初日（預入日）を算入する商慣習が存在する（最判昭42・3・16判時493・39）

4)　143条に週が含まれているのは，無意味である。

(143条2項本文), もし最後の日の応当日がない場合は, その月の末日が期間の末日となる (143条2項ただし書)。なお, 末日が大祭日 (国民の祝日に関する法律), 日曜日その他の休日[5]にあたりその日に取引をしない慣習がある場合には, その翌日が末日となる (142条)。また, 元利金の分割払いの返済期日が「毎月X日」と定められた場合において, X日が日曜日その他一般の休日にあたるときは, 特段の事情がない限り, その翌日の営業日を返済期日とする旨の黙示の合意があったと推認される (最判平11・3・11民集53・3・451)。

(ハ)　過去に遡る計算の場合 (158条など) には, 民法に定めはないが, 上に述べた民法の規定を類推適用すべきである (大判昭6・5・2民集10・232)。

---

5)　民事訴訟法95条3項に関する判例

(イ)　1月2日, 3日は, 一般の休日に当たる (最判昭33・6・2民集12・9・1281)。

(ロ)　12月29日 (最判昭43・1・30民集22・9・2013), 31日 (最判昭43・4・26民集22・4・1055) は, 一般の休日には当たらない。

# 第6章　時　　効[1]

## 第1節　序説——意義と存在理由

### ①　時効制度の意義

本来，存在すべき法律関係と異なった事実状態が生じた場合には，法はそれを在るべき状態に戻すために，様々な法的手段を用意している。各権利者がこれらの手段（所有物返還請求権の行使など）を用いる場合には，国家権力もこれに助力を与える。

しかし，このような意味での事実状態が長い間継続する場合には，それを前提として，多くの生活関係が積み上げられることになる。このような場合には，在るべき法律関係の保護もさることながら，それを貫くことによって継続的事実状態の上に積み上げられた生活関係を全面的に覆すことは，かえって社会の法的安定性を著しく害することになる。

そこで，一定の要件（一定期間の経過等）を備えた「事実状態」については，真実の法律関係に合致するか否かを問題にせず，これを権利関係にまで高めることが必要となる。その結果，真の権利者はもはやその権利を主張するこ

---

1)　第6章「時効」の構成について

民法は，第7章「時効」を，第1節「総則」，第2節「取得時効」，第3節「消滅時効」に分けて規定している。教科書においても基本的に，この構成に従うものが多い（我妻 430 以下，舟橋 166 以下〔「取得時効」と「消滅時効」の順序が逆転している〕，松坂 315 以下，川井 139 以下，遠藤 229 以下など）。しかし，最近では，時効全体についての「意義・要件，効果」という構成のもとで，それぞれの箇所で取得時効と消滅時効について説く方法もとられている（星野 249 以下）。また時効に共通する「存在理由」の意義を認めず，消滅時効に重点を置いて説くものもある（川島 427 以下）。さらに，取得時効と消滅時効について説いたうえで，両時効制度に関する通則的な問題について説く方法も現われている（幾代 483 以下）。

以上述べた各教科書における相違点は，各筆者の時効制度についての認識の相違にかかわるものであるが，本書では，もっぱら，本書の基本的任務である「民法を具体的に分かりやすく説く」という観点から，最後の方法（幾代 483 以下）に基本的に従っている。

とができなくなる。これが時効制度の基本的な意義である。

## ② 時効制度の存在理由

### 1　永続した事実状態の尊重（法律関係の安定ないしは取引の安全の保護）

長期間継続した事実を覆すことは，社会の法的安定性を著しく損うことになるので，これを防止することが，時効制度の第一の存在理由である[2)]と解すべきである。これは取得時効について，特に妥当すると言われている。

### 2　証拠の散逸による立証困難の救済（法定証拠）

長期間継続した事実関係は，真実の権利関係に合致している蓋然性が高いが，その権利関係の成立について立証することはしばしば困難である。このような立証の困難性を救うことも，時効制度の存在理由の一つである。

### 3　「権利の上に眠る者はこれを保護せず」（法諺）

法が一定の者に権利を承認しているとはいっても，権利者自身がその権利を行使せず，それを保持してゆくための最少限度の努力をも怠る場合には，この者は，法が権利者として保護するには値しないと考えるべきである。

## ③ 時効制度の適用範囲

(イ)　時効は財産権に関する制度である。身分関係や身分権については，取得時効や消滅時効に関する規定を適用する余地はない（162条，163条，167条参照）。

(ロ)　相続関係は身分関係と不可分であるが，それ自体としては財産法的規制が可能であるから，時効制度が機能する場合がある（相続回復請求権に関する884条[3)]）。

---

2)　この点で，慣習法や占有制度とも共通点を有していると言われている（我妻431以下）。

3)　最判昭53・12・20民集32・9・1674　〔表見相続人が外見上相続により相続財産を取得したような事実状態が生じたのちに相当年月を経てから，この事実状態を覆滅して真正相続人に権利を回復させると，これによって当事者または第三者の権利義務関係に混乱を生じさせることになる。相続回復請求について消滅時効を定めたのは，このような混乱を避けるべく，相続権の帰属およびこれに伴う法律関係を早期にかつ終局的に確定させるためである。〕

# 第2節　取得時効

取得時効の対象は財産権であるが，そのなかでも最も重要なものは，所有権である。

## 1　所有権の取得時効

### 1　要　件

一定の要件を備えた占有が，一定期間継続することが必要である（162条）。

#### (1)　平穏・公然な自主占有

占有とは自己のためにする意思をもって物を所持することである（180条参照）。すなわち，ある物がその人の事実上の支配内に在ることであると考えてよい。

(イ)　所有権の時効取得のためには，所有の意思をもってする占有，すなわち自主占有であることが必要である[4)]。占有の性質（自主占有か他主占有）は客観的に決定される。例えば，賃借人の占有は，その所有者に対して所有の意思あることを表示しない限り，賃借人の主観における変化だけで自主占有に転換することはない（185条）。

(ロ)　平穏・公然の占有であることが必要である（162条）。

#### (2)　占有（時効取得）の対象

**(イ)　他人の物**　通常は「他人の物」の占有である。しかし，自己の所有物であっても対抗要件を具備していないために，二重譲渡がなされ，その所有権の帰属が争われるような場合には，取得時効が問題になりうる[5)]（売買の当事者間における事例については，最判昭44・12・18民集23・12・2467参照）。

**(ロ)　1個の物の一部**　通常は1個の物について，時効が成立する。動産

---

4)　参考判例

(イ)　兄の土地の占有者が，兄に対して所有権移転登記手続を求めず，固定資産税を負担しなかったという事案において，所有の意思は，占有取得の原因である権原または占有に関する事情により外形的客観的に定められるが，登記名義人に移転登記を求めなかったり，固定資産税を負担しなかったなどの事情をもって，所有の意思がないとすることはできないとした判例がある（最判平7・12・15民集49・10・3088）。

(ロ)　農地購入者の占有につき，最判平13・10・26民集55・6・1001参照。

については1個の物の一部について占有が成立することが考えられないから，取得時効の成立も考えられない。しかし，不動産[6]については一筆の土地の一部についても占有は成立する。したがって，その部分について取得時効の要件を満たすことがありうる[7]。

(ハ) **公物**　道路，公園，河川などのように直接的に公衆の共同使用に供される公共用物と国や地方公共団体自身の使用に供される公用物においても，取得時効が成立するかについては見解が分かれている。戦前の判例は，一貫して否定していたが，戦後においては，肯定するものが現れている[8]。学説上は肯定説が多数とみてよい。

---

5)　最判昭42・7・21民集21・6・1643　〔例〕Aは弟Bに自己所有建物を贈与して引渡したが，登記はA名義のまま10年経過した。AはBに無断で同建物にCのために抵当権を設定したところ，この抵当権がBの占有から10年経過直前に実行され，Dが同建物を買受けた。Dの明渡請求（10年経過後）に対してBが取得時効を主張したところ，判例は，162条の適用を認めて，次のように判示した。〔取得時効は，当該物件を永続して占有するという事実状態を，一定の場合に権利関係にまで高めようとする制度であるから，所有権に基づいて不動産を永く占有する者であっても所有権の取得を第三者に対抗できない等の場合においては，取得時効による権利取得を主張できるとすることが制度本来の趣旨に合致する。〕

C　抵当権設定　兄A　買受け　贈与　D　弟B

6)　大連判大13・10・7民集3・509

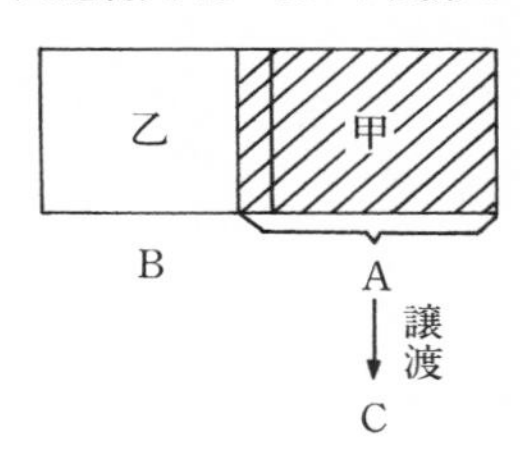


〔例〕　Aは甲地の所有者であったが，乙地の一部をも甲地と思い，5年間，平穏，公然，善意，無過失に占有し，これをCに売却し，Cがひき続き同地を同様の状況のもとで5年間占有した。Cの取得時効の主張に対して判例は，162条の適用を認めて，次のように判示した。

〔土地のように区分しうる物の一部について，占有が成立した場合には，時効の完成と同時に法律上その占有部分を区分して1個の物として占有者に所有権を付与するのが162条の趣旨であると解するのが妥当である。〕

7)　他人の所有する土地に権原によらずして自己所有の樹木を植えつけた者が，その時から同立木についてのみ所有の意思をもって平穏かつ公然に20年間占有した場合についても，同様に解されている（最判昭38・12・13民集17・2・1696）。

8)　①最判昭44・5・22民集23・6・993　この判例においては，建設大臣が都市計画公園に指定した市有地（予定公物）について取得時効の成立を認めた。

②最判昭51・12・24民集30・11・1104　〔公共用財産が長年の間，公共の用に供されることなく放置され，公共用財産としての形態，機能を全く喪失し，その物の上に他人の平穏かつ公然の占有が継続したが，そのため実際上公の目的が害されることもなく，もはやその物を公共用財産として維持すべき理由がなくなった場合には，同公共用財産については，黙示的に公用が廃止されたものとして，これについて取得時効の成立を認めてさしつかえない。〕

### ⑶　占有の継続（時効期間・その1）

取得時効の成立に必要な占有の継続期間は，占有開始の時点において，目的物が他人の所有に属することについて，占有者が善意であったか否かによって異なる。

**(イ)　占有者が悪意または善意・有過失の場合**　不動産についても，動産についても，時効期間は20年である（162条1項）。

**(ロ)　占有者が善意かつ無過失の場合**　このときは，10年で時効取得できる（162条2項）。旧規定は不動産についてのみ適用があるように読めたが，動産についても類推適用されると解されていた。動産の占有者がその占有の初めにおいて善意かつ無過失であれば，通常は，即時取得（192条）の要件を満たすから，取得時効を適用する必要はないが，192条が適用されるのは動産の占有を承継取得する場合に限られるから，占有が原始取得された場合[9]における善意・無過失の占有者には，なお162条2項が適用される。

占有者の善意は推定されるが（186条1項），無過失[10]は推定されないので，これは占有者が立証すべきものと解されている。

なお，善意・無過失の要件は，占有の平穏性および公然性の要件とは異なり，占有の当初に存在すればよいから，後に悪意に変じてもよい（大判明44・4・7民録17・187）。

**(ハ)　占有の継続**　占有は，時効期間中継続しなければならない。占有が継続したことの証明は容易ではないが，ある2つの時点での占有が証明されれば，その両時点の間につき，占有は継続したものと推定されるから（186条2項），実際には立証上の困難は少ない。

占有者が任意にその占有を中止し，または他人によってこれを奪われたときは，その時点までに経過した占有期間は原則として無に帰する（164条）。ただし，占有を奪われたときは，占有回収の訴え（200条）によって占有を継続させることができる（203条）。

---

9)　Ａ所有の伐採された材木を，ＢからＢの所有物として購入したＣは，192条の適用を受けうるが，ＣがＢから立木のまま購入して自分で伐採した場合には，動産としての占有の承継がないから，192条の適用の余地はないと解されている。

10)　不動産取引における無過失の判定にさいしては，前主の登記名義が重要な意味を有する（大判大15・12・25民集5・897，大判大5・3・24民録22・657）。

### ⑷　占有の承継（時効期間・その2）

2人以上の者が，同一物の占有を承継した場合については，占有承継人はその選択に従い，自己の占有のみを主張してもよいし，前主の占有を併せて主張してもよい[11)]（187条1項）。占有の承継者としては，承継した占有と自己が開始した占有という二面性を持った占有を有することになる。

上記の「占有の承継」には，売買のような特定承継だけでなく，相続による包括承継の場合も含むと解されている[12)]。

しかし，代理人による占有が本人の占有となった場合は，「占有の承継」に含めないのが判例[13)]の態度である。占有の事実性を重視すれば，肯定的に（承継ありと）解することになり，占有の観念性を重視すれば否定的に解することになろう（幾代497参照）。

## 2　効　果

取得時効の法的性質は，原始取得であると解されている[14)]。しかし，所有権取得の基礎は取得の前提としての占有の状態であるから，占有の際にすでに他人の地役権等を容認していた場合には，地役権等の制限を受けた所有権を取得すると解されている。

---

11)　大判大6・11・8民録23・1772　〔係争地の占有がA，B，C，Dと承継された場合には，DはA～Dの占有を併せて主張することも，C，Dの占有を併せて主張することも，Dのみの占有を主張することもできる。〕A～Dの占有が併せて主張される場合には，占有者の善意・無過失については，Aの占有開始時点において判定すれば足りると解するのが判例（最判昭53・3・6民集32・2・135）であるが，学説には批判的なものが多い（幾代498など参照）。

12)　最判昭37・5・18民集16・5・1073　〔187条1項は，相続のような包括承継の場合にも適用され，相続人は必ずしも被相続人の占有についての善意・悪意の地位をそのまま承継するものではなく，その選択に従い自己の占有のみを主張し，または被相続人の占有に自己の占有をあわせて主張することもできる。〕

13)　大判大11・10・25民集1・604　〔187条は，占有者の承継があった場合の規定であって代理人による占有が直接占有に移行した場合の規定ではない。〕この判例は，代理人による占有の場合の（本人の）占有の善意・悪意は，101条の類推適用によって決定する，との考えに基づいている。

14)　原始取得と解するのが通説であると考えてよいだろう（我妻481，舟橋51，川島570）。しかし，一種の承継取得と解すべきであるとする有力な反対説も現われている（安達・注民⑸233ほか）。

## ② 所有権以外の財産権の時効取得

### 1　通　　則

所有権以外の財産権を時効取得するには，財産権を自己のためにする意思をもって，一定期間，継続的に行使することが必要であり，その時効期間は所有権の場合と同様に，善意・無過失であるか否かによって10年または20年である（163条）。なお，不表現または不継続の地役権は，時効取得の対象となりえない（283条）。

著作権法21条の複製権を時効取得するためには，著作物の全部または一部につき外形的に著作権者と同様に複製権を独占的・排他的に行使する状態が継続されていることを要する（最判平9・7・17民集51・6・2714）。

### 2　賃借権の時効取得

(イ)　賃借権について，取得時効を認めることができるであろうか。賃借権は対人的権利であり，賃料支払義務を伴うから，このことが権利を取得しまたは義務を免れる制度である時効制度と相容れないのではないかとの疑問が出されていた。しかし，取得時効の基礎となった事実状態が賃料支払義務を含んでいる場合には，そのような義務を伴う債権（賃借権）の取得時効を認めることは可能であると思われる。したがって，すでに成立している賃借権を無権利者から譲り受ける場合だけでなく，時効によって賃借権を設定的に取得することもできると解すべきである（最判昭62・6・5判時1260・7）。

なお，時効による農地の賃借権の取得については，農地法3条の規定の適用はなく，同条1項所定の許可がない場合であっても，賃借権の時効取得が認められる（最判平16・7・13判時1871・76）。

(ロ)　不動産と動産とを区別することなく貸借権の時効取得を認めるべきであるとの考え方もあるが，動産の場合には，取得時効が成立してもそれを前提として直ちに契約が解消されうることを認めざるをえないから（617条1項3号），その意味では，用益権としての保護が確立している不動産について，主として実益がある。

(ハ)　不動産賃借権の時効取得が成立するためには，①土地の用益という外形的な事実と，②賃借の意思に基づくこと（例えば賃料を支払っていること）が必要である（最判昭43・10・8民集22・10・2145）[15]。

(ニ)「転借人」の地位にある者が賃借権（転借権）を時効取得することもありうる[16]。この場合には，時効取得の直接の相手方は誰であるのか，ということが問題になる[17]。「転貸人」は「転借人」の権利内容を確定する限りでのみ意味を有するにすぎないから，土地所有者と「転借人」との間で賃借権が取得されると解すべきであろう。

(ホ) 強行規定に違反した賃貸借契約に基づいて，賃借人が目的物の引渡を受け，賃料を支払っていた場合にも，取得時効は成立しうるであろうか[18]。結局は，契約の私法上の効力を奪うことによって保護しようとしている利益と取得時効における占有者の事実的支配に基づく保護利益との比較衡量に帰着する。例えば，農地法3条に違反した「賃貸借契約」に基づいた外形的事実が存在する場合には，困難な問題を提供することになる。同法3条による許可の例外を定める農業経営基盤強化促進法による賃借権設定が可能な状況であれば，時効による取得を認めても，農地法の根本趣旨に反することにはならないであろう。

---

15) この判例は，甲，乙両地を所有するAとBとの間における甲地の賃貸借契約において，借主Bが乙地をも甲地の一部であると思い，これを占有・使用し，その賃料をも支払っていたという事案である。

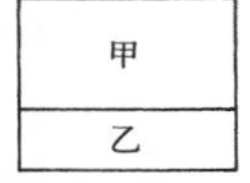


16) 最判昭44・7・8民集23・8・1374　〔他人の土地の用益がその他人の承諾のない転貸借に基づく場合において，土地の用益という外形的な事実が存在し，かつその用益が賃借の意思に基づくものであることが客観的に表現されているときは，その土地の賃借権ないし転借権を時効により取得することができる。〕なお，最判昭52・9・29判時866・127も参照。

17) 自称賃借人から地主の承諾を得ているとして賃借し，163条の要件を満たした者は，地主に対抗しうる転借権を取得しうる。

18) 最判昭45・12・15民集24・13・2051〔寺院境内地の賃貸借契約が当時（大正11年）の法令に違反し無効とされる場合であっても，その賃借人が同契約に基づき平穏公然に目的土地の占有を継続し，その間，寺院に約定の賃料を払い続けていたときは，賃借人は有効な賃貸借契約に基づく場合と同様の賃借権を時効により取得することができる。〕

上記の事案に関する限りは本頁の上段に述べた利益衡量をした場合でも，現在では同様の禁止規定はないから，判例の結論は妥当であると思われる。

## ③ 取得時効と登記

### 1　一般論

不動産の取得時効の成立要件を考えるにあたって，登記を考慮しないでよいか否かについては，それ自体が立法論としては問題になりうるところである[19]。民法は，この点について登記を要件としない立法主義によっている。登記が取得時効の成立要件ではないとはいっても，まったく無関係な他人の土地を登記名義なしに自主占有するということは，それ程多いこととは思われない[20]。

しかし，自己の物について取得時効を認める前提に立つと，「取得時効と登記」の関係は，実際上重要な問題となる。

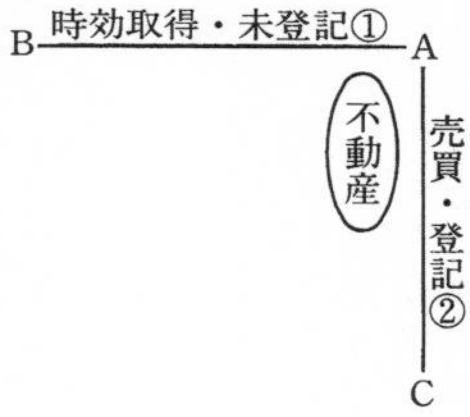

B　時効取得・未登記①　A
不動産
売買・登記②
C

〔例１〕　Aからの土地の譲受人Bが，長い間登記を怠っていたところ，Aが同一土地をCに二重に譲渡し，移転登記を済ませてしまった。その後に，Bが取得時効に必要な要件を充足した。

このような事案について，判例は，BとCとを土地譲渡の場合における「当事者」と同様にとらえたうえで，Bは登記なくしてCに所有権の取得を対抗することができる，と判示している[21]（後述，注53）参照)。

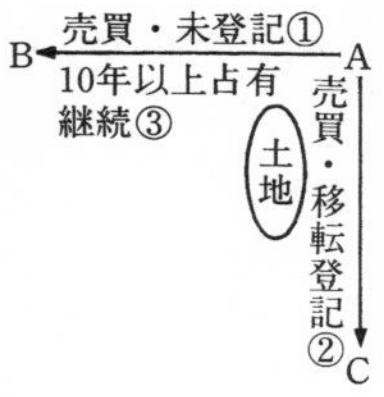

B　売買・未登記①　A
10年以上占有継続③
土地
売買・移転登記②
C

〔例２〕　BはA所有の未登記不動産を時効によって取得したが，登記を取得しないでいたところ，原所有者Aが勝手に保存登記をしてCに売却して移転登記もしてしまった。

このような事実について，判例は，Aが保存登記に基づいて同不動産をC

---

19）　例えば，ドイツ民法900条参照。もっとも所有権の移転には登記の移転が必要であるなど土地登記の法的意義が異なっていることに注意しなければならない。

20）　登記名義を取得していない場合には，通常，占有者は公課を負担しないから，そのことが自主占有を認定する場合の支障になることがありうる（大判昭10・9・18判決全集1・22・4)。

登記名義を有する場合でも，他人物の占有という枠内で考えている場合には，無効な契約に基づいて登記を取得した場合などが，実際には多いと思われる。

21）　最判昭41・11・22民集20・9・1901。なお，上段の例で，Cが出現した時期がBの取得時効の完成前であれば，Cへの移転登記はBの時効完成後であっても，BはCに対抗できる（最判昭42・7・21民集21・6・1653)。

に譲渡した場合には，A—B，A—C間において二重譲渡がなされた場合と同視し，先に登記を取得した者が確定的な権利者となる，と判示している[22)]。すなわち，Bは登記なくして時効取得をCに対抗することができない。このような判例理論を前提とすると，〔例2〕のBが，取得時効の起算点を遅らせて，取得時効の完成時点をCへの譲渡の後にすることが考えられる[23)]。学説の中にはこれを認めるものもあるが（川島267ほか），判例[24)]は否定している。時効取得の成否を考察するに当たっては，単に当事者のみならず，第三者に対する関係も同時に考慮しなければならない，ということを理由としている。

この問題を時効制度の本質論との関係で考えるならば，肯定説・否定説のいずれが妥当であるかは，容易に判断しがたい。しかし，「取得時効と登記」について前述のような判例理論を前提にするならば，否定説が妥当であるといわざるをえない。

---

22)　大判大14・7・8・民集4・412。ただし，甲が時効取得した不動産について，その取得時効完成後に，乙が当該不動産の譲渡を受けて所有権移転登記を了した場合において，乙が，当該不動産の譲渡を受けたときに，甲が多年にわたり当該不動産を占有している事実を認識しており，甲の登記の欠缺を主張することが信義に反するものと認められる事情が存在するときは，乙は背信的悪意者にあたる（最判平18・1・17民集60・1・27）。

23)　前述の〔例2〕において，Bによる取得時効（162条2項）の完成時を1980年5月1日とし，A→C間の譲渡を同年6月1日とした場合に，Bが自主占有を同年6月2日以降まで継続したうえで，取得時効の起算点を1970年6月2日にできるか，ということが問題となる。Cからの転得者が出現することなどを考えると，Bの任意な選択を認めることは妥当でないといわざるをえない。

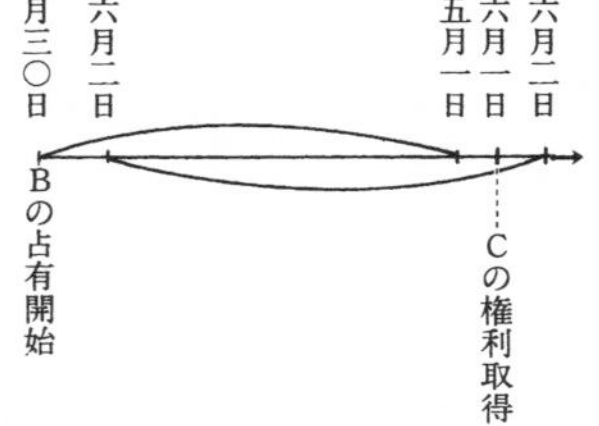


24)　最判昭35・7・27民集14・10・1871　　なお，取得時効の起算点に関する判例として次のものをあげておこう。

(イ)不動産の二重売買において第二の買主が登記した時には，所有権は売主から第二の買主に直接移転するのであり，第一の買主は当初から全く所有権を取得しなかったことになるので，第一の買主がその不動産を時効取得する場合の時効の起算点は，同人がその不動産の占有を取得した時である。（最判昭46・11・5民集25・8・1087）

(ロ)権利能力なき社団が不動産を占有し，法人格を取得した後も占有を継続した場合には，法人格取得の日を起算点として選択することができる。（最判平1・12・22判時1344・129）

(ハ)取得時効の援用により不動産の所有権を取得してその旨の登記を有する者は，当該取得時効の完成後に設定された抵当権に対抗するためその設定登記時を起算点とする再度の取得時効を援用することはできない（最判平15・10・31判時1846・7）。

### 2　境界紛争の場合

境界紛争において取得時効が問題となる場合にも，登記の必要性との関連で困難な問題が生じている。

〔**例**〕　Aは，Bの所有地乙の一部を自己の所有地甲の一部と誤信して10年以上の間占有していたが，Bが乙地を第三者Cに譲渡したため，乙地の一部がAの占有下にあることが判明した。Aは，判例理論によれば，時効取得について登記を経由していない限り，それをCに対抗することができないことになる（最判昭48・10・5民集27・9・1110）。

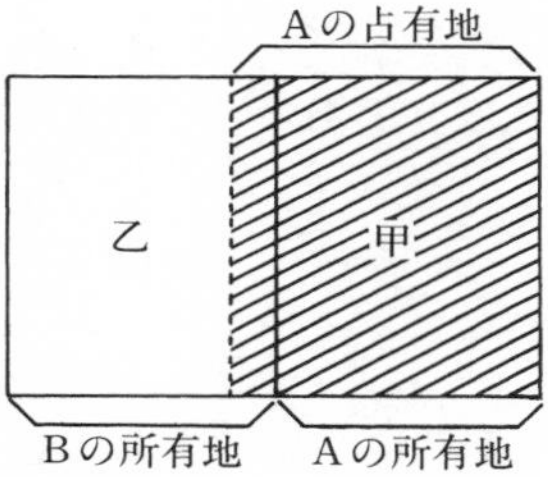

Aの占有地
乙
甲
Bの所有地　Aの所有地

この判例の結論については，Aが自己の時効取得について気がついていながら，登記をしていなかった場合にはよいが，Aがそのことに気づいていない場合もありうるので，後者の場合にまで，登記を要求するのは妥当でないとの批判がある（広中・物権158）。177条の適用基礎を欠いていると解すべきであるから，登記の先後ではなく，時効取得を基礎として判断すべきである。

# 第3節　消滅時効

## 1　消滅時効の意義

消滅時効とは，権利の不行使という事実状態が一定期間継続した場合に，その権利が消滅することをいう[25)]。取得時効とは別個の独立の制度であるから，290条のような意味で消滅時効の概念を用いることは誤りであるとされている[26)]（我妻483ほか）。

## 2　債権の消滅時効

債権の消滅時効は，債権の不行使という状態が一定期間継続することによって成立する。

### 1　消滅時効の起算点

消滅時効は，権利を行使することができる時点から進行する（166条1項[27)]）。権利を行使することができるとは，そのために法律上の支障がないことである。したがって，事実上の障害[28)]や天災地変（161条参照）は，原則として時効の進行を止めることはない。

法律上の支障の典型は，履行期の未到来である。単に同時履行の抗弁権が付着しているにすぎない場合には，消滅時効は進行する[29)]。

---

25)　これに類似する制度として権利失効の原則と除斥期間（これについては後述注46）参照）とがある。判例は，一般論として，権利失効の原則について述べたことがある（最判昭30・11・22民集9・12・1781）。〔解除権を有する者が久しきにわたりこれを行使せず，相手方において，その権利はもはや行使されないものと信頼すべき正当の事由を有するに至ったため，その後にこれを行使することが信義則に反すると認められるような特段の事由がある場合には，右解除は許されないと解するのが相当である。〕

26)　A所有の土地をBが長期間自主占有して時効取得すると，Bがその土地の所有権を取得する。Aはその土地の所有権を喪失するが，それはBの時効取得による反射的効果であって，Aの所有権の消滅時効ではない。

27)　166条2項の事例　　9月中に雪が降ったらこの土地を贈与しようという契約がA・B間で結ばれたが，8月の時点で同土地を第三者Cが占有しており，時効取得する恐れがある。

28)　（旧）準禁治産者が，訴えの提起について保佐人の同意を得られないのは権利行使についての単なる事実上の障碍にすぎず，そのことによって消滅時効の進行は妨げられない。（最判昭49・12・20民集28・10・2072）

### ⑴　確定期限付債権の場合

確定期限付債権の場合には，その期限到来の時が時効の起算点である。例えば，特許法35条3項の規定による相当の対価の支払いを受ける権利の消滅時効は，使用者等があらかじめ定める勤務規則その他の定めに対価の支払時期に関する条項がある場合には，その支払時期から進行する（最判平15・4・22民集57・4・477）。当事者間の合意や調停などによって期限が延ばされたときは，時効の起算点もこれに従う。保険契約に適用される約款に基づく保険金請求権の履行期が合意によって延期された場合には，保険金請求権の消滅時効の起算点はその翌日となる（最判平20・2・28判時1000・130）。なお，時効期間の計算にあたっては，初日である弁済期日は算入しない，と解するのが判例の立場である（大判昭6・6・9新聞3292・14）。

### ⑵　不確定期限付債権の場合

「出世払債務」（第4章注276））のような不確定期限付債務においても，期限の到来によって消滅時効は開始する（大判大4・3・24民録21・439）。

### ⑶　期限の定めのない債権の場合

㈠　債務の履行について期限を定めなかった場合には，債務者は履行の請求を受けた時から遅滞の責に任ずる（412条3項）。しかし，債権者の側からみれば，債権発生の時点以降いつでも請求権の行使をなしうるのであるから，債権発生の時点が消滅時効の起算点である（大判大6・2・14民録23・152）。

㈡　一定の継続的な契約関係の終了によってはじめて現実に行使しうるような債権のうち，寄託[30]または通常の消費寄託については，消滅時効の起算点を債権成立の時と解し，当座預金債権については，小切手以外の払戻しは契約終了時である，と解するのが通説・判例（大判昭10・2・19民集14・137）である。

㈢　通知預金のように解約申入などがあってから一定期間後にはじめて行

29）　同時履行の抗弁権が付着している債権に基づく訴訟は棄却されず，引き換え給付判決がなされるから，法律上の支障ではないと考えてよい。

30）　大判大9・11・27民録26・1797　〔寄託物の返還の時期を定めない場合には，寄託者はいつでもその返還を請求することができるのであるから，当該寄託者の寄託物返還請求権の消滅時効は，寄託契約成立の時から進行するものと解するのが相当である。〕

使しうる債権については，解約申入等をなしうる時を起算点として当該猶予期間を経過した時から消滅時効が進行すると解すべきである。[31)]

(二)　いわゆる自動継続特約付きの定期預金契約における預金支払請求権の消滅時効は，それ以降自動継続の取扱いがされることがなくなった満期日が到来した時から進行する。（最判平19・4・24民集61・3・1073），同旨（最判平19・6・7判時1979・56）

**(4)　期限の利益喪失約款の付いた債権の場合**

割賦払債権で，一回弁済を怠ると直ちに全額の返還を請求しうる旨の特約がなされている場合がある。この場合には，ある回の不履行により，その時から残額債権全部についての時効が当然に進行すると解する説[32)]と，債権者が残額全部の請求をしたときに初めて，残額についての時効が進行すると解する説[33)]とが対立している。このような場合には，特約が予定しているような事態が発生すれば，債権者は，現実にそうするか否かは別としていつでも債権の全額を請求することはできるのであるから，実質的にみて期限の定めのない債務の場合と同様の立場にあると考えてよい。したがって，前説が妥当である。

**(5)　その他の場合**

(イ)　雇用者の安全配慮義務違反によるじん肺患者の損害賠償請求権の消滅時効は，じん肺法所定の管理区分についての最終の行政上の決定を受けた時から進行する（最判平6・2・22民集48・2・441）。なお，雇用者の安全配慮義務違反により罹患したじん肺によって死亡したことを理由とする損害賠償請求権の消滅時効は，死亡の時から進行する（最判平16・4・27判時1860・152）。

---

31)　解約の申入れ等があって初めて消滅時効が開始すると解するならば，何らかの権利行使をしない場合には，その債権が時効によって消滅することはないことになり不当であるから，上段のように解すべきである（大判大3・3・12民録20・152）。

32)　我妻487，松坂351，川島519，幾代510，四宮307ほか。

33)　判例は，いずれになるかは，当事者の意思を解釈して決すべきであるとしている（大連判昭15・3・13民集19・544）。残額全部の請求を待って初めて消滅時効が進行するという余地を認めるべきか否かが多数説との分岐点である。最判昭42・6・23民集21・6・1492は，上の判例を引用しながら，「1回の不履行があっても，各割賦金額につき約定弁済期の到来毎に順次消滅時効が進行し，債権者が特に残債務全額の弁済を求める旨の意思表示をした場合にかぎり，その時から右全額について消滅時効が進行する」と述べている。

(ロ)　預託金会員制ゴルフクラブの施設利用権の消滅時効は，ゴルフ場経営会社が会員に対してその資格を否定して施設の利用を拒絶し，あるいは会員の利用を不可能な状態としたような時から進行する（最判平7・9・5民集49・8・2733）。

(ハ)　自賠法3条により責任を負うべき自動車の保有者が明らかでないときに認められる同法72条による請求権の消滅時効は，保有者について争いがあるときは，同法3条による請求権が存在しないことが確定した時から進行する（最判平8・3・5民集50・3・383）。

(ニ)　債務不履行によって生じる損害賠償請求権の消滅時効は，本来の債務の履行を請求しうる時からその進行を開始する（最判平10・4・24判時1661・66）。瑕疵担保責任による損害賠償請求権にも消滅時効の規定の適用がある（最判平13・11・27民集55・6・1311）。なお，供託金取戻請求権につき，最判平13・11・27民集55・6・1334参照。

(ホ)　解除権や求償権についても注意が必要である[34]。

(ヘ)　生命保険契約に係る保険約款が被保険者の死亡の日の翌日を死亡保険金請求権の消滅時効の起算点とする旨を定めている場合であっても，消滅時効は被保険者の遺体が発見されるまでの間は進行しない（最判平15・12・11民集57・11・2196）。また，生命保険契約に係る保険約款中の被保険者の死亡の日の翌日を死亡保険金請求権の消滅時効の起算点とする旨の定めは，当時の客観的状況等に照らし，上記死亡の時からの保険金請求権の行使が現実に期待することができないような特段の事情が存する場合には，その権利行使が現実に期待することができるようになった時以降において消滅時効が進行する趣旨と解すべきである。（最判平15・12・11民集57・11・2196）

(ト)　継続的な金銭消費貸借取引に関する基本契約が，借入金債務につき利

---

34)　(イ)継続した地代不払を一括して1個の解除原因とする賃貸借契約の解除権は，10年で時効により消滅するが，その消滅時効は，最後の地代の支払期日が経過した時から進行する（最判昭56・6・16民集35・4・763）。無断転貸を理由とする土地賃貸借契約の解除権の消滅時効は，転借人が転貸借契約に基づきその土地の使用収益を開始した時から進行する。（最判昭62・10・8民集41・7・1445）

(ロ)保証人の主債務者に対する求償権の消滅時効は，弁済その他自己の出捐をもって主債務を消滅させるべき行為をした時から起算し，免責行為前に事前求償権を取得した場合でも異ならない。（最判昭60・2・12民集39・1・89）

息制限法1条1項所定の制限を超える利息の弁済により過払金が発生したときには，弁済当時他の借入金債務が存在しなければ当該過払金をその後に発生する新たな借入金債務に充当する旨の合意を含む場合は，当該取引により生じた過払金返還請求権の消滅時効は，特段の事情がない限り，取引が終了した時から進行する（最判平21・1・22民集63・1・247）。

### 2　消滅時効期間

**(1)　債権の消滅時効期間**　　これは，短期の場合（169条以下，商法522条など）を除いて10年である（167条1項）。なお，短期時効の定めのある権利を含めて，判決等によって確定した権利については時効期間は10年とされている[35)]。ただし，判決確定の時点で未だ弁済期が到来していない債権は，この限りではない（174条の2）。商法798条1項は，消滅時効の期間について民法724条の特則を設けたにすぎないものというべきであるから，船舶の衝突によって生じた損害賠償請求権の消滅時効は，同条により，被害者が損害および加害者を知った時から進行するものと解すべきである（最判平17・11・21民集59・9・2558）。商法（平17法87改正前）266条1項5号に基づく会社の取締役に対する損害賠償請求権の消滅時効期間も，167条1項により10年と解すべきである（最判平20・1・28判時1995・151）。

なお，主たる債務者の破産手続において債権者が債権の届出をし，その保証人が債権調査期日終了後に債権全額を弁済し，債権者の地位を代位により承継した旨の届出名義の変更の届出をした場合の求償権には，174条の2は適用されない（最判平7・3・23民集49・3・984）（最判平9・9・9判時1620・63）。

**(2)　定期金債権**[36)]　　これは，第1回の弁済期から起算して20年間行使しないか，または最後の弁済期より10年間行使しないことによって時効によって消滅する（168条1項）。20年の時効期間の趣旨は，長く続く定期金につい

---

35)　時効期間の転換については，次の点が問題となる。
　(イ)　保証における主債務について「転換」が生じたときは，保証債務についても「転換」が生じると解してよい。
　(ロ)　しかし，保証債務について「転換」が生じたときは，主債務について「転換」は生じないとするのが判例（大判昭20・9・10民集24・82）であるが，学説では批判的見解も有力である（我妻501ほか）。

36)　ここでいう定期金債権とは，定期ごとに一定の給付を請求しうる債権（支分権）を生み出す母体としての包括的な債権（基本権たる債権）のことである。

て最後の弁済期まで時効を進行させないのは不当だからであると解されている（我妻490）。しかし，10年間の消滅時効（168条1項後段）については，この規定がなくても他の一般規定（167条など）によって当然に時効消滅という効果は生じるのであるから，無用な規定であると解されている（通説）。

なお，定期金の支払は20年以上にわたることがあるので，定期金債権者は時効中断の証拠を残すためにいつでも債務者に承認書を要求することができる（168条2項）。

**(3)　定期給付の債権**　年またはこれより短い時期をもって定めた金銭等の給付を目的とする債権は，5年で時効にかかる（169条）。基本権たる定期金債権から発生する支分権たる債権[37)]（地代・家賃，利息，給料など）の多くはこれに属する。マンション管理組合が組合員である区分所有者に対して有する管理費および特別修繕費に係る債権が，管理規約の規定に基づいて，区分所有者に対して発生するものであり，その具体的な額は総会の決議によって確定し，月ごとに支払われるものであるときは，当該債権は169条所定の債権にあたる（最判平16・4・23民集58・4・959）。

**(4)　3年の短期時効**　以下のものは，3年の消滅時効にかかる。

(イ)「医師，助産師又は薬剤師の診療，助産又は調剤に関する債権」（170条1号）　公立病院において行われる診療は，私立病院において行われる診療と本質的な差異はなく，その診療に関する法律関係は本質上私法関係というべきであるから，公立病院の診療に関する債権の消滅時効期間は，地方自治法236条1項所定の5年ではなく，本条1号により3年と解すべきである（最判平17・11・21民集59・9・2611）。

(ロ)「工事の設計，施工又は監理を業とする者の工事に関する債権」（170条2号本文）　ただし，この場合には，時効の起算点は工事終了時である（同条同号ただし書）。

(ハ)　弁護士または弁護士法人の書類に関する責任　これは，事件終了の時より，公証人はその職務執行の時より3年を経過したときは，その職務に

---

37)　元本から生じる利息も，弁済期に一括して支払う場合にはこれに含まれない（大判明42・11・6民録15・51）。分割債権も含まれない（大判昭10・2・21新聞3814・17）。

関して受け取った書類についての責任を免れる（171条）。

⑸　**2年の短期時効**　以下のものは，2年の消滅時効にかかる。

(イ)　弁護士，弁護士法人または公証人の職務に関する債権　この債権の時効の起算点は事件終了時である。ただし，事件中に各事項に関して生じた債権は，各事項終了の時より5年を経過した時に，時効によって消滅する（172条）。

(ロ)　生産者（例，農業者など），卸売商人または小売商人[38]が売却した産物および商品[39]の代価に係る債権（173条1号）　買主が商人である場合にも，本号が適用される（大判昭7・6・21民集11・1186）。売掛代金を消費貸借に改めたときは，本条は適用されない（大判大10・9・29民録27・1707）。

(ハ)　自己の技能を用い，注文を受けて物を製作し，または自己の仕事場で他人のために仕事をすることを業とする者[40][41]の仕事に関する債権（同条2号）。

(ニ)　学芸または技能の教育を行う者が，生徒の教育，衣食または寄宿[42]の代価について有する債権（同条3号）。

⑹　**1年の短期時効**　以下のものは，1年の消滅時効にかかる。

(イ)　月またはそれ以下の期間を定めた使用人の給料に係る債権（174条1号）。

(ロ)　自己の労力の提供または演芸を業とする者の報酬またはその供給した物の代価に係る債権（同条2号）。

(ハ)　運送賃に係る債権（同条3号）　商法上の運送人（商法569条）の運賃

---

38)　一般に電気を供給する発電企業者（大判昭12・6・29民集16・1014）や運動用品製造者（最判昭59・2・23判時1138・77）は，「生産者」にあたるが，問屋業者（大判大8・11・20民録25・2049），配炭公団（最判昭35・7・15民集14・9・1771），油糧砂糖公団（最判昭37・5・10民集16・5・1066）は，「商人」ではないとし，農業協同組合（最判昭37・7・6民集16・7・1469），漁業協同組合（最判昭42・3・10民集21・2・295）は，「生産者」でも「卸売商人」でもないとされている。

39)　特定の旅館の宣伝用パンフレットは，「産物および商品」に該当しない（最判昭44・10・7民集23・10・1753）。

40)　旧規定の居職人とは，出職人に対する語であり，理髪師，鍛冶屋，裁縫師などのように自分の仕事場で他人のために仕事をする者と理解されていた（我妻494）。修理工場を設けて自動車の修理業を営む会社は，これに当たらない（最判昭40・7・15民集19・5・1275）。170条2号参照。

41)　最判昭44・10・7前掲注39)　〔近代工業的な機械設備を備えた製造業者は，本条2号の製造人には当たらない。〕

42)　寄宿舎などの場合を指す。一般下宿は含まない。

を含む（通説）。

(ニ)　旅館，料理店，飲食店，貸席または娯楽場の宿泊料，飲食料，席料，入場料，消費物の代価または立替金に係る債権（同条4号）。

(ホ)　動産の損料に係る債権（同条5号）　ただし，日常生活上のきわめて短期のものについて適用すべきであり，事業用の長期の動産貸借における使用料は含まれない（大判昭10・7・11民集14・1421）。

### ③ 債権以外の権利の消滅時効

#### 1　167条2項の意義

債権または所有権に非ざる財産権は，20年で消滅時効にかかる（167条2項）。ここで除外されている二つの権利のうち，債権は同条1項より10年で消滅時効にかかり，所有権は消滅時効にかからない[43)]という趣旨である。

#### 2　性質上消滅時効にかからない権利

##### (1)　一定の法律関係または事実関係に伴って存在する権利

(イ)　占有権は一定の事実状態があれば常に発生し，その事実状態が消滅すれば当然に消滅する性質の権利であるから，消滅時効にはかからない。

(ロ)　相隣関係上の権利（209条以下），共有物分割請求権（256条）などは，一定の法律関係が存在する場合に，これに伴って発生するものであるから，消滅時効にはかからない。物権的請求権も，同様にそれ自体の消滅時効を考える余地はないものとされている[44)]。なお，遺留分権利者が減殺請求によって取得した不動産の所有権に基づく登記手続請求権も時効によって消滅することはない（最判平7・6・9判時1539・68）。

##### (2)　担保物権

担保物権は，被担保債権が存続する限り存続すべきものであるから，消滅

---

43)　近代法的私有財産の基本原理であり，所有権の「永久性」と呼ばれる（川島529）。

44)　①大判大11・8・21民集1・493　〔寄託物の返還請求は，寄託契約に基づいても可能であるし，所有権に基づいても可能である。契約上の返還請求権が時効により消滅した場合でも，寄託物につき取得時効が完成しない以上，所有権に基づいて返還を請求することができる。〕

②大判大9・8・2民録26・1293　〔登記請求権は不動産に関する物権の得喪変更を完全ならしめるために，これに付随するものにして，得喪変更の事実ある以上は独立して消滅時効に罹るべき性質のものに非ず。〕

時効にはかからないと解すべきである。ただし，抵当権に関しては，例外規定（396条）があり，債務者および抵当権設定者以外の者に対する関係では，消滅時効にかかる[45]。

### (3) 特別法上の権利

特別法によって所有権と同性質の財産権とみられているもの（鉱業権，採石権，漁業権，特許権，実用新案権，意匠権，商標権など）は，所有権が消滅時効にかからない現行法のもとでは，同様に消滅時効にかからないと解すべきである。

### (4) 抗弁権

同時履行の抗弁権（533条）や保証人の抗弁権（452条，453条）も，独自に消滅時効にかかることはないと解すべきである。

## 3　167条2項が適用されうる場合

### (1) 用益物権

地上権，永小作権，地役権は，20年の消滅時効にかかる（167条2項）。実際には，これらの権利に基づく物権的請求権の時効消滅という形で問題になる。

### (2) 形成権

**(イ) 除斥期間か**　形成権については，取消権（120条以下）や詐害行為取消権（424条）のように「時効によって」消滅することが明記されている場合（126条，426条）はもとより，そのような規定がない場合でも，167条2項に基づいて時効消滅すると解されていた。しかし，時効にかかる権利といえるためには，権利の不行使という状態があるだけではなく，権利行使はあったがその目的を達成しえないという状態がなければならない（時効の中断）。形成権の場合には，そのような時効の中断ということが論理的にみてありえないから，形成権行使の時間的制約は，消滅時効ではなく，除斥期間[46]と解すべきであるという説が，有力になりつつある。

**(ロ) 問題点**　上のような形成権の法的性質論を別にしても，形成権行使の期間を原則として20年（167条2項）と解すると不合理な結果が生じうる。

---

45）なお，397条は，抵当目的物について第三者による取得時効が成立する場合には，その反射的効果として抵当権が消滅する旨規定している。

〔**例**〕　AがCに，BがDに対してそれぞれ債務不履行に基づいて売買契約を解除しうる権利を取得した(1990年4月22日)場合に，AはCに対してさっそく翌日に解除権を行使したが，損害賠償を得られないまま10年間経過したため，損害賠償請求権は時効によって消滅してしまった（167条1項）。しかし，Bは今日に至るまで解除権を行使しておらず，かつ20年以内であるため，Bは解除権を行使して損害賠償を請求することができることになる。

このような不合理な結果を避けるためには，形成権の権利行使の期間制限は，それによって発生する権利（例えば損害賠償請求権）の時効期間に準じて解釈しなければならない[47]。

**(ハ)　損害賠償請求権との関係**　形成権の権利行使期間は上記のように解するとしても，その期間内に権利行使[48]をした結果発生した権利（損害賠償請求権等）について，別個に消滅時効が進行するのかどうかが問題となる。たしかに，形成権の行使によって債権が発生する場合について考えてみるならば，両者は二つの別個の権利であり法的性質も異なるから，後者は通常の債権と

---

46)　(イ)　除斥期間 Ausschluβfrist とは，一定の権利について，その権利を中心とする法律関係を速やかに確定しようとする目的をもって定めた権利行使の限定期間である。

(ロ)　時効制度との相違点　(a)裁判所は，当事者の援用がない場合でも除斥期間を理由とする権利消滅を前提として裁判することを要する。(b)権利行使による中断の問題は論理上生じない。(c)期間の起算点は権利を行使しうる時ではなく，権利発生時である。(d)権利消滅の効果について遡及効を問題とする余地はない。

(ハ)　時効との判別基準　(a)従来は通説・判例とも立法者の見解と同様に，各条文中で「時効ニ因リテ」と規定されている場合には時効であり，その他の場合は除斥期間であると解していたが，近時の通説は法文の文言による形式的判断ではなく，権利の性質や各規定の趣旨ないし目的に従って判断すべきであると解している。(b)請求権については「時効によって」とされていなくても除斥期間と解すべきではない。(c)形成権については「時効によって」とされていても除斥期間と解すべきである。(d)請求権について長短二様の消滅「時効」期間の定めがある場合（例えば724条）には，長期の方は除斥期間と解すべきである。形成権についても同様の場合（例えば126条）があるが，これは双方とも権利の性質によって決すべきである。

判例も，724条後段の規定は，不法行為による損害賠償請求権の除斥期間を定めたものであるとしている（最判平1・12・21民集43・12・2209）。

47)　判例も商事契約の解除権の場合には5年（大判大6・11・14民録23・1965），再売買の予約完結権の場合には10年（大判大10・3・5民録27・493）としている。

ただし，再売買の予約完結権のように一種の物権的取得権の性質を有するものについては20年と解すべきであるとの主張もある（我妻497ほか）。

48)　基本的には訴訟上の行使を必要とすると解すべきであるとの主張（我妻438ほか）もあるが，判例は裁判外の行使でもよいと解している（大判昭8・2・8民集12・60ほか）。

して新たに消滅時効が進行するという考え方[49]も成り立つ。しかし，形成権自体は，本来，無内容な権利であり，実質的な目的は形成権行使の結果発生する権利によって達成されるのであるから，権利の不行使という状態を実質的にみるならば，形成権とその行使の結果発生する権利とは，一体のものと解すべきである。したがって，形成権について期間制限の規定がある場合にはそれに従い，そのような規定がない場合には，167条2項ではなく，形成権行使の結果発生する権利の性質に従って，権利行使の期間[50]は定まると解すべきである（我妻498以下ほか）。

**(二)　形成権が抗弁権的に機能する場合**　この場合には，次のような問題が生じる。

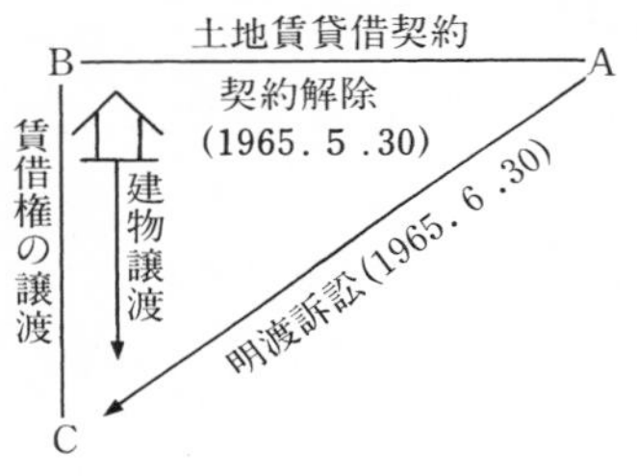


〔**例**〕　BはAから土地を賃借し，同地上に家屋を建て自ら居住していたが，同家屋を第三者Cに譲渡してしまった。Aは，同家屋の譲渡行為には敷地賃借権の譲渡が従たるものとして含まれているから，612条違反であるとして契約を解除し（1965年5月30日），ついでBには家屋収去・土地明渡を，Cには家屋退去・土地明渡を訴求した（同年6月30日）。

この場合に，B—C間の賃借権の譲渡がA—B間における信頼関係を破壊[51]するものでない場合は別として，Aは612条に基づいてA—B間の賃貸借契約を解除することができる。その場合には，CはAに対して建物買取請求権（借地借家法14条）を行使することができるが，これは形成権であると解されており，Aの解除が有効である場合にはじめて，自己の損失と社会経済上の損失を最小限度にくいとめるために行使される防禦的権利である。したがっ

---

49)　この説は，消滅時効期間を「2段階」に把握する考え方であり，判例の立場でもある。解除権につき，大判大7・4・13民録24・669。〔契約の解除に因る原状回復の請求権は契約の解除により新たに発生する請求権であるから，その時効は解除の時から進行する。〕

50)　権利行使の期間の法的性質を消滅時効と解するか，除斥期間と解するか，という問題とは直接関係はない。

51)　どのような場合に信頼関係を破壊することになるかについては，民法要義5・契約法249頁以下参照。

て，単にAの側で契約解除権が行使されたというだけでCの建物買取請求権について消滅時効が進行する，と解するのは妥当ではない。判例はかつて消滅時効の起算点につき解除時説に立っていたが（最判昭42・7・20民集21・6・1601），最近，訴状送達時説に変った（最判昭54・9・21判時945・43）。解除の有効性を前提として，貸主の解除の意思が確定的に表示された時点から建物買取請求権の消滅時効は進行する趣旨と理解してよいだろう。

しかし，建物買取請求権者としては，訴訟において第一次的には解除の有効性について争うつもりでいると考えられるから，その意味では，同請求権は解除の有効性が確定したときにはじめて現実的な行使がなされるべきものと解することも可能である。さらに徹底して，抗弁権であると解すれば強制執行がなされるまでに行使すればよく，独自の消滅時効はないと解することもできる（抗弁権の永久性[52)]）。

なお，民事訴訟において行使する場合には，訴訟法上，時機に遅れた攻撃防禦方法となるか否かも，問題となりうる。

---

52）抗弁権の永久性とは，実体法上の権利が何人かの請求に対抗して現状の維持を主張するという防禦的な形態で訴訟上現われる場合には，期間の制限に服しないことを意味する。

しかし，一般的にこれを認めようとする学説に対しては，慎重論も有力に主張されている。例えば四宮教授は，次のように説かれる。(イ)保証人の抗弁権は主たる債務が存続する限り存続する（あえて抗弁権の永久性ということもない）。(ロ)同時履行の関係に立つ2つの請求権の一方が先に時効により消滅した場合において，消滅していない権利の行使に対しては時効消滅した権利者は同時履行の抗弁権を行使することができると解すべきである。(ハ)双務契約の取消権者が自己の給付が未履行の場合において，その権利の時効完成後に相手方が履行を求めてきたときは，その権利を抗弁として利用することができる。（四宮第四版298頁参照）

慎重論は，抗弁権の永久性についても類型化をするなかで必要に応じて認めてゆく傾向にあると考えてよい（詳しくは山崎敏彦『抗弁権の永久性論』参照）。

# 第4節　時効の通則

## ①　時効の遡及効

時効の効力は，起算日に遡る（144条）。時効期間中継続した事実関係をそのまま保護して法的関係にまで高めるという時効制度の趣旨に添って，時効による権利変動を簡明に処理するために遡及効を認めたものと解されている。

### 1　取得時効の遡及効

(イ)　果実の帰属　　時効起算日後に目的物から生じた果実は，時効取得者に帰属する。この者は（準）占有者であるから，この期間中の果実を事実上収取している場合が多いと思われる。その場合には，悪意であっても果実の返還義務（190条）を免れる（川井・注民⑸35，幾代531以下）。

(ロ)　処分行為の効力　　時効取得者が時効期間中に「処分権利者」としてなした行為は，その時点では無効であるが，遡及的に有効となる。

取得時効の反射効として権利を喪失した者が，時効期間進行中に行った行為は，原則として無効となる。しかし，この種の物権変動についても，原則として対抗要件が必要であると解すべきであるから，不動産の場合には常に原則論通りになるわけではない（取得時効と登記の関係については，本章第2節③参照）[53]。

(ハ)　目的物ないし権利について時効期間の進行中に不法行為が成立した場合　　その効果は原権利者ではなく，時効取得者に帰属する。

---

53）　本章第2節③〔例1・2〕参照。〔例1〕の場合において「時効の遡及効」を前提にして考察すれば次のような理解も可能である。
判例によれば，Bは時効取得の効果をCに対して主張できるが，これを説明する過程では取得時効の遡及効を無視していると言わざるをえない。Bの取得時効の遡及効を前提として理論構成をすれば，Bは目的物の占有を開始した時点で所有権を取得したことになるのであるから，A―B間（時効取得）とA―C間は二重譲渡の関係になると解すべきである（広中・物権156以下）。この考え方によれば，Cの方が先に対抗要件を具備したのであるから，判例の結論とは逆に，Cが確定的に所有権を取得することになる。

### 2　消滅時効の遡及効

(イ)　遡及効の趣旨は，取得時効の場合とほぼ同様であると解してよい。たとえば債権の消滅時効が完成したときは，時効期間進行中の利息を支払う必要はない[54]。

(ロ)　債権が時効消滅前に相殺適状にあったときは，それを自働債権とする相殺は可能である（508条）。事実上清算済であるとの債権者の信頼を保護するものである。

## 2　時効の援用

### 1　時効制度と解釈

**(イ)　援用**　民法は，一定の事実状態の継続と一定の期間の満了によって時効が完成するものとし（162条，163条，167条など），時効は遡及効を有するものとしている（144条）。しかし，他方では，時効は当事者が援用しない場合には，裁判所は時効完成を前提とした裁判をなすことはできないとしている（145条）。

このような時効の完成自体の要件および効果と，その援用との関係は，従来から学説，判例上も争われてきたところである。

**(ロ)　時効の効果**　これは，実体法[55]上生じると解すべきである（実体法説）。権利の得喪は時効の完成のみによっては確定的には生ぜず，援用によってはじめて確定的に生じると解すべきである（我妻444，幾代535ほか――停止条件説[56]）。

判例は，時効の完成により権利得喪の効果は確定的に生ずると解し，援用は単に訴訟における攻撃防禦方法にすぎないと解していたが，近時，不確定効果説のうち，停止条件説に変わったものと解されている（最判昭61・3・17民集40・2・420――消滅時効に関する事例）。

### 2　援用権者

時効は，当事者が援用しなければならない（145条）。判例によれば，「当事者」とは，「時効によって直接に利益を受ける者およびその承継人」であるが，

---

54)　大判大9・5・25民録26・759

55)　これに対しては，時効をもっぱら訴訟法上の制度であると解する説がある（訴訟法説または法定証拠提出説）。この理論によれば，時効の援用とは期間の経過による権利の得喪という法定証拠を裁判所に提出する行為である（舟橋176，川島451ほか）。

これでは枠が狭すぎるのではないかとの批判[57]がなされ，これを徐々に拡大しつつあるのが，判例の現状である。

### (1)　取得時効の場合

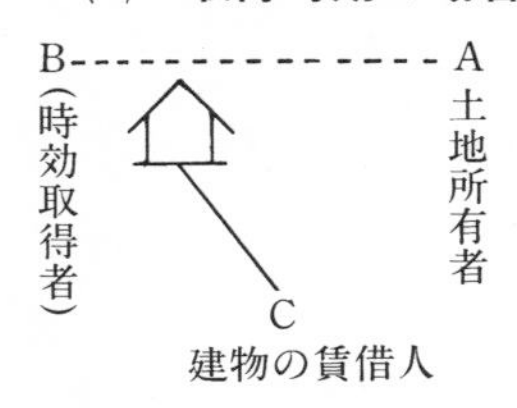


〔**例**〕　A所有の土地を，Bが占有し同地上に建物を所有しており，取得時効の完成に必要な要件を具備している。Cは，Bから同建物を賃借して居住している。CはAから建物退去土地明渡の請求を受けたので，同建物の敷地所有権につき，Bの取得時効を援用した。判例によれば，上のCはBによる土地の時効取得によって直接利益を受ける者ではないから[58]，Bの取得時効を援用することはできないという（最判昭44・7・15民集23・8・1532）。

被相続人の占有により取得時効が完成した場合において，その共同相続人の一人は，自己の相続分の限度においてのみ取得時効を援用することができるにすぎない（最判平13・7・10判時1766・42）。

56)　実体法説はさらに確定効果説（時効完成により効果は実体法上確定的に生じ，援用は単なる攻撃防禦方法にすぎないとする説——旧判例，大判明38・11・25民録11・1581，大判大8・7・4民録25・1215）と不確定効果説とに分類される。後の説は，さらに，以下のように

(イ)　時効完成の効果は解除条件付で発生し，援用があれば確定し，援用しない旨の意思表示もしくは時効利益の放棄があれば，効果は遡及的に生じなかったことに確定するとする説（解除条件説）と，

(ロ)　時効完成だけでは権利の得喪という効果はいまだに確定的には生ぜず，援用を停止条件として発生すると解する説（新判例，停止条件説，我妻444，幾代536，川井141以下）と，

(ハ)　当事者間では不確定的に発生し，第三者（例えば抵当不動産の第三取得者）との関係では確定的に発生すると解する説（実体法2分説，遠藤237）と，に分かれている。

57)　批判する学説にも，援用権者の範囲を拡大することを主張するもの（我妻464）と，時効により正当な利益を有する者すべてに無制限的に認めようとするもの（四宮/能見374）とがある。

58)　Cが，Bの建物の賃借人ではなく，Bの建物の敷地の賃借人であれば，直接的に利害関係を有する者と考えざるをえないであろうと思われる。

下級審判例では，土地の賃借人が賃貸人の借地所有権の取得時効を援用することを認めている（東地判昭45・12・19判時630・72）。学説にも，Cは時効を援用しなければ自己の権利がくつがえされることを理由にして援用を認めるものがある（四宮/能見374参照）。なお，Cが債権者代位権（423条）の要件を充足する場合には，Bの援用権を代位行使することができる。

### ⑵　消滅時効の場合

消滅時効が完成した債権の債務者や，消滅時効にかかった制限物権が設定されている土地の所有者が「当事者」に当たることは間違いない。以下には判例・学説において問題になっている者を具体的にあげておこう。

**(イ)　保証人（446条）**　保証債務も連帯保証債務も，主たる債務が時効消滅すれば当然に消滅するから（附従性），保証人は主たる債務者[59)]の消滅時効を援用しうる（大判大4・12・11民録21・2051ほか）。破産終結決定がされて法人格が消滅した会社を主債務者とする保証人は，主債務についての消滅時効が会社の法人格の消滅後に完成したことを主張してこれを援用することはできない（最判平15・3・14民集57・3・286）。

**(ロ)　連帯保証人（458条）**　一般の保証の場合と同様の理由により，連帯保証人も主たる債務者の消滅時効を援用することができる（大判昭7・6・21民集11・1186）。

**(ハ)　物上保証人**　他人の債務のために自己の所有物に担保物権を設定した者は，その被担保債権の消滅によって直接に利益を受けるから，同債務の消滅時効を援用することができる（最判昭42・10・27民集21・8・2110ほか）。

**(ニ)　抵当不動産等の第三取得者**　抵当権が設定されている不動産の所有権を取得した者は，被担保債権が消滅すれば，同不動産上の抵当権も当然に消滅するという関係にあるから，被担保債権の消滅時効を援用できると解すべきである（最判昭48・12・14民集27・11・1586）。譲渡担保の目的不動産を譲渡担保権者から譲り受けた第三者は，譲渡担保権設定者が有する清算金支払請求権の消滅時効を援用することができる（最判平11・2・26判時1671・67）。

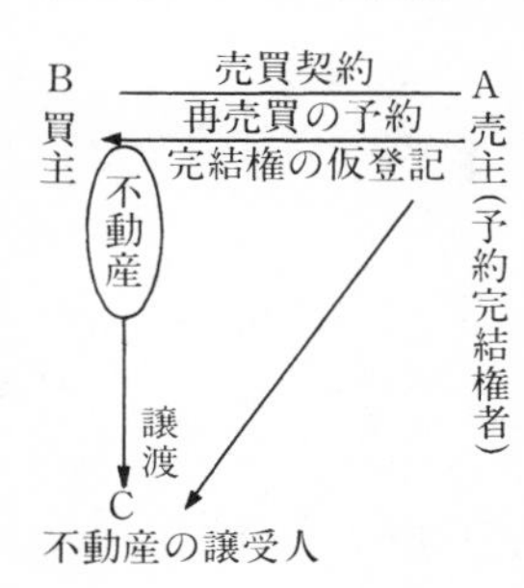


**(ホ)　後順位抵当権者**　この者は，先順位抵当権者の被担保債権の消滅時効を援用することができな

59)　保証人の時効援用は，保証債務についてではなく，主たる債務の時効を援用しうるかという形で問題とされる。両者のうち，一方が援用し，他方が放棄することも可能であり，時効の相対効を原則として考えればよいが，主たる債務者が援用しているときに保証人が放棄することは，求償権を放棄する特段の事情があるときにのみ有効と解すべきである（我妻・債権総論482参照）。

い（最判平11・10・21民集53・7・1190）。

### ㈹　売買予約等の目的物につき物権を取得した者

〔**例**〕　Aは自己所有の不動産をBに売却したが，その際，再売買の予約を行い同完結権を仮登記した。その後，Bは同不動産をCに売却し移転登記も済ませた。この再売買の予約成立後10年以上経過してから，Aが予約完結権を行使して登記の抹消等をCに請求してきたのに対して，Cは同完結権の時効消滅を主張することができるか。

Cは完結権行使の相手方ではないが，完結権行使の当然の効果につき利害関係を有すると解すべきである。[60)]

### ㈺　僭称相続人からの譲受人

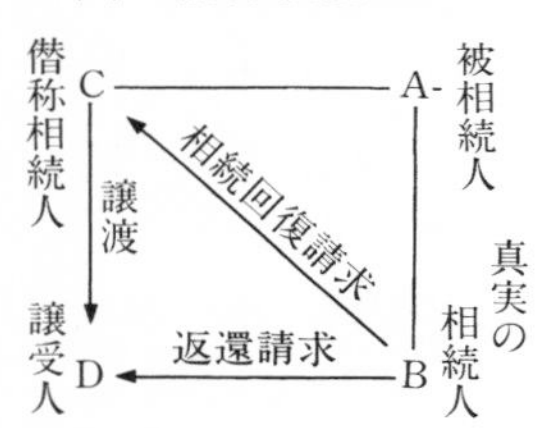


〔**例**〕　戸主Aが死亡し，家督相続人[61)]Bが相続すべきところ，Cが家督相続の届出をなし，その相続財産の一部をDに譲渡した。BのCに対する相続回復請求権の時効消滅後（884条）に，BがDに対して返還請求した場合[62)]に，Dは消滅時効を援用することができないというのが判例の態度である（大判昭4・4・2民集8・237）。しかし，戦後の下級審判例には肯定するもの[63)]もみられ，学説には肯定するものが多い（我妻447，川島454，幾代540）。肯定説は，Dにとって自己の財産取得の基礎となる限りで，Dに援用を認めるべきであるとする。

### ㈻　詐害行為の受益者

〔**例**〕　Bの債権者Aは，Bが唯一の不動産を安価でCに売却したため，B・

---

60）　判例は，上の第三者Cは何らの債務も負担していないから，Aの予約完結権が時効消滅するについて直接の利害関係を有しないと解している（大判昭9・5・2民集13・670）。しかし，近時，「売買予約に基づく所有権移転請求権保全の仮登記に後れる抵当権を有する者は，その仮登記された予約完結権の消滅時効を援用することができる」としている（最判平2・6・5民集44・4・599所有権の第三取得者につき同旨，平4・3・19判時1423・77）。

61）　家督相続とは，明治民法において「家」の長である戸主の地位を相続することを意味し，その戸主の地位に「家」の財産が伴うことになっていた。

62）　BがDに対して，個別財産の所有権に基づいて返還請求をした事例である。

63）　東高判昭38・7・15下民集14・7・1395など。なお，この問題は相続回復請求権（884条）の性質にも関連するから，最大判昭53・12・20民集32・9・1674などをも参照。

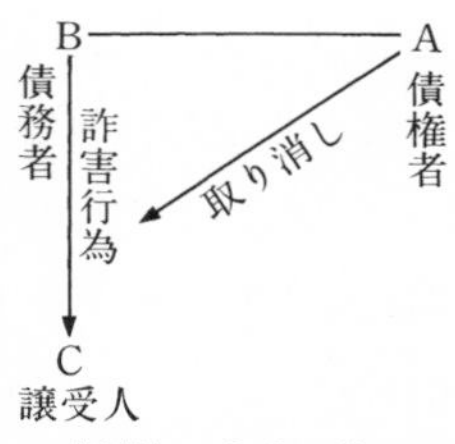


C間の行為を詐害行為（424条）として取り消した。しかし，AのBに対する債権（詐害行為取消権の被保全債権）が消滅時効にかかっていることが判明した場合には，Cは被保全債権の時効消滅を主張して，自己の権利取得を確実なものとすることができるか。

判例によれば，Aの債権が時効消滅するとAの取消権が無くなるから，その結果，Cが利益を受けることになるが，このような利益は時効の直接の効果であるから，CはAのBに対する債権の消滅時効を援用することができる[64]（最判平10・6・22民集52・4・1195）。学説にも肯定するものが多い（我妻448，幾代540など）。

#### (リ)　債務者の一般債権者

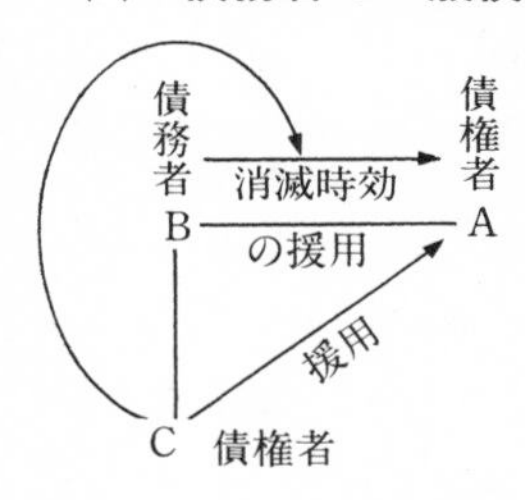


〔**例1**〕　AのBに対する債権が消滅時効にかかっているが，Bが時効を援用しない場合に，Bの債権者Cは同消滅時効を援用することができるか。

この場合のCのような単なる一般債権者は時効を援用することはできないとするのが通説・判例の態度である[65]（大判昭11・2・14新聞3959・7）。Cの利害関係は，BのAに対する債務の時効消滅との牽連性が抽象的であるから通説・判例の態度は妥当である。

〔**例2**〕　前例におけるCは，自己の援用権を有しないとしても，債権者代位権（423条）により，Bの援用権を代位行使できるだろうか。

判例は債権者代位権（423条）に基づく行使を認めている（最判昭43・9・26民集22・9・2002）。

### 3　援用の方法と効果

#### (1)　裁判上の援用の要否

時効学説（前述1）のいずれに従うかによって，異なった結論になるものと

---

64）　A側からの時効中断効につき，本章第4節❸2(4)(ロ)をも参照せよ。

65）　フランス民法を引用しつつ債務者に対する他の債権者の援用権を認めていると思われるもの（川島454），さらには債務者が無資力である場合にのみ直接145条の援用権を認めるべきであるとの考え方もある。

考えてよい。訴訟法説や攻撃防禦方法説によれば，援用は裁判上なされなければならないことになろう。実体法説によれば，裁判上ではもちろん裁判外でも援用しうると解してよい。しかし，裁判外の援用については，これを裁判上主張しなければならないから（弁論主義），実際上は訴訟法説と実体法説との間の差は少ないとされている。

### (2)　援用の時期

時効の援用は，事実審の口頭弁論の終結までになすべきものと解されている[66]（大判大12・3・26民集2・182）。従って，上告審で初めて援用することは許されない。

### (3)　援用意思の表示

援用があったと言えるためには「時効援用の基本をなすべき事実に付ては必ずや当事者の主張あるを要」するとされている（大判明45・5・23民録18・515）。

### (4)　援用の撤回

いったん行った時効の援用を，撤回することができるか。時効の効果は援用によって確定的に生ずると解すべきであるから（停止条件説），撤回はできないと解すべきもののようにも思われるが，時効の相対効を前提として考えるならば，撤回を認めても他の者に損害を及ぼす恐れはないから，肯定的に解してよいと思われる（幾代546）。

### (5)　援用の効果——相対効

時効の効果は，相対的なものであるから，同一の時効について数人の援用権者がいる場合には，時効利益を享受するか否かは，各人につき，援用か不援用かに従って判断される（判例[67]・通説）。

## 4　時効利益の放棄

時効が完成していても，その利益を現実に享受するか否かは，援用権者の

66)　消滅時効が完成した権利について，援用がなされないまま裁判が確定した後に，別訴でその権利について時効を援用することは許されないと解されている（大判昭9・10・3新聞3757・10，大判昭14・3・29民集18・370）。

67)　大判大8・6・24民録25・1095。〔被相続人Aの取得時効を共同相続人Xが援用しても他の共同相続人Yの持分には影響を与えない。〕しかし実体法上いったん援用がなされたときは，時効による権利取得は確定不動のものとなるから，何人もこれを訴訟で主張することができる（大判昭10・12・24民集14・2096）。

意思に従うべきである。すなわち，援用権者が援用とはまったく逆の意義を有する行為を行うことも認めるべきである。これが，時効利益の放棄の問題である。

#### (1)　時効完成前の放棄

時効完成前に特約によって時効利益を放棄することは，時効制度の存在理由を半減させることになるから許されない(146条)。時効の進行が開始する前はもちろん，開始後においても許されない。しかし，時効進行中の放棄の意思表示は，「承認」(147条3号)として時効中断の効力を生ずると解されている。

時効の成立を困難にする特約は，本条の趣旨に反するから許されないと解すべきである（通説）。これに対して，時効期間を短縮するなど時効の成立を容易にする特約は，一般に有効と解されている（多数説）。

#### (2)　時効完成後の放棄

**(イ)　放棄の意義とその方法**　時効完成後に時効利益を放棄することは許される（146条の反対解釈）。この放棄の意思表示は，相手方に対してなされるべきであるが（大判大5・10・13民録22・1886），裁判外においてなしうると解してよい[68]（時効学説により差異はない）。停止条件説によれば，時効利益の放棄とは，時効の効果（権利の得喪）に付されていた停止条件を成就しないことに確定させる意思表示である（相手方ある単独行為）。黙示の意思表示でもよい（大判昭6・4・14新聞3264・10）。

**(ロ)　放棄のための能力と権限**　時効利益の放棄によって，放棄者は不利益を受けるから，放棄の対象となっている利益についての有効な処分権限または能力を有していることが必要である[69]。

**(ハ)　放棄の効果の相対性**　放棄の効果は，援用の場合と同様に相対的である。すなわち，放棄しうる者が多数いる場合には，その一人の放棄が他の

---

68）　大判大9・11・9民録26・1654

69）　このような結論はつぎの2点で問題であるとされている。

(イ)　時効中断事由としての承認には処分の能力や権限を要しない（156条）としていることとの調和をどのように解するか。

(ロ)　時効完成後の債務の承認によって援用権喪失の効果が生じるためには，必ずしも時効の完成を知っていることは必要でないと解するならば，この場合とのバランスも問題となる（我妻456，幾代550参照）。

者の援用権に影響を及ぼすことはない。例えば，保証契約において，主たる債務者が時効利益を放棄しても，保証人（大判大5・12・25民録22・2494）や連帯保証人は，消滅時効を援用することができる。[70)]

㈡ **援用権の喪失**　時効完成後に弁済をしたり，延期証を差し入れたりした場合には，時効利益を放棄したことになるのか。これを意思表示の理論のみで説明しようとすれば，放棄の意思表示としての要件を充足しなければならないから，表意者は時効完成の事実を知って弁済等の行為をしなければならない。判例は，かつて，放棄は時効完成を知っておこなわれなければならないとの前提をとり，時効完成後の弁済や債務の承認は時効完成を知ってしたものと推定されるから，知らずにしたことをとくに立証すれば改めて時効を援用することができると解していた。[71)] しかし，問題は弁済等の行為をした者が，その事実を知らなかった場合である。

債務者が弁済をしたり，延期証の差入れをしたりするということは，その者の意思の表明という側面をもっていると同時に，債権者との関係において権利義務関係を明確にし，その意味において消滅時効の客観的要件，すなわち権利不行使の事実状態を解消したという側面をも有している。債務者が時効完成の事実を知らなかったとしても，弁済等の行為は債務者自らが消滅時効の客観的要件を消滅させる行為をしたことになるから，これによって時効完成の効果は消滅すると解すべきであろう。判例[72)]も近時，同様の結論を示している。

債務者が時効完成の事実を認識していなくてもよいと解しても，なお，債務者は処分の能力および権限を有していることが必要であるかという問題は残る（本章注69）参照）。

### 3 時効の中断

時効の基礎としての事実状態と相容れない事実が生じると，その時点で時

---

70)　最判昭44・3・20判時557・237　〔主債務者の消滅時効完成後に，主債務者が当該債務を承認し，保証人が，主債務者の債務承認を知って保証債務を承認した場合には，保証人がその後主債務の消滅時効を援用することは信義則に照らして許されない。〕

71)　大判大12・4・26新聞2136・18，大判大6・4・26民録23・672

効は中断し，それまで進行してきた時効期間は完全に効力を失う。中断事由としての事実状態が存在しなくなれば，時効は再び進行を開始するが，それは中断前のものとは全く別個のものとして，新たに計算されるのであるから「中断[73]」という表現には注意を要する。

### 1　時効中断の事由

民法が規定する中断事由は，⑴請求，⑵差押え，仮差押えまたは仮処分，⑶承認である。これらの事由が中断事由とされるのは，権利者によってその権利が行使され，または義務者によってその権利が承認されることによって，時効の基礎としての事実状態の継続性が破られるからだと解されている。このような趣旨から考えれば，上記の列挙は厳格な制限列挙と解すべきではない。

#### ⑴　裁判上の請求（149条）

裁判上の請求とは，裁判上で権利の存在を主張する[74]ことであるが，典型的な方法は，権利者が自ら訴え[75]を提起することである。

---

72)　最判昭41・4・20民集20・4・702　〔債務者が，自己の負担する債務について時効が完成した後に，債権者に対し債務を承認した以上，時効完成の事実を知らなかったときでも，以後その債務について消滅時効の援用をすることは許されないと解するのが信義則に照らし相当である。〕

上記の判例は，単に信義則上，援用権を行使できないとしたものか，援用権自体を喪失したと解したものであるかについては，学説も分かれている。新規の時効との関連で考えれば後者の方が妥当であろう（下記の判例も同旨）。

最判昭45・5・21民集24・5・393　〔消滅時効完成後に債務を承認した場合には時効の援用は許されないが，これはすでに経過した時効期間について消滅時効を援用しえないというに止まり，その承認以後における再度の時効期間の進行を否定するものではない。〕　この判例は，根拠として157条，174条の2のほかに，債務者が従前よりも不利になることはないことをあげている。

73)　中断は，法定中断（147条—157条）と自然中断（164条，165条）とに分けられるが，164条所定の事由が発生すれば時効の中断が生じるのは制度の性質上当然であるから，通常，単に「中断」と表現する場合には法定中断を意味する。また，時効の中断は後述する時効の停止（157条—161条）とも，区別されなければならない。

74)　時効中断が生じる権利そのものが訴訟物となっていることは必ずしも必要ではなく，それを当然の基礎とするものにも拡張すべきである（我妻459）。しかし，判例の態度は厳しい。例えば，譲渡担保債権者が弁済のために目的物の引渡を訴求しても被担保債権についての裁判上の請求には該当しないとしている（大判昭2・9・30新聞2771・14）。

75)　訴えは民事訴訟法上，㈠原告が被告に対して給付請求権を主張し，給付判決を得ることを目的とする訴え（給付の訴え），㈺特定の権利または法律関係の存否について争いがある場合に，それを確定する判決を求める訴え（確認の訴え），㈧法律が定めた要件に基づき判決によって法律関係の変動を生じさせることを目的とする訴え（形成の訴え，または創設の訴え）とがある。

(イ)　**給付の訴え**　これを提起する場合が，最も多いと思われる。

〔**例**〕 1965年2月1日に，Aに1,000万円融資したBが，弁済期日（同年5月1日）経過後，4年を経てから貸金の返還を求めて訴えを提起する場合には，その時点で，Bの債権の消滅時効は中断する[76]。

(ロ)　**確認の訴え**　これでもよい。

〔**例1**〕 ある物について取得時効の要件を具備した占有（自主占有）を継続しているBに対して，真の所有者Aが所有権確認の訴えを提起する場合には，Bの取得時効は中断される。

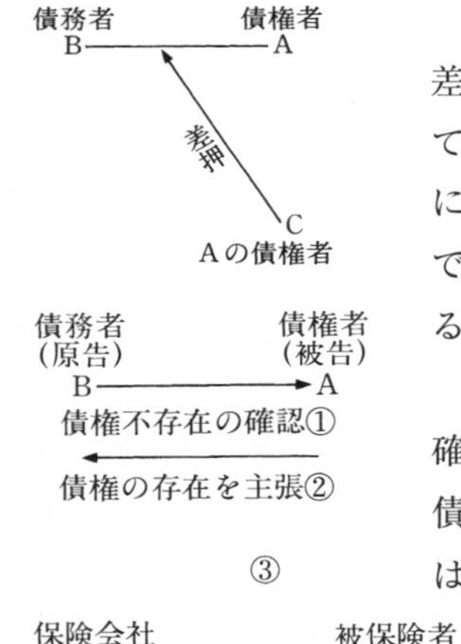


〔**例2**〕 AのBに対する債権を，Aの債権者Cが差押えている場合には，AはBに対して支払を求めて給付の訴えを提起することはできないが，AはBに対して債権の確認を求める訴えを提起することはでき，それによってAの債権の消滅時効は中断される（大判昭5・6・27民集9・619）。

〔**例3**〕 債務者Bが債権者Aに対して債務不存在確認の訴えを提起した場合において，債権者Aが同債権の存在を主張しA勝訴の判決が確定した場合には，AがBの請求棄却の判決を求める答弁書等を提出した時，または口頭弁論で同様の主張をした時に時効中断の効力が生じる[77]（大連判昭14・3・22民集18・238）。

〔**例4**〕 A・B間における保険契約に基づいてAのBに対する保険金請求権が発生している場合において（1975年5月1日），1977年4月3日にAB間の保険契約存在確認の訴えにおいてAが勝訴し，判決が確定した場合には，Aの保険金請求権の消滅時効は1975年ではなく1977年の判決確定時から進行する（同趣旨，大判昭5・6・27民集9・619，商法663条参照）。

---

76)　債務の支払いのために手形が授受された場合において，債権者による手形金請求の訴えの提起は，原因債権の消滅時効を中断する効力を有する。（最判昭62・10・16民集41・7・1497）

(ハ) **形成の訴え**　これでもよい。相隣者間において境界確認の訴えが提起された場合には，これは形成訴訟の性質を有するものと解されているから，それによって所有権自体が確定されることはないが，その訴えを提起することによって相手方（隣地所有者）の取得時効を中断する（大判昭15・7・10民集19・1265）。

(ニ) **裁判上の請求が中断の効力を生じる時期**　これは，訴え提起の時であって，訴状が相手方に送達された時ではない。応訴の場合は，その権利の存在を主張した時であり（大連判昭14・3・22民集18・238），不動産執行（大決昭13・6・27民集7・1324），動産執行（最判昭59・4・24民集38・6・687）の場合は，執行申立ての時である。ただし，訴えが却下され，または取り下げられた場合には，時効中断の効力は生じない[78]（149条）。

(ホ) **実体法上の理由に基づく請求棄却**　この場合にも，形式的却下と同様に時効中断の効力は生じないと解されている（大判明37・7・21民録10・1079）。請求権の不存在が確定され，時効の対象である請求権が存在しないことになるからである[79]。

棄却の場合に，裁判上の催告として暫定的効力を認めることができるかについては，肯定説（我妻466頁）があるが，否定説も有力である。後説は，裁

---

77) この場合のように被告の立場で権利主張を行った場合（応訴）でも，時効中断の効力が生じるとされた例として，次のようなものがある。

(イ) 目的物引渡訴訟において留置権を行使し，その理由として被担保債権の存在を主張しても，被担保債権について訴えの提起に準ずる効力があるとはいえないが，訴訟係属中，催告としての効力は認められる（最判昭38・10・30民集17・9・1252）。これも裁判上の催告の一例である（後述本節❸1(5)の324頁註84参照）。

(ロ) 債権者の執行に対して債務者が提起した請求異議の訴えにおいて，被告が債権の存在を主張して被告勝訴の判決が確定した場合には，被告の行為は同債権について時効中断の効力を生じる（大判昭17・1・28民集21・37）。

(ハ) 債務者兼抵当権設定者が債務の不存在を理由として提起した抵当権の登記抹消請求訴訟において，債権者兼抵当権者が請求棄却の判決を求め被担保債権の存在を主張したときは，同主張は裁判上の請求に準ずるものとして，被担保債権につき時効中断の効力を生ずる（最判昭44・11・27民集23・11・2251）。

78) 時効中断の効力が生じなかった場合でも，訴状が相手方に送達されたときは，催告（153条）としての中断効は生じる（本章注84）参照）。

79) 甲と乙の間に境界争いがあり，まず乙が境界確定訴訟と問題部分の明渡しを求める訴えを起こしたが，甲の10年の時効取得の抗弁が認められた（前訴）後，甲が問題部分の移転登記を請求したところ，時効期間は20年とされ，乙が前訴により時効が中断されたと主張したが，前訴においての請求が棄却されたことによって取得時効中断の効力は，結果的に生じないとされた例。（最判平1・3・28判時1393・91）

判上の催告としての効力が認められるのは，却下または取り下げによって本案判決に到達しない場合に限られるとする（注釈民法(5)〔岡本坦〕92頁）。

**(ヘ)　物上保証人に対する競売申立て**　連帯保証債務を担保するための物上保証人が設定した抵当権が実行されて競売が申し立てられても，裁判上の請求とはいえず，主たる債務の消滅時効は中断されない（最判平8・9・27民集50・8・2395）。後述(6)(ロ)も参照。

**(2)　支払督促（150条，民訴382条以下）**

支払督促の申請がなされたときは，送達を条件として，その申請時[80]に時効中断の効力が生じる。支払督促に対して債務者が適法な異議申立てをすると，支払督促の申立時に訴えを提起したものとみなされるから（民訴395条），中断効は持続する。債務者の異議申立てがないと，債権者は仮執行の申立てをすることができ（民訴391），これをすれば中断効を持続しうる。しかし，債権者が30日以内にその申立てをしない場合には，支払督促はその効力を失うから（民訴392条），支払督促の時効中断効も消滅する（150条）。

**(3)　和解および調停の申立て（151条[81]，民訴275条）**

和解のためにする呼出も時効中断事由となるが，相手方が出頭せず，または和解が調わないときは1ケ月内に訴えを提起しなければ，中断の効力は維持されない。判例は債務の承認でもよいと解している（大判昭4・6・22民集8・597）。なお，任意出頭（民訴273条）の場合において和解が調わない場合も，上と同様である。

民事調停法に基づく調停の申立ては，民法151条を類推して時効の中断事由になり，調停が不成立によって終了した場合にも，1ケ月以内に訴えを提起したときは，この調停の申立ての時に時効中断の効力を生ずる（最判平5・3・26民集47・4・3201）。

**(4)　破産手続参加（152条）**

債権者が破産手続の配当に加入するためにその債権の届出[82]をすると（破産

80）　判例（改正前のもの）は，支払命令〔督促〕の送達によって効力を生じ，申請の日に遡及すると解している（大判大2・3・20民録19・137）。上段の考え方に従っても，支払命令〔督促〕が送達されなければ中断の効力も生じないから，結論において差は生じないと解してよい。

81）　同趣旨の規定として，民調法19条，家審法26条2項など参照。

法111条)，その債権につき時効中断の効力が生じる。ただし，債権者が参加を取り消し，または参加請求が却下されたときは，中断効は生じない。

**⑸　催告（153条）**

債権者が債務者に対して履行を請求する旨の意思を通知すると，暫定的な時効中断の効力が生じる。すなわち，催告後6ケ月以内に裁判上の請求，支払督促の申立て，和解の申立て，調停の申立て，破産手続参加，再生手続参加，更生手続参加，差押え，仮差押えまたは仮処分をすれば正規の時効中断としての効力を持続することができる。ただし，一度催告をした後6ケ月以内に再び催告をしても中断効は持続されないと解されている[83)]。

**㈠　催告の意義**　以下では，催告に当たるか否かについて検討しておこう。

(a)　催告の表現と方法　催告に当たるか否かは実質的に判断されるべきであるから，催促，請求，督促などの表現が用いられていてもよいし，書面によるものであっても，口頭によるものであってもよいと解されている。例

---

82)　以下の行為がなされたときも，破産手続参加と同様に時効中断の効力が生じると解されている。

㈠　旧破産宣告の申立（最判昭35・12・27民集14・14・3253）

㈡　民訴法による配当要求（大判大8・12・2民録25・2224）（民執法51条参照）

㈢　旧和議手続参加（旧和議法附則）

㈣　破産手続上においてした権利行使の意思表示（最判昭45・9・10民集24・10・1389）

㈤　主たる債務者の破産手続において債権者が債権の届出をし，その保証人が債権調査期日終了後に債権全額を弁済し，債権者の地位を代位により承継した旨の届出名義の変更の申出をした場合の求償権の消滅時効は，同変更の時から破産手続の終了に至るまで中断する（最判平7・3・23民集49・3・984）（最判平9・9・9判時1620・63）

しかし，民執法50条の規定に従って抵当権者が行った債権の届出は，「裁判上の請求」又は「破産手続参加」に該当せず，これらに準ずる時効中断事由にも該当しない。（最判平1・10・13民集43・9・985）

83)

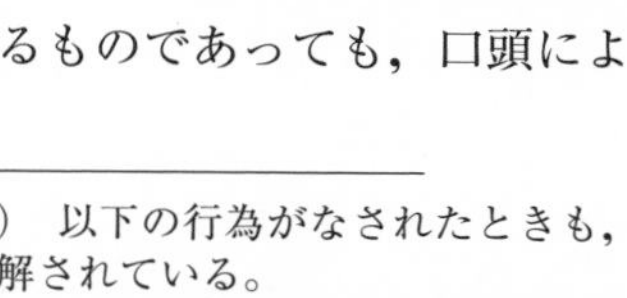

債権者 A → B 債務者

1975.2 訴提起 ← 1974. 11 催告② ← 1974.6 催告① ← 1965.1

〔例〕 左図におけるAのBに対する債権は，1965年1月に弁済期が到来したが，Bが履行しないまま9年以上の期間が経過した。1974年6月にAは第1回の催告を行い，それから6ケ月以内（同年11月）に第2回目の催告を行い，翌年2月に訴えを提起した。

この例において，第1回目の催告は6ケ月を経過した時点において（すでに第2回目の催告がなされているにもかかわらず）時効中断の効力を喪失する。しかし，第2回目の催告がなされ，それから6ケ月以内に訴えが提起されているから，1974年11月の時点で時効中断の効力が生じていることになる。

えば，会社の清算の場合に清算人の催告に応じて債権者が行う債権申立（旧79条）は催告にあたる（大判大6・10・13民録23・1815）。同種のものとして限定承認の場合の請求申出（927条）がある。

(b)　一部催告　　債権の一部について催告がなされた場合には，通常は全部について請求の意思があるものと解してよいから，債権全部について催告による時効中断の効力を認めるべきである。

債権者が自働債権の一部をもって相殺を行った場合にも，同様の趣旨において，残債務（債権）について時効中断の効力が生じると解すべきである。ただし，判例は反対である（大判大10・2・2民録27・168）。

(c)　抗弁権との関係　　催告は，相手方を遅滞に陥れるための要件を具備する必要はない。したがって，相手方が同時履行の抗弁権を有している場合でもよいし，手形債権の場合にも，必ずしも手形を呈示しなくてもよい（最大判昭38・1・30民集17・1・99）。

(d)　裁判上の催告　　裁判上の請求が失効することによって，それとしては中断の効力を生じえなかった場合でも，訴状送達等のように相手方に対する請求とみられる事実があるときは催告があったものと考えてよいが（前述注78）参照），その暫定的中断[84]効は，裁判上の請求が失効するまで継続すると解すべきである。

**(ロ)　「6ケ月」の起算点**　　これは，原則として催告が相手方に到達した時である。ただし，裁判外で催告を受けた者が，請求権の存否について調査するために猶予を求めた場合には，「6ケ月」の期間は，その者からなにぶんの回答がされるまでは進行しないとした判例[85]がある。裁判上の請求による催告の場合には，訴えの取下げや却下が確定した時である。

**(ハ)　請求権競合の場合**　　不当利得返還請求が不法行為に基づく損害賠償請求と基本的な請求原因事実を同じくし，両者が経済的に同一の給付を目的とする関係にあるときは，損害賠償を求める訴えの提起により不当利得返還

---

84)　最判昭45・9・10民集24・10・1389　〔破産申立債権者の破産宣告手続における権利行使の意思表示は，破産の申立が後に取り下げられた場合でも，催告としての効力は消滅せず，取下げ後6ケ月内に他の強力な中断事由に訴えることにより消滅時効を確定的に中断できるものと解するのを相当とする。〕前述註77）(イ)の判例も参照。

85)　大判昭3・6・28民集7・519，大判昭6・8・7新聞3311・14

請求権についても，催告が継続していると解され，後者についての訴えが追加されることにより，中断の効力が確実的に生じる（最判平10・12・17判時1664・59）。

#### ⑹　差押え・仮差押え・仮処分（147条2号，154条）

**㈠　差押え，仮差押え，仮処分**　これらは，最も強力な権利の実行行為であるという意味において，時効の中断事由となる。したがって，これらの行為が，権利者の請求によりまたは法律の規定に従わざることを理由に取り消されたときは（民執法39条，40条），時効中断の効力を生じない（154条）。仮差押え（民保20条以下）による時効中断の効力は，仮差押えの執行保全の効力が存続する間は継続し，本案の勝訴判決が確定しても仮差押えによる時効中断の効力は消滅しない（最判平10・11・24民集52・8・1737）。仮差押えによる時効中断の効力は，仮差押え解放金の供託により仮差押え執行が取り消された場合においても，なお継続する（最判平6・6・21民集48・4・1101）。

**㈡　担保権の実行としての競売**　これは厳密な意味での差押えではないが，差押えに準じて時効中断の効力を認めるべきである[86)]（民執188条）。しかし，他の抵当権者の申立てによる競売手続において債権の届出をし，債権の一部の配当を受けただけでは，154条の差押えその他の中断事由にあたらない（最判平8・3・28民集50・4・1172）。なお，債権者が物上保証人に対して申し立てた不動産競売の開始決定の正本が主債務者に送達された後に，主債務者から保証の委託を受けていた保証人が，代位弁済をした上で，債権者から物上保証人に対する担保権移転の付記登記を受け差押え債権者の承継を執行裁判所に申し出た場合には，上記承継の申出について主債務者に対して155条所定の通知がされなくても，上記代位弁済によって保証人が主債務者に対して取得する求償権の消滅時効は，上記承継の申出の時から上記不動産競売の手続の終了に至るまで中断する（最判平18・11・14民集60・9・3402）。

**㈢　権利の行使者**　権利の行使は権利者自身によってなされなければな

86)　最判昭50・11・21民集29・10・1537　〔物上保証人に対する抵当権の実行として競売開始決定がなされ，債務者に右決定正本が送達されたときは，被担保債権に対する消滅時効は中断されたものと解すべきである。〕　送達が公示送達によってなされた場合につき，最決平14・10・25民集56・8・1942参照。

らない[87]とするのが判例の立場である（大判大10・1・26民録27・109）。

**(ニ) 権利行使の相手方**　これらの行為は時効の利益を受ける者に対してなされないときは，これをその者に通知した後でなければ時効中断の効力は生じない[88]（155条）。

**(ホ) 中断効の発生時期**　これらの行為による時効中断の効力が生じる時期は，督促申請の時と解すべきである。もっとも，支払督促に関する判例（前述注80)）のように執行行為があれば，その申請時に遡及して効力を生じると解しても結果は同じである。

**(ヘ) 差押え等が取り消された場合**　これらの命令が，権利者の請求により，または法律の規定に従わないために取り消されたときは，時効中断の効力を生じない（154条）。競売申立ての取下げの場合も，同様に解されている。

**(7) 承認（147条3号）**

**(イ) 意義と法律的性質**　承認とは，時効の利益を受ける者が，時効によって権利を失う者に対して，その権利の存在を知っている旨を表示することである。これによって，権利関係の存在が明確になり，権利者も権利の上に眠っているとはいえなくなるから，時効中断の効力が生じる。法律的性質は観念

---

87)
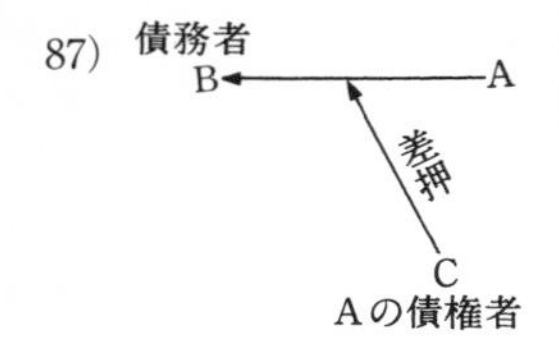


例えば，Aの債権者Cが，AのBに対する債権を差し押えた場合に，被差押え債権の消滅時効が中断されるか否かということが問題となる。上段の判例によれば否定的に解することになる。

88)
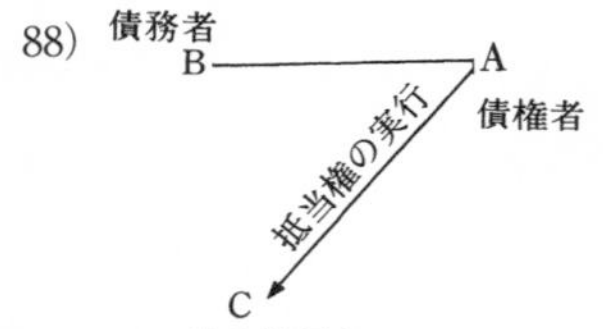


(イ) 例えば，物上保証人Cに対する抵当権の実行により，競売裁判所が競売開始を決定し，これを債務者Bに通知した場合には，AのBに対する債権（被担保債権）の消滅時効は中断する。すなわち，155条は148条の原則を修正していると解されている（最判昭50・11・21前掲注86)）。

(ロ) 物上保証人に対する不動産競売において，開始決定の債務者への送達が郵便送達によってされた場合，決定正本の発送だけでは被担保債権の消滅時効の中断の効力を生ぜず，同正本の到達によって中断を生じる（最判平7・9・5民集49・8・2784）。

(ハ) 物上保証人に対する不動産競売の申立てがされた場合には，それによる被担保債権の消滅時効の中断は，155条により，競売開始決定の正本が債務者に送達された時に生じる（最判平8・7・12民集50・7・1901）。

の通知である（大判大8・4・1民録25・643）。

**(ロ)　承認の主体**　承認は，債務者自身だけでなく，その代理人によってもなされうると解してよい（大判大10・3・4民録27・407）。しかし，時効によって利益を受ける者がしなければならないから，保証人が債務の承認をしても，主たる債務の時効中断の効力は生じない。債務者の承認により被担保債権について生じた消滅時効中断の効力を物上保証人が否定することは，担保権の付従性に抵触し，許されない（最判平7・3・10判時1525・59）。

**(ハ)　承認の相手方**　承認は，権利者またはその代理人に対してなされなければならないというのが判例[89]，多数説[90]の見解である。この承認に対応して，相手方が権利行使をする必要はないし，承諾をする必要もない。

**(ニ)　方法と態様**　承認は裁判上でなされてもよいし，裁判外でなされてもよい。また，明示的になされても，黙示的[91]になされてもよいと解されている。

債務の一部弁済がなされたときは，その残債務について承認があったものと考えてよい（大判大8・12・26民録25・2429）。同様に，債務者が自己の反対債権をもって金額の大きい受働債権と相殺した場合にも，その残額について承認があったものと解してよい[92]。また，利息の支払も，元本の承認[93]となる（大判昭3・3・24新聞2873・18）。

**(ホ)　必要な行為能力**　承認は，単に権利の存在を認識している旨を表示

---

89)　大判大5・10・13民録22・1886　〔承認は債権者に対して表示されることが必要であるから，銀行が行内の帳簿に預金利子を元金に組み入れた旨を記入しても，預金者に対して債務を承認したものということはできない。〕

90)　これに対しては，銀行の帳簿のように，経理のうえで負債であることを明らかにし債権の存在を客観的に確認するものについては，承認としての効力を認めるべきである，との反対説もある（我妻472）。

91)　ただし，相殺の意思表示に対して何らの異議を述べなかったとしても，承認とはならない（大判大10・2・2民録27・168）し，利息債務者が執行に異議を述べなくても，元本債権を承認したものとすることはできない（大判大11・4・14民集1・187）というのが判例の態度である。

92)　債務の一部弁済のために小切手が振出された場合につき，最判昭36・8・31民集15・7・2027参照。相殺の中断効と撤回については，最判昭35・12・23民集14・14・3166参照。〔訴訟上の相殺により，時効中断の効果が発生した後，その相殺の主張が撤回されても，承認の効力は失われない。〕

93)　大判昭7・10・31民集11・2064　担保として交付した株式につき債権者に配当金受領・弁済充当の権限を与えていた場合に，債権者が同金員を利息に充当した事例。

する行為であり，時効中断の効果は表意者の効果意思に基づくものではないから，承認者は，相手方の権利について（かりに自己が権利者であったとしたならば必要とされる）処分能力または権限を有している必要はない（156条）。本条は，処分の能力（権限）を要しないとしているにすぎないから，処分者は管理能力（権限）は要する趣旨だと解されており（反対解釈），したがって成年被後見人および未成年者（大判昭13・2・4民集17・87）は有効な承認をすることはできない。

### 2　時効中断の効果

#### (1)　中断の相対効

法定中断が生じると，時効の完成は阻止され，その時点までの時効期間は無意味なものとなる。この効果は，当事者およびその承継人の間においてだけ生じる[94]（148条）。当事者とは，法定中断に関与した者であり，承継人とは，包括承継人と特定承継人とを含む。

この原則は，占有の中止等による取得時効の中断（164条）には適用されない。

#### (2)　中断後の時効

法定中断事由が発生した後，弁済等がなされることにより，時効の基礎としての事実状態が消滅することもあるが，依然として同様の事実状態が継続することも少なくない。その場合には，新たに時効が進行し，新時効の起算点は，中断事由の終了時である（157条1項）。承認の場合は，承認の意思表示が権利者に到達したとき，差押え・仮差押え・仮処分の場合は，その手続の終了したとき，裁判上の請求は，裁判の確定したときである（157条2項）。

#### (3)　一部請求と中断効

1,000万円の損害賠償請求のうちの一部と明示して100万円の損害賠償請求訴訟を提起した場合には，時効中断の効力は残部（900万円）については生じないと解するのが判例の態度である（最判昭34・2・20民集13・2・209）。し

---

94)　時効中断の相対効に対しては，下記のような例外がある。
　(イ)　連帯債務（434条）と保証債務（457条）については，中断効が拡張されている。
　(ロ)　地役権（284条2項）については，中断効が縮小されている。
　(ハ)　差押え・仮差押え・仮処分については，特別規定がある（155条）。

かし，一部請求であることが明示されていない場合には，請求額を訴訟物たる債権の全部として訴求したものと解すべきであるから，その全部につき時効中断の効力を生ずるものと解するのが相当であるとしている[95]（最判昭45・7・24民集24・7・1177）。

**(4)　債権者代位・取消し訴訟と中断効**

(イ)　債権者Aが，債務者Bに代位して第三債務者Cに対して訴えを提起して勝訴した場合には，AがBのために訴訟当事者となったものとみなしうるから，BのCに対する債権（代位の対象）について，時効中断の効力が生ずる（大判昭15・3・15民集19・586）。

(ロ)　債権者Aが，債務者Bと受益者Cとの間の詐害行為を取り消すために訴えを提起しても，Aは，単に詐害行為取消しの先決問題として，AのBに対する債権を主張したにとどまるから，AのBに対する債権（被保全債権）につき消滅時効中断の効力は生じない[96]（最判昭37・10・12民集16・10・2130）。Cの援用につき第4節❷2(2)(チ)参照。

## ❹　時効の停止

### 1　時効の停止の意義

時効の完成が近づいた時点で，権利者が時効の中断をすることができない場合や著しく困難な場合には，法律の規定により時効の完成が猶予されることがある。これを時効の停止という。一定の猶予期間後には，時効が完成する点で，中断とは異なる。

### 2　時効の停止事由

**(1)　法定代理人のいない未成年者または成年被後見人の権利（158条1項）**

時効期間満了前6ケ月内において，未成年者[97]または成年被後見人[98]が法定代

95)　上段の例で，債権者が債務者に対して一部請求であることを明示して時効完成直前に100万円を訴求した場合には，後に請求額を1,000万円に拡張しても，残額はすでに時効消滅しているが，明示せずに訴求した場合には，時効は中断されていることになるから，請求額の拡張は有効である，という結果になる。

96)　本節❷2(2)(チ)の〔例〕をも参照せよ。確かにAの債権は訴訟の目的物（訴訟物）とはなっていないが，それが訴訟上行使されているという面も無視すべきではない（我妻459参照）。従って，「裁判上の催告」としての効力（本章注84）参照）を認めるべきである（債権総論〔民法要義4〕100参照）。

理人を欠いているときには，時効の完成は停止し，その者が能力者となるか，法定代理人が就職して6ケ月経過するまで，時効の完成が猶予される。20年の除斥期間についても同様に解してよい。例えば，不法行為の被害者が不法行為の時から20年を経過する前6ケ月内において同不法行為を原因として心神喪失の常況にあるのに法定代理人を有しなかった場合において，その後当該被害者が後見開始の審判を受け，後見人に就職した者がその時から6ケ月内に同損害賠償請求権を行使したなど特段の事情があるときは，158条の法意に照らし，724条後段の効果は生じないものと解するのが相当である（最判平10・6・12判時1644・42）。

#### ⑵　法定の財産管理人に対する制限能力者の権利（158条2項）

制限能力者が，その財産を管理する父，母，または後見人に対して有する権利については，その者が能力者となるか，または後任の法定代理人が就職した時から6ケ月経過するまでは，時効[99]は完成しない。

#### ⑶　夫婦間の権利（159条）

夫婦の一方が他の一方に対して有する権利[100]については，婚姻解消の時より6ケ月以内は時効は完成しない。婚姻の解消とは，離婚，婚姻の取消しおよび夫婦の一方の死亡を含む。

#### ⑷　相続財産に関する権利（160条）

相続人が確定せず，または相続財産の管理人が判明しない場合には，相続の承認によって相続人が確定し（915条以下），相続人の不存在を理由として管理人が選任され（952条），または相続財産について破産手続開始の決定があった時（破産法222条以下）から6ケ月間は，時効は完成しない。相続財産に属する権利だけでなく，他人が相続財産について有する権利を含むと解されている[101]。

---

97）営業を許された未成年者は，その営業に関する限り本条の適用はない（幾代597）。

98）旧準禁治産者が除かれていたのは，自ら中断行為ができるからであると解されていた（五十嵐・注民⑸141）。被保佐人や被補助人についても同様に解されよう。

99）制限能力者の有する権利の消滅時効と制限能力者の財産に関する父母らの取得時効とが含まれる（我妻475）。

100）夫婦間の契約取消権（754条）と夫婦間の財産関係（755条—762条）とが問題となる。なお，この契約取消権は婚姻継続中は，消滅時効ないし除斥期間にかからないと解されている（126条参照）。

### (5) 天災・事変（161条）

時効期間満了のときにあたり，天災その他避けることのできない事変のために時効を中断することができないときは，その障害が消滅した時から2週間内は時効は完成しない。

〈第6章の参考文献〉

星野英一「時効に関する覚書」,「取得時効と登記」（両論文とも『民法論集第4巻』（有斐閣・1978）に所収）
山田卓生「取得時効と登記」（栗栖＝加藤編『民法学の現代的課題』（岩波書店・1972））
松本克美『時効と正義』（日本評論社，2002）
椿寿夫・三林宏『権利消滅期間の研究』（信山社，2006）

101）それぞれについて，消滅時効と取得時効がありうる。

# 事 項 索 引

## け



## こ

## せ



## そ



## た

## ち



## つ



## て



## と

## み



## む



## め



## も



## や



## ゆ

## よ



## り



## わ

# 判　例　索　引

**著者略歴**

田 山 輝 明（たやまてるあき）

1944 年　群馬県に生まれる
1964 年　司法試験合格
1966 年　早稲田大学法学部卒業
　　　　早大大学院，助手，専任講師，助教授（この間，早大在外研究員，フンボルト財団給費生として西ドイツに留学）
1978 年　早稲田大学教授，法学博士（早大）
現　在　早稲田大学名誉教授


主要著書
『ガイダンス民法』（三省堂）
『物権法・民法要義 2』（成文堂）
『担保物権法第 3 版・民法要義 3』（成文堂）
『債権総論第 3 版・民法要義 4』（成文堂）
『契約法・民法要義 5』（成文堂）
『事務管理・不当利得・不法行為第 3 版・民法要義 6』（成文堂）
『特別講義民法債権総論』（法学書院）
『特別講義民法債権各論』（法学書院）
『入門民法ゼミナール』（実務教育出版）
『成年後見法制の研究』（成文堂）
『続成年後見法制の研究』（成文堂）
『土地法の歴史と課題』（成文堂）
『事例で学ぶ家族法』（法学書院）
『成年後見読本』（三省堂）
『我妻・有泉コンメンタール』（共著・日本評論社）
『基本法コンメンタール借地借家法』（共著・日本評論社）　等。


民法総則　第 4 版追補版　民法要義 1

2000 年 4 月 20 日　初　版第 1 刷発行
2007 年 4 月 10 日　第 2 版第 1 刷発行
2009 年 9 月 10 日　第 3 版第 1 刷発行
2010 年 7 月 20 日　第 4 版第 1 刷発行
2023 年 2 月 20 日　第 4 版追補版第 1 刷発行
2024 年 9 月 10 日　第 4 版追補版第 2 刷発行

著　者　田　山　輝　明
発行者　阿　部　成　一

〒 169-0051　東京都新宿区西早稲田 1-9-38
発行所　株式会社　成　文　堂
Tel 03(3203)9201(代)　FAX 03(3203)9206
http://www.seibundoh.co.jp

製版・印刷　三報社印刷　　製本　弘伸製本



ISBN978-4-7923-2794-1　C3032
定価（本体 3300 円＋税）

# 別冊

# 資　料

民法第１編総則における 2017 年以降の民法（債権法）改正
等による改正点とその改正理由

# 民法第1編総則における2017年以降の民法（債権法）改正等による改正点とその改正理由

志村　武

## 2017年民法（債権法）改正

2017年5月26日に可決成立し，6月2日に公布された「民法の一部を改正する法律」（平成29年法律第44号）による改正は，一般的には民法（債権法）改正といわれているが，債権編に限らず，総則編についても法律行為の心裡留保，錯誤，詐欺や，代理，特に時効に関する規定などについて，現行条文の修正，条文全体の廃止，まったく新たな規制対象を有する条文の新設といった重大な改正がなされている。なお，この民法改正は一部の例外を除き原則として2020年（令和2年）4月1日から施行されている。

## Ⅰ　民法第1編総則における【民法改正 条数対照一覧】※及び【削除規定】

2017年民法（債権法）改正による改正前後の民法の対応する条数及び削除規定の条数を次に掲げる。以下に記載のない条は，その条に改正がない場合又は同一性を欠かない程度において改正がなされているものである。

・改正前の第105条（復代理人を選任した代理人の責任）
改正により削られた
・改正前の第106条（法定代理人による復代理人の選任）
改正後の第105条（法定代理人による復代理人の選任）
・改正前の第107条（復代理人の権限等）
改正後の第106条（復代理人の権限等）
・改正前の第147条（時効の中断事由）
改正後の第147条（裁判上の請求等による時効の完成猶予及び更新），第148条（強制執行等による時効の完成猶予及び更新），第152条（承認による時効の更新）第1項に対応
・改正前の第148条（時効の中断の効力が及ぶ者の範囲）

改正後の第 153 条（時効の完成猶予又は更新の効力が及ぶ者の範囲）に対応
・改正前の第 149 条（裁判上の請求）
改正後の第 147 条（裁判上の請求等による時効の完成猶予及び更新）第 1 項第 1 号に対応
・改正前の第 150 条（支払督促）
改正後の第 147 条（裁判上の請求等による時効の完成猶予及び更新）第 1 項第 2 号に対応
・改正前の第 151 条（和解及び調停の申立て）
改正後の第 147 条（裁判上の請求等による時効の完成猶予及び更新）第 1 項第 3 号に対応
・改正前の第 152 条（破産手続参加等）
改正後の第 147 条（裁判上の請求等による時効の完成猶予及び更新）第 1 項第 4 号に対応
・改正前の第 153 条（催告）
改正後の第 150 条（催告による時効の完成猶予）に対応
・改正前の第 154 条（差押え，仮差押え及び仮処分）
改正後の第 148 条（強制執行等による時効の完成猶予及び更新），第 149 条（仮差押え等による時効の完成猶予）に対応
・改正前の第 155 条（差押え，仮差押え及び仮処分）
改正後の第 154 条（時効の完成猶予又は更新の効力が及ぶ者の範囲）に対応
・改正前の第 156 条（承認）
改正後の第 152 条（承認による時効の更新）第 2 項に対応
・改正前の第 157 条（中断後の時効の進行）
改正後の第 147 条第 2 項，第 148 条第 2 項，第 152 条第 1 項に対応
◎改正前の第 155 条から第 157 条まで　【差押え，仮差押え及び仮処分，承認，中断後の時効の進行】削除
・改正前の第 167 条（債権等の消滅時効）
改正後の第 166 条（債権等の消滅時効）第 1 項・第 2 項に対応
・改正前の第 169 条（定期給付債権の短期消滅時効）
改正後の対応規定なし。なお，第 166 条第 1 項第 1 号参照。
◎改正前の第 170 条から第 174 条まで　【三年の短期消滅時効，二年の短期消滅時効，一年の短期消滅時効】削除
・改正前の第 174 条の 2（判決で確定した権利の消滅時効）　改正により削られた。改正後の第 169 条（判決で確定した権利の消滅時効）に対応

※『有斐閣ポケット六法 2023 年（令和 5 年）版』544 頁の「民法改正　条数対照

表」を一部加筆修正して記載した。

# Ⅱ　民法第1編総則における【改正の趣旨】

**【第2章　人】**

**〔第2節　意思能力〕**

**第3条の2（意思能力）**

旧法では条文が置かれていなかったが，近代民法の根本原理とされる私的自治の原則の具体的な表れとして，人が契約などの法律行為をするには当該行為の結果を判断するに足るだけの精神能力などといわれる意思能力を有していなければならないと学説上理解され，判例上も意思能力を有しない者のした法律行為を無効としていた（41頁参照）。日本における高齢社会の急激な進展を踏まえて，新法において第3条の2を設けて明文で規定した。

なお，意思能力の意義については，学説上，意思能力を「事理弁識能力」であるとして個別具体的な法律行為の内容にかかわらず一律にその存否が判断されるとする立場と，個別具体的な法律行為の内容に即してその存否が判断されるとする立場が対立していたが，この点について新法は規定を設けておらず，引き続き解釈に委ねられている。

また，旧法下において意思無能力を理由とする「無効」については，学説上，意思能力を有しない者の関係者からしか主張することができない取消的無効（相対的無効）と解されていた。新法においては，意思能力を有しない者がした法律行為は「取消し」が可能であるとせず，「無効」としているが，引き続き取消的無効（相対的無効）と解釈されることを前提としている（【参考文献】立法担当者『一問一答』14頁）。

**〔第3節　行為能力〕**

**第13条（保佐人の同意を要する行為等）第1項第10号の新設…第102条の改正に伴う新設（第102条参照）**

新法第102条ただし書はそれ自体が取消しの根拠規定ではなく，民法第5条（未成年者），第9条（成年被後見人），第13条（被保佐人），第17条（被補助人）が取消しの根拠規定である。その上で新法が，102条ただし書で被保佐人などの制限行為能力者が他の制限行為能力者の法定代理人としてした行為について取り消せると新たに規定したことに伴って，その取消しの根拠規定を設けるため，被保佐人が保佐人の同意を得なければならない第13条第1項第1号から第9号までの法律行為（要同意行為）に，他の制限行為能力者の法定代理人として要同意行為をすることを追加している（新法第13条第1項第10号）。なお，被補助人については第13条第1項の要同意行為の一部に限り，審判で補助人の同意を得なければならない特定の法律行為とすることができるので，その旨の審判がなされた特定の法律行為を補助人の同意を得ずにした場合には，当該行為を取り消すことができる(民法第17条第1項，第4項)。これにより，新法第13条第1項及び第17条第1項，第4項が他の制限行為能力者の法定代理人として被補助人がした行為の取消しの根拠規定となる。

**第20条（制限行為能力者の相手方の催告権）**

第13条第1項第10号の新設により「制限行為能力者」という文言が同号で最初に使われることとなったので，旧法で第20条に置かれていた当該文言の定義が削除され同号に移された。

**【第4章　物】**

**旧法第86条（不動産及び動産）第3項の削除**

旧法第86条第3項は無記名債権を債権が証券と密着していることに着目して動産とみなしていたが，改正法では有価証券と区別される意味での証券的債権に関する規律を設けないこととしたことから，証券的債権の一種である無記名債権を動産とみなす旧法第86条第3項と無記名債権の譲渡における債務者の抗弁の制限に関する旧法第473条は削除された。新たに設けられた520条の20は無記名証券について記名式所持人払証券に関する全ての規定を準用している。

**【第5章　法律行為】**

**〔第1節　総則〕**

**第90条（公序良俗）**

旧法は公序良俗に反する「事項を目的とする」法律行為を無効としており,「目的」という文言は「内容」を意味すると解されていたので，その文言上は人身売買や売春契約など法律行為の内容自体が公序良俗に反するものが対象とされていた。しかし判例は賭博の用に供することや賭博で負けた債務の弁済に充てるという動機の下で行われた金銭消費貸借契約のように，その動機を相手方が知っている場合には法律行為を無効とする（動機の不法。160頁註28，162頁参照）などしており，法律行為の内容だけではなく，法律行為が行われる過程やその他の事情も広く考慮して無効とするか否か判断されるようになっている。このような裁判実務に関するおける判断枠組みを条文上に反映させて，新法では「事項を目的とする」という文言を削除し，端的に「公序良俗に反する法律行為」を無効とした(新法第90条)。

**〔第2節　意思表示〕**

**第93条（心裡留保）**

### 1　心裡留保による意思表示が無効となる要件の見直し

旧法は，心裡留保による意思表示は「相手方が表意者の真意を知り，又は知ることができたとき」は無効とすると規定していた(旧法第93条ただし書)。しかし，表意者の真意がどのようなものであるかを具体的に知らなくても，その意思表示が真意と異なっていることを相手方が知っていれば相手方を保護する必要性は乏しいため，心裡留保による意思表示は，「相手方がその意思表示が表意者の真意ではないことを知り，又は知ることができたとき」には無効となると学説上一般に解されていた。そこで新法では直截にその旨を明文化した（新法第93条第1項ただし書)。

### 2　心裡留保による意思表示を信頼した第三者の保護規定の新設

旧法では第三者保護規定は存在しなかったが，真意ではないことを知りながら真意と異なる嘘や冗談の意思表示を行った表意者には責められるべき事情（帰責性）があるため，善意の第三者を保護すべきである。旧法下において民法第94条第2項を類推適用して善意の第三者の保護を図っていた学説（167頁参照）や判例の発展を踏まえて，新法では心裡留保による意思表示の無効は善意の第三者に対抗することができないという規定が明文で設けられた（新法第93条第2項)。

## 第95条（錯誤）

### 1　錯誤による意思表示の効力を否定する（取り消す）ための要件の見直し

旧法は「法律行為の要素に錯誤」があることを錯誤による意思表示の効力を否定するための要件としていたが，この要件について，錯誤がなかったら，①表意者自身がその意思表示をしなかったであろうと認められるほどに錯誤と意思表示との間に因果関係があり，かつ，②通常人であっても意思表示をしなかったであろうと認められるほどにその錯誤が客観的に重要である場合でなければ「法律行為の要素に錯誤」があるとはいえないとしていた。この判例を踏まえて新法では「法律行為の要素に錯誤」があるとの要件を，より分かりやすいものとするために，錯誤に基づいて意思表示がなされたこと（①主観的な因果関係の存在）と，錯誤が法律行為の目的及び取引上の社会通念に照らして重要なものであること（②客観的な重要性の存在）との要件に改めた（新法第95条第1項)。

### 2　錯誤の類型の区別の明示と動機の錯誤の特則の新設

錯誤を意思表示の内容と真意とが一致していない伝統的な表示の錯誤（表示上の錯誤と内容の錯誤)（第1項第1号）と意思表示の内容と真意とは一致しているがその基礎となった事実に誤解がある動機の錯誤(第1項第2号)とに区別して規定した（183頁参照)。その上で動機の錯誤については判例（最判昭和29年11月26日民集8・11・2087，182頁註71参照）の「意思表示をなすにあたっての動機は，表意者が当該意思表示の内容としてこれを相手方に表示した場合でなければ，法律行為の要素とはならない。」という趣旨を踏まえ，錯誤の一般的な要件に加え，取引の安全の見地から，表意者にとって法律行為の動機となった事情が法律行為の基礎とされていることが表示されていなければ，動機の錯誤による意思表示の効力を否定することはできないとした（新法第95条第2項)。なお判例(最判平元年9月14日判時1338・93)（189頁註90後段参照）が判示しているように，「表示」には黙示的に表示されていた場合を含むと解されている（立法担当者『一問一答』22頁)。

### 3　錯誤の効果の見直し

旧法では錯誤の効果を「無効」としていたが，①判例（最判昭和40年9月10日民集19・6・1512，190頁註93参照）は錯誤による意思表示の無効は原則として表意者のみが主張できる取消的無効（相対的無効）としていたこと，②自ら錯誤に陥って意思表示をした錯誤による表意者と比べて，相手方や第三者の欺罔行為によって錯誤に陥って意思表示をしたことから表意者に責められるべき事情（帰責性）がより乏しい（要保護性がより大きい）詐欺において，意思表示の効力を否定することができる期間は「取消し」であるために5年の期間制限を受けること(民法第126条)とのバランスを考慮し，新法においては錯誤の効果を「無効」ではなく「取消し」とした（新法第95条第1項)。実際に判例で問題になっている錯誤の大部分は表示に対応する効果意思が存在しない意思の不存在の表示の錯誤（表示上の錯誤や内容の錯誤）ではなく，表示に対応する効果意思が存在する瑕疵ある意思表示の動機の錯誤である（いわば「動機の錯誤は錯誤の王様」)（182頁～183頁参照)。今回の改正で錯誤の効果を「無効」から「取消し」に変更したことはこのような実務の実際を法律上の理論構成に反映させたものであると評価できよう。なお，この改正に連動した第101条第1項と第120条第2項の形式的な改正に注意。

### 4　表意者に重過失がある場合の取扱いの見直し

旧法の下では，相手方の抗弁事由として，表意者に重過失があるときは錯誤による意思表示の効力を否定でないとされていたが（旧法第95条ただし書)，表意者に重過失がある場合であっても，①相手方が表意者に錯誤があることを知っているときや，相手方も重過失によって表意者に錯誤があることを知らなかったときには，相手方にも落ち度があるから相手方を保護すべき要請は低い。また②相手方も表意者と同一の錯誤に陥っていた共通錯誤のときには，法律行為の当事者が互いに誤解をしていた以上，その効力を維持して相手方を保護すべき要請は低い。以上のような利益衡量により，新法においては，表意者に重過失があっても①，②の場合について，錯誤主張者の再抗弁として，例外的に錯誤による意思表示の効力を否定することができるとした（新法第95条第3項)。

### 5　錯誤による意思表示を信頼した第三者の保護規定の新設

旧法に明文の規定はなかったが，学説上，錯誤により意思表示をした表意者には責められるべき事情（帰責性）があるから，錯誤による意思表示を信頼した第三者がいる場合には，表意者よりも第三者を保護すべきであるとされていた（第三者の要保護性）。また自ら虚偽の外観を作出して虚偽の意思表示をした通謀虚偽表示の表意者と比べれば，錯誤による表意者は帰責性が小さい（「通謀虚偽表示をした人は悪い人，勘違いをした人は悪くない」）から，錯誤による意思表示を信頼した第三者を保護するにあたっては，その第三者の信頼が虚偽の意思表示を信頼した第三者の信頼（善意）より保護に値するものであること（善意無過失）を要求しなければバランスを欠くことになる（要保護性による要保護要件を厳しくして保護される第三者を絞る必要性の存在）。以上のような利益衡量により，新法では錯誤による意思表示の取消しについて第三者保護規定を設け，取消しは善意無過失の第三者に対抗できないとしている（新法第 95 条第 4 項）。

**第 96 条（詐欺）**

**1　第三者詐欺の要件の見直し**

旧法は，第三者が詐欺を行った場合には，表意者は相手方がその事実を知っていたとき（相手方の悪意）に限って，相手方に対する対する意思表示を取り消すことができると規定していた（旧法第 96 条第 2 項）。しかし，第三者が詐欺を行ったことを相手方が知らなくても，これを知ることができた場合（相手方の善意有過失）には，相手方の信頼は保護に値するとは言い難い。そこで新法は，相手方の要保護要件を善意から善意無過失に絞って，相手方に対する意思表示について，第三者が詐欺を行ったことを相手方が知っていたときだけではなく，相手方が知ることができたときも，表意者は取り消すことができると改正した（新法第 96 条第 2 項ただし書）。

**2　詐欺による意思表示を信頼した第三者の保護規定の見直し**

旧法は，詐欺による意思表示の取消しは，善意の第三者に対抗することができないと規定し（旧法第 96 条第 3 項），その文言上，詐欺による意思表示を信頼した第三者に過失があったかどうかを問題としていなかった。しかし，錯誤による表意者と同様に，自ら虚偽の外観を作出して虚偽の意思能力をした通謀虚偽表示による表意者（民法第 94 条）と比べれば，詐欺による表意者は責められるべき事情（帰責性）が小さい（「通謀虚偽表示をした人は悪い人，騙された人は悪くない」）から，詐欺による意思表示を信頼した第三者を保護するに当たっては，その第三者の信頼が虚偽の意思表示を信頼した第三者の信頼より保護に値するものであることを要求しなければバランスを欠くことになる（要保護要件を厳しくして保護される第三者を絞る必要性の存在）。そこで新法では，詐欺による意思表示の取消しは善意無過失の第三者に対抗できないとしている（新法第 96 条第 3 項）。

**第 97 条（意思能力の効力発生時期等）**

**1　意思表示全般の効力発生時期の明示**

旧法は隔地者に対する意思表示についてのみその効力発生時期について到達主義によることを規定していたが，新法においては，学説上の一般的な解釈に従い，対話者に対する意思表示と隔地者に対する意思表示を区別せずに，意思表示は，その通知が相手方に到達した時からその効力を生ずるとして，意思表示全般について到達主義によることを明文で規定している（新法第97条第1項）。

**2　意思表示の到達が妨げられた場合に関する規定の新設**

旧法に明文の規定はなかったが，表意者と相手方の公平の見地から，新法においては，相手方が正当な理由なく意思表示の通知が到達することを妨げたときは，その通知は，通常到達すべきであった時に到達したものとみなすとしている（新法第97条第2項）。

**3　「行為能力を喪失した」（旧法第97条第2項）から「行為能力の制限を受けた」（新法第97条第3項）への変更及び意思能力を喪失したときの規定の新設**

この変更は，表意者が被保佐人又は被補助人であって，意思表示をすることが全くできないわけではないが，単独で完全に有効にすることはできなくなったという場合にも本項の規定が適用されうることを明確にしたものである（新法第97条第3項）。さらに意思能力に関する新法第3条の2の新設を踏まえて意思能力喪失の場合の規定を新設した。

**第98条の2（意思能力の受領能力）**

新法第3条2が新たに意思能力について規定を設けたことに伴い，意思表示の相手方がその意思表示を受けた時に意思能力を有しなかった場合について，制限行為能力者であった場合と同様に，その意思表示をもって「相手方」に対抗することができないが，意思能力を回復した「相手方」が意思表示を知った後や，その法定代理人が意思表示を知った後には，対抗することができるとしている（新法第98条の2）。

旧法では，意思表示の相手方が未成年者又は成年被後見人であった場合について規定を設けていたが，「相手方」が後に行為能力者となった（成年に達し，又は後見開始の審判が取り消された）場合については，特に規定されていなかった。日本も批准している障害者権利条約の第12条「法の前にひとしく認められる権利」の下では，障害者も可及的に能力者として扱うことが法的義務とされており，現行の成年後見制度の下における制限行為能力者もできる限り能力を回復することが望ましいといえる。新法では第98条の2第2号を新設し，学説上の一般的な解釈に従い，意思能力や行為能力を回復した後であれば，その意思表示の内容を適切に認識することができるから，意思能力を回復し，行為能力者となった相手方がその意思表示を知った後は，その意思表示を対抗できるとしている（新法第98条の2第2号）。

**〔第3節　代理〕**

**第 101 条（代理行為の瑕疵）**

代理行為の有効性に関する改正として，代理行為の瑕疵（ある事実についての知・不知を含む）の有無は代理人によるとした旧法第 101 条第 1 項について，瑕疵のある意思表示を代理人がした場合と相手方がした場合とで区別した規定を設け，意思の不存在や錯誤，詐欺，強迫についてはあくまでも代理人が意思表示をした場合にのみ代理行為の瑕疵として問題になるようにしている（新法第 101 条第 1 項，2 項)。代理人を基準とする点については，変更はない。なお，代理人が相手方に対して詐欺を働いた場合における相手方の意思表示については，代理人による意思表示ではないから本条 1 項は適用されず，また，相手方が代理人に対してした意思表示の効力が「意思表示を受けた者がある事情を知っていたこと又は知らなかったことにつき過失があったことよって影響を受ける場合」ではないから本条 2 項も適用されない。この場合については 101 条ではなく 96 条の解釈の問題として処理されることとなった。なお，新法では「錯誤」を「表示の錯誤」と「動機の錯誤」とに区別して規定した（新法第 95 条参照）ことに伴って，「表示の錯誤」は意思の不存在であるが「動機の錯誤」は詐欺・強迫と同様に瑕疵ある意思表示であり意思の不存在ではないので，別途，代理行為の効力に影響を与える事実として「錯誤」を明示している（新法第 101 条第 1 項)。

本条 3 項は，旧法 101 条第 2 項「本人の指図に従って」という文言を削除したうえで，当該規定を実質的に維持するものである。上記文言の削除は，特定の法律行為の委託があれば本人の指図があったことは要件としない旧法下の判例法理（大判明治 41 年 6 月 10 日民録 14・665）を明文化したものである。

**第 102 条（代理人の行為能力）**

代理行為の有効性に関する改正として，旧法第 102 条は「制限行為能力者の代理行為は行為能力の制限によって取り消すことができない」と解されていたので，新法においてはこの解釈を条文化して明瞭なものとした。当該解釈の理由は，①代理行為の効果は代理人には帰属しない（他人効）ため制限行為能力者の保護を目的としてその取消しを認める必要性が乏しいこと，②任意代理に関しては自らが代理人に選任した制限行為能力者の行為によって発生する不利益を本人は甘受すべきである，とされていた。しかし，制限行為能力者が「他の制限行為能力者」の法定代理人である場面においても制限行為能力の代理行為の取消しができないとすると，当該代理行為の効果が帰属する本人たる「他の制限行為能力者」の保護が十分に図れないおそれがある。またこの場面では本人たる「他の制限行為能力者」が自ら代理人を選任してはいない。そこで新法では制限行為能力者が「他の制限行為能力者」の法定代理人としてした行為については，新法第 102 条本文の規定を適用しないこととし（同条ただし書)，行為能力の制限の規定にしたがって当該行為を取り消すことができるとするとともに，制限行為能力について定める関係規定についても改正している（新法第13条第1項第10号，民法第17条第1項ただし書参照）。

**旧法第105条（復代理人を選任した代理人の責任）の削除**

復代理人を選任した任意代理人が本人に対して負う責任を選任・監督に軽減（限定）していた旧法第105条について，任意代理人が復代理人以外の履行補助者などの方法で第三者を用いる場合にはその責任は軽減（限定）されないことと均衡を失するため，この規定を削除し，任意代理人は債務不履行責任の一般原則に従って責任を負うこととしている。その結果，任意代理人は，当事者間に別段の合意がある場合を除き，本人との間の委任契約等に基づいて必要となる事務処理がされていなかったことによる責任を原則として負うことになる。なお，復代理人を選任した法定代理人は本人に対して基本的には全責任を負うが，やむを得ない事由により復代理人を選任した法定代理人が負う責任を軽減（限定）する規定については，実質的な改正はなされていない（新法第105条後段）。

**第106条（復代理人の権限等）第2項の文言変更（旧法第107条の繰り上がり）**

復代理人の権利義務について，復代理人が代理人と同一の権利義務を負う旨の旧法規定に「その権限の範囲内において」との文言を加えて，その範囲が必ずしも代理人と同一ではないことを文言上も明確にした（新法第106条第2項）。

**第107条（代理権の濫用）**

代理権の濫用とは代理人が自己又は第三者の利益を図る目的で代理権の範囲内の行為をすることであるが，旧法は代理権の濫用に関する規定を置いていなかった。たとえ代理権が濫用された場合であっても，代理権の範囲内でされた行為であるから，その効果は本人に帰属するのが原則であるが，判例（最判昭和42年4月20日民集21・3・697，232頁註185，168頁註41参照）は，相手方がその代理人の意図を知り又は知ることができたときは，心裡留保に関する旧法第93条ただし書を類推適用し，その行為の効力は本人に帰属しないとしていた。新法では，この判例の趣旨を踏まえたうえでより柔軟な事案の解決を可能とするために，代理権の濫用に関する規定を代理行為の効果を追認できない無効（119条）ではなく追認可能な無権代理（113条，116条）とみなすとして，新たに条文を設けて明文で規定した。このように無権代理構成を採用したことにより，代理権を濫用した代理人は，一定の要件の下に相手方に対して無権代理人の責任を負うこととなる（新法第117条）。

**第108条（自己契約及び双方代理）**

利益相反行為の典型例である自己契約及び双方代理について，判例（226頁註171参照）に従い，その禁止に違反した効果は無権代理行為とみなされることを明文化するとともに（新法第108条第1項前段），自己契約や双方代理にあたらない利益相反行為についても判例（大判昭和7年6月6日民集11・1115，227頁参照）の趣旨を踏まえて規定を新設し，本人があらかじめ許諾したものを除き，無権代理行為とみなすことを明文化している（新法第108条第2項）。

なお，新法において，ある行為が利益相反行為に当たるか否かは，代理人の意図や動機，行為の結果等の具体的な事情と無関係に，代理行為を外形的・客観的に考察して，当該行為が代理人にとっては利益となり，本人にとっては不利益となるものであるかによって判断される（外形説。最判昭和42年4月18日民集21・3・671参照）。外形説によれば，Aの代理人であるBが，Cに対して自らが負担している債務について，Aを代理してCとの間でAを保証人とする契約を締結したような場合が利益相反に当たる。しかし，Aの親権者であるBが，Aの借金について，Aを代理してC銀行との間でAの借入契約を締結し，この借入を担保するために，Aの所有する不動産上に抵当権を設定した場合は，利益相反行為には当たらない。また，Aの親権者である母Bが，夫が死亡した後，自分やAに対して生活の援助や面倒を何くれとなく見てくれている夫の兄弟Dから頼まれて，DがC銀行に対して負担している債務を担保するために，Aの所有する不動産上に抵当権を設定した場合のように，代理人が主観的には自己の利益を図る目的で行ったが，その行為自体を外形的・客観的に見ても利益が相反するといえないものは，利益相反行為には当たらず，代理権の濫用（新法第107条）の問題とされ，同条の下で本人保護が図られることになる（最判平成4年12月10日民集46・9・2727参照）。

**第109条（代理権授与の表示よる表見代理等）第2項の新設**

代理権授与の表示よる表見代理に関して，判例（最判昭和45年7月28日民集24・7・1203，257頁参照）に従い，代理権授与の表示はされたものの代理権を有していない者が表示された代理権の範囲外の行為をした場合について，表見代理について定めた第109条と第110条を重畳適用して本人がその責任を負う旨を明文化する第2項を新設した（新法第109条第2項）。

**第110条（権限外の行為による表見代理）**

新法第109時第2項の新設に伴って，旧法第110条の文言を形式的に変更している。

**第112条（代理権消滅後の表見代理等）第1項の文言変更と第2項の新設**

代理権消滅後の表見代理に関する第三者の「善意」（旧法第112条本文）の意味について，旧法下では同条の表見代理が成立するには，代理行為の時点において単に相手方が代理権が存在しないことを知らないことで足りるとする見解もあったが，同条の趣旨は，代理権の存続を信頼した相手方を保護するために表見代理として本人が責任を負うことを定めたものとする理解を踏まえて，過去には存在した代理権が消滅した事実を知らなかったことであることを明確にするべく，その文言を整理し，「善意」との文言をその対象を明示する「代理権の消滅の事実を知らなかった」と改めている（新法第112条第1項本文）。

代理権消滅後の表見代理に関して，判例（最判昭和32年11月29日民集11・12・1994, 263頁註244参照）に従い，代理人であった者代理権消滅後に過去に有していた代理権の範囲外の行為をした場合について，表見代理について定めた第112条と第110条を重畳適用して本人がその責任を負う旨を明文化する第2項を新設した（新法第112条第2項）。

**第117条（無権代理人の責任）**

無権代理人の責任に関して，無権代理人と取引の相手方の公平を図るため，無権代理人が代理権を有しないことを相手方が過失によって知らなかった場合であっても，無権代理人が自己に代理権がないことを知っていたときは，無権代理人は第117条第1項による無権代理人の責任を負うとの規定を新設した（新法第117条第2項第2号ただし書）。なお，この点につき，民法，商法とくに手形法・小切手法において，一定の事実について悪意である者から請求がなされた場合に，相手方がその者の悪意を主張して妥当でないと判断される請求を拒みうる一般悪意の抗弁を参照。

また，代理権の存在又は本人の追認を得たことの主張立証責任は無権代理人の責任を免れようとする無権代理人の側にあることがより明確になるように，第1項の表現を改めている（新法第117条第1項）。

なお，新法第117条第2項第3号は旧法の行為無能力者を意味する文言から制限行為能力者を意味する文言に改正しているが，意思能力を有しない者が無権代理人の責任を免除されることについては規定を設けていない。もっとも無権代理人の責任に関する規定は，一般に代理人が行う代理行為自体は有効であるものの，代理権がないために本人に効果帰属しない場合を扱っており，代理人としての行為自体が無効であれば，無権代理人としての責任は当然に負わないと解されている。したがって，意思能力を有しない者が代理人としてした行為は無効であるから（新法第3条の2），特別の規定がなくても，意思能力を有しない者は当然に無権代理人としての責任を負わないことになる（立法担当者『一問一答』29頁）。

**〔第4節　無効及び取消し〕**

**第120条（取消権者）**

代理人の行為能力に関する第102条の改正に伴い，旧法第120条第1項の「制限行為能力者」の直後に括弧書を追加して「制限行為能力者が他の制限行為能力者の法定代理人としてした行為は，当該他の制限行為能力者又はその承継人も取り消すことができる」旨を明文で規定し，「他の制限行為能力者」の保護を図っている。また第2項は，第95条の改正により錯誤による意思表示の効果が無効から取消しに変更されたことに伴って，取消原因に「錯誤」を追加している。

**第121条の2（原状回復の義務）**

旧法では無効な行為や取り消されて無効とみなされた行為に基づいて債務が履行された場合に当事者の果たすべき義務について,特別の規定が存在しなかった。不当利得の一般規定(民法第703条,第704条)がそのまま適用されるという解釈も可能であったが,解釈的に確立しているとはいい難く,一つの契約から生じた結果の清算であることからすれば,有効な契約を解除した場合と同様に,当事者双方の債務が相互に関連するものとして処理するのが合理的である。そこで新法では,不当利得の一般規定の特則として,原則として原状回復義務を負う旨の規定を新設している(新法第121条の2第1項)。もっとも贈与契約など「無効な行為」が無償行為であった場合には,特に無効の原因を知らない善意の当事者は,不当利得の一般規定が適用される場合と同様に現存利益の限度で返還義務を負えばよいと考えられる。したがって,「無効な行為」が無償行為であって,給付を受けた者が給付を受けた当時,その行為が無効であること(給付を受けた後に取消しの遡及効無効により初めから無効であったものとみなされた行為にあっては,給付を受けた当時その行為は取消可能であること)を知らなかったときには,例外的に,その返還義務の範囲は「現に利益を受けている限度」(現受利益)にとどまるものとしている(新法第121条の2第2項)。

また新法では,第3条の2が意思無能力の規定を新設したことに伴い,意思無能力者の保護を図る観点から,行為時に意思能力を有しなかった者の返還義務の範囲は現受利益の限度にとどまる規定を新設している(新法第121条の2第3項前段)。これは制限行為能力者の返還義務の範囲を現受利益の限度とした旧法第121条ただし書(新法第121条の2第3項後段)と同趣旨の規定である。なお,新法第121条の2は不当利得の一般規定の特則であるから,その更なる特則として,別途,不法原因給付(民法第708条)の規定が適用されうる。たとえば,詐欺等の犯罪行為の被害者が取消権を行使した後では,詐欺等がそれ自体刑法上の犯罪に該当する行為であり,「不法な原因」に該当すると考えられるので,加害者から交付された目的物について被害者は,民法第708条本文により第121条の2第1項の原状回復義務に基づく返還義務を負わないと考えられる。また,消費者契約法第6条の2及び特定商取引法第9条の3第5項では取消しによる返還義務の範囲を現存利益とする旨の特則が設けられているが,これらの法規違反は直ちに「不法な原因」には当たらないとの解釈が有力である(立法担当者『一問一答』36頁)。

**旧法第122条(取り消すことができる行為の追認)ただし書の削除**

追認は取消しがされないことが確定するだけで,これによって第三者の権利を害する事態は生じないと一般に解されていたことを踏まえて,ただし書は削除された。

**第124条(取消権者)**

追認の要件に関して,追認は取消権を有することを知った後にしなければその効力を生じないとする判例（大判大正5年12月28日民録22・2529）を踏まえて，その旨を明確化している（新法第124条第1項）。また，法定代理人等が追認するときのほか，制限行為能力者（成年被後見人を除く）自らが法定代理人の同意を得て追認するときも，その保護が図られているから，取消原因となっていた状況が消滅していることを要しないとしている（新法第124条第2項第2号）。なお，旧法第124条第2項は「成年被後見人は，行為能力者となった後にその行為を了知したときは，その了知をした後でなければ，追認をすることができない」と規定していたが，この内容は新法第124条第1項に含まれており，別途規定を置く必要がないため，新法では当該規定は削除された。

**第125条（法定追認）**

旧法第125条の法定追認に関して，法定追認は取消権者が取消権を有することを知った後に法定追認事由が生ずることが必要かという解釈上の問題があり，この点については引き続き解釈に委ねられており，民法第124条第1項の規定の改正に伴って，取消権者が取消権を有することを知っていたことは基本的に不要であるとする従来の判例（大判大正12年6月11日民集2・396）が否定されたということではない。この点を明確にするために，新法では，旧法第125条の冒頭の「前条の規定により」との文言を削ることにより，法定追認の要件は意思表示による追認の要件と異なるという判例の解釈が否定されることを回避している。民法第126条の取消権の期間制限の始期に関しても，新法125条と同様の問題があるが，ここでも，引き続き新法下の解釈に委ねられている。（立法担当者『一問一答』37頁）。

**〔第5節　条件及び期限〕**

**第130条（条件の成就の妨害等）**

旧法は，条件の成就によって不利益を受ける当事者が故意に条件を成就させなかった場合については，相手方は条件が成就したものとみなすことができる旨の規定を置いていたが(旧法第130条)，反対に条件が成就することにより，利益を受ける当事者が不正に条件を成就させた場合については規定を置いていなかった。しかし，両者の利益状況には共通するものがあるので，後者の場合には，学説上，旧法130条件の類推適用によって，その当事者に条件成就の利益を与えるのは不当であり，条件不成就とみなすべきであるとされていた。事例判断ではあるが，判例（最判平成6年5月31日民集48・4・1029，280頁参照）も一方が和解条項に違反した場合に違約金を払う旨の条項があるときに，他方がその違反行為を誘引した事案について，旧法130条件の類推適用によって条件不成就とみなしている。以上のことから新法では後者の場合についても明文で規定を設けている（新法第130条第2項）。なお，新法第130条第2項が「故意に」ではなく「不正に」=（信義則に反して故意に）との用語を用いているのは，資格試験に合格すれば車を贈与するとの停止条件が賦された場合など当事者が意欲的に条件成就することが想定される場合でも，条件成就が不当に否定される恐れがあるからである。この場合に即して言えば「不正に」とすることで，文理解釈上，たとえば「カンニング」をして条件成就させたなど信義則に反する場合に規定の適用対象を絞り込むことが想定されている（立法担当者『一問一答』38頁）。

**【第7章　時効】**

**改正のポイント**

**Ⅰ．消滅時効に関する規律の単純化と統一化**

1．職業別の短期消滅時効(旧法第170条から第174条)及び商行為によって生じた債権に関する短期消滅時効（商事消滅時効）（商法第522条)は廃止されることとなった。

2．債権の消滅時効における時効期間と起算点に関する原則的な規律として，①権利を行使することができる時（客観的起算点）から10年(新法第166条第1項第2号)，又は②権利を行使することができることを知った時（主観的起算点）から5年(新法第166条第1項第1号)，という二重の消滅時効期間が導入された。

**Ⅱ．不法行為による損害賠償請求権の消滅時効**

不法行為による損害賠償請求権の期間制限に関し，不法行為時から20年の期間制限(旧法第724条後段)も消滅時効であることが法文上明確化された(新法第724条)。

**Ⅲ．生命・身体の侵害による損害賠償請求権の消滅時効**

生命・身体に対する侵害による場合には，その損害賠償請求権が債務不履行と不法行為のいずれに基づくものであっても，客観的起算点から20年及び主観的起算点から5年という統一的かつより長期の時効期間の規律に服することとなった(新法第167条，第724条の2)。

**Ⅳ．定期金債権等の消滅時効**

1．年金債権や扶養料債権などのように，定期に一定額の金銭等を給付させることを目的とする基本権としての債権である「定期金債権」の消滅時効に関し，債権者が支分権たる定期給付債権を行使することができることを知った時から10年間行使しないとき，又は支分権たる定期給付債権を行使することができる時から20年間行使しないときは，基本権としての債権である定期金債権は時効によって消滅する旨の特則が設けられている（新法第168条)。

2．一定の期日の到来によって定期金債権から具体的に発生する支分権としての請求権である「定期給付債権」の消滅時効に関する特則(旧法第169条)は削除され，定期給付債権についても，一般の債権と同様の原則的な消滅時効の規律が妥当することされた。

### Ⅴ．時効障害制度（時効の完成猶予及び更新）の再編成

1．時効障害制度を再編成するに当たり，「中断」から「更新」へ，「停止」から「完成猶予」へと用語の変更が行われている（新法第147条～第154条，第158条～第161条）。

時効の「完成猶予」とは猶予事由が発生しても時効期間の進行自体は止まらないが，本来の時効期間満了時期を過ぎても，所定の時期を経過するまでは時効が完成しないという，いわは「完成延期」の効果を意味し（新法第147条第1項，新法第148条第1項，新法第149条，新法第150条，新法第151条，新法第158条～新法第161条），「更新」とは更新事由の発生によって進行していた時効期間の経過が無意味なものとなり，新たにゼロから進行を始めるという，いわば「新規まき直し」の効果を意味する（新法第147条第2項，新法第148条第2項，新法第152条第1項）。

2．更新・完成猶予をもたらす事由の捉え方につき，「裁判上の催告」に関する判例法理を取り込む形で体系的に再編され，①時効の「更新事由」については，「従前の時効期間の進行が確定的に解消され新たな時効期間が進行を始める時点を示すべき事由」をもって把握することとし，②その更新事由にかかる手続の進行中（及びその手続が更新事由を構成せずに終了した場合には，その終了時点から6か月を経過するまで）は時効の完成が猶予されることとされている。

3．仮差押え・仮処分については，（旧法における中断事由から）完成猶予事由に改められ，仮差押え・仮処分が終了した時から6か月を経過するまでは時効は完成しない旨規定されている（新法第149条）。

4．催告による時効の完成猶予に関し，その完成猶予期間内になされた再度の催告については完成猶予の効力を生じない旨の規定が新設されている（新法第150条第2項）。

5．協議を行う旨の合意による時効の完成猶予の制度が，新たに導入されている（新法第151条）。

### Ⅵ．消滅時効の効果及び援用権者

1．消滅時効の効果，すなわち，時効の起算日に遡って権利が消滅する遡及効（民法第144条）については，改正の対処から外され，旧法における扱いが維持されている。

2．消滅時効の援用権者たる「当事者」（旧法第145条）に関し「（消滅時効にあっては保証人，物上保証人，第三取得者その他権利の消滅について正当な利益を有する者を含む。」とのかっこ書を追記する形で，消滅時効の援用権者に関する（判例法理を基礎とした）基準と具体例の明文化が行われた（新法第145条）。

### 〔第1節　総則〕

### 第145条（時効の援用）

新法は従前の判例（311頁～315頁参照）の趣旨を踏まえて，その実質をより適切に表現することを目指して，消滅時効の援用権者である旧法の「当事者」には「正当な利益を有する者」も含まれる（312頁註57参照）ことを明示し，その文言の意味を明確にする趣旨で，この援用権者に含まれることに異論のない保証人等を例示している。

### 第147条（裁判上の請求による時効の完成猶予及び更新）

新法においては，第147条第1項第1号から第4号所定の①裁判上の請求，②支払督促，③裁判上の和解・民事調停・家事調停，④破産手続参加・再生手続参加・更生手続参加のいずれかの事由が生じると，まずは，時効の完成が猶予される（新法第147条第1項）。そして，これらの各事由に関する裁判手続において，確定判決又は確定判決と同一の効力を有するものによって権利が確定したときは，各事由の終了まで時効の完成が猶予された上で（新法第147条第1項），その事由の終了の時において時効は更新され，時効期間は新たにその進行を始める（同条第2項）。他方で，確定判決等によって権利の確定に至ることなく中途で各事由が終了した場合には時効の更新は生じないが，その終了の時から6か月を経過するまでは，引き続き時効の完成は猶予される（新法第147条第1項括弧書き部分）。これは「裁判上の催告」に関する判例（最判昭和45年9月10日民集24・10・1389，324頁註84参照）を踏まえたものである。

### 第148条（強制執行等による時効の完成猶予及び更新）

新法においては，第148条第1項第1号から第4号所定の①強制執行（旧法第147条第2号の「差押え」を伴わない代替執行や間接強制も含む），②担保権の実行，③形式競売，④財産開示手続（①～④はいずれも旧法第147条第1号「請求」に含まれるとされていた）のいずれかの事由が生じると，その事由の終了まで，時効の完成が猶予され（新法第148条第1項），その上で，その事由の終了の時において時効は更新され，新たにその進行を始める（同条第2項）。ただし，申立ての取下げ又は法律の規定に従わないことによる取消しによってその事由が終了したときは，時効の更新は生じないが，その終了の時から6か月を経過するまでは，引き続き時効の完成は猶予される（新法第148条第1項括弧書き部分）。なお，第1項所定の手続きによって権利が満足されたときには，消滅時効を問題とする必要はなくなる。

### 第149条（仮差押え等による時効の完成猶予）

新法においては，①仮差押え又は②仮処分の各事由があれば，その事由が終了したときから6か月を経過するまでの間は，時効の完成が猶予される（新法第149条）が，旧法（旧法第147条第2号）とは異なり仮差押え又は仮処分には時効の更新の効果はない。仮差押えや仮処分はその手続開始に当たって債務名義を取得する必要はなく，後に裁判上の請求によって権利関係を確定することが予定され，権利確定に至るまで債務者の財産等を保全する暫定的なものにすぎないからである（新法149条参照）。もっとも仮差押え等に引き続き本案訴訟が提起された場合には，裁判上の請求に該当するから，確定判決等によって権利が確定したときは結果的に時効の更新の効果が生ずることとなる（新法第147条第2項）。

**第150条（催告による時効の完成猶予）**

新法においては，催告（「裁判上の催告」については新法第147条の解説参照）があったときは，その時から6か月を経過するまでの間は，時効の完成は猶予される（新法第150条第1項）。もっとも判例（大判大正8年6月30日民録25・1200）を踏まえ，催告によって時効の完成が猶予されている間にされた再度の催告は，時効の完成猶予の効力を有しない（新法第150条第2項）。また，協議を行う旨の合意は更新の措置をとるまでの暫定的なものである点については催告と同様であるので，協議を行う旨の合意によって時効の完成が猶予されている間にされた催告も，再度の催告と同様に，時効の完成猶予の効力を有しない（新法第151条第3項後段）。逆に催告によって時効の完成が猶予されている間に協議を行う旨の合意がされても，時効の完成猶予の効力を有しない（同項前段）。

**第151条（協議を行う旨の合意による時効の完成猶予）**

旧法下においては，当事者が権利をめぐる争いを解決するための協議を継続していても，時効の完成が迫ると，完成阻止のためだけに訴訟提起や調停申立てなどの措置をとらざるを得ず，当事者間における自発的で柔軟な紛争解決の妨げとなっていた。そのためこのような協議を行っている期間中は，時効が完成しないように手当てをする必要がある。そこで，新法では，当事者間で権利についての協議を行う旨の合意が書面又は電磁的記録によりされた場合には，時効の完成が猶予されるとしている（新法第151条）。

時効の完成猶予の要件として，事後的に時効の完成猶予がなされたか否かについての紛予防のために，①権利についての「協議」ではなく「合意」が，②書面又は電磁的記録によってされなければならない（新法第151条第1項）。なお，催告との関係（新法第151条第3項）については新法第150条の解説参照。

時効の完成猶予の期間については，協議を行う旨の合意によって時効の完成が猶予されるのは，①合意時から1年経過時であるが，②合意において1年未満の協議期間を定めた場合はその期間の経過時である。もっともその期間中でも当事者間の協議が打ち切られることもあるので，①又は②の経過時までに，当事者の一方から，協議の続行を拒絶する旨の書面又は電磁的記録による通知がなされた場合には，通知の時から6か月経過時まで（ただし，①又は②の経過時が先であればその時点まで），時効の完成が猶予される（新法第151条第1項）。

再度の合意については，協議を行う旨の合意によって時効の完成が猶予されている間に，再度書面又は電磁的記録で協議を行う旨の合意がされれば，当該合意の時から第１項に従って時効の完成が更に猶予される。そしてこの協議を行う旨の合意は複数回繰り返すことができるが，時効制度には長期間にわたって不確定な権利状態が継続することを防ぐという機能があるので，時効の完成猶予の効力の延長を私人である当事者間に無制限に委ねることは妥当とはいい難いことから，協議を行う旨の合意による時効の完成猶予は本来の時効が完成すべき時（時効の完成が猶予されなかったとすれば時効が完成すべき時）から通算して５年を超えることができないとされている（新法第 151 条第２項）。

**第 152 条（承認による時効の更新）**

新法においては，権利の承認があったときは，時効は更新され，その時から時効期間は新たにその進行を始める（新法第 152 条第１項）。承認については，その内容に関する実質的な改正はなされていない。

**第 153 条（時効の完成猶予又は更新の効力の及ぶ者の範囲）**

旧法第 148 条は時効の中断の効力が及ぶ者の範囲を「その事由が生じた当事者及び承継人」と定めていたが，新法においては旧法の内容をそのまま維持した上で，中断を新たに３つの項に分けて規定し直した時効障害一般（時効の完成猶予及び更新）に拡張するものである。

**第 154 条（時効の完成猶予又は更新の効力の及ぶ者の範囲）**

旧法第 155 条は，時効の利益を受ける者に対してしない差押え，仮差押え及び仮処分について，その者に通知をした後にのみ時効の中断の効力を生じる旨定めていたが，新法においてはその内容をそのまま維持した上で，差押え，仮差押え及び仮処分以外の更新事由ならびに時効の完成猶予事由にも拡張するものである。

**第 158 条（未成年者又は成年被後見人と時効の完成猶予）**

新法においては，条文見出しを旧法における「停止」から「完成猶予」に形式的に変更している。

**第 159 条（夫婦間の権利の時効の完成猶予）**

新法においては，条文見出しを旧法における「停止」から「完成猶予」に形式的に変更している。

**第 160 条（相続財産に関する時効の完成猶予）**

新法においては，条文見出しを旧法における「停止」から「完成猶予」に形式的に変更している。なお，第 167 条の解説における註※※の判例を参照。

**第 161 条（天災等による時効の完成猶予）**

新法においては，条文見出しを旧法における「停止」から「完成猶予」に形式的に変更している。

さらに，旧法下においては，天災その他避けることができない事変のため時効を中断することができないときには，その権利行使に対する障害が消滅するまで時効の完成が猶予されるだけでなく，当該障害が消滅した時から2週間が経過するまでは時効は完成しないとしていた。2週間という短期間の要件は，既に時効は完成しているのであり，障害が消滅した以上は直ちに時効中断の措置をとるべきであるとの趣旨から設けられたものだが，近時の大規模災害の経験から，障害が消滅するまでの期間自体が極めて長期にわたる事もあり得るのであり，その場合には2週間という期間はあまりに短いと考えられる。他方で，婚姻や未成年などの他の停止事由が生じる場合では，婚姻期間や成年到達期間のように類型的に権利行使に対する障害の存続期間が極めて長いが，それでも当該障害消滅後の完成猶予期間は比較的長い6か月とされており（旧法第158条，旧法第159条。なお相続財産に関する時効の完成猶予期間も6か月で，これらの6か月の期間は新法でも変わらず維持されている)，このこととのバランスも考慮すべきである。

以上を踏まえて，新法では，天災その他避けることのできない事変のために，本格的に時効を完成させないための措置である裁判上の請求等（新法第147条第1項）又は強制執行等（新法第148条第1項）の手続きを行うことができないときは，当該障害が消滅した時から3か月を経過するまでの間は時効は完成しないとしている（新法第161条)。

**〔第3節　消滅時効〕**

**第166条（債権等の消滅時効）**

旧法第170条から第174条まで及び旧法商法第522条は5年，3年，2年又は1年の短期消滅時効の特例を定めていたが，新法ではこれらの規定を廃止している(新法第170条の解説参照)。この特例廃止により，たとえば生産者や卸売商人の売掛代金債権の時効期間は旧法第173条第1号の2年から旧法第167条第1項の10年に大幅に伸長されるが，これにより領収書の保存費用など弁済の証拠保存のための費用や負担が増加してしまうとの懸念が存在した。また商事消滅時効の特例についても，多数の商事取引債権に適用されており，安定した実務運用が行われていたために，改正の影響を極力抑える必要があった。そこで新法において原則的な時効期間については5年程度に短くすることが必要だと考えられた。

他方で，旧法第166条第1項の「権利を行使することができる時」から10年という原則的な時効期間を単純に5年と短縮することに対しては，たとえば，不当利得の返還請求権による債権や安全配慮義務違反に基づく債権など権利行使が可能であることを容易に知ることができない債権については，損失者や被害者である債権者が大きな不利益を被る可能性が指摘されていた。

そこで新法では，旧法の「権利を行使することができる時」から10年（旧法第166条第1項及び第167条第1項）という客観的起算点からの消滅時効を維持しつつも，「権利を行使することを知った時」から5年という主観的起算点からの消滅時効を新たに追加し（新法第166条第1項），そのいずれかが完成した場合には時効により債権が消滅するとしている。この債権者の認識に着目した5年の時効期間の導入により，権利行使が可能であることを容易に知ることができない不当利得返還請求権や安全配慮義務違反による損害賠償請求権などの債権については，債権者の知らないうちに5年の時効期間が進行してしまうという不利益を避けつつも，それ以外の多くの債権については時効期間を短くすることが可能となったのである。

なお，新法が主観的起算点からの消滅時効の進行開始の要件として「債権者が権利を行使することができることを知った時」（新法第166条第1項第1号）から時効期間が進行するとした趣旨は，権利者が権利を行使することができることを知ったのであれば，権利者がその権利を実際に行使すべきことを期待することができるためである（この点につき，刑法における期待可能性の法理を参照）。

このような趣旨からすると「債権者が権利を行使することができることを知った」と認められるためには，その「主観的認識」の内容として，権利行使を期待されてもやむを得ない程に債権者が権利の発生を認識する必要がある。具体的には，権利の発生原因についての認識のほか，権利行使の相手方である債務者を認識することが必要である。この点につき，法的評価が一義的に明確ではない原因によって債権が発生した事例では，どこまでの事実を認識すれば当該要件を充たすといえるのかが問題となる。不法行為に基づく損害賠償請求における3年の消滅時効の起算点である「被害者又はその法定代理人が損害及び加害者を知った時」（旧法第724条前段）について，判例（最判平成23年4月22日民集65・3・1405）は，一般人であれば当該加害行為が違法であると判断するに足りる事実を被害者が認識すれば足り，被害者が不法行為であるとの法的評価まで認識する必要はないとの立場にあると解されるが，これを参考にすると安全配慮義務違反に基づく損害賠償請求においても，一般人であれば安全配慮義務に違反し，債務不履行が生じていると判断するに足りる事実を知っていたことが必要であると解されている（立法担当者『一問一答』58頁）。

さらに，このような趣旨からすると，「債権者が権利を行使することができる」といえる（「客観的な権利行使の可能性」が存在する）状態でなければ主観的起算点からの時効期間が進行することはない。このことは「債権者が権利を行使することができることを知った時から」，単に「5年間経過したとき」ではなく，「5年間（行使できるのに）行使しないとき」に時効消滅するとしている条文の文言から文理的にも明らかである。

したがって，主観的起算点からの消滅時効期間は，①権利行使を期待されてもやむを得ない程度に権利の発生原因等を認識して債権者が「権利を行使することができることを知った」といえること（主観的認識）と，②「権利を行使することができる」こと（客観的な権利行使の可能性）の双方が充たされた時点から，その進行を開始することになる。

**第 167 条（人の生命又は身体の侵害による損害賠償請求権の消滅時効）**

損害賠償請求権は不法行為又は債務不履行に基づいて発生する（民法第 709 条，第 415 条）が，人格権のうち特に人の生命や身体に対する利益は，一般に財産的な利益等の他の利益と比べて保護すべき度合いが強いため，人の生命・身体の侵害による損害賠償請求権については，他の利益侵害による損害賠償請求権よりも権利行使の機会を確保する必要性が高い。また，生命や身体について被害が生じた後，債権者は，入院などを余儀なくされ後遺症を負う場合もあることによって，通常の生活を送ることが困難な状況に陥るなど，時効完成の阻止に向けた措置である時効の完成猶予又は更新（新法第 147 条～152 条）を速やかに行うことを期待できないことが多い。そこで，人の生命又は身体の侵害による損害賠償請求権については，他の利益の侵害による損害賠償請求権についてよりも長い消滅時効期間とするのが合理的であるが，旧法ではこのような規律はなされていなかった（旧法第 167 条第 1 項，第 724 条）。

他方で，時効制度には，長期間の経過に伴う証拠の散逸などによって反証が困難となった相手方を保護する「証拠の散逸による立証困難の救済（法定証拠）」という存在理由もある（288 頁❷2 参照）ため，被害者保護のために時効制度を廃止したり，時効期間を著しく長くすることには弊害もある。

そこで新法では，人の生命又は身体の侵害による損害賠償請求権について，消滅時効期間を合理的な範囲で長期化する観点から，これが債務不履行に基づく場合には客観的起算点である「権利を行使することができる時」からの一般の消滅時効期間 10 年を 20 年とし（新法第 167 条），不法行為に基づく場合には主観的起算点である「損害及び加害者を知った時」から 3 年という**一般の不法行為についての消滅時効期間（新法第 724 条第 1 号※※）**を 5 年としている（新法第 724 条の 2）。この結果，新法においては，人の生命又は身体の侵害による損害賠償請求権については，その原因が債務不履行であっても不法行為であっても，したがって，その損害賠償請求について不法行為構成をとるか債務不履行構成をとるかいずれであっても，主観的起算点からの消滅時効期間は 5 年，客観的起算点は 20 年となっている。

なお，単に精神的な苦痛を受けたという状態を超え，心的外傷後ストレス障害（PTSD）を発症するなど精神的機能の障害が認められる場合には，身体的機能の障害が認められる場合と区別すべき理由はなく，精神的機能の侵害による損害賠償請求権は，新法第 167 条の「身体の侵害による損害賠償請求権」に含まれるとされている（立法担当者『一問一答』62 頁）。

**第 168 条（定期金債権の消滅時効）**

新法において債権についての原則的な消滅時効期間が改められて主観的起算点から5年間及び客観的起算点から10年間という2つの消滅時効期間が置かれたこと（新法第166条第1項）等を踏まえ，定期金債権についても，同様に，主観的起算点と客観的起算点に基づく二重の消滅時効期間が設けられた。すなわち，支分権である定期給付債権を行使することができることを知った時から10年間行使しないとき，又は支分権である定期給付債権を行使することができる時から20年間行使しないとき，基本権である定期金債権は時効によって消滅するとしている（新法第168条第1項）。この時効期間は，旧法第168条における20年という期間が旧法における一般の債権に関する原則的な消滅時効期間10年（旧法第167条第1項）の2倍であったことを踏まえて，主観的起算点・客観的起算点に基づく期間の双方とも新法における一般の債権における消滅時効期間（新法第166条第1項第1号，第2号）の2倍としたものである。

旧法第168条第1項後段は，基本権である定期金債権は支分権である定期給付債権の最後の弁済期から10年間行使しないときは，時効によって消滅するとしていたが，全ての支分権が発生した後については，すでに発生した各支分権の消滅時効のみを観念すれば足り，当該各支分権とは別に，基本権としての定期金債権自体の消滅時効を問題とする必要性が乏しいため，新法においては，当該規定の消滅時効期間は廃止されている。

なお，旧法第169条（定期給付債権の短期消滅時効）は，年又はこれより短い期間によって定めた金銭その他の物の給付を目的とする定期給付債権の消滅時効期間を5年としていたが，新法における原則的な消滅時効期間と近似するため，別途規定を設ける意義に乏しいとされ，削除された。定期給付債権については，消滅時効の一般的な規律である主観的起算点から5年の消滅時効（新法第166条第1項第1号）が適用されることとなった。

**第169条（判決で確定した権利の消滅時効）**

確定判決やこれと同一の効力を有するものによって確定した権利の消滅時効に関する旧法第174条の2の規定を，内容を基本的に維持して新法第169条に移設し，旧法第174条の2第1項の文言に形式的改善を施したものである。

**旧法第170条（三年の短期消滅時効）の削除**

旧法第170事由から174条までの職業別の短期消滅時効の特例は，その対象債権は比較的少額であることから特に時効期間を短くしてその権利関係を早期に決着させることにより，将来の紛争を予防する趣旨で設けられていた。しかし，これらの細かな特例の存在により，具体的な事例にどの規定が適用されるのかを確認するのに手間がかかり，適用の誤りや規定見落としの危険も生ずる上，現代社会において取引が極めて複雑・多様化していることから，特例の適用を受ける債権といえるのかどうかの判断が難しいとの問題が生じていた。さらに制定後の社会状況の変化により，多種多様な職業が出現し，その取引内容も多様化する中で特例対象債権に類似するものも現れているが，当該債権には特例が適用されないとする裁判例では特例対象債権との間で時効期間に大きな差が生じたことから，特例自体の合理性に疑義が出されるに至っていた。そこで新法では，旧法第170条から第174条までに定められた職業別の短期消滅時効の特例は削除された。

なお，旧商法第522条は，商行為によって生じた債権の消滅時効について，早期決済を可能にする趣旨から，旧民法第167条第1項の一般の消滅時効期間10年の特例として，5年としていた。しかし，たとえば，銀行の貸付債権には商事消滅時効の5年が適用されるが，商人でない信用金庫の貸付債権には民法の一般の消滅時効期間10年が適用されるなど，商事消滅時効については，民法の時効とどちらが適用されるのか判断が容易でない事案が少なくなく，この点が争われることも多く見られた。そこで新法では，商事消滅時効の特例も廃止されている。

**旧法第171条（三年の短期消滅時効）の削除**

第170条と同様に削除された。

**旧法第172条（二年の短期消滅時効）の削除**

同上

**旧法第173条（二年の短期消滅時効）の削除**

同上

**旧法第174条（一年の短期消滅時効）の削除**

同上

**旧法第174条の2（確定判決で確定した権利の消滅時効）**

改正により削られた。改正後の第169条に対応。

※※なお，**新法第724条第2号**においては，旧法第724条後段の長期の権利消滅期間（期間制限）につき，条文見出しと柱書を改正して消滅時効であることを文理上明確に規定している。これは旧法第724条後段の権利消滅期間について判例（最判平成元年12月21日民集43・12・2209）は除斥期間を定めたものとしていたが，除斥期間は消滅時効と異なって，①時効の中断や停止の規定の適用がないため，中断や停止といった時効障害によって期間経過による権利消滅を阻止できず，また，②消滅時効では時効の援用権の行使について権限濫用（民法第1条第3項）や信義則違反（民法第1条第2項）で当該行使を阻止することができるのに対して，除斥期間では援用の必要（旧法民法第145条）がないためにそれができないと解されていた。そのため長期間にわたり加害者に対して損害賠償請求しなかったことに真にやむを得ない事情があると認められる事案においても，被害者救済を図ることができないおそれがあった。これに対して判例（最判平成21年4月28日民集63・4・853）はその要旨において「民法724条後段の規定は，不法行為

による損害賠償請求権の除斥期間を定めたものであり，不法行為による損害賠償を求める訴えが除斥期間の経過後に提起された場合には，裁判所は，当事者からの主張がなくても，除斥期間の経過により前記請求権が消滅したものと判断すべきである。しかし，被害者を殺害した加害者が，被害者の相続人において被害者の死亡の事実を知りえない状況をことさらに作出し，そのために相続人はその事実を知ることができず，相続人が確定しないまま殺害の時から20年が経過した場合において，その後相続人が確定した時から6か月内に相続人が殺害に係る不法行為に基づく損害賠償請求権を行使したなど特段の事情があるときは，民法160条の法意に照らし，同法724条後段の効果（不法行為の時から20年を経過した場合の不法行為に基づく損害賠償請求権の消滅）は生じない。」と判示し，相続人が確定しない間は時効が完成しないという相続財産に対する時効の停止に関する旧法第160条の規定は適用されないとしながらも，同条の法意を類推適用して，被害者の死亡の事実を知り相続人が確定した後，6か月経過時まで延長して不法行為による損害賠償請求権の行使を認めて，具体的に妥当な結論を導いている。しかし，この判例については，学説上，相続人確定後6か月以内という短期間に訴訟提起等が必要になるのは酷ではないか，権限濫用等の主張を許すべきではないかとの批判がなされた。

そこで新法では，この長期の権利消滅期間を除斥期間ではなく消滅時効であると明文化した（新法第724条の条文見出しと柱書ならびに同条第2号）。これにより，①時効の中断・停止を再構成した時効の更新・完成猶予の規定が適用可能になり，被害者自らが加害者に対する損害賠償請求権の時効消滅を防ぐ措置をとることが可能になった。また②消滅時効期間の経過により権利が消滅したという時効の援用の主張が加害者側から出されたとしても，裁判所は，個別事案の具体的な事情に応じて，当該援用の主張が信義則違反や権限濫用になると判断することが可能になり，より柔軟に被害者救済を図ることができるようになったのである。

## 2018年成年に関する改正

2018年6月に，成年に関する民法第4条が改正された（平成30年法律第59号）。中心的な改正点は，「第四条中『二十歳』を『十八歳』に改める」ことと婚姻適齢に関する第731条の改正である。なお，この民法改正は2022年（令和4年）4月1日から施行されている。

【参考文献】

・筒井健夫・村松英樹 編著『一問一答　民法（債権関係）改正』（2018年3月15日，有斐閣）…本文では，立法担当者『一問一答』と表示。

・我妻榮・有泉亨・清水誠・田山輝明 著『我妻・有泉　コンメンタール民法　総則・物権・債権（第8版）』（2022年9月20日，日本評論社）
・石川博康「消滅時効」大村敦志・道垣内弘人 編『解説 民法（債権関係）改正のポイント』（2022年10月10日，有斐閣）53頁～80頁
・阿部・井窪・片山法律事務所編著『民法（債権関係）改正法案 逐条解説』（2015年10月13日，清文社）
・潮見佳男著『民法（債権関係）改正の概要』（2017年8月24日，きんざい）